Simon Lozo

Mit Cicero zum Latinum

Simon Lozo

Mit Cicero zum Latinum

Ein Lese- und Arbeitsbuch

Die Deutsche Nationalbibliothek verzeichnet diese Publikation
in der Deutschen Nationalbibliografie;
detaillierte bibliografische Daten sind im Internet über
http://dnb.d-nb.de abrufbar.

Die Herausgabe des Werkes wurde durch
die Vereinsmitglieder der WBG ermöglicht.
Typographie und Satz: SatzWeise, Föhren
Umschlaggestaltung: schreiberVIS, Bickenbach
Gedruckt auf säurefreiem und alterungsbeständigem Papier
Printed in Germany

Besuchen Sie uns im Internet: www.wbg-wissenverbindet.de
ISBN 978-3-534-24971-8

Elektronisch sind folgende Ausgaben erhältlich:
eBook (PDF): 978-3-534-72805-3
eBook (epub): 978-3-534-72806-0

Vorwort

Dieses Buch bietet vor dem Hintergrund einer knappen Skizze des historischen Rahmens und am biographischen Leitfaden einen repräsentativen kommentierten Querschnitt aus dem Gesamtwerk Ciceros. Im Kontext dieser historischen und biographisch-werkgeschichtlichen Koordinatenführung wird dem Leser das für ein adäquates Verständnis der Texte Ciceros nötige Basiswissen vermittelt, in erster Linie aus den die intellektuelle Existenz Ciceros prägenden Disziplinen Rhetorik und Philosophie.

Besonders bei den philosophischen Texten, dem Schwerpunkt des Buches, bemüht sich der Verfasser, einerseits die relevanten griechischen Einflüsse und Vorbilder zu berücksichtigen, um Ciceros Arbeitsweise und Intention sowie die verschiedenen philosophischen Positionen deutlich herausstellen zu können, andererseits auch hier und dort auf die Rezeptionsgeschichte seiner Schriften zu verweisen, um so einen „europäischen Bogen“ von den Griechen über die Römer bis hin zur Neuzeit zu spannen und damit die Brückenfunktion dieses antiken Vertreters einer kritischen Philosophie in der europäischen Geistesgeschichte aufzuzeigen.

Als kommentiertes Lesebuch richtet es sich zunächst allgemein an Liebhaber des Lateinischen und der europäischen Geistesgeschichte. Speziell Latinumskandidaten will es als Latinumsreader mit seinen mit sprachlichen sowie inhaltlichen Erklärungen versehenen Textauszügen, die hier gleichsam *in vivo* im biographisch-werkgeschichtlichen Umfeld verankert erscheinen, den Kernautor Cicero näher bringen und so die Vorbereitung auf die Latinumsprüfung erleichtern. Aus diesem Grund sind die einzelnen Themengruppen kleinschrittig segmentiert. Das erhöht auch im Hinblick auf Kurse und Übungen die Alltagstauglichkeit des Buches, da hierdurch – je nach Bedarf und Interesse – eine rasche und zielgenaue Auswahl von kleinen Lese- und Arbeitseinheiten ermöglicht wird.

Aber auch etwa für Latein-, Philosophie- und Geschichtsstudenten, die sich vor einem eingehenden Cicero-Studium einen Überblick über das Gesamtwerk und dessen historisch-geistesgeschichtliche Voraussetzungen verschaffen wollen, dürfte dieses Buch attraktiv sein.

Köln, im Dezember 2011 — Simon Lozo

Inhalt

Die Namen aller zitierten und erwähnten Autoren (außer Cicero und Caesar) sind, um eine rasche Orientierung zu ermöglichen, im laufenden Text in KAPITÄLCHEN gedruckt.

In diesem Cicero-Lesebuch sind nur die Cicero-Texte mit Stellenangaben versehen.

I Historische Voraussetzungen

Die folgenden knappen Bemerkungen zu den historischen Voraussetzungen können und wollen keine Abhandlung über römische Geschichte sein, sie sollen lediglich schlaglichtartig einige historische Gegebenheiten beleuchten, deren Kenntnis Cicero bei seinem ursprünglichen Publikum als selbstverständlich voraussetzt, deren Verständnis wir uns aber mitunter mühsam erschließen müssen.

1 Formen der Ungleichheit und Unterdrückung

Bekanntlich gliedert sich die antike römische Verfassungsgeschichte in drei Epochen: erstens das Königtum, von 753 v. Chr., dem vom römischen Universalgelehrten VARRO, einem Freund Ciceros, „errechneten" Gründungsdatum Roms, bis ca. 510, mit Romulus als dem ersten, Tarquinius Superbus als dem siebten und letzten König, zweitens die Republik, ca. 510–30 v. Chr., und drittens das Kaiserreich, ab Augustus.

Die Phase der Republik segmentiert die Geschichtswissenschaft (z. B. CHRIST) in drei Abschnitte, erstens die frühe Republik, d. h. die Zeit der „Ständekämpfe" (510–287), in denen sich die Plebejer mehr Mitbestimmungsrechte im aristokratisch dominierten Staat erkämpften und zu den höheren Ämtern zugelassen wurden (367: *leges Liciniae Sextiae*), zweitens die klassische Republik (287–133), schließlich die Zeit der „römischen Revolution" (133–30, s. u.), wobei man die Jahre 200 bis 30 auch unter „späte Republik" zusammenfasst. Die erste Phase des Kaisertums nennt man Prinzipat (30 v. Chr. bis 284 n. Chr.), die zweite Dominat, 284–476, also bis zum Untergang des weströmischen Reiches. Cicero (106–43) lebt demnach in der Endphase der römischen Republik.

Hier muss zuallererst einem möglichen Missverständnis vorgebeugt werden: den Begriff „Republik" konnotieren wir in der Tradition der Aufklärung wohl unwillkürlich mit der in der französischen Revolution propagierten Begriffstrias: Freiheit, Gleichheit und Brüderlichkeit. Diese Vorstellung ist im Falle der römischen Republik fernzuhalten: „Rom war damals keine Demokratie" (KROLL).

Dagegen prägen Ungleichheit im Inneren und Unterdrückung in der Außenpolitik die Geschichte der römischen Republik. Auch der Philosoph Cicero stellt als traditionsbewusster patriotischer Römer das römische imperiale Sendungsbewusstsein nicht in Frage. Wie es für den römischen Nationaldichter VERGIL feststeht, dass der göttliche Auftrag, die Vorsehung Roms, darin besteht, *regere imperio populos*, so ist es auch nach Ciceros Überzeugung dem römischen Volk nicht bestimmt zu dienen, vielmehr hätten ihm die unsterblichen Götter die Herrschaft über alle Völker zugewiesen, die Römer seien ein Herrenvolk.

Da Ciceros Schriften unter historischem Aspekt in erster Linie die innenpolitische Problematik des Jahrhunderts der Bürgerkriege (133–30 v. Chr.), die „römische Revolution" (SYME) spiegeln, Cicero offenbar auch persönlich darunter litt, dass er als *homo novus* („Emporkömmling") gegenüber dem Adel die niedere Geburt nur durch den übersteigerten Einsatz seiner überragenden geistigen Gaben kompensieren konnte – mit Blick auf die durch Geburt bereits arrivierten Patrizier, *homines arrogantes*, spricht er abfällig von *piscinarii* (Fischteichbesitzer) –, soll hier nur die Ungleichheit im Inneren kurz angeschnitten werden.

„Freiheit, Gleichheit, Brüderlichkeit": Zunächst müssen wir uns vor Augen halten, dass wir es im Falle des antiken Roms – nach marxistischer Terminologie – mit einer „antiken Sklavenhaltergesellschaft" (s. u. Spartacus) zu tun haben. Diese Ungleichheit der Menschen ist im römischen Recht festgeschrieben: in den *Digesten*, einer wichtigen Gesetzessammlung im Rahmen des *Corpus Iuris Civilis*, der großen spätantiken Rechtskodifikation, heißt es (GAIUS):

> Summa igitur de iure personarum divisio haec est, quod omnes homines aut liberi sunt, aut servi.

Legitimiert sei die Sklaverei durch das Völkerrecht (FLORENTINUS):

> Libertas est naturalis facultas eius quod cuique facere libet, nisi si quid vi aut iure prohibetur. Servitus est constitutio iuris gentium, qua quis dominio alieno contra naturam subicitur. Servi ex eo appellati sunt, quod imperatores captivos vendere ac per hoc servare nec occidere solent; mancipia vero dicta, quod ab hostibus manu capiantur.

Die fehlende Rechtsgleichheit schlägt sich natürlich auch im Strafrecht wieder: Freiheitsstrafen kannte das Strafrecht der römischen Republik nicht; Sklaven und Menschen der Unterschicht wurden oft zum Tode verurteilt, freie Bürger wurden z. B. mit Verbannung bestraft (s. u. Verres und Cicero selbst); auch zwischen den römischen Bürgern herrscht in dieser Zeit alles andere als Gleichheit, ganz abgesehen davon, dass in der römischen Männergesellschaft Frauen vom politischen Leben ausgeschlossen blieben; die *Digesten* halten hierzu fest (ULPIANUS):

> Feminae ab omnibus officiis civilibus vel publicis remotae sunt et ideo nec iudices esse possunt nec magistratus gerere nec [...] nec [...] nec [...].

Es gab Bürger erster und zweiter Klasse; anders als die Vollbürger hatten z. B. die *socii* in Mittel- und Süditalien kein Stimmrecht, sie waren Halbbürger, *cives sine suffragio* (s. u. Bundesgenossenkrieg), aber auch unter den „Vollbürgern" gab es keine politische Gleichberechtigung. Dem Namen nach ging zwar alle politische Macht vom *populus* aus, doch aufgrund eines auf den Vermögensverhältnissen basierenden Wahlrechts lag die politische Macht in den Händen der besitzenden Aristokratie, dem Großteil der Bürger blieb politische Mitbestimmung verwehrt. Anders als in unserer modernen repräsentativen Demokratie mit ihrem Majoritätsprinzip oder in der direkten Demokratie des antiken Athens hatten im republikanischen Rom die Individualstimmen kaum politische Bedeutung, hier herrschte das „extremste Klassenstimmrecht, das die Geschichte kannte" (MEYER); denn bei der Stimmabgabe okkupierten die beiden obersten Klassen bereits die absolute Mehrheit. Schließlich: Angesichts der Massivität der Interessenkonflikte – von den „Ständekämpfen“ der frühen Republik bis zur blutigen „römischen Revolution“ – von Brüderlichkeit zu sprechen, verbietet sich von vorneherein.

2 Spartacus

Den Sklavenaufstand unter Spartacus (73–71), der nicht der einzige in der römischen Geschichte war, fasst Eutrop so zusammen:

Et in Italia novum bellum subito commotum est. Septuaginta enim et quattuor gladiatores ducibus Spartaco, Crixo et Oenomao effracto Capuae ludo fugerunt. Et per Italiam vagantes paene non levius bellum in ea, quam Hannibal moverat, paraverunt. Nam multis ducibus et duobus simul Romanorum consulibus victis sexaginta fere milium armatorum exercitum congregaverunt, victique sunt in Apulia a M. Licinio Crasso [...], et post multas calamitates Italiae tertio anno bello huic est finis impositus.

Z. 2 **ducibus Spartaco, Crixo ...** – nominaler ablativus absolutus
2 **effracto ... ludo** – ablativus absolutus; *ludo* meint hier: Gladiatorenkaserne
2 **Capuae** – Capua war die Hauptstadt von Kampanien, eines südlich an das Latium angrenzenden Landstriches; Orientierungspunkt: Neapel
3 **vagantes** – participium coniunctum
3 **Hannibal** – im 2. Punischen Krieg war Hannibals Armee jahrelang ungeschlagen durch Italien gezogen und hatte Angst und Schrecken verbreitet: *Hannibal ante / ad portas.*
4 **ducibus et ... consulibus victis** – ablativus absolutus
5 **sexaginta ... milium** – attributiver genitivus qualitatis zu *exercitum*

Gemäß Plutarch wurden 6000 Sklaven, die die Entscheidungsschlacht überlebt hatten, entlang der Via Appia zwischen Rom und Capua zum Zwecke der Abschreckung gekreuzigt – ein Sklaventod.

Der „Bundesgenossenkrieg“ um das Jahr 90 wurde gegen die o. g. *socii* geführt, die es nicht mehr ertrugen, Bürger zweiter Klasse zu sein und einen neuen Staat mit der Hauptstadt Corfinium gegründet hatten, wo auch der neue italische Senat tagen sollte; schließlich lenkte Rom ein und verlieh den *socii* das volle Bürgerrecht.

3 Das idealisierte Bild von der Staatsverfassung

Zunächst ist festzuhalten, dass es im antiken Rom, anders etwa als in Athen, keine geschriebene Verfassung gab. Als verlässliche Basis, als ungeschriebenes Gesetz, galt hier der *mos maiorum*.

Die „Verfassungsväter“ der römischen Republik griffen auf Staatsverfassungen der griechischen Antike zurück. Der Einfluss Spartas ist unübersehbar: den zwei spartanischen Königen entsprechen in Rom die zwei Konsuln, dem Ältestenrat in Sparta *(gerusía)* der Senat („Ältestenrat", vgl. „Senior"). Hierbei ist das lateinische Wort *senatus* wohl ein Übersetzungslehnwort aus dem Griechischen. Der Senat setzte sich zunächst aus den Oberhäuptern der Patrizierfamilien zusammen, später, im Zuge der *Ständekämpfe*, wurde er „durchlässiger" und wurde zur Versammlung der ehemaligen höheren Beamten.

Die Volksversammlung in Rom ist ein demokratisches Element, z. B. in der attischen Demokratie als *„ekklesía"* bezeichnet.

In Griechenland war der relativ kleine, überschaubare Stadtstaat, die *pólis*, das Ideal (daher unser Wort „Politik"), eine bürgerliche Gemeinschaft, in der, wie im Falle der attischen Demokratie, die Bürger sich selbst unmittelbar regierten (direkte Demokratie); demgegenüber sah man die Autokratien des Ostens, z. B. das persische Großreich mit seinem „Großkönig", nicht als Staaten an, da der Einzelne sich dort nicht politisch betätigen konnte *(politeúesthai)*. Aus diesem Grunde war, zumal im Rückblick auf die am Ende autokratische Königsherrschaft, auch in Rom das Wort *rex* damals ein Reizwort.

Die römischen Theoretiker, z. B. Cicero, sprechen von einer auf Gleichberechtigung beruhenden *libera res publica*. So die Theorie in Rom; nur sah die Realität anders aus, hier klaffte, wie gezeigt, ein „Widerspruch, der geradezu ungeheuerlich zu nennen ist" (MEYER).

Tatsächlich lag ja die Leitung des Staates bei immer denselben, wenigen aristokratischen Familien (ca. zwei Dutzend).

Den *locus classicus* für das idealisierte Bild von der Verfassung der römischen Republik finden wir bei POLYBIOS, der im 2. Jh. v. Chr. lebte und mit seiner Verfassungstheorie stark auf Cicero wirken sollte. Dieser griechische Historiker war als Kriegsgefangener nach der Eroberung Griechenlands nach Italien gekommen und lebte und wirkte im sog. Scipionenkreis, einer Gruppe gebildeter Römer, die sich „aufklärerisch" für die Integration griechischen Bildungs- und Gedankengutes in Rom einsetzten, was damals nicht von allen gutgeheißen wurde; so ließ z. B. der erzkonservative Römer Cato d. Ä. im Jahre 155 eine ganze Gruppe hoch angesehener griechischer Philosophen wegen angeblicher Unterwanderung altrömischer Traditionen des Landes verweisen – ein Vorgang, der 100 Jahre später, also zur Zeit Ciceros, wohl nicht mehr denkbar gewesen wäre, da sich zu diesem Zeitpunkt die griechische Bildung längst in Rom etabliert hatte, woran auch Cicero entscheidend gearbeitet hatte.

Gemäß POLYBIOS, auf den Cicero in seinem Werk *De re publica* (s. u.) rekurriert, ist es unmöglich, ein besseres Verfassungssystem als das römische zu finden; er schreibt unter Zugrundelegung der in der griechischen politischen Theorie (PLATON und ARISTOTELES) erarbeiteten Klassifikationsparameter und Terminologie:

> Es gab (...) also drei Teile, die im Staat Gewalt hatten. So gerecht und angemessen aber war alles geordnet, waren die Rollen verteilt und wurden in diesem Zusammenspiel die staatlichen Aufgaben gelöst, dass auch von den Einheimischen niemand mit Bestimmtheit hätte sagen können, ob die ganze Verfassung aristokratisch, demokratisch oder monarchisch

war. Und so musste es jedem Betrachter ergehen. Denn wenn man seinen Blick auf die Machtvollkommenheit der Konsuln richtete, erschienen die Staatsformen vollkommen monarchisch und königlich, wenn auf die des Senates, wiederum aristokratisch, und wenn man auf die Befugnisse des Volkes sah, erschien sie unzweifelhaft demokratisch.
(Übers. von SCHÜTZ / DE BUHR u. a.)

Diese auch in Ciceros Augen ideale Mischverfassung findet, wie KISSEL hervorhebt, ihren architektonisch-topographischen Niederschlag auf dem Forum Romanum: Die – auch heute noch erhaltene – *curia* war der Tagungsort des aristokratischen Senats, das in der Nähe liegende *comitium* (von *co-ire*, also „zusammenkommen“) war der Versammlungsort des Volkes, die *regia*, ein Kultbau aus der Königszeit, nahe dem Vesta-Tempel gelegen, zunächst „Königspalast“, später Sitz des höchsten Priesters *pontifex maximus*, steht für die Monarchie.

4 Drei Stände. *Optimates* und *populares*

Diese „Dreischichtigkeit in den Staatsorganen“ (Christ), Konsuln (überhaupt höhere Ämter) – Senat – Volksversammlung, spiegelt somit zu einem gewissen Teil die Gliederung des römischen Volkes, des *populus* als des politischen Ganzen, in drei Stände: Patrizier (Adel, *patres*), Ritter *(equites), plebs* als der niedere Bürgerstand, daher *tribunus plebis* – Volkstribun. Seit den ältesten Zeiten bilden in Rom die Patrizier und Plebejer die Antipoden im Sozialgefüge, in der frühen Republik hatten ausschließlich Angehörige der patrizischen Familien Zugang zu den höheren Ämtern (*magistratus* – „mehr als der Bürger“); die Karrierestufen waren: Quästor, (Finanzen), Ädil („Polizei“, öffentliche Ordnung), Prätor (Rechtsprechung), Konsul (Kriegswesen, Finanzen, Gerichtsbarkeit). Hatte man eines dieser höheren Ämter innegehabt, die nach den Prinzipien der Kollegialität (nie einer allein) und Annuität (zeitlich beschränkt, meist auf ein Jahr) vergeben wurden, wechselte man nach dem Ende der Amtszeit meist in den Senat, der im Laufe der Geschichte der Republik immer mehr zu einem Gremium gewesener Magistrate geworden war, und blieb Senator auf Lebenszeit; daher also *senatus:* „Ältestenrat“, vgl. „Senior“.

In den sog. Ständekämpfen (im Laufe des 4. Jhs.) setzte die Plebs, die man auch *Terrae filii*, Söhne der Erde, also in Abgrenzung zu den Patriziern „Vaterlose“ nannte, für ihre Standesangehörigen den Zugang zu diesen Ämtern durch; waren die Patrizier zunächst die alleinigen Mitglieder des Senats *(patres)*, nannte man die jetzt Hinzugekommenen die „Dazugeschriebenen“, *conscripti*; daher rührt die offizielle Anrede an den Senat: *patres conscripti* – Väter und Zugeschriebene. Dieser erweiterte *inner circle* der Macht hieß seitdem *nobilitas*. Das Regierungssystem war, wie gesagt, ausgesprochen aristokratisch – oligarchisch, die „herrschende Schicht war der Senatorenstand, sozial betrachtet ein Kreis von Großgrundbesitzern“ (GELZER), dagegen stellten die Ritter nur den „Geldadel“ dar, sie waren die Vertreter des Großkapitals. Auch in der „politischen Parteienlandschaft“ ist die aristokratische Führungsschicht federführend. Hierbei handelt es sich weniger um politische Parteien im modernen Sinn als um politische Klassen, um Cliquen; immer geht es um den Machtkampf einzelner Personen. Einen „basisdemokratischen" Parteienkampf hat es in Rom nie gegeben. Die Optimaten, die „Guten" und „Wenigen", treten für die Bewahrung der alten Ordnung ein, ein *popularis* ist, „wer gegen die Interessen des Senats dem Volk nach dem Mund redet" (Kroll) und dabei zumeist im eigenen Machtinteresse agiert; ein Musterbeispiel ist der „Popular" Caesar, der dem römischen Uradel entstammt.

Über die *optimates* und *populares* sagt Cicero in seiner Rede *Pro Sestio* (96):

Duo genera semper in hac civitate fuerunt eorum, qui versari in re publica atque in ea se excellentius gerere studuerunt; quibus ex generibus alteri se popularis, alteri optimates et haberi et esse voluerunt. Qui ea, quae faciebant quaeque dicebant, multitudini iucunda volebant esse, populares, qui autem ita se gerebant, ut sua consilia optimo cuique probarent, optimates habebantur.

Z. 1 **versari in re publica** – „sich mit dem Staat beschäftigen", d. h. politisch tätig sein
2 **se excellentius gerere** – eine hervorragende Stellung einnehmen
2 **quibus** – relativischer Satzanschluss
2 **popularis** – ältere Form des Nom. / Akk. Pl. = *populares*
Syntax: *popularis* und *optimates* sind Prädikatsnomina zu *haberi* (gehalten werden für) und *esse.*
Hier sind gleichsam untergründig zwei Konstruktionen zu einem ACI verschmolzen: *alteri populares* (Nom.), *alteri optimates* (Nom.) *esse voluerunt*, denn *velle* steht gewöhnlich bei Subjektsgleichheit mit erweitertem Infinitiv; ist der Infinitiv jedoch passivisch oder durch Prädikatsnomen erweitert, erscheint auch der ACI: *alteri se popularis* (Akk.), *alteri optimates* (Akk.) *haberi voluerunt.*
3 f. **ea ... volebant ... esse** – ACI
4 f. **populares / optimates** – sind Prädikatsnomina zu *habebantur* (s. o.).
Syntaktisch handelt es sich strukturell um *doppelte Nominative*, in denen der 1. Nominativ, also das Subjekt, jeweils zu einem Nebensatzgebilde expandiert ist: *qui … volebant esse / qui … se gerebant, ut …*
5 **optimo cuique** – gerade den Besten (*quisque* nach einem Superlativ!)
5 **probarent** – *probare* hier: jemandem etwas beifallswert erscheinen lassen, einreden

5 Das Wendejahr 146. Das Jahr der drei Triumphe

Der auf diesen drei Ständen basierende und von Polybios etwa in der Mitte des 2. Jhs. so hoch gelobte „Idealstaat" geriet durch die Eroberungen Roms und die Expansion des Imperiums ins Ungleichgewicht. Das lag zum guten Teil schlicht daran, dass nach dem vernichtenden Urteil Grants „die Adligen die zähesten, habgierigsten und übelsten Potentaten waren, die die zivilisierte Welt je gesehen hat."

Nachdem als Ergebnis des 1. Punischen Krieges im Jahre 241 Sizilien die erste römische Provinz geworden war und in den folgenden Jahrzehnten neue Provinzen, die „rechtlich zum Ausland und theoretisch zum rechtlosen Untertanengebiet zählten"

(Meyer), hinzugekommen waren, akkumulierten die Senatorenklasse und die Ritter durch Ausbeutung der Provinzen unermessliche neue Reichtümer. Das führte zu „zersetzenden Rückwirkungen, die von der neuen imperialistischen Politik auf die sozialen Verhältnisse Italiens ausgingen" (Gelzer). Große Scharen von Kriegsgefangenen wurden als billig zu unterhaltende Sklaven für die Bewirtschaftung immer größerer Latifundien eingesetzt; andererseits mussten die Kleinbauern des bisherigen römischen Agrarstaates im Bürgerheer ihren Kriegsdienst verrichten, ihre Felder verödeten und sie sahen sich gezwungen, ihren Landbesitz an die Optimaten zu verkaufen; es kam zur Landflucht und zur Bildung eines städtischen Proletariats.

Als Stichjahr für diese Wende in der römischen Geschichte setzt der römische Historiker Sallust das Jahr 146 an:

Sed ubi labore atque iustitia res publica crevit, reges magni bello domiti, nationes ferae et populi ingentes vi subacti, Carthago, aemula imperi Romani, ab stirpe interiit, cuncta maria terraeque patebant, saevire fortuna ac miscere omnia coepit. Qui labores, pericula, dubias atque asperas res facile toleraverant, iis otium divitiaeque, optanda alias, oneri miseriaeque fuere. Igitur primo pecuniae, deinde imperi cupido crevit: ea quasi materies omnium malorum fuere. Namque avaritia fidem, probitatem ceterasque artis bonas subvortit; pro his superbiam, crudelitatem, deos neglegere, omnia venalia habere edocuit.

Ambitio multos mortalis falsos fieri subegit, aliud clausum in pectore, aliud in lingua promptum habere, amicitias inimicitiasque non ex re, sed ex commodo aestumare, magisque voltum quam ingenium bonum habere. Haec primo paulatim crescere, interdum vindicari; post ubi contagio quasi pestilentia invasit, civitas inmutata, imperium ex iustissumo atque optumo crudele intolerandumque factum. [...]. Verum illi delubra deorum pietate, domos suas gloria decorabant neque victis quicquam praeter iniuriae licentiam eripiebant. At hi contra, ignavissumi homines, per summum scelus omnia ea sociis adimere, quae fortissimi viri victores reliquerant: proinde quasi iniuriam facere, id demum esset imperio uti.

Z. 1 **ubi** – hier: sobald (*ubi / cum / ut* + Perf. Ind.)
2 **imperi** – hier für *imperii*, eine für Sallust typische Kontraktion
4 f. **iis ... oneri miseriaeque** – doppelter Dativ
5 **optanda** – Gerundivum im Sinne der „Wertigkeit" (wünschenswert)
5 **alias** – hier Adverb: sonst; **fuere** – hier für *fuerunt*, häufige Variante bei Sallust
6 **materies** – Substantiv der e-Dekl. anstelle von *materia* (a-Dekl.)
7 **subvortit** – steht für *subvertit*, ein bei Sallust häufiger Archaismus
11 **aestumare / voltum** – Archaismen für *aestimare / vultum*
12 **crescere / vindicari** – historische Infinitive, d. h. sie haben die Funktion von Prädikaten.
13 **iustissumo / optumo** – Archaismen für *iustissimo* und *optimo*
14 f. **illi / hi** – die Römer vor bzw. nach der „Wende"; *ille* bezieht sich ja auf weiter weg Liegendes, *hic* auf Naheliegendes.
15 f. **ignavissumi** – für *ignavissimi* (Archaismus, s. o.)

Für den Machtzuwachs Roms in der Mitte des 2. Jhs. vor Christus steht also exponiert das Jahr 146 mit seinen drei Triumphen, die in Rom gefeiert wurden. Über diese berichtet EUTROP:

Corinthiis quoque bellum indictum est, nobilissimae Graeciae civitati, propter iniuriam legatorum Romanorum. Hanc Mummius consul cepit et diruit. Tres igitur Romae simul celeberrimi triumphi fuerunt: Africani ex Africa, ante cuius currum ductus est Hasdrubal, Metelli ex Macedonia, cuius currum praecessit Andriscus, idem qui et Pseudophilippus, Mummii ex Corintho, ante quem signa aenea et pictae tabulae et alia urbis clarissimae ornamenta praelata sunt.

Z. 2 **legatorum Romanorum** – genitivus obiectivus
3 **Romae** – Lokativ
3 **Africani** – Publius Cornelius Scipio Africanus minor „Aemilianus", da er der leibliche Sohn des berühmten „Generals" Aemilius Paullus war und in die Familie der Scipiones adoptiert wurde
3 **currum** – gemeint ist die Quadriga des Triumphators
5 **signa** – bedeutet nicht nur Zeichen sondern, wie hier, „Statuen"; denn etymologisch leitet sich *signum* von *secare* ab: schneiden / schnitzen …
6 **pictae tabulae** – Gemälde

6 Tiberius Gracchus

Die fortschreitende Verelendung der besitzlosen Masse bei gleichzeitiger immenser Steigerung des Reichtums der Aristokraten führte zu einer Reformbewegung, einer „Demokratisierungsbewegung".

Der Volkstribun Tiberius Gracchus versuchte im Jahre 133 ein „Ackergesetz" zur Begrenzung des Landbesitzes und Zuweisung von staatseigenem „Gemeindeland", *ager publicus*, an die Besitzlosen durchzubringen. Niemand sollte mehr als ein gewisses Quantum an Staatsland besitzen dürfen; wer mehr besaß, sollte diesen Überhang abgeben; das frei werdende Land sollte dann an Neusiedler verteilt werden. Zwar kam das Gesetz durch, seine Umsetzung scheiterte jedoch an den „Realverhältnissen", der „reaktionären" Obstruktion der Besitzenden; Tiberius wurde mit vielen seiner Anhängern auf dem Kapitol erschlagen, die Leichen warf man in den Tiber. Ähnlich erging es einige Jahre später seinem Bruder Gaius.

Der griechische Historiker und Philosoph PLUTARCH zitiert aus einer hochberühmten Rede des Tiberius Gracchus vor dem Volk; eine Fahrt durch die Toskana habe dem Reformer die Landflucht der Bauern vor Augen geführt, er habe nur Felder gesehen, die von Sklaven aus dem Ausland bestellt wurden, die für Großgrundbesitzer arbeiteten; das sei für ihn ein Schlüsselerlebnis und ein Antrieb zu politischer Initiative gewesen:

Jedes Tier in den Wäldern Italiens hat einen Schlupfwinkel oder eine Lagerstätte, doch die Menschen, die für Italien kämpfen und sterben, haben nur Luft und Sonnenlicht, nichts

> anderes. Sie irren ohne Haus und Heim mit Frau und Kindern umher, die Feldherren aber belügen ihre Soldaten in der Schlacht, wenn sie sie mit den Worten anspornen, sie kämpften für die Gräber der Vorfahren und ihre Hausaltäre gegen die Feinde. Denn keiner der Kämpfenden hat einen Hausaltar oder ein Ahnenbild, sondern sie kämpfen und sterben für den Luxus und den Reichtum Anderer; man nennt Euch die Herren der Welt, aber Ihr habt keine Scholle, die Ihr euer Eigen nennt.

Angesichts dieser desolaten Zustände im Sozial- und Besitzgefüge bilden sich in dieser Zeit politische Parteien heraus *(partes)*, auf der einen Seite die Senatspartei, die sich selbstbewusst Partei der *optimates* nennt und natürlich die alte Ordnung bewahren will, „Ackergesetz" bleibt für sie bis zum Ende der Republik ein rotes Tuch, auf der anderen Seite die Volkspartei, die *populares*, die „Männer des Volkes"; bei deren Protagonisten geht es aber oft nicht etwa um „demokratische Sozialreformen", sondern vorrangig um die Durchsetzung eigener Machtinteressen (Musterbeispiel: Caesar).

Der Todestag des Tiberius Gracchus ist gleichsam ein „schwarzer" Tag für Rom; das folgende Jahrhundert, in das Cicero hineingeboren wird und in dem er eine bedeutende Rolle in Rom spielt, ist geprägt vom blutigen innenpolitischen Kampf. Man nennt diese 100 Jahre auch das „Jahrhundert der Revolution", das mit der „Machtergreifung" Octavians, des späteren Kaisers Augustus, endet, was das Ende der römischen Republik bedeutet, deren Rettung durch Ausgleich der Standesinteressen (*concordia ordinum* bzw. später *concordia omnium bonorum,* s. u.) Cicero sich zum politischen Lebensziel gemacht hatte. Dieses Jahrhundert der Bürgerkriege gleicht nach Ciceros Worten einem nicht enden wollenden Teufelskreis der Gewalt, in dem Gewalt stets neue Gegengewalt generiere. Im Laufe dieses Jahrhunderts wurde immer deutlicher, dass diese spezifische Form von „Republik", die keine Demokratie war, sondern eine „timokratisch-plutokratische Oligarchie", d. h. wo nur sozialer Status und Reichtum zählte, wo „Eifersüchteleien herrschten, ehrgeizige Rivalität zwischen Familien und Einzelnen, wobei jedes Mittel erlaubt scheint" (Kroll), eine effiziente Lenkung des immer weiter wachsenden Imperiums unmöglich zu machen schien. Wie schon Montesquieu 1734 feststellte, ging die römische Republik an ihrer eigenen Größe zugrunde.

II Das soziale Geburtstrauma

1 Quellen zu Ciceros Leben. Die Briefe

Neben Ciceros Schriften selbst sind die drei wichtigsten Quellen zu seinem Leben in griechischer Sprache verfasst und stammen aus nachchristlicher Zeit: erstens PLUTARCHS Cicero-Biographie, zweitens APPIAN mit seiner *Römischen Geschichte* sowie drittens CASSIUS DIO, dessen Hauptwerk ebenfalls *Römische Geschichte* heißt.

Ciceros Gesamtwerk spiegelt in einer für die römische Literatur einmaligen Weise die Zeit und das Leben seines Verfassers. Allein seine Briefe, die in der Renaissance von PETRARCA und SALUTATI wiederentdeckt wurden, ermöglichen es uns, den Menschen Cicero so intensiv wie niemanden in der Antike kennenzulernen; sie geben uns einen unmittelbaren Einblick in die politischen Strömungen und Geschehnisse der ausgehenden römischen Republik.

Die Briefe Ciceros umfassen zwei kleine und zwei große Gruppen; von den kleinen beinhaltet die eine die Briefe an seinen Bruder Quintus, die andere den Briefwechsel mit Brutus, dem Caesarmörder; die eine der großen Gruppen bilden die Briefe an seinen Freund und Verleger Atticus, die andere erhielt in der Moderne den Namen *Ad familiares.* Bei dem Wort *familiaris* ist vor scheinbarer Vertrautheit zu warnen: Es ist ein gutes Beispiel für die semantische Entwicklung und Verschiebung von Wörtern. *Familia* bedeutete zunächst „Gesinde", „Dienerschaft", daher auch der *famulus* – „Diener"; *familia* bedeutet nicht exakt das, was wir unter Familie verstehen (Vater, Mutter, Kind ...), dafür gebraucht der Lateiner eher z. B. *domus;* vielmehr umfasst das lateinische *familia* alle zum Haus gehörenden Personen und Sachen, inklusive Diener und Klienten; daher bedeutet *familia* auch „Habe".

„Erst nach Auflösung der institutionellen Einheit des Hauses durch die Trennung von Produktions- und Kosumptionssphäre in der bürgerlichen Gesellschaft entstehen Phänomen, Begriff und Theorie der modernen Familie. In diesem Prozess wird das ältere deutsche ‚Weib und Kind' durch das Fremdwort ‚Familie' ersetzt" (FRESE); dementsprechend bedeutet das Adjektiv *familiaris* zunächst „zur Dienerschaft gehörig", dann „bekannt", „befreundet", substantiviert „Bekannter", „Freund". Ciceros Briefsammlung *Ad familiares* enthält somit Briefe an Politiker, persönliche Bekannte, Freunde und Familienmitglieder. Eine frühe Würdigung der Briefe finden wir bei NEPOS in seiner Atticus-Biographie:

Quamquam eum praecipue dilexit Cicero, ut ne frater quidem ei Quintus carior fuerit aut familiarior. Ei rei sunt indicio praeter eos libros, in quibus de eo facit mentionem, qui in vulgus sunt editi, sedecim volumina epistularum ab consulatu eius usque ad extremum tempus ad Atticum missarum: quae qui legat, non multum desideret historiam contextam eorum temporum. Sic enim omnia de studiis principum, vitiis ducum, mutationibus rei publicae perspecta sunt, ut nihil in iis non appareat.

Z. 1 **quamquam** – hier Einleitung eines selbständigen Satzes i. S. v. „doch", „jedoch"
1 **eum** – d. h. Atticus; Cicero und Atticus hatten völlig divergierende Lebensausrichtungen, was Cicero in einem Brief an ihn so skizziert: *Neque ego inter me atque te quidquam interesse umquam duxi praeter voluntatem institutae vitae: quod me ambitio quaedam ad honorum studium, te autem alia minime reprehendenda ratio ad honestum otium duxit;* Atticus war nämlich Epikureer (s. u.).
1 **ne ... quidem** – nicht einmal
2 **rei ... indicio** – doppelter Dativ
3 **in vulgus editi** – *in vulgus edere:* veröffentlichen
3 **ab consulatu** – 63 v. Chr.
4 **quae** – relativischer Satzanschluss
5 **desideret** – Konj. Präs. als Potentialis, ebenso *legat*
6 **principum** – substantiviertes Adjektiv
6 f. **ut ... appareat** – ut + Konj., hier in konsekutiver Sinnrichtung

Der Nepos-Text unterscheidet also zwischen den – erst posthum edierten – privaten Briefen und den veröffentlichten Büchern; diese gliedert man in drei Hauptgruppen, erstens Reden, zweitens philosophische Schriften, drittens rhetorische Schriften. Doch sollte man das Werk nicht streng in Fachgebiete sezieren, denn „die Reden, die philosophischen Schriften und die rhetorischen Schriften erwachsen aus dem Lebensganzen. (...). Man sollte den Politiker, den Philosophen und den Theoretiker der Rhetorik als Einheit betrachten" (Büchner).

Nicht nur bei den Reden, sondern auch bei den philosophisch-rhetorischen Schriften ist im Falle Ciceros die Berücksichtigung der historischen Umstände ihrer Entstehung für eine angemessene Würdigung unerlässlich.

2 Der Heimatort Arpinum

Geboren wurde Marcus Tullius Cicero im Jahre 106 v. Chr. in Arpinum, dem heutigen Städtchen Arpino, ca. 100 km südöstlich von Rom, im südlichen Lazio. Nach dem römischen *ius trium nominum* war sein Vorname *(praenomen)* Marcus, sein Familien- oder Sippenname *(nomen gentile)* Tullius, sein Beiname *(cognomen)* Cicero. Solche Beinamen waren z. B. „Wunschnamen", z. B. Felix, gerne wurden hierdurch aber auch körperliche Auffälligkeiten aufs Korn genommen; solche Beinamen konnten dann auch vererbt werden: z. B. Calvus (Glatze), Varus (O-Bein), Sulla (dünne Wade, von der Diminutiv-Bildung *surula*, abgeleitet von *sura* – Wade), Crispus (Krauskopf) usw.; nach Plutarch hatte der erste exponierte Vertreter der Tullius-Sippe wegen seiner auffälligen Nasenform den Beinamen *Cicero* erhalten; seine Nasenspitze hatte nämlich die Form einer Kichererbse *(cicer)*. Wegen dieses vererbten Beinamens sei Marcus Tullius oft verspottet worden, zu Beginn seiner Ämterlaufbahn habe man ihm zu einer Namensänderung geraten, was Cicero souverän abgelehnt habe. Es zeugt von Humor, wenn er während seiner Quästur auf Sizilien (s. u.), als bei einem Einweihungsakt sein Name auf einer Gedenktafel verewigt werden sollte, er dem Steinmetz auftrug, den Vor- und Familiennamen einzumeißeln und daneben eine Gravur in Form einer Kichererbse anzubringen. Im Folgenden wird Cicero nur mit seinem Beinamen genannt, ebenso die meisten anderen Römer (Griechen haben nur einen Namen, z. B. Sokrates), also z. B. Crassus (der Dicke) anstelle von Marcus Licinius, Caesar anstelle von Gaius Iulius; die vollständigen Namen sind im Namenregister verzeichnet.

Ciceros Vater war nicht Patrizier, sondern gehörte zum ländlichen Ritterstand; Das war ein vererbtes „Handicap" für die Karriere des Sohnes, schotteten sich doch die mächtigen Familien der Nobilität in einem *inner circle* der Macht, in einer Art „Machtkartell" (Meyer), sozusagen ab. Nach den Worten Sallusts gaben sich die Mitglieder der Nobilität das Konsulat untereinander weiter, das Volk vergab nur die anderen Ämter; naserümpfend nannte man jeden Neuling im Konsulat *homo novus*, Parvenu.

Nur ganz wenige Nicht-Patrizier schafften den Aufstieg zum Konsulat, die berühmtesten sind Cato, Marius und eben Cicero.

Auch Marius (158 bis 86) stammte aus Arpinum; auch für ihn war es natürlich ebenso schwer gewesen, in die Phalanx der Privilegierten einzubrechen, er musste – wie Cicero – mit seinen spezifischen außergewöhnlichen Leistungen aufwarten; Marius' ganze Geringschätzung der Aristokratensöhne fasst Sallust in seinem *Bellum Iugurthinum* in Worte:

Non possum fidei causa imagines neque triumphos aut consulatus maiorum meorum ostentare, at, si res postulet, hastas, vexillum, phaleras, alia militaria dona, praeterea cicatrices advorso corpore. Hae sunt meae imagines, haec nobilitas, non hereditate relicta, ut illa illis, sed quae ego meis plurumis laboribus et periculis quaesivi.

Z. 1 **imagines / triumphos / consulatus maiorum** – Die *imagines* sind die Wachsmasken der Ahnen; nur diejenigen, deren Vorfahren hohe Ämter innegehabt hatten, waren berechtigt, solche *imagines* aufzustellen. Der dafür vorgesehene Ort war ein Schränkchen *(armarium)*, wie das *lararium*, der Hausaltar mit den Hausgöttern *(Lares)*, eine Art Herrgottswinkel im Atrium des Hauses. Auch die *imagines* sind somit ein Mittel und Zeichen der sozialen Abgrenzung, sozusagen über den Tod hinaus und die Existenzspanne des Einzelnen transzendierend; mit ihnen vergewissert sich die privilegierte Schicht ihrer perpetuierten Sonderstellung. Diese *imagines* kommen bei Leichenzügen sozusagen zum Einsatz; der schon erwähnte Grieche Polybios bietet uns im sechsten Buch seines Geschichtswerkes einen Augenzeugenbericht: Klienten der Familie oder Schauspieler tragen, auf einem hohen Wagen sitzend, die mit Lorbeerkränzen geschmückten Totenmasken und die Amtsinsignien der Ahnen. Die Ahnen führen den Leichenzug an und holen gleichsam das gerade verstorbene Familienmitglied in die Unterwelt ab. Genauso wenig wie Marius hatte also Cicero solche *imagines* vorzuweisen.

1 **fidei** – hier: Vertrauenswürdigkeit
2 **phaleras** – militärische Orden
3 **advorso corpore** – vorne am Körper, an der Brust; Gegensatz: *averso corpore* – hinten, im Rücken; *advorso* ist natürlich wieder ein Archaismus.
4 **plurumis** – Archaismus, wie üblich bei Sallust
4f. **laboribus et periculis** – Die persönliche Leistungs- und Risikobereitschaft wird hier den durch Geburt gegebenen Privilegien gegenübergestellt.

Man könnte diese Zugehörigkeit Ciceros (nur) zum ländlichen Ritterstand als eine Art soziales Geburtstrauma bezeichnen, das Cicero gleichsam aus einem Inferioritätsgefühl heraus zu Höchstleistungen anspornte; er wurde zum „politischen Selfmademan" (Giebel). Cicero schreibt in einer Mischung von Stolz und Verbitterung:

> Mihi quidem de meis maioribus dicendi facultas non datur; non possunt omnes esse patricii,

ihm hätten sich nicht die gleichen Möglichkeiten geboten wie den Sprösslingen des Adels, denen die Ehren und Auszeichnungen des römischen Volkes in die Wiege gelegt seien. Dieses Persönlichkeitsmerkmal wird uns später mehrfach begegnen, z. B. in der Rede gegen Piso; hier wird zunächst ein Abschnitt aus dem philosophischen Dialog *De legibus* (II, 3) geboten; die Teilnehmer an diesem fiktiven Gespräch sind Marcus Tullius Cicero selbst, sein Bruder Quintus Tullius Cicero und der schon oben erwähnte enge Freund Titus Pomponius Atticus; der Autor lässt den Dialog in der Nähe von Arpinum stattfinden, wo er dem Freund während eines Spaziergangs im Grünen bewegt sein Geburtshaus zeigt:

Haec est mea et huius fratris mei germana patria. Hinc enim orti stirpe antiquissima sumus, hic sacra, hic genus, hic maiorum multa vestigia. Quid plura? Hanc vides villam, ut nunc quidem est lautius aedificatam patris nostri studio, qui, cum esset infirma valetudine, hic fere aetatem egit in litteris. Sed hoc ipso in loco, cum avos viveret et antiquo more parva esset villa, [...] me scito esse natum. Quare inest nescio quid et latet in animo ac sensu meo, quo me plus hic locus fortasse delectat, si quidem etiam ille sapientissimus vir, Ithacam ut videret, immortalitatem scribitur repudiasse.

Z. 1f. Die auffällige Rhetorisierung dient der Pathossteigerung, unterstreicht die Ergriffenheit von der Magie des Ortes und des Augenblicks, vom „Hier und Jetzt": *Haec [...]. Hinc [...], hic [...], hic [...], hic [...]. Hanc [...].*
Neben den Anaphern entfalten in diesen Zeilen Asyndeta (fehlende Bindewörter), Ellipsen (fehlende finite Verbformen) und die elliptische rhetorische Frage *(quid plura?)* ihre Wirkung.
2 **sacra** – hier als Substantiv, Plural zu *sacrum*
2 **maiorum** – ebenfalls als Substantiv im Sinne von „Vorfahren"
3 **lautius** – Adverb des Komparativs
4 **infirma valetudine** – ablativus qualitatis als Prädikatsnomen

5 **avos** – hier Nominativ Sg., also ein Archaismus, wie er oft z. B. bei Sallust anzutreffen ist, hier als stilistisches Mittel verwendet, da ja von alten Dingen die Rede ist.
5 **scito** – recht seltener „futurischer“, etwas feierlich wirkender Imp. II
6 **nescio quid** – erscheint manchmal auch zusammengeschrieben, ein Indefinitpronomen
7 **sapientissimus vir** – gemeint ist Odysseus, dessen Heimat die Insel Ithaka ist
7 f. **vir ... scribitur repudiasse** – NCI
7 f. **immortalitatem** – Homer, *Odyssee*, 5. Gesang: Dort verspricht die Nymphe Kalypso dem bei ihr gestrandeten Odysseus, ihn „unsterblich und auf ewig alterslos zu machen“.
8 **repudiasse** – Kurzform für *repudiavisse*

3 Ausblick: Bewerbung um das Konsulat

Aus dem Jahre 64 stammt die kleine Denkschrift *De petitione consulatus* (die Bewerbung um das Konsulat) des Quintus Cicero an seinen Bruder Marcus, der sich in diesem Jahr um das Konsulat für das folgende Jahr – erfolgreich – bewarb. Quintus erinnert Marcus daran, was er bei der Bewerbung stets im Auge behalten solle; auch hier ist die *homo-novus*-Problematik dominant. Was Marcus vor den anderen Bewerbern auszeichne, sei sein rhetorisches Geschick, das im republikanischen Rom, wo die direkte Kommunikation gefordert war, unerlässlich war. Daher galt im antiken Bildungskanon (s. u.) die Rhetorik meist als *omnium artium domina* (Tacitus).

Etsi tibi omnia suppetunt ea, quae consequi ingenio aut usu homines aut diligentia possunt, tamen amore nostro non sum alienum arbitratus ad te perscribere ea, quae mihi veniebant in mentem dies ac noctes de petitione tua cogitanti, non ut aliquid ex iis novi addisceres, sed ut ea, quae in re dispersa atque infinita videntur esse, ratione et distributione sub uno conspectu ponerentur.

Civitas quae sit cogita, quid petas, qui sis. Prope cottidie tibi hoc ad forum descendenti meditandum est: „novus sum, consulatum peto, Roma est.“ Nominis novitatem dicendi gloria maxime sublevabis: semper ea res plurimum dignitatis habuit; non potest, qui dignus habetur patronus consularium, indignus consulatu putari.

Z. 2 **alienum** – hier etwa: unpassend, fehl am Platz
4 **aliquid ... novi** – genitivus partitivus = irgendetwas Neues
5 **ratione et distributione** – Hendiadyoin, d. h. „eins durch zwei“: zwei Substantive werden scheinbar additiv nebeneinandergestellt, obwohl das eine inhaltlich ein Attribut zum anderen ist, Muster: *patera et aurum* = goldene Schale; hier etwa: *systematische Gliederung*
6 **quae sit ..., quid petas, qui sis** – indirekte Fragesätze, stilistisch ein asyndetisches Trikolon (Polyptoton, Parallelismus)

6 f. **ad forum descendenti** – das Forum liegt in einer Senke, daher *descendenti*. Cicero besaß auf dem benachbarten Palatinhügel ein Haus, er hatte es also nicht weit zur „Arbeitsstelle".
7 **novus sum, consulatum peto, Roma est** – beliebte Form der Rhetorisierung, asyndetisches Trikolon, d. h. 3 Glieder ohne Bindewörter, s. o.
9 **patronus** – Cicero war seit dem Jahre 81 sehr erfolgreich als Anwalt tätig.
9 **consularium** – *consul*: Konsul / *consularis*: gewesener Konsul, ebenso: *quaestor*/ *quaestorius* …

Omnipräsent waren also Eifersüchteleien und Neid unter den Adelsfamilien, wenn es um die Amtskarrieren des Nachwuchses ging; dass man in diesen Kreisen Emporkömmlinge besonders dann beargwöhnte, wenn eine Bewerbung aus den eigenen Reihen erfolglos blieb, zeigt folgender Passus der Denkschrift:

Quoniam, quae subsidia novitatis haberes et habere posses, exposui, nunc de magnitudine petitionis dicendum videtur: consulatum petis, quo honore nemo est, quin te dignum arbitretur, sed multi, qui invideant; petis enim homo ex equestri loco, summum locum civitatis atque ita summum, ut forti homini, diserto, innocenti multo idem ille honos plus amplitudinis quam ceteris afferat. Noli putare eos, qui sunt eo honore usi, non videre, tu, cum idem sis adeptus, quid dignitatis habiturus sis; eos vero, qui consularibus familiis nati locum maiorum consecuti non sunt, suspicor tibi, nisi si qui admodum te amant, invidere.

Z. 1 **novitatis** – genitivus obiectivus
2 **petitionis** – Bewerbung um das Konsulat
2 **dicendum** – ergänze *esse*: also Gerundivum als Prädikatsnomen
3 **homo** – Prädikativum
3 f. **equestri loco** – Ritterstand
7 **locum maiorum** – Konsulat
8 **tibi** – *invidere* „steht" mit Dativ

III Lehrjahre

1 Ausbildung zum Redner. Attizismus vs. Asianismus

Womit Cicero also bei seiner Bewerbung um das höchste Amt im Staat punkten konnte, war seine *dicendi gloria;* diese war durch eine intensive Ausbildung, die mit einem Studienaufenthalt in Griechenland abgerundet wurde, hart erarbeitet, so hart, dass die übermäßige körperliche Beanspruchung bereits zwei Jahre nach Beginn seiner Karriere als Anwalt und Prozess-Redner, also im Jahre 79, zu gesundheitlichen Problemen führte. Darüber berichtet uns Cicero in seiner späten rhetorischen Schrift *Brutus* (313 ff.) aus dem Jahre 46. Dieser Bericht reflektiert eine rhetorische Modeerscheinung der Zeit, den sog. Asianismus, offenbar mehr „Singsang" als Rede, wie eine Stelle im *Orator* vermuten lässt *(ululanti voce more Asiatico canere),* einen zu Schwulst und barock ausufernder Regellosigkeit neigenden Zeitgeschmack, dem Cicero offenbar in seinen jungen Jahren anhing, von dem er sich aber im Laufe der Jahre distanzierte, auch wenn ihm später noch der Vorwurf gemacht wurde, er sei ein Anhänger des Asianismus. Ein ausgewiesener und dezidierter Anhänger des Asianismus war der große Redner Hortensius, dessen Einfluss in Ciceros ersten Reden noch zu spüren ist. Der Asianismus, der später von einer puristischen Gegenströmung, dem Attizismus, überwunden wurde, hat seinen Namen von dem geographischen Schwerpunkt dieser Modeerscheinung, dem Festland Kleinasiens in der heutigen Türkei, während z. B. die vorgelagerte Insel Rhodos mit der dortigen Hochschule für Rhetorik eher konservativ blieb, was für das Verständnis des folgenden Textes wichtig ist; an anderer Stelle schreibt Cicero hierzu: *Asiatici oratores parum pressi et nimis redundantes, Rhodii saniores et Atticorum similiores.* Im Vorfeld des zitierten Textabschnittes hat Cicero von seinen rhetorischen Studien auf dem Festland Kleinasiens berichtet, wo er sich von den Meistern des Asianismus unterrichten ließ, bevor er sich nach Rhodos zu Apollonios Molon, den er schon in Rom gehört hatte, begab, der ihn sozusagen „zurückstutzte" – *coerceret* heißt es im Text:

Erat eo tempore in nobis summa gracilitas et infirmitas corporis, procerum et tenue collum; qui habitus et quae figura non procul abesse putatur a vitae periculo, si accedit labor et laterum magna contentio. Eoque magis hoc eos, quibus eram carus, commovebat, quod omnia sine remissione, sine varietate, vi summa vocis et totius corporis contentione dicebam.

Itaque cum me et amici et medici hortarentur, ut causas agere desisterem, quodvis potius periculum mihi adeundum quam a sperata gloria discedendum putavi. Sed cum censerem remissione et moderatione vocis et commutato genere dicendi me et periculum vitare posse et temperatius dicere, ut consuetudinem dicendi mutarem, ea causa mihi in Asiam proficiscendi fuit. Itaque cum essem biennium versatus in causis et iam in foro celebratum meum nomen esset, Roma sum profectus. [...].

Rhodum veni meque ad eundem, quem Romae audiveram, Molonem applicavi, cum actorem in veris causis scriptoremque praestantem tum in notandis animadvertendisque vitiis et instituendo docendoque prudentissimum. Is dedit operam, si modo id consequi potuit, ut nimis redundantes nos et supra fluentes iuvenili quadam dicendi impunitate et licentia reprimeret et quasi extra ripas diffluentes coerceret.

Ita recepi me biennio post non modo exercitatior, sed prope mutatus. Nam et contentio nimia vocis resederat et quasi deferverat oratio lateribusque vires et corpori mediocris habitus accesserat.

Z. 3 **laterum** – abgeleitet von *latus*, Pl. *latera*, hier: Lunge
3 **eoque** – für *et eo*, abl. mensurae – um so …
6 **causas** – Fall, Prozess → Idiom: *causas agere* – Prozesse führen
6 f. **quodvis** – Indefinitpronomen, Akk. Sg. Neutrum zu *quivis*
7 **adeundum** – Gerundivum zu *adire* → vgl. *periculum adire* – eine Gefahr auf sich nehmen
10 **Asiam** – Westen der heutigen Türkei
11 **foro** – topographisch ist *forum* synonym etwa mit „Regierungsviertel“, übertragen mit „politisches Rampenlicht“; → vgl. *in foro esse* – sich am öffentlichen Leben beteiligen
13 **Rhodum** – Rhodos war damals ein Mekka der Rhetorik, Sitz einer berühmten Hochschule.
Molonem: Akk. zu *Molo*; der griechische Rhetoriklehrer *Apollonios Molon* (vgl. griech. *Platon* / lat. *Plato*).
14 **cum ... tum** – sowohl … als auch
14 **actorem** – *actor* ist hier das *nomen agentis* zu *agere* im Sinne von *causas agere*, s. o. Z. 6
14 **scriptoremque** – Verfasser von Reden, wie in Griechenland die sog. Logographen
16 f. **nimis redundantes / supra fluentes / dicendi impunitate / extra ripas diffluentes** – eindeutige Diagnose: Asianismus. Dass Cicero den Vorwurf des Asianismus nie ganz eliminieren konnte, dokumentiert noch Tacitus in nachchristlicher Zeit: *satis constat ne Ciceroni quidem obtrectatores defuisse, quibus inflatus et tumens nec satis pressus, sed supra modum exsultans et superfluus et parum Atticus videretur.*

Ciceros Lehrer sind die Renommiertesten ihres Faches, er lernt Rechtskunde z. B. bei dem Augur Quintus Mucius Scaevola, hört Philosophie bei Philon von Larisa in Rom, Redekunst, wie der obige Text zeigt, bei Apollonios Molon in Rom und später auf Rhodos. Zudem nimmt Cicero den blinden Stoiker Diodot in sein Haus auf und lernt bei ihm besonders Dialektik, d. h. gemäß antiker und mittelalterlicher Terminologie „Logik“ im Sinne der formalen Logik.

2 Theorie des *orator perfectus*

In Ciceros Ausbildung wurde das Fundament gelegt für die später von ihm verfochtene Bildungsprogrammatik, gemäß welcher der Redner und der Philosoph eine organische Einheit bilden; das Bild des Redners koinzidiert mit dem des Philosophen: Für einen vollkommenen Redner reicht es nicht, nur *disertus* (rhetorisch versiert) zu sein, er muss auch *eloquens* sein, d. h. er braucht eine umfassende, besonders philosophische Bildung; *vice versa* muss der Philosoph neben seiner Sachkenntnis auch rhetorisch adäquat ausgebildet sein, er muss *ornate dicere* können. Diese Form der Verbindung von Rhetorik und Philosophie war im klassischen Griechenland so nicht vorhanden; bei PLATON z. B. sind diese beiden Disziplinen Antipoden: Die Philosophie sei eine Wissenschaft und suche die Wahrheit, die Rhetorik dagegen sei bloß „Routine" und „Schmeichelei". Freilich wird bei dem Griechen ISOKRATES die Rhetorik höher bewertet: Sie solle praxisnahe Philosophie sein. Diesen Gedanken greift Cicero auf und expliziert sein Bildungsprogramm in den drei Büchern *De oratore,* die er in der ersten Phase seiner philosophischen Schriftstellerei verfasste (s. u.). Dieses Werk ersetzte, wie er selbst sagt, sein Jugendwerk *De inventione,* in dem er schon deutlich seine wissenschaftliche und bildungsprogrammatische Lebensaufgabe formuliert hatte, nämlich Rhetorik mit Philosophie zusammenzuführen. Ciceros vielleicht griffigste Definition der *eloquentia* finden wir in seinen *Oratoriae partitiones;* sie kann hier geradezu als Motto dienen: *Nihil est aliud eloquentia [...] nisi copiose loquens sapientia.*

Wie das Spätwerk *Brutus,* dem der oben zitierte „Ausbildungsbericht" entnommen ist, ein Werk, dem in der europäischen Kulturgeschichte eine exponierte Stellung einzuräumen ist, weil hier zum ersten Mal die Konzeption einer Literaturgeschichte anzutreffen ist, in der Cicero sich selbst – unausgesprochen – als Kulminationspunkt der literarischen Entwicklung Roms sieht, stammt auch das Werk *Orator* aus der zweiten Phase (s. u.) seiner philosophisch-rhetorischen Schriftstellerei während der Diktatur Caesars, während der *nox rei publicae,* als für das freie Wort kein Raum war. Die Schrift *Orator* widmet der Autor dem Redner und späteren Caesar-Mörder M. Iunius Brutus, hier entwickelt er u. a. die von den Griechen vorgezeichnete Lehre von den drei Stilhöhen: *Tria sunt omnino genera dicendi,* nämlich *leve, medium* und *grave;* mutatis mutandis kann man diese Dreiteilung auch ansatzweise auf Ciceros Gesamtwerk applizieren: Briefe, philosophische Schriften und Reden, klassifiziert nach dem Grad der Rhetorisierung. Auch wenn einige Briefe rhetorisch sehr ausgefeilt sind, so lebt doch der gewöhnliche Briefstil laut Cicero vom *plebeius sermo: Quid enim simile habet epistola aut iudicio aut concioni,* heißt es in einem Brief an Paetus aus dem Jahre 44.

Der folgende Textabschnitt aus dem *Orator* (14 ff.) verdeutlicht Ciceros Forderung der Einheit von *orator perfectus* und *philosophus,* die Koalition von Rhetorik und Philosophie.

Positum sit igitur imprimis, quod post magis intellegetur: sine philosophia non posse effici, quem quaerimus eloquentem; non ut in ea tamen omnia sint, sed ut sic adiuvet ut palaestra histrionem; parva enim magnis saepe rectissime conferuntur. Nam nec latius atque copiosius de magnis variisque rebus sine philosophia potest quisquam dicere, si quidem etiam in Phaedro Platonis hoc Periclen praestitisse ceteris dicit oratoribus Socrates, quod is Anaxagorae physici fuerit auditor; a quo censet eum, cum alia praeclara quaedam et magnifica didicisse, tum uberem et fecundum fuisse gnarumque, quod est eloquentiae maximum, quibus orationis modis quaeque animorum partes pellerentur; quod idem de Demosthene existimari potest, cuius ex epistulis intellegi licet, quam frequens fuerit Platonis auditor, nec vero sine philosophorum disciplina genus et speciem cuiusque rei cernere neque eam definiendo explicare nec tribuere in partes possumus nec iudicare, quae vera, quae falsa sint, neque cernere consequentia, repugnantia videre, ambigua distinguere. Quid dicam de natura rerum, cuius cognitio magnam orationis suppeditat copiam?

Z. 1 **post** – hier für *postea; post* wird nicht nur als Präposition, sondern auch, wie hier, als Adverb gebraucht.

2 **quem quaerimus eloquentem** – äquivalent mit: *eloquentem, quem quaerimus*

3 **ut palaestra histrionem** – Was Bühne, Schauspiel und Wettkampfspiel angeht, sind die Römer besonders von zwei Seiten beeinflusst, den Griechen (Drama) und den Etruskern (Gladiatorenspiele); das hat sich auch sprachlich niedergeschlagen: Aus dem Griechischen stammen z.B. *theatrum* und *scaena* (Bühne, daher unser Wort „Szene“), auch *palaestra* ist aus dem Griechischen entlehnt (Ringschule, Sportplatz), *histrio* (Schauspieler) stammt aus dem Etruskischen, ebenso wie unser Allerweltswort „Person“: *persona* – Maske, nämlich die des Schauspielers. Unsere Stelle will sagen: Schauspieler müssen auch körperlich durchtrainiert sein; in analoger Weise sorgt philosophische Bildung für die fundamentalen intellektuellen Voraussetzungen für eine überzeugende und erfolgreiche Tätigkeit als Redner.

3 **parva ... magnis ... conferuntur** – Ganz anders als in Griechenland war das Ansehen der Schauspielkunst in Rom sehr gering.

5 **Phaedro** – *Phaidros* ist einer der berühmtesten Dialoge Platons, benannt nach dem Gesprächspartner des Sokrates, der ja in den Dialogen seines Schülers Platon als Gesprächsteilnehmer verewigt ist.

5 **Periclen** – ist ein griechischer Akkusativ; Perikles ist der bedeutendste Staatsmann im Athen des 5. Jhs. vor Christus, der Zeit der griechischen Klassik.

6 **Anaxagorae** – Anaxagoras war ein sog. „Vorsokratiker“, ein *physikós* – so nannten die Griechen oft ihre spekulativen Naturphilosophen der Frühzeit (griech. *phýsis* – Natur); es geht hier nicht um Physik im modernen Sinne, die ja in der Neuzeit seit Francis Bacons *Novum organum* von 1620 neue, experimentell-messende, mathematische Wege eingeschlagen hat. Die griechischen *physikoí* sind die Urväter der europäischen Philosophie; Aristoteles nennt sie „die ersten Philosophen“.

7 **cum ... tum** – sowohl ... als auch

9 **animorum partes** – Wie weiter unten im Kontext der Seelenlehre näher ausgeführt werden wird, unterscheidet Platon drei Seelenteile: einen als Sitz der Vernunft, einen zweiten als Sitz des Mutes, einen dritten als Sitz der Begierde; seit eh und je setzt man – auch in der Alltagssprache – drei Körperbereiche in Analogie dazu: Kopf, Herz und Bauch; die entsprechenden Tugenden sind Klugheit, Mut und Maßhalten. Den Rhetoriker interessiert das alles lediglich unter dem Aspekt der Beeinflussung durch Re-

de, im Griechischen auch *psychagogía,* d.h. Seelenführung genannt; *psychagogía* ist bei Platon ein Synonym für Rhetorik.

9 **Demosthene** – Der Grieche Demosthenes ist der größte Redner der Antike; Cicero war in der Wahl seiner Vorbilder nicht bescheiden: von den Philosophen wählte er sich den größten – er nennt Platon einmal *deus quidam philosophorum* –, von den Rednern Demosthenes, den er, wie den Philosophen Platon bei einigen philosophischen Schriften, auch in einem Werktitel imitiert, s.u. *Philippische Reden* gegen Antonius; dass Demosthenes Schüler Platons gewesen sei, ist wohl spätere Fiktion, die Schriften Platons freilich hat er studiert.

11 f. **genus, speciem, definiendo** – Die Lehre von der Definition („Grenzen ziehen") gehört zum Kleinen Einmaleins der Logik, wie es Aristoteles expliziert hat; eine Sache wird definiert, indem man zunächst das *genus proximum* (Gattung), dann die *differentia specifica* benennt (artbildender Unterschied); für die Definition des Menschen z.B. heißt das: *homo est animal rationale;* die Gattung ist *Lebewesen,* der artbildende Unterschied die *ratio.*

14 **natura rerum** – das lateinische Gegenstück zu griech. *phýsis* – Natur, „Schöpfung".

3 Bildungsprogramm

Das Thema Bildungsprogramm soll hier vorläufig abgeschlossen werden mit einer Passage aus der Gerichtsrede *Pro Archia poeta* (12 f.), die Cicero als Verteidiger im Jahre 62, also ein Jahr nach seinem Konsulat gehalten hat. Angeklagt ist der Dichter Aulus Licinius Archias, gebürtiger Grieche; der Kläger ist ein gewisser Grattius, der dem weltläufigen Dichter, der zum Freundeskreis Ciceros gehörte, vorwirft, er habe sich das römische Bürgerrecht widerrechtlich angemaßt. Cicero verweist auf ein altes Gesetz, nach welchem dem Angeklagten das Bürgerrecht zustehe, welches der Dichter auch im Jahre 89 rechtmäßig erworben habe. Er geht nur kurz auf die juristische Problematik ein, überhaupt „wäre Archias in die Zahl der Bürger aufzunehmen, wenn er nicht schon Bürger wäre". Den Hauptteil der Rede bildet ein Lob der Poesie und der schönen Künste. Der Text zeigt, welche Bedeutung die *studia litterarum* für Cicero hatten, welches Bild von *humanitas* als Geistes- und Herzensbildung er vermitteln will.

Ein zentraler Begriff im Werk Ciceros ist diese *humanitas*, ein Begriff, mit dem „der Römer vor allem der ciceronischen Zeit und besonders Cicero den verpflichtenden Wesenskern des Menschen zusammenfaßte" (Büchner). Instruktiv im Hinblick auf das Problem einer präzisen Ortung der Begriffsinhalte und auch im Hinblick auf die moderne Schwerpunktverlagerung des Begriffsinhalts von *humanitas* / „Humanität" ist eine Bemerkung bei Gellius (2. Jh. n.Chr.), zu Ciceros Zeit habe das lateinische Wort *humanitas* lediglich dem griechischen *paideía* (vgl. Pädagogik), also etwa einer „umfassenden Bildung" entsprochen; zu seiner (Gellius') Zeit entspreche es eher dem griechischen *philanthropía.* Näheres zum *humanitas*-Begriff siehe weiter unten.

Wenn Cicero eine umfassende Allgemeinbildung des Redners fordert, rekurriert er damit auf ein von den Griechen entwickeltes Konzept einer „enzyklopädischen" Bildung: *enkýklios paideía* (daher unser Wort „Enzyklopädie") ist der griechische Begriff für das, was wir Allgemeinbildung, die Römer eine Bildung in den *artes liberales* nennen, ein Terminus, der zum ersten Mal in Ciceros Frühschrift *De inventione* anzutreffen ist, ein Bildungskonzept, das über das Mittelalter bis heute nachwirkt (*magister artium,* M.A.); wenn wir heute von Master-Studiengängen sprechen, handelt es sich hierbei terminologisch also um ganz alten Wein in neuen Schläuchen; engl. *master* stammt wie das deutsche „Meister" von *magister* ab.

Dieses antike Bildungsprogramm, dessen exponierter Vertreter zur Zeit der römischen Klassik Cicero ist, ist also zusammengefasst in den „sieben freien Künsten", wobei – wie Seneca es formuliert – *liberalis* so viel bedeutet wie „eines freien Mannes würdig". Das griechische Konzept der o. g. *enkýklios paideía* ist als festes System greifbar, „wahrscheinlich schon bei Aristoteles, bestimmt aber um die Wende vom 4. zum 3. Jh. v. Chr." (Kühnert). Die sieben Fächer waren:

Trivium: Grammatik, Dialektik / Logik, Rhetorik
Quadrivium: Musik, Arithmetik, Geometrie, Astronomie

Seit der Zeit Karls des Großen und der von ihm gegründeten Hofschule in Aachen kursierten als Memorierverse zwei daktylische Hexameter:

> GRAM loquitur, DIA vera docet, RHE verba ministrat,
> MUS canit, AR numerat, GEO ponderat, AS colit astra.

Das Ziel war eine formale Verstandesschulung, Ausbildung zur Urteilsfähigkeit und Vermittlung einer gewissen geistigen Kultur.

> Das System der antiken artes liberales übermittelt dem Abendland die spätantike Bildungstradition.
> Dem christlichen Mittelalter bedeutet es die zeitlos gültige Ordnung alles Wissens. Die Gesamtheit der artes liberales kann der Philosophie gleichgesetzt werden. (E. R. Curtius)

Cicero betont oft, dass diese *artes humanae* der Ausbildung der Jugend dienen, etwa in der hier thematisierten Rede: *eae artes, quibus aetas puerilis ad humanitatem informari solet.* Die Rhetorik hat bei Cicero freilich eine Sonderstellung; sie bildet das Fachstudium, das auf den *artes* aufbaut. Er bewertet die Rhetorik stets höher als die anderen *artes;* die Philosophie ist dabei sozusagen deren Urquell: *omnium laudatarum artium procreatrix.* Ein Satz aus *De oratore* fasst diesen Themenpunkt gut zusammen: *sic sentio neminem esse in oratorum numero habendum, qui non sit omnibus eis artibus, quae sunt libero dignae, perpolitus.* Es folgt die Passage aus *Pro Archia poeta:*

Quaeres a nobis, Gratti, cur tanto opere hoc homine delectemur. Quia suppeditat nobis, ubi et animus ex hoc forensi strepitu reficiatur et aures convicio defessae conquiescant. An tu existimas aut suppetere nobis posse, quod cotidie dicamus in tanta varietate rerum, nisi animos nostros doctrina excolamus, aut ferre animos tantam posse contentionem, nisi eos doctrina eadem relaxemus? Ego vero fateor me his studiis esse deditum. Ceteros pudeat, si qui ita se litteris abdiderunt, ut nihil possint ex eis neque ad communem adferre fructum neque in aspectum lucemque proferre; me autem quid pudeat, qui tot annos ita vivo, iudices, ut a nullius umquam me tempore aut commodo aut otium meum abstraxerit aut voluptas avocarit aut denique somnus retardarit? Qua re quis tandem me reprehendat, aut quis mihi iure suscenseat, si, quantum ceteris ad suas res obeundas, quantum ad festos dies ludorum celebrandos, quantum ad alias voluptates et ad ipsam requiem animi et corporis conceditur temporum, quantum alii tribuunt tempestivis conviviis, quantum denique alveolo, quantum pilae, tantum mihi egomet ad haec studia recolenda sumpsero? Atque id eo mihi concedendum est magis, quod ex his studiis haec quoque crescit oratio et facultas, quae, quantacumque est in me, numquam amicorum periculis defuit.

Z. 1 **tanto opere** – entspricht *tantopere*: so sehr

6–8 Typisch für Cicero ist die Forderung einer Verbindung von *vita contemplativa* und *vita activa*, von Theorie und Praxis. Intellektuelles Eigenbrötlertum, ohne das Wissen für den Staat und die Mitmenschen nutzbar zu machen, ist zu verurteilen. Ciceros philosophische Schriften wollen immer auch der *res publica* nützen (s. u.), ihre Abfassung versteht er als patriotische Tat.

9 **tempore** – hier etwa: *schwere* Zeit, Notlage

10 **avocarit** – Kurzform für *avocaverit,* Analoges gilt für das folgende *retardarit*

12 **obeundas** – Gerundivum zu *obire*, hier transitiv: besorgen, erledigen

11 ff. **quantum** – stilistisch zu beachten sind hier besonders die Anaphern *(quantum),* die Parallelismen und Ellipsen (des Prädikats) und das mit dem vielfach wiederholten *quantum* korrespondierende *tantum* in Z. 15. Der Satz Z. 11 bis 15 ist ein gutes Beispiel für eine klassische „runde“ Satzperiode.

14 **tempestivis** – hier: früh beginnend, d. h. üppig

16 Zu beachten das Hyperbaton *eo* (abl. mensurae …) *magis* (um so mehr).

16 **concedendum est** – Gerundivum als Prädikatsnomen.

16 f. **oratio et facultas** – das beliebte rhetorische Mittel Hendiadyoin: hierbei hat das *et* nicht additive Funktion, sondern dient gleichsam der Begriffsverschmelzung; hier erklärt ein Nomen das andere als Attribut näher: rednerische Fähigkeit; dieses Stilmittel wird uns noch häufiger begegnen. Ein Klassiker: *via ac ratione* – „auf methodischem Weg“, d. h. systematisch

IV Der „1. Bürgerkrieg“

1 Marius und Sulla

In die frühe Kindheit Ciceros fällt der Krieg Roms gegen die Kimbern und Teutonen, zwei germanische Volksstämme aus Jütland, die in einer Völkerwanderung bis nach Südfrankreich, das damals schon von den Römern besetzt war (*provincia* – daher Provence), und nach militärischen Erfolgen gegen die Römer mit einem Teil ihrer Truppen sogar über die Alpen nach Italien vorstießen.

Dieser Krieg wäre in unserem Kontext weniger wichtig, wenn nicht Marius in dieser für Rom bedrohlichen Situation das alte römische Bürgerheer komplett reformiert und zu einem Berufsheer gemacht hätte, das er aus Proletariern (s. o.) rekrutierte, die sich durch ihren Dienst Versorgungsrechte erwarben und jetzt in einer persönlichen Bindung zu ihrem jeweiligen Feldherrn standen; es kam zu einem Abhängigkeitsverhältnis, in dem sich die Soldaten primär ihrem *imperator* verpflichtet sahen (FUNKE). Das typisch römische gesellschaftliche Phänomen des Klientelwesens, das Verhältnis *patronus – cliens,* wurde hier sozusagen in den militärischen Bereich hinein erweitert; diese neue Erscheinungsform des römischen Klientelverhältnisses, in dem der *imperator* und seine Soldaten eine Art „Erwerbsgemeinschaft“ (JEHNE) bildeten, eröffnete in der ciceronischen Zeit Einzelnen die Möglichkeit zu immenser Machtsteigerung; das „bedrohte oder beherrschte den zivilen Staatsapparat“. (FUHRMANN)

So konnte es geschehen, dass ein für eine militärische Sonderaufgabe *(imperium)* eingesetzter Imperator zu einem unberechenbaren *warlord* wurde, der sich auch gegen den eigenen Staat wandte. Man kann hier von einem „legalisierten Absolutismus der Generale“ sprechen (HENSE / LEONARD).

Dieser „Fehler im System“ ermöglichte das rasche Ausbrechen von Bürgerkriegen. Der 1. Bürgerkrieg des Jahrhunderts ließ nicht lange auf sich warten. Nachdem im Jahre 88 in Kleinasien (in der heutigen Türkei) in der sogenannten „Vesper von Ephesos“ – einer Art antiker Bartholomäus-Nacht – an einem Tag 80.000 römische Bürger auf Betreiben des Mithridates, König von Pontos (am Schwarzen Meer), ermordet worden waren, übertrug der Senat den Oberbefehl *(imperium)* gegen ihn dem Lucius Cornelius Sulla: *imperium* ist im Gegensatz zu *potestas*, einem „relativen Begriff, der immer nur in Bezug auf ein bestimmtes Amt Inhalt bekommt, ein absoluter Terminus, der eine Zusammenfassung ganz bestimmter Machtvollkommenheiten beinhaltet“, eine „allumfassende Befehlsgewalt des Staatsoberhauptes mit Sonderrechten“ bezeichnet (MEYER) und immer das Recht zur Heerführung impliziert.

In Opposition zum Senat entzog das Volk Sulla das *imperium* und übertrug es auf Marius, einen „Popularen“.

Eutrop schreibt über den Ausbruch des ersten Bürgerkrieges im Jahre 88:

Primum Romae bellum civile commotum est, eodem anno etiam Mithridaticum. Causam bello civili C. Marius sexies consul dedit. Nam cum Sulla contra Mithridaten gesturus bellum, qui Asiam et Achaiam occupaverat, mitteretur, isque exercitum in Campania paulisper teneret, ut belli socialis, de quo diximus, quod intra Italiam gestum fuerat, reliquiae tollerentur, Marius adfectavit, ut ipse ad bellum Mithridaticum mitteretur.
Qua re Sulla commotus cum exercitu ad urbem venit. Illic contra Marium et Sulpicium dimicavit. Primus urbem Romam armatus ingressus est, Sulpicium interfecit, Marium fugavit, atque ita ad Asiam profectus est.

Z. 1 **Mithridaten** – griechischer Akkusativ; latinisiert: *Mithridatem*
4 **belli socialis** – Bundesgenossenkrieg in Italien in den Jahren 91 bis 89, s. o.
7 **urbem** – hier wie häufig = Rom

Doch kaum hatte Sulla Italien verlassen:

Dum Sulla in Achaia atque Asia Mithridaten vincit, Marius, qui fugatus erat, et Cornelius Cinna, unus ex consulibus, bellum in Italia reparaverunt et ingressi urbem Romam nobilissimos e senatu et consulares viros necaverunt, multos proscripserunt, ipsius Sullae domo eversa filios et uxorem ad fugam compulerunt. Universus senatus ex urbe fugiens ad Sullam in Graeciam venit, orans, ut patriae subveniret.

Z. 1 **Achaia** – ursprünglich der Name eines Landstriches des nördlichen Teils der griechischen Halbinsel Peloponnes, später, zur Zeit der römischen „Besatzung“ (Provinz) eine Art römischer Verwaltungsbegriff für das gesamte griechische Kernland.
1 **Asia** – nicht der heute so bezeichnete Kontinent, sondern der Westen Kleinasiens (in der heutigen Türkei, s. o.) und die damit verbundenen Inseln.
1 **vincit** – durch das Präsens wird hier das Imperfektive betont; der endgültige Sieg wird erst Pompeius gelingen (s. u. Ciceros Rede *De imperio Gnaei Pompei*).
3 f. **proscripserunt** – in dieser Zeit begann man in Rom damit, politische Gegner auf Ächtungslisten zu setzen und sie in einer regelrechten Menschenjagd gezielt töten zu lassen (vgl. die folgende Rede Ciceros *Pro Sexto Roscio*). Auch Cicero selbst fällt einer solchen Proskription zum Opfer, dazu später mehr.

Nach seiner Rückkehr und seinem Sieg über die Marianer herrscht Sulla als Diktator in Rom (82 bis 79). Die hier geschilderten Ereignisse zeigen somit archetypisch den z. B. bei Cassius Dio (s. o.) beklagten Teufelskreis der Gewalt, der die Geschichte des Jahrhunderts der Bürgerkriege prägt.

2 Die erste *causa publica: Pro Sexto Roscio*

In diese Zeit der Diktatur Sullas fällt der erste Auftritt Ciceros in einer *causa publica*, d. h. einem Kriminalprozess im Jahre 80 v. Chr. Ein Jahr zuvor hatte er seinen ersten Auftritt vor Gericht überhaupt, in einem Zivilrechtsfall *(causa privata)*, mit der Rede *Pro Quinctio*. Der übliche Ort für Gerichtsprozesse war das *comitium* (s. o.), ein öffentlicher Platz in der Nähe des Senatsgebäudes, der *curia;* außerdem standen zu Ciceros Zeiten vor der Erneuerung des Forums durch Caesar und Augustus vier repräsentative, mehrschiffige große Bauten am Forum für Gerichtsprozesse zur Verfügung. Solche Großbauten hießen *basilica*, „Königshalle", ein aus den Zentren der hellenistischen Reiche des Ostens übernommener Bautypus. „Basilika" hat also ursprünglich nichts mit „Kirche" zu tun, vielmehr nutzten die Christen mitunter diese alten Großbauten für ihre Zusammenkünfte, im Laufe der Zeit konnotierte man sie mit Kirche. Auf dem *comitium* leiteten die Prätoren, auf ihrer *sella curulis* sitzend, vom *tribunal* herab, einer erhöhten Bühne, unter freiem Himmel die Prozesse (Pohland). Die große Rednertribüne, die *rostra* auf dem Forum Romanum, von der weiter unten die Rede sein wird, die *curia* und eben das *comitium* bilden „eine architektonische Einheit, die für die Besucher des Forums in republikanischer Zeit die politische Ordnung der republikanischen Gesellschaft widerspiegelt" (Kissel). Das *comitium* war der *locus iustitiae*, vis-à-vis waren daher auch die berühmten *duodecim tabulae*, die Jahrhunderte alte Rechtskodifikation, aufgestellt.

Zurück zu Ciceros Kriminalprozess; zu diesem berichtet Plutarch in seiner Cicero-Biographie, Chrysogonus, ein Günstling des Diktators, habe in einer Scheinversteigerung die stattlichen Güter eines Proskriptionsopfers (Vermögen war ein häufiger Ächtungsgrund) zu einem Spottpreis „erworben", worüber der Sohn des Opfers, Sextus Roscius, der rechtmäßige Erbe, sich beklagt habe; das habe den Unmut des Diktators erregt.

Dieser habe dann über seinen Günstling, der einen Strohmann als offiziellen Ankläger vorschob, den Sohn des Vatermordes angeklagt, woraufhin kein Anwalt es angesichts der Unberechenbarkeit des Diktators gewagt habe, die Verteidigung des jungen Mannes zu übernehmen.

Nur der junge Cicero habe das Risiko auf sich genommen, wobei er einen Spagat hinbekommen musste: einerseits bloß nicht den Diktator zu reizen – Cicero nennt ihn hier deshalb „Retter des Staates" –, andererseits überzeugend und mit Nachdruck die Perfidie des Chrysogonus aufzuzeigen. Die hier präsentierte Exposition (1 ff.) dieser Rede lässt die Lähmung in Rom angesichts der Diktatur erahnen.

Credo ego vos, iudices, mirari, quid sit, quod, cum tot summi oratores hominesque nobilissimi sedeant, ego potissimum surrexerim, is qui neque aetate neque ingenio neque auctoritate sim cum his, qui sedeant, comparandus. Omnes hi, quos videtis adesse in hac causa, iniuriam novo scelere conflatam putant oportere defendi, defendere ipsi propter iniquitatem temporum non audent. Ita fit, ut adsint propterea, quod officium sequuntur, taceant autem idcirco, quia periculum vitant.

Quid ergo? Audacissimus ego ex omnibus? Minime. An tanto officiosior quam ceteri?
Ne istius quidem laudis ita sum cupidus, ut aliis eam praereptam velim. Quae me igitur res praeter ceteros impulit, ut causam Sex. Roscii reciperem? Quia, si qui istorum dixisset, quos videtis adesse, in quibus summa auctoritas est atque amplitudo, si verbum de re publica fecisset, id quod in hac causa fieri necesse est, multo plura dixisse, quam dixisset, putaretur. Ego autem si omnia, quae dicenda sunt, libere dixero, nequaquam tamen similiter oratio mea exire atque in volgus emanare poterit. Deinde quod ceterorum neque dictum obscurum potest esse propter nobilitatem et amplitudinem neque temere dicto concedi propter aetatem et prudentiam. Ego si quid liberius dixero, vel occultum esse, propterea quod nondum ad rem publicam accessi, vel ignosci adulescentiae meae poterit.

Z. 1 ff. Gleich dieser erste Satz des ersten großen Auftritts Ciceros ist ein schulmäßiges Beispiel für eine klassische Satzperiode; derartige abgezirkelte hypotaktische Gefüge sind ein Wesensmerkmal der „goldenen Latinität“, für die Cicero steht, er ist der Meister der Kunst des lateinischen Periodenbaus. Nach der von Steinthal eingeführten Schachtelmethode bzw. Einrückmethode graphisch dargestellt, ist diese Periode, deren Tendenz „fallend“ ist, folgendermaßen aufgebaut:

Credo ego vos, iudices, mirari,
  quid sit,
    quod,
      cum tot summi oratores hominesque nobilissimi sedeant,
    ego potissimum surrexerim,
      is qui neque aetate neque ingenio neque auctoritate sim cum his,
        qui sedeant,
      comparandus.

1 **mirari** – Infinitiv des ACI; *sit* – Konjunktiv, da indirekter Fragesatz
1 **quid sit, quod** – etwa: was der Grund dafür ist, dass …
2 **sedeant** – *cum* + Konj. hier mit adversativ-konzessiver Sinnrichtung
3 **sim** – konjunktivischer Relativsatz, ebenfalls mit konzessiver Sinnrichtung
3 **comparandus** – Gerundivum als Prädikatsnomen („nicht verglichen werden kann“)
4 **quos videtis adesse** – sog. relativische Satzverschränkung (ACI im Relativsatz), so auch in Z. 12
4 **conflatam** – hier im Sinne von „aushecken“
5 **ita fit, ut** – so kommt es, dass … (→ *fieri*)
8 **tanto officiosior** – *tanto*: abl. mensurae zum Komparativ *officiosior*: um so …
10 **laudis** – gen. obiectivus, abhängig von *cupidus*: begierig nach …
11 **qui** – hier: Indefinitpronomen, da enklitisch an *si* angehängt
12 **dixisset** – Irrealis der Vergangenheit
14 **putaretur** – Irrealis der Gegenwart, Ausgangspunkt eines NCI (dixisse)
14 **dicenda** – Gerundivum als Prädikatsnomen
18 **quid** – wie *qui* in Z. 11: hier Indefinitpronomen, wieder wegen des „Stützwortes“ *si*.
18 **liberius** – hier: Adverb des Komparativs

3 Grundbegriffe der antiken Theorie der Rede

Zwei wissenschaftliche Disziplinen dominieren das Denken und Wirken Ciceros, die Rhetorik und die Philosophie; Rhetorik war seine Profession, die Philosophie seine intellektuelle Leidenschaft; bezüglich der Philosophie bekennt er in einem Brief an Cato aus dem Jahre 50: *qua nec mihi carior ulla res in vita fuit, nec hominum generi maius a dis munus ullum est datum.* Wie schon in Kapitel III *(orator perfectus)* andeutungsweise thematisiert, sah Cicero sozusagen eine Lebensaufgabe darin, diese beiden Disziplinen, die bei Platon noch als Antipoden einander gegenüberstanden, bei dessen Zeitgenossen Isokrates sich einander annäherten, sozusagen zu einer Symbiose zusammenzuführen; das wird in Kapitel IX *(De oratore)* noch näher expliziert werden. Es wird sich zeigen, dass Ciceros Versöhnung von Rhetorik und Philosophie in der europäischen Geistesgeschichte richtungsweisend war, wodurch die Rhetorik fundamentale kulturelle Bedeutung erlangte. Hier ist – anlässlich der ersten großen Rede – der Ort, ein wenig auf die „technische" Seite der Rhetorik, auf die grundlegenden Koordinaten der antiken Theorie der Rede einzugehen, um so einen begrifflichen Rahmen für die Einordnung der im weiteren Verlauf der Darstellung präsentierten Redepassagen zu eröffnen.

Wie die „Entdeckung des Geistes" (Snell) und damit die Philosophie verdanken wir auch die wissenschaftliche Beschäftigung mit der „Rede" den Griechen; bereits im ersten literarischen Dokument der europäischen Geistesgeschichte, der *Ilias* Homers, formuliert der alte Erzieher Achills, Phoinix, zwei Ziele seiner Erziehungs- und Bildungsarbeit: Beherrschung der Rede und Tatkraft; in Vers 443 des neunten Gesangs finden wir den Begriff, der eine lange und wirkungsmächtige Tradition initiieren sollte: *rhetér* – Redner, diesem homerischen Wort entspricht in der klassischen griechischen Sprache *rhétor.* Besonders im fünften Jahrhundert entwickelte sich die Redekunst im Zuge der geistigen Bewegung der „Sophistik" (s. Kap. IX) zur „Kernkompetenz", wurde zum Kernelement der höheren Bildung und blieb unerlässliche Voraussetzung für das Bekleiden höherer Ämter; Rhetorik galt damit als Synonym für Staatskunst (so z. B. in Platons Dialog *Protagoras*) oder Staatswissenschaft. In dieser Zeit wurde die Rhetorik auch systematisch als Wissenschaft ausgebaut, was Niederschlag in Lehrbüchern fand, die uns zwar nur in Fragmenten erhalten sind, aber ein Jahrhundert später im bedeutendsten Rhetorik-Lehrbuch aller Zeiten nachwirken, in der *Rhetorik* des Aristoteles; wie wir weiter unten auch bezüglich der Philosophie sehen werden, war Aristoteles ein enorm historisch ausgerichteter Wissenschaftler und in vielen Wissensbereichen, so auch in der Rhetorik, der große „Zusammenfasser".

Heißt „Redner" auf Griechisch *rhetér* (s. o. Homer) oder *rhétor* (klassisch), so ist der Name für die Wissenschaft von der Rede seit Platon „Rhetorik". Die sprachliche Wurzel des Wortes *rhétor,* das indogermanische *werdh*, finden wir übrigens sowohl im lateinischen *verbum* als auch im Deutschen wieder: *Wort.* Die Erweiterung des Wortes *rhetor* zu *Rhetorik* steht im Zusammenhang mit einer Sprachentwicklungstendenz im Athen des 5. Jhs., als im Zuge des Wirkens der Sophisten durch die Erweiterung des Bildungsbegriffes und Vermittlung von Kenntnissen aus allen Lebens- und Seinsbereichen zum Zwecke der terminologischen Fixierung und Kategorisierung suffixale Neubildungen entstanden: aus „rhetorische Kunst / Wissenschaft“, griechisch *rhetoriké téchne*, wurde durch Ellipse des Substantivs *téchne* das ursprüngliche Adjektiv *rhetoriké* zum Substantiv. Analoges gilt für die unzähligen Disziplinen mit dem Suffix *-ik: Physik* (seit ARISTOTELES im wissenschaftlichen Sinne), *Musik* (seit PINDAR), *Poetik* (seit PLATON) oder auch *Grammatik*. Das griechische adjektivische Suffix *-ikos* entspricht etwa dem deutschen Suffix *-isch* (z. B. *musisch*).

In seinem berühmten Lehrbuch definiert ARISTOTELES die Rhetorik als „Fähigkeit, bezüglich jedes Gegenstandes das zu erkennen, was plausibel ist“, d. h. die Rhetorik befasst sich nicht mit bestimmten Gegenständen, sondern buchstäblich mit allem Möglichen, in erster Linie mit all dem, was in dem Bereich des menschlichen Miteinanders fällt, somit der Ethik und deren „Vollendung“, so ARISTOTELES, der Politik. Da die Gegenstände argumentativ schlüssig dargeboten werden müssen, betrachtet ARISTOTELES die Rhetorik als eine Art Mischung von Ethik / Politik und Dialektik / Logik. So erstaunt es nicht, wenn Cicero bei seinem *orator perfectus* nicht nur Sprachbeherrschung, sondern auch allseitige, besonders aber philosophische Bildung und profunde Menschenkenntnis voraussetzt. Angesichts der philosophischen Implikationen der Rhetorik bittet der römische Rhetorikprofessor QUINTILIAN im ersten Jh. n. Chr. um Verständnis dafür, wenn er auch Philosophisches in sein Lehrbuch der Rhetorik einbringe:

> Quare, tametsi me fateor usurum quibusdam, quae philosophorum libris continentur, tamen ea iure vereque contenderim esse operis nostri proprieque ad artem oratoriam pertinere.

QUINTILIAN verweist darauf, die Rhetorik als *civilis scientia* sei ein Synonym für *sapientia*. Einige hätten sie mit Philosophie gleichgesetzt, darunter ISOKRATES, der damit ein Geistesverwandter Ciceros ist.

Die Konzeption der alle Gegenstandsbereiche umfassenden Rhetorik ist prototypisch greifbar beim Sophisten GORGIAS, der sich, so QUINTILIAN, seinen Zuhörern als Stegreif-Redner zu jedem gewünschten Thema anbot:

> Gorgias quidem adeo rhetori de omnibus putavit esse dicendum, ut se in auditoriis interrogari pateretur, qua quisque de re vellet.

Das System der Rhetorik als Wissenschaft findet in dem genannten Lehrbuch des ARISTOTELES ihren vorläufigen mustergültigen Abschluss, von den Fach-Schriftstellern, darunter besonders Peripatetiker und Stoiker (s. u.), wird noch etwas daran gefeilt, im 2. Jh. v. Chr. kann das System als abgeschlossen gelten und wird in dieser Form von Cicero adaptiert und – etwa in seinem Frühwerk *De inventione* – ins Lateinische umgesetzt; wie in der Philosophie, so hat Cicero auch hier Grundlagenarbeit geleistet, indem er griechische Fachtermini ins Lateinische übersetzte.

Beginnen wir mit der grundsätzlichsten Differenzierung: Welche Redegattungen gibt es?

Die noch heute gültige Einteilung finden wir etwa im ersten Buch der *Rhetorik* des Aristoteles, eine Einteilung, die er selbst schon übernommen hat; ihre Klassifikationsparameter sind die Aspekte: Inhalt, Zeitbezug, Wertausrichtung; tabellarisch lässt sich die Klassifikation etwa folgendermaßen darstellen:

	Gattung der Rede	**Inhalt**	**Zeitbezug**	**Wertausrichtung**
1	Gerichtsrede: *genus iudiciale*	Anklage / Verteidigung	Vergangenheit	gerecht / ungerecht
2	Staatsrede: *genus deliberativum*	Anraten / Abraten	Zukunft	Nutzen / Schaden
3	Gelegenheitsrede: *genus demonstrativum*	Lob / Tadel	Gegenwart	gut / schändlich

Damit deckt diese aristotelische Klassifikation alle möglichen Themen und Lebensbereiche ab; Quintilian:

> Aristoteles tres faciendo partes orationis, iudicialem, deliberativam, demonstrativam, paene et ipse oratori subiecit omnia; nihil enim non in haec cadit.

Ciceros soeben in Kap. IV, 2 thematisierte erste Rede in einem Kriminalprozess fällt also in die

Gruppe 1: *genus iudiciale.* Seine politische Werberede über den Oberbefehl des Pompeius in Kap. VI fällt unter Gruppe 2: *genus deliberativum;* wenn Cicero in seiner Rede *Pro Marcello* (Kap. XII, 4) Caesar über alle Maßen schmeichelt und ihn in den Himmel lobt *(eum simillimum deo iudico),* fällt diese Rede über weite Strecken unter Gruppe 3: *genus demonstrativum.*

Die in IV, 2 präsentierte Textpassage aus der Rede *Pro Sexto Roscio* gibt die ersten Sätze der Rede wieder; damit gehört sie dem ersten Redeteil an. Natürlich wurden und werden die Redeteile schulmäßig klassifiziert. Die Einteilung schwankt meist zwischen vier und fünf Teilen; Aristoteles bietet die schlichtere Version:

	Name der Redeteile	**Zweck**
1	Proömium, lat. *exordium*	*praeparare*
2	Vorstellung des Sachverhalts, lat. *narratio*	*docere*
3	Beweisführung, lat. *argumentatio*	*probare*
4	Epilog, lat. *peroratio*	*commovere*

Diese Einteilung ist besonders auf die Gerichtsrede zugeschnitten, so ist z. B. die *narratio* in der politischen Rede, wie Aristoteles feststellt, am wenigsten vertreten, „weil niemand über die Zukunft erzählt"; wenn in der politischen Rede erzählt werde, dann nur, um Schlüsse für die Zukunft zu ziehen.

In dem zitierten Proömium der Rede *Pro Sexto Roscio* (IV, 2) verfährt Cicero natürlich schulmäßig; er selbst schreibt in seinem rhetorischen Lehrbuch *De inventione* über die Aufgaben des Proömiums:

> Exordium est oratio animum auditoris idonee comparans ad reliquam dictionem, quod eveniet, si eum benivolum, attentum, docilem confecerit.

Das Unerhörte des Falles *(novo scelere)* erweckt Aufmerksamkeit und Interesse. Ein sehr wirksames psychologisches Mittel, den Hörer wohlwollend zu stimmen *(captatio benevolentiae)*, ist der Bescheidenheitstopos, d.h. der Redner nimmt seine Person zurück, lobt Andere: dieses Mittel der *persuasio* ist hier massiv präsent; der Textabschnitt endet in diesem Sinne mit dem Verweis auf die Unerfahrenheit und Jugend des Redners. In der rhetorischen Fachterminologie heißt das: der Redner stellt sein *éthos* vor, vermittelt ein positives Bild von seiner Person und versucht, dadurch seine Glaubwürdigkeit zu steigern, denn, wie Aristoteles sagt, „anständigen Menschen glauben wir eher“, d.h. der geschickte Redner bemüht sich, den Hörer in einen erwünschten psychischen Zustand zu überführen, in diesem Fall der „Sympathie“. Diesen Lehrpunkt fassen die Theoretiker der Rhetorik unter *páthos* zusammen. Insgesamt stehen dem Redner drei Wege der *persuasio* zur Verfügung:

1. *docere*
2. *delectare*
3. *movere*

Das *movere* hat besonders in der *peroratio* seinen Platz, daneben auch – abgeschwächt – im *exordium.* Im spätantiken Handbuch des Martianus Capella heißt es dazu:

> In epilogo generaliter observandum, ut brevis sit, si quidem commotus iudex statim dimittendus est ad sententiam proferendam, dum aut adversariis irascitur aut tuis miseretur lacrimis aut reorum afflictatione commovetur.

Cicero verfährt nach Lehrbuch, wenn er im Kontext des unter XI zitierten Textabschnittes aus der *peroratio* der Rede *Pro Milone* schreibt: *Nec vero haec, iudices, ut ego nunc, flens, sed ...;* doch müssen aus psychologischen Gründen hemmungslose Affektausbrüche kurz sein, denn, wie Quintilian lehrt:

> Numquam tamen debet esse longa miseratio, nec sine causa dictum est nihil facilius quam lacrimas inarescere.

In der Antike war man in den Schlussappellen bei der Wahl der Mittel der Pathoserzeugung nicht zimperlich, wir würden sicherlich Einiges als zu drastisch und als Zumutung empfinden; denn neben den verbalen Mitteln der pathetischen *amplificatio* standen da auch die *res* zur Verfügung.

Quintilian:

Non solum autem dicendo, sed etiam faciendo quaedam lacrimas movemus, unde et producere ipsos, qui periclitantur, squalidos atque deformes, et liberos eorum ac parentes institutum, et ab accusatoribus cruentum gladium ostendi et lecta e funeribus ossa et vestes sanguine perfusas videmus et vulnera resolvi, verberata corpora nudari.

Z. 3 **institutum** – ergänze *est*, im Sinne von: es entwickelte sich der Brauch

Auch die Arbeitsschritte vom Konzept bis zur Durchführung sind in den Lehrbüchern festgeschrieben:

1	*inventio*	– Stoffsammlung, Finden der Argumente und Aspekte
2	*dispositio*	– Gliederung
3	*elocutio*	– Ausformulierung
4	*memoria*	– Auswendiglernen
5	*actio / pronuntiatio*	– Vortrag / Auftritt

Die aus jedem Sprachunterricht bekannten Begriffe der literarischen Rhetorik, der Stilmittel, fallen somit nach antiker Klassifikation unter Punkt 3.

Die Punkte 1–3 wirken in ihrer Selbstverständlichkeit nahezu banal; die Punkte 4 und 5 dagegen verdienen besondere Beachtung: Reden mussten in der Antike auswendig vorgetragen werden, was eine enorme Gedächtnisleistung beinhaltet; daher ist die Mnemotechnik Teil des Lehrstoffs in der Ausbildung zum Redner. Punkt 5 lautet auf Griechisch *hypókrisis* und trifft die Sache besser als das lateinische Gegenstück: Schauspielkunst. Im Vordergrund stehen hier Mimik und Gestik, aber auch für die Kleidung werden Regeln vorgegeben. Besonders sei auf die Länge der Tunika (eine Art langes Hemd) zu achten. QUINTILIAN:

Ita cingantur, ut tunicae prioribus oris infra genua paulum, posterioribus ad medios poplites usque perveniant: nam infra mulierum est, supra centurionum.

Z. 1 **oris** – von *ora*, hier im Sinne von: Saum
2 **mulierum / centurionum** – d. h.: Frauen trugen längere Kleider, Zenturionen kürzere.

Auch empfiehlt QUINTILIAN für das Einüben des Vortrags das Proben mit dem Spiegel; dabei sei besonders auf die Kopfhaltung zu achten.

(caput) ... ut sit primo rectum et secundum naturam: nam et deiecto humilitas et supino adrogantia et in latus inclinato languor et praeduro ac rigente barbaria quaedam mentis ostenditur.

V Beginn der senatorischen Laufbahn. Der Verres-Prozess

Die Rede *Pro Sexto Roscio* war ein furioser Karrierestart; doch zunächst folgte die oben erwähnte Bildungsreise nach Griechenland – aus Angst vor Sulla, wie manche in der Antike behaupteten? Jedenfalls hatte Cicero sich einen Namen gemacht.

Nach der Rückkehr nach Rom nahm er seine senatorische Laufbahn in Angriff (s. o.: *cursus honorum*).

Die erste Stufe war das Amt eines Quästors; es gab städtische Quästoren, die in der Verwaltung der Stadtkasse u. ä. eingesetzt wurden, und Provinz-Quästoren, die als persönliche Helfer des Statthalters in der Provinz fungierten. Cicero wurde im Jahre 75 Provinz-Quästor, und zwar auf Sizilien.

Hier erwarb er sich wegen seiner Unbestechlichkeit großes Ansehen bei den Siziliern, einer Tugend, die bei römischen Provinzial-Beamten alles andere als selbstverständlich war.

Dieser Aufenthalt auf Sizilien spielte 5 Jahre später eine bedeutende Rolle beim nächsten großen Popularitätssprung, seinem Auftritt als Anwalt der Sizilier gegen Gaius Verres, der von 73 bis 71 v. Chr. im Rang eines Proprätors Sizilien als Statthalter „verwaltet" hatte. Er hatte dort in einer Art Terror-Regime, das ein Extrembeispiel für die unbeschränkte Ausbeutung einer Provinz durch einen römischen Statthalter ist, sein Amt u. a. zur Befriedigung seiner maßlosen Sammelleidenschaft missbraucht. Kunstschätze aller Art waren das Objekt seiner Begierde. Verres war ein notorischer Kunsträuber, nicht nur auf Sizilien; nichts und niemand war vor ihm sicher. „Im Zeitalter der Revolutionen wuchs die Sammelleidenschaft der römischen Aristokraten. Es wurde geradezu Mode, dem Besucher ein kleines Museum erlesener Gegenstände vorzuführen." (Fuhrmann)

Nach der „Amtszeit" des Verres suchten die leidgeprüften Sizilier einen Anwalt, der die Anklage gegen Verres übernehmen würde. Sie erinnerten sich an den vorbildlichen Quästor des Jahres 75, Cicero, und baten ihn, den Fall zu übernehmen. Cicero sagte zu und trat ausnahmsweise als Ankläger auf.

Es handelte sich um einen sog. Repetunden-Prozess, d. h. ein römischer Provinzverwalter wurde für sein Fehlverhalten in der Provinz (Selbstbereicherung) regresspflichtig gemacht. Nach modernem Rechtsverständnis ist es problematisch, dass nach Sullas Gerichtsreform bei solchen Prozessen korrupte Senatoren über die eigenen Standesgenossen richteten; daher ist es nicht verwunderlich, dass solche Regressforderungen oft abgewiesen wurden; in der *actio prima* klagt Cicero: *Nulla denique existimantur esse iudicia.*

In diesem Fall aber war die Beweislage so erdrückend, dass Verres sich gleich nach dem ersten Prozesstermin in die freiwillige Verbannung begab: zur zweiten, gesetzlich vorgeschriebenen Prozessphase kam es nicht mehr. Die Rede der *actio secunda*, aus der unten ein Auszug (IV, 1 f.) geboten wird, wurde also erst gar nicht gehalten, Cicero wollte mit dieser Rede nur seine Leistung und seinen Sieg über den bis zu diesem Zeitpunkt angesehensten Anwalt in Rom, Hortensius, dokumentieren. Nach dem erfolgreichen Verres-Prozess avancierte Cicero zum ersten Anwalt Roms. Eine „Verbannung" übrigens, wie sie Verres auf sich nahm, darf man sich nicht als allzu hart vorstellen. Er zog sich in eine Villa in der Provence, der *provincia Narbonensis*, zurück, von der Plinius, d. Ä. schreibt, sie sei wegen ihrer Schönheit *Italia verius quam provincia*, seine Kunstschätze nahm Verres natürlich mit; seine sensationelle Sammlung geraubter Kunstschätze wurde ihm allerdings später zum Verhängnis, sie weckte nämlich Begehrlichkeiten bei Marcus Antonius.

Venio nunc ad istius, quem ad modum ipse appellat, studium, ut amici eius, morbum et insaniam, ut Siculi, latrocinium; ego, quo nomine appellem, nescio; rem vobis proponam, vos autem suo, non nominis pondere penditote. Genus ipsum prius cognoscite, iudices; deinde fortasse non magno opere quaeretis, quo id nomine appellandum putetis. Nego in Sicilia tota, tam locupleti, tam vetere provincia, tot oppidis, tot familiis tam copiosis, ullum argenteum vas, ullum Corinthium aut Deliacum fuisse, ullam gemmam aut margaritam, quicquam ex auro aut ebore factum, signum ullum aeneum, marmoreum, eburneum, nego ullam picturam neque in tabula neque in textili, quin conquisierit, inspexerit, quod placitum sit, abstulerit. Magnum videor dicere: attendite etiam, quem ad modum dicam. Non enim verbi neque criminis augendi causa complector omnia: cum dico nihil istum eius modi rerum in tota provincia reliquisse, Latine me scitote, non accusatorie loqui! Etiam planius: nihil in aedibus cuiusquam, ne in hospitis quidem, nihil in locis communibus, ne in fanis quidem, nihil apud Siculum, nihil apud civem Romanum, denique nihil istum, quod ad oculos animumque acciderit, neque privati neque publici neque profani neque sacri tota in Sicilia reliquisse.

Wie bereits auf den ersten Blick ersichtlich, ist dieser Redeabschnitt extrem rhetorisiert. Gleich zu Beginn springt der dreigliedrige (Trikolon) elliptische *(appellat)* Parallelismus ins Auge; dieser Dreischritt enthält eine inhaltliche Steigerung: *studium, insania, latrocinium* (Klimax); diese dreischrittige Steigerung wird im Folgesatz noch überboten und erreicht ihren höchsten Punkt dadurch, dass der Redner feststellt, dass es für die Tat keine angemessene Bezeichnung gebe: „mir fehlen die Worte"; auch hierfür hatte die antike Theorie der Rede einen Terminus parat: *incrementum.*
Zeile 3 wartet mit einer Antithese in asyndetischer Form in Verbindung mit einer Ellipse auf: *suo (pondere)* vs. *nominis pondere.* Auffällig sind z. B. auch die Anaphern in Z. 5 *(tam)* und 6 ff. *(tot* und *ullum).*

Z. 1 **istius** – Das Demonstrativpronomen *iste* hat hier, wie oft, eine negative Färbung, etwa: „dieser Kerl".
2 **appellem** – Konj. wegen indirekter Frage, hier mit deliberativ-dubitativer Färbung
3 **penditote** – sog. Imp. II

5 **appellandum** – Gerundivum als Prädikatsnomen, etwa: „zu bezeichnen ist“

8 **signum** – Die etymologisch nächstliegende Übersetzung von *signum* ist „Schnitt“, denn es leitet sich von *secare* ab; als „Geschnitztes“ bedeutet *signum* – wie hier – daher auch Götterbild, Bildchen, Figur, metaphorisch dann eben auch „Zeichen“ usw.; der antike Grammatiker Sextus Pompeius Festus überliefert uns folgende Information zur Semantik von *signa*: *[...] ita quoque res ipsae dicuntur, aut lapides aut fictile [...] et signa dicuntur quae sculpantur, pocula etiam, in quibus sunt simulacra.*

9 **quin** – diese Textstelle verdeutlicht gut die Ableitung von *quin* aus einem Relativpronomen + Negation

9 **conquisierit** – Konj. Perfekt, anstelle von *conquisiverit*, eine sog. Nebenform

11 **criminis augendi causa** – sog. Gerundiv-Konstruktion; *causa* als „Postposition“: wegen, um Willen, vgl. *honoris causa*

13 **cuiusquam** – Gen. Sg. von *quisquam*, substantivisches Indefinitpronomen im negativen Satz *(nihil)*

13f. **ne ... quidem** – die beiden Wörter sind zusammen zu sehen (nicht einmal) und nehmen den hervorgehobenen Begriff „in die Zange“

16 **privati ...** – genitivus partitivus – abhängig von *nihil* (Z. 15)

Im Jahre 70, dem Jahr des erfolgreich geführten Verres-Prozesses, wird Cicero für das folgende Jahr zum Ädil gewählt, er erklimmt damit die zweite Stufe des *cursus honorum*, die dritte (Prätur) und damit das Sprungbrett zum höchsten Amt im Staat im Jahre 66.

Dass Cicero übrigens eine Neigung zum Witz und Spott hatte, zeigt eine Szene während dieser Amtszeit als Prätor, d.h. als Richter, wobei er sich – wieder einmal – als unbestechlich und vorbildlich erwies; in einem Prozess wandte sich ein gewisser Vatinius, dessen Hals mit kropfartigen Geschwülsten übersät war, mit einem Antrag an den Prätor Cicero, worauf dieser sich beriet. Auf den Einwurf des Vatinius, er wäre als Prätor nicht so unentschlossen, wandte Cicero sich zu ihm hin und konterte: „ich habe ja auch nicht einen so dicken Hals“. Ganz ähnlich hatte sich Cicero im Verres-Prozess auch nicht die Gelegenheit entgehen lassen, den Namen des Angeklagten mit dessen Verhalten auf Sizilien in Korrelation zu bringen: *Verres* bedeutet nämlich „Eber, Schwein“. Eher für harmlosen Wortwitz und Esprit, was man in der römischen Antike *urbanitas* nannte, steht seine witzige Bemerkung gegenüber seinem Schwiegersohn, der, wie viele Römer – Caesar spricht von der *brevitas nostra*, d.h. der Römer – nicht sehr groß gewachsen war, als dieser sich ein langes Schwert umgehängt hatte: *Quis generum meum ad gladium alligavit?*

VI Das Piratenproblem und das Problem Mithridates. Die erste Staatsrede

Die Jahre 67/66 bereiten den Zenith der Karriere des Pompeius vor. Im selben Jahr wie Cicero geboren, konnte er schon im Jahre 79 wegen seiner militärischen Leistungen in Libyen seinen ersten Triumph verbuchen. Ende der 70er Jahre wurde ihm aufgrund seines Sieges über Sertorius in Spanien ein zweiter Triumph zuerkannt; seit dieser Zeit in Spanien nennt er sich in Briefen und Erlassen *Magnus,* was APPIAN als Anspielung an Alexander den Großen interpretiert. Jetzt, im Jahre 67/66, steht er vor einem weiteren Karrieresprung, der ihm einen dritten Triumph (61) einbringen wird, über Mithridates, König von Pontos in der heutigen Türkei. Daher spricht PLUTARCH von den drei „weltumspannenden" Triumphen des Pompeius – die antike Geographie kennt ja nur drei Kontinente: Europa, Asien, Libyen (Afrika).

Schon etliche Jahre hatten Piraten den gesamten Mittelmeerraum unsicher gemacht, besonders Menschenraub war ein einträgliches Geschäft; das bekam sogar der junge Caesar im Jahre 75 zu spüren, als er nach Rhodos segelte, um sich bei dem oben erwähnten APOLLONIOS MOLON rhetorisch weiterzubilden; er kam erst nach Zahlung von Lösegeld frei. Caesar wäre natürlich nicht Caesar, wenn er sich nicht gleich danach an den Kidnappern gerächt hätte – er ließ sie kreuzigen; „das Kreuz war der Galgen der Antike" (BIRT).

Schon 74 versuchte der Senat, durch Erteilung eines *imperium extraordinarium* das Piratenproblem zu lösen; dieser Versuch blieb jedoch erfolglos. Nach CASSIUS DIO „fuhren Piraten sogar in den Hafen von Rom ein, Ostia, steckten Schiffe in Brand und raubten allerlei Güter". Jetzt, im Jahre 67, wurde Pompeius beauftragt, das Mittelmeer von den Piraten zu säubern. Pompeius erledigte diesen Auftrag extrem schnell; Cicero sagt in einer Rede des folgenden Jahres, des Jahres seiner Prätur, rückblickend:

> Ita tantum bellum, tam diuturnum, tam longe lateque dispersum, quo bello omnes gentes ac nationes premebantur, Cn. Pompeius extrema hieme apparavit, ineunte vere suscepit, media aestate confecit.

Die Vergabe jenes Auftrags an Pompeius war auf einen Antrag hin erfolgt, der von Gabinius eingebracht worden war; daher heißt die gebilligte Vergabe des Auftrags an Pompeius *lex Gabinia.* Begeistert redet Cicero weiter:

> Est haec divina atque incredibilis virtus imperatoris.

In nicht zu überbietender Kürze heißt das Fazit zum Erfolg im Piratenkrieg:

> Itaque una lex, unus vir, unus annus [...] vos liberavit [...].

Cicero nutzt hier die rhetorischen Mittel Trikolon, Polyptoton, Asyndeton, Parallelismus und Anapher.

Warum dieses übersteigerte Lob? Cicero dachte wie alle zunächst an sich selbst: er stand auf dem Sprungbrett zum Konsulat und brauchte, zumal als *homo novus*, einflussreiche Fürsprecher und Verbindungen, um die Bewerbung erfolgreich durchzuführen. Daher bemüht er sich darum, in seiner ersten politischen Rede *De imperio Gnaei Pompei*, in der es wiederum um die Vergabe eines *imperium extraordinarium* geht, diesmal um die Vergabe des Oberbefehls im Kriegszug gegen Mithridates, Pompeius durch seine Fürsprache für sich zu gewinnen. Der Antrag, Pompeius mit der Kriegsführung zu betrauen, war von einem gewissen Manilius eingebracht worden – analog heißt diese Werberede Ciceros *De lege Manilia*. Dieses nicht uneigennützige Motiv kann man auch aus der nachdrücklichen Versicherung Ciceros lesen: *me hoc neque rogatu facere cuiusquam, neque quo Cn. Pompei gratiam mihi per hanc causam conciliari putem, neque quo mihi ex cuiusquam amplitudine aut praesidia periculis aut adiumenta honoribus quaeram.* Anlass der Diskussion ist also wieder einmal Mithridates, das noch ungelöste Problem im Osten, ein Mann, gegen den schon Sulla in den 80er Jahren Krieg geführt hatte. Treffend heißt es dazu im zitierten Eutrop-Text:

Dum Sulla Mithridaten vincit,

d. h. etwa: „mit dem Siegen beschäftigt war". Cicero schreibt über die Kriege gegen Mithridates:

Triumphavit Lucius Sulla, triumphavit L. Murena de Mithridate, duo fortissimi viri et summi imperatores, sed ita triumpharunt, ut ille pulsus superatusque regnaret. [...]. Mithridates autem [...] tempus non ad oblivionem veteris belli, sed ad comparationem novi contulit.

Z. 2 **triumpharunt** – Kurzform / Nebenform für *triumphaverunt*

Ähnlich heißt es um 100 n. Chr., zur Zeit des Kaisers Trajan bei Tacitus in seiner Schrift *Germania*, nachdem er an den Einfall der Kimbern und Teutonen (s. o.) erinnert hat und dann auf seine Zeit zu sprechen kommt:

Ducenti ferme et decem anni colliguntur: tam diu Germania vincitur.

Wie die Eutrop-Stelle, ist auch dieser Satz des Tacitus ein schönes Beispiel für die „imperfektive" Aktionsart des Präsens.

Mithridates war also zum Zeitpunkt der Rede Ciceros über Jahrzehnte hinweg unbesiegt und beeinträchtigte die Sicherheit und den Handel im Osten; das drängte zum Handeln. Es folgt der Auszug aus Ciceros erfolgreichem Plädoyer für Pompeius (54 f.):

Quae civitas umquam fuit antea, non dico Atheniensium, quae satis late quondam mare tenuisse dicitur, non Carthaginiensium, qui permultum classe ac maritimis rebus valuerunt, non Rhodiorum, quorum usque ad nostram memoriam disciplina navalis et gloria permansit, quae civitas, inquam, antea tam tenuis aut tam parvola fuit, quae non portus suos et agros et aliquam partem regionis atque orae maritimae per se ipsa defenderet? At hercules aliquot annos continuos ante legem Gabiniam ille populus Romanus, cuius ad nostram memoriam nomen invictum in navalibus pugnis permanserit, magna ac multo maxima parte non modo utilitatis, sed etiam dignitatis atque imperii caruit. [...].

Nos, qui antea non modo Italiam tutam habebamus, sed omnes socios in ultimis oris auctoritate nostri imperii salvos praestare poteramus, tum, cum insula Delus tam procul a nobis in Aegaeo mari posita, quo omnes undique cum mercibus atque oneribus commeabant, referta divitiis, parva, sine muro nihil timebat, idem non modo provinciis atque oris Italiae maritimis ac portibus nostris, sed etiam Appia iam via carebamus. Et eis temporibus nonne pudebat magistratus populi Romani in hunc ipsum locum escendere, cum eum nobis maiores nostri exuviis nauticis et classium spoliis ornatum reliquissent?

Wie sogleich ersichtlich, ist auch dieser Text stark rhetorisiert: rhetorische Fragen am Anfang und am Ende des Textes, Anaphern ab Zeile 1 *quae, quae* …, Parallelismen, Antithesen, Klimax (Z. 8/9 und Z. 14/15), die Zeilen 10–15 sind ein gutes Beispiel für eine komplexe Satzperiode. Der erste Satz bietet ein schönes Beispiel für das stilistische „Gesetz der wachsenden Glieder", d. h. die Tendenz, Wortgruppen, Satzelemente oder ganze Teilsätze so zu setzen, dass deren Umfang in einer Reihung progressiv zunimmt: Die Frage in Z. 1 umfasst 5 Wörter, ihre Wiederaufnahme in Z. 4 f. dagegen 9 Wörter, der Relativsatz in Z. 1/2 umfasst 7 Wörter, der in Z. 2/3 auch noch 7, der in Z. 3/4 aber bereits 10 Wörter, der letzte Relativsatz in Z. 5/6 ist auf 17 Wörter angewachsen. Auch dieses sprachliche Phänomen ist eine Spielart der – hier geradezu buchstäblichen – rhetorischen *amplificatio.*

Z. 1 **Atheniensium** – Das 5. Jh. v. Chr. war die Blütezeit Athens, sowohl kulturell als auch bezüglich der Machtentfaltung; Der nach den Perserkriegen im Jahre 477 gegründete sog. attisch-delische Seebund war nominell ein Bündnis, tatsächlich aber war Athen die dominante Hegemonialmacht. Der Hafen Athens, Piräus, war, zumal seit der Entwicklung Athens zur Seemacht unter Themistokles, der größte Hafen Griechenlands. Geographisch erstreckte sich der Seebund vom heutigen griechischen Festland über die Inseln der Ägäis bis zu den Städten Kleinasiens, d. h. der Westküste der heutigen Türkei.

1 f. **quae ... tenuisse dicitur** – NCI im Relativsatz

2 **Carthaginiensium** – dass Karthago eine Seemacht war, legt schon die Herkunft der Stadtgründer nahe; Karthago war eine Koloniegründung der Phönizier, des berühmten alten Seefahrervolkes aus dem östlichen Mittelmeerraum (heute etwa Libanon); daher rührt auch der lateinische Name für die Karthager: *Poeni,* vgl. „Punische Kriege".

3 **Rhodiorum** – das Rhodos im Hellenismus eine Zeit lang eine Seemacht und bedeutende Handelsrepublik war, lässt schon eines der sieben Weltwunder vermuten: der sehr repräsentative Koloss von Rhodos, eine 34 m hohe Bronzestatue des Gottes Helios, die vielleicht an der Hafeneinfahrt stand, bis ein Erdbeben sie zum Einsturz brachte. Als Bildungszentrum ist uns die Insel bereits aus Ciceros jungen Jahren bekannt, s. o. Apollonios Molon.

5 f. **quae ... defenderet** – Relativsatz mit konjunktivischem Prädikat, hier mit konsekutivem „Nebensinn"

6 **hercules** – Beteuerungsformel wie unser „bei Gott!"; gehört eher zur „kraftstrotzenden" Alltagssprache, ist also ein „vulgäres" Wort

7 **memoriam** – bedeutet auch: Zeit

8 **parte** – abl. separativus, abhängig von caruit

10 f. **socios ... salvos praestare** – doppelter Akkusativ; *praestare* hier etwa: machen

11 **Delus** – Die Insel Delos war besonders für zwei Dinge bekannt: neben Delphi war sie der wohl wichtigste Verehrungsort des Gottes Apollon; die Insel galt schließlich als Geburtsinsel des Gottes. Zweitens war Delos ein sehr bedeutender Sklaven-Umschlagplatz.

15 **via Appia** – die sog. Königin der Landstraßen; sie führte von Rom über Capua bis nach Brundisium in Süditalien (s. u.).

15 **pudebat magistratus** – magistratus: Akk. Pl., abhängig vom unpersönlichen Ausdruck *pudebat*

16 f. **hunc ipsum locum** – hier wird deutlich, dass Cicero diese Rede auf der großen Rednertribüne auf dem Forum Romanum gehalten hat. Diese hieß *rostra*, weil man die Front der Bühne mit „Schiffsschnäbeln" *(rostra)*, d. h. Rammspornen, geschmückt hatte, die man nach dem Seesieg über Antium, das heutige Anzio, eine Stadt am Tyrrhenischen Meer, etwas südlich von Rom, von den erbeuteten Kriegsschiffen der Feinde abmontiert hatte. Somit wurde *rostra* zur Bezeichnung für die Bühne selbst.

Von dieser etwa drei Meter hohen Bühne mit breiter Front und konkaver Krümmung auf der Rückseite herab sprachen die römischen Beamten zum Volk. Sie war das Zentrum der politischen Diskussion in Rom, eine Art Schnittstelle der öffentlichen Kommunikation zwischen dem aristokratischen Senat, der „nebenan" in der *curia* tagte, und dem Volk von Rom. Daher nennt der griechische Autor Dionysios von Halikarnass in seinen *Römischen Altertümern* die *rostra* den „Hauptteil des Forums".

Auf Geheiß des Orakels von Delphi, man solle auf der Bühne Standbilder des Weisesten und des Tapfersten der Griechen aufstellen, postierte man hier Statuen von Pythagoras und Alkibiades, hinzu kamen z. B. eine Statue des Satyrs Marsyas und eine des Camillus, des „zweiten Gründers von Rom", der um 400 Rom von den Galliern unter Brennus befreit hatte. Die Rostra hatte eine gleichsam sakrale Aura, die Zugangsberechtigung war nach religiösen Gesetzen geregelt; daher sagt Cicero in der hier zitierten Rede, er habe es bislang wegen der *auctoritas* des Ortes nicht gewagt, sich der Rednertribüne zu nähern. Nach dieser Premiere wird Cicero im Laufe seines Lebens zahlreiche Reden von dieser Bühne herab sprechen, auch zwei seiner Reden gegen M. Antonius am Ende seines Lebens, Reden, die ihn buchstäblich den Kopf kosten werden. (Die Darlegungen zur Rostra basieren auf Kissels Forum-Buch).

Eutrop fasst in seinem *Breviarium* den Piratenkrieg und den Krieg gegen Mithridates folgendermaßen zusammen:

> Piratae omnia maria infestabant ita, ut Romanis toto orbe victoribus sola navigatio tuta non esset. Quare id bellum Cn. Pompeio decretum est. Quod intra paucos menses ingenti et felicitate et celeritate confecit. Mox ei delatum est etiam bel-

lum contra Mithridaten. Quo suscepto Mithridaten in Armenia minore nocturno proelio vicit, castra diripuit, quadraginta milia eius occidit. [...]. Mithridates cum uxore fugit et duobus comitibus. Neque multo post [...] venenum hausit. Hunc finem habuit Mithridates. Periit autem apud Bosporum, vir ingentis industriae consiliique. Regnavit annis sexaginta, vixit septuaginta duobus, contra Romanos bellum habuit annis quadraginta.

VII Die catilinarische Verschwörung

1 Catilina

Nachdem im selben Jahr 66 Pompeius in den Osten gegen Mithridates gezogen war, machte sich in Rom Lucius Sergius Catilina daran, die Gunst der Stunde für den Versuch eines Staatsstreichs zu nutzen. Gemäß Sallust wurde der Putsch-Plan nicht realisiert, weil Catilina ein „Timing-Fehler" unterlief. Wie Catilina war auch Caesar in jener Zeit chronisch bankrott und hochverschuldet; seine Finanzen konnte er erst durch sein Prokonsulat in Gallien, im „Gallischen Krieg", dauerhaft sanieren (s. u.). Die Theorie einer Beteiligung Caesars an diesem ersten Putschversuch Catilinas und auch am zweiten, der sog. catilinarischen Verschwörung im Jahre 63, im Konsulatsjahr Ciceros, ist plausibel, aber seit der Antike umstritten.

Der Charakter Catilinas wird in den Quellen in den dunkelsten Farben gemalt. Unsere beiden wichtigsten Gewährsmänner für die catilinarische Verschwörung vom Jahre 63 sind Sallust mit seiner Monographie *Catilinae coniuratio* und Cicero in seinen Reden als Konsul, die er gegen Catilina hielt. Es folgen einige Sätze aus Sallusts Charakterisierung Catilinas, später ein Ausschnitt aus Ciceros erster Rede gegen Catilina.

L. Catilina, nobili genere natus, fuit magna vi et animi et corporis, sed ingenio malo pravoque. Huic ab adulescentia bella intestina, caedes, rapinae, discordia civilis grata fuere, ibique iuventutem suam exercuit.

Z. 1 **nobili genere** – abl. originis
1 **magna vi** – abl. qualitatis
3 **fuere** – „Nebenform" für *fuerunt,* oft bei Sallust

Catilina habe über *satis eloquentiae, sapientiae parum* verfügt.

Vastus animus immoderata, incredibilia, nimis alta semper cupiebat. Hunc post dominationem L. Sullae lubido maxuma invaserat rei publicae capiundae.

Es wundert uns nicht, dass ihn

incitabant praeterea conrupti civitatis mores, quos pessuma ac divorsa inter se mala, luxuria atque avaritia, vexabant. [...]. Adulescens Catilina multa nefanda stupra fecerat, cum virgine nobili, cum sacerdote Vestae, alia huiusce modi contra ius fasque.

Z. 3f. **ius fasque** – stehende Wendung für *menschliches und göttliches Recht*

Typisch für Sallust ist der asyndetische, antithesenreiche Stil, außerdem die zahlreichen Archaismen:

divorsa, pessuma, capiundae, maxuma, lubido, wo also die dunklen Vokale dominieren, außerdem die sog. etymologische Schreibweise, wie im Text *conrupti* anstelle des assimilierten *corrupti,* damit auch eine Spielart des Archaismus.

Auf dem Höhepunkt seiner politischen Karriere, seinem Konsulat im Jahre 63, deckt Cicero die Verschwörung Catilinas auf. Er erhält für die Rettung des Staates den höchsten zu vergebenden Ehrentitel Roms, *pater patriae,* was ihm, wie seine zeitgenössischen Kritiker vermerken, in der Folgezeit zu Kopf gestiegen zu sein scheint (s. u.). Zunächst eine knappe Übersicht der Geschehnisse (Eutrop) des Jahres 63 und Januar 62 (Schlacht von Pistoriae, heute Pistoia, in der nördlichen Toskana):

> Marco Tullio Cicerone oratore et C. Antonio consulibus, anno ab urbe condita sexcentesimo octogesimo nono, L. Sergius Catilina, nobilissimi generis vir, sed ingenii pravissimi, ad delendam patriam coniuravit cum quibusdam claris quidem, sed audacibus viris. A Cicerone urbe expulsus est. Socii eius deprehensi in carcere strangulati sunt. Ab Antonio, altero consule, Catilina ipse victus proelio est interfectus.

Nachdem Catilina im Jahr 63 bei den Konsulatswahlen für 62 erneut durchgefallen war, *constituit bellum facere et extrema omnia experiri* (Sallust). Die Verschwörung wurde aufgedeckt und der Konsul Cicero hielt am 7. November im Senat seine erste Rede gegen Catilina.

Catilina war persönlich anwesend, verließ jedoch bereits in der folgenden Nacht Rom und begab sich zu seinen Truppen in die Toskana.

In dem folgenden Abschnitt dieser ersten Rede gegen Catilina wendet Cicero ein in der Antike beliebtes rhetorisches Mittel an, die Personifikation, *fictio personae,* in der Sprache der antiken Theoretiker der Rhetorik: *Unbeseeltes wird als beseelt dargestellt*; besonders „Kollektive“ wie Stadt, Vaterland, Gesetze; in diesem Fall wird das Vaterland als sprechende Person eingeführt, vermenschlicht; das ermöglicht eine enorme Pathossteigerung. Dieses rhetorische Mittel wendet z. B. schon Platon im Dialog *Kriton* an, einem Dialog, den er in der Gefängniszelle des zum Tode verurteilten Sokrates stattfinden lässt. Dort reden die personifizierten Gesetze des Staates Sokrates ins Gewissen, nachdem sein Freund Kriton ihm ein Fluchtangebot unterbreitet hat. Was die *argumentatio* angeht, nutzt Cicero hier zweimal den *locus a minore ad maius:* Z. 1/2 (wenn schon die Eltern, dann erst recht das Vaterland); vergleichbar in Z. 10–13 *(superiora tuli / nunc non est ferendum).* Als Muster für diesen Argumentationstypus nennt Quintilian in seinem Rhetoriklehrbuch: *si domus aedificari sine ratione non potest, quid urbs universa?*

Cicero wendet sich unmittelbar an den anwesenden Catilina (I, 17 f.):

Si te parentes timerent atque odissent tui neque eos ratione ulla placare posses, ut opinor, ab eorum oculis aliquo concederes. Nunc te patria, quae communis est parens omnium nostrum, odit ac metuit et iam diu nihil te iudicat nisi de parricidio suo cogitare: huius tu neque auctoritatem verebere nec iudicium sequere nec vim pertimesces?

Quae tecum, Catilina, sic agit et quodam modo tacita loquitur: „Nullum iam aliquot annis facinus exstitit nisi per te, nullum flagitium sine te; tibi uni multorum civium neces, tibi vexatio direptioque sociorum impunita fuit ac libera; tu non solum ad neglegendas leges et quaestiones, verum etiam ad evertendas perfringendasque valuisti. Superiora illa, quamquam ferenda non fuerunt, tamen, ut potui, tuli; nunc vero me totam esse in metu propter unum te, quicquid increpuerit, Catilinam timeri, nullum videri contra me consilium iniri posse, quod a tuo scelere abhorreat, non est ferendum. Quam ob rem discede atque hunc mihi timorem eripe; si est verus, ne opprimar, sin falsus, ut tandem aliquando timere desinam.“

Haec si tecum, ut dixi, patria loquatur, nonne impetrare debeat, etiam si vim adhibere non possit?

Z. 1f. **si ... timerent atque odissent** – irreales Satzgefüge, und zwar Irrealis der Gegenwart, auch wenn *odissent,* da von der Endung her äußerlich formgleich mit Konj. Plusquamperf., Irrealis der Vergangenheit suggerieren könnte; hier ist zu beachten, dass *odisse* ein *verbum defectivum* ist, das nur Formen des Perfektstammes besitzt; die Formen solcher Verben entsprechen funktional den analogen Formen des Präsensstamms, somit ist *odissent* mit *timerent* kongruent.

1 **ulla** – klassisches Beispiel für „adjektivisches Indefinitpronomen im negativen Satz“, adjektivisch, da wie ein Adjektiv in Kongruenz zu *ratione,* negativen Charakter erhält der Satz durch *neque.*

2 **aliquo** – hier Adverb: irgendwohin

3 **nostrum** – hier Genitiv des Personalpronomens, von Hause aus ist es ja ein Possessivpronomen.

3f. **te iudicat ... cogitare** – ACI

4 **verebere, sequere** – sog. Nebenformen für *vereberis* und *sequeris,* d.h. 2. Pers. Sg. Fut. I, Indikativ, damit auf gleicher Ebene mit *pertimesces.*

6 **quae** – relativischer Satzanschluss

6 **agit** – hier ein juristischer Terminus, etwa: verhandelt; *actio* heißt ja in solchen Texten auch Verhandlung / Prozess u.ä.

6 **tacita** – klassisches Beispiel für Adjektiv als Prädikativum. Die Verbindung zweier sich widersprechender Begriffe, hier *tacita loquitur,* erzeugt eine mit einem Überraschungseffekt verbundene Widerspruchsspannung; die griechischen Theoretiker nannten dieses Stilmittel *oxýmoron,* d.h. „scharfsinnige Dummheit“.

9f. **ad neglegendas leges ... ad evertendas perfringendasque** – etwa: zur Missachtung der Gesetze ...: Gerundivum ohne Notwendigkeitscharakter, anders als *ferenda non fuerunt* (Z. 10) da hier mit Hilfsverb / copula, also Gerundivum als Prädikatsnomen.

11f. **quicquid increpuerit** – *quicquid* ist eigentlich ein Indefinitpronomen, hier frei zu übersetzen, etwa: bei dem kleinsten Geräusch.

13 **non est ferendum** – wieder Gerundivum als Prädikatsnomen
16f. **loquatur, nonne ... debeat, si ... possit** – potentiales Satzgefüge der Gegenwart

Am Ende der Senatssitzung, in der über das weitere Vorgehen gegen die gefangenen und überführten Verschwörer verhandelt wird, kommen zwei Männer zu Wort, die in ihrer Gegensätzlichkeit exemplarisch für die Zerrissenheit der Epoche stehen. Der Eine steht für die Vergangenheit Roms, der Andere weist in die Zukunft. Die beiden waren erbitterte Feinde.

2 Cato

Cato der Jüngere war ein ähnlicher „Starrkopf" wie sein Urgroßvater Cato der Ältere, der „Reaktionär", dem alles Intellektuell-Aufgeklärte prinzipiell suspekt gewesen zu sein scheint; er hatte z. B. im Jahre 155 die berühmte griechische Philosophen-Gesandtschaft des Landes verweisen lassen, weil der Akademiker Karneades, um die skeptisch-dialektische Methode des *in utramque partem disserere* zu exemplifizieren, an einem Tag für, am anderen gegen die Gerechtigkeit gesprochen hatte – das war zu viel für einen Mann, der in einem „altmodischen" Lehrbuch für seinen Sohn über den Wert rhetorischer Ausbildung schreibt: *rem tene, verba sequentur.* Für ihn war Karneades also nur ein jugendgefährdender Wortverdreher.

Sein Urenkel, Cato d. J., scheint ein im Ansatz ähnlicher Typ gewesen zu sein. Politisch war er auf die Bewahrung der oligarchisch-aristokratischen Republik ausgerichtet. Sein Staatsideal scheint der alte Stadt-Staat gewesen zu sein, den geographischen Rahmen zog er dabei sehr eng. Sein Image ist das eines Mannes von römischer Sittenstrenge, die sich mit stoischer Tugendhaftigkeit paart bzw. deckt.

Selbstbild und Fremdbild klaffen da aber mitunter weit auseinander: Der Mann war ein notorischer Trinker, der gerne bis in den Morgen hinein durchzechte, selbstgerecht, zelebrierte offenbar in penetranter Weise seine Selbstdarstellung. Das fing beim Äußerlichen an. Während andere die Purpurstreifentoga trugen, erschien er in einer schwarzen Toga in der Öffentlichkeit, trug kein Untergewand (Tunika), ging gerne barfuß. Hierbei muss man bedenken, dass in der Öffentlichkeit in Rom eine strenge, gesetzlich vorgeschriebene Kleiderordnung herrschte, welche die sozialen Unterschiede wiederspiegelte: Nur römische Bürger durften die Toga, das Nationalgewand, tragen; bei dieser wiederum gab es diverse Abstufungen, wobei man an Farbe und „Rangabzeichen" in Form von in der Breite unterschiedlichen Bordüren den sozialen Rang des Trägers sofort ablesen konnte.

Eine Spezialität Catos scheint es gewesen zu sein, seine Zeitgenossen, besonders seine politischen Gegner, dadurch regelrecht zu nerven, dass er bei Verhandlungen Dauerreden hielt, z. T. den ganzen Tag lang. Dabei war es sein Ziel, den Gegner nicht zu Wort kommen zu lassen. Als Caesar Konsul war, ließ er Cato bei einem solchen Anlass abführen, natürlich sprach Cato weiter, während er abgeführt wurde – ein Meister der Selbstdarstellung. Ein Bericht über Catos Umgang mit seiner Frau wirft ein besonders bizarres Licht auf diesen Moralapostel. Appian schreibt:

> Marcia hatte er als junges Mädchen geheiratet, war sehr zufrieden mit ihr und hatte auch Kinder mit ihr. Dennoch gab er sie dem Hortensius, einem seiner Freunde, der Kinder haben wollte, aber keine Frau hatte, die ihm welche gebären konnte.

Nachdem Marcia für die Erfüllung dieses Kinderwunsches gesorgt hatte, nahm Cato sie, gleichsam eine Leihgabe, wieder in sein Haus auf. Cato hatte offenbar durch diesen Frauenverleih finanziell profitiert.

Was man sonst „Heiratspolitik" nennt, artete zu jener Zeit in der raubeinigen Männergesellschaft Roms geradezu in „Frauenschacher" aus; das gilt für die meisten Größen der Zeit, ob nun Cato, Caesar, Pompeius, Antonius oder Cicero selbst; dieser setzt nämlich wegen angeblicher mangelnder Unterstützung im Jahre 46 – wie Marcus Antonius es formuliert – „die Frau vor die Tür, mit der er alt geworden ist", Terentia, heiratet dann ein junges Mädchen „wegen des Reichtums der Braut und zum Zwecke der Begleichung seiner Schulden", wie Ciceros Sekretär Tiro schreibt.

Catos Persönlichkeit kommt auch in der Verteidigungsrede *Pro L. Murena*, die Cicero in seinem Konsulatsjahr hielt, zur Sprache; dem Angeklagten wird ein unsauber geführter Wahlkampf vorgeworfen, was angesichts der allseits verbreiteten Bestechungspraxis und des offenen Stimmenkaufes ein Witz ist. Appian schreibt (über die 50er Jahre):

> Die Lage des Staatswesens war schon lange desolat. Denn die Amts- und Machtpositionen wurden entweder durch Bestechung und andere illegale Praktiken oder gar durch Stein und Schwert besetzt; die schamlose Bestechungspraxis hatte damals ihren Höhepunkt, das Volk ging gekauft zu den Wahlen.

Die Anklage soll hier nicht weiter thematisiert werden, vielmehr soll der folgende Redeausschnitt erstens noch einmal einen unmittelbaren Zeitzeugen ein Licht auf den Charakter Catos werfen lassen, zweitens soll die Passage (61 ff.) allgemein zeigen, wie Cicero auch in seinen Reden Philosophisches zu thematisieren versteht. Hier stellt Cicero Catos kompromisslosen stoischen Rigorismus in ethischen Fragen (s. u.) seiner eigenen akademisch-peripatetischen gemäßigten Position gegenüber. Die stoische Doktrin wird überzeichnet dargestellt. Insgesamt steht der Text für die Aversion Ciceros gegen jede dogmatische Verkrustung.

In Marco Catone, iudices, haec bona, quae videmus, divina et egregia ipsius scitote esse propria; quae non numquam requirimus, ea sunt omnia non a natura, verum a magistro. Fuit enim quidam summo ingenio vir, Zeno, cuius inventorum aemuli Stoici nominantur. Huius sententiae sunt et praecepta eius modi: sapientem gratia numquam moveri, numquam cuiusquam delicto ignoscere; neminem misericordem esse nisi stultum et levem; viri non esse neque exorari neque placari; [...], omnia peccata esse paria, omne delictum scelus esse nefarium, nec minus delinquere eum, qui gallum gallinaceum, cum opus non fuerit, quam eum, qui patrem suffocaverit; sapientem nihil opinari, nullius rei paenitere, nulla in re falli, sententiam mutare numquam. [...].

Nostri autem illi – fatebor enim, Cato, me quoque in adulescentia diffisum ingenio meo quaesisse adiumenta doctrinae – nostri, inquam, illi a Platone et Aristotele, moderati homines et temperati, aiunt apud sapientem valere aliquando gratiam; viri boni esse misereri; distincta genera esse delictorum et dispares poenas; esse apud hominem constantem ignoscendi locum; ipsum sapientem saepe aliquid opinari, quod nesciat, irasci non numquam, exorari eundem et placari, quod dixerit interdum, si ita rectius sit, mutare, de sententia decedere aliquando; omnes virtutes mediocritate quadam esse moderatas.

Z. 1 f. **scitote** – seltener sog. Imperativ II

3 **Zeno** – Bei griechischen Eigennamen auf –on lässt das Lateinische das Endungs-n weg; so wird aus *Platon Plato*, aus *Zenon Zeno*. Zenon von Kition auf Zypern, der Begründer der stoischen Philosophenschule, mietete für seinen Unterricht die „Bunte Halle“, die *stoá poikíle* in Athen an, die der berühmte Maler Polygnot mit Szenen der Mythologie ausgemalt hatte, daher „bunte“; *stoá* = Halle, daher „Stoiker“; oft heißen diese bei den Griechen „die aus der Halle“.

4 f. **sapientem** – *sapiens* gibt das griechische *sophós* wieder, das stoische Idealbild des vollkommenen Menschen, des Weisen; freilich ist dieser Weise, wie die Stoiker sagen, so selten wie der Vogel Phönix, alle anderen Menschen sind nach stoischer Terminologie allenfalls *prokóptontes*, d. h. Fortschreitende im Vervollkommnungsprozess.

4 ff. Hier überzeichnet Cicero die stoische Lehre von der *apátheia*, der völligen Leidenschaftslosigkeit (vgl. Apathie).

8 f. Die ethische Wertung „Tötung eines Hahnes = Vatermord“ zieht den Rigorismus der Stoiker ins Lächerliche.

8 **opus ... fuerit** – opus esse: nötig sein

11 Die hier skizzierte, alles Kompromisslose ablehnende, gemäßigte Position, die Cicero auf Platon und Aristoteles zurückführt, entspricht der urbanen ausgleichenden *humanitas* Ciceros. Das maßvolle Geltenlassen der Leidenschaften nannten die Peripatetiker *metriopátheia*, *métrios* – maßvoll, *páthos* – Leidenschaft; der Gegenbegriff ist die o. g. stoische *apátheia*.

12 **quaesisse** – Kurzform für *quaesivisse*

14 **viri boni esse** – genitivus possessivus, etwa: es gehöre zu einem guten Mann ...

13 ff. indirekte Rede, abhängig von *aiunt*

16 **opinari** – wie in der Ethik, so nimmt Cicero auch in der Erkenntnislehre eine „gemäßigte“ Position ein; das wird weiter unten im Kontext der philosophischen Schriften näher erläutert werden. Hier soll die Anmerkung genügen, dass Cicero ein Anhänger der sog. Akademischen Skepsis ist; jeglicher dogmatische Erkenntnis- und Wissensanspruch wird zurückgewiesen, Cicero lehnt es prinzipiell ab, *iurare in verba magistri*, er nennt sich einen *magnus opinator*. Man müsse *in utramque partem disserere*; der Mensch könne in seinem Wissensdrang nur bis zum *veri simile*, dem *probabile* vordringen. Der erkenntniskritische Imperativ lautet: *assensionem sustinere*, nach dem griechischen Vorbild *epoché* – Zurückhalten des Urteils.

18 **mediocritate** – Der Begriff der Mitte (s. o. *metriopátheia*) spielt eine entscheidende Rolle in der Tugendlehre des Aristoteles.

3 Caesar

Catos Antipode ist Caesar, zur Zeit der besagten Senatssitzung im Jahre 63 steht er noch vor seinem großen Durchbruch; er befindet sich gleichsam in Lauerposition.

Ob Caesar, wie HEGEL in seiner *Philosophie der Geschichte* schreibt, „notwendig" war, ob er aufgrund der „Überlegenheit des Genies" ein „Geschäftsführer des Weltgeistes" war, ob er, wie der berühmte Althistoriker THEODOR MOMMSEN schreibt, „das einzige schöpferische Genie" war, „das Rom, das letzte, das die Alte Welt hervorgebracht, in dessen Bahnen sie sich bis zu ihrem Untergang bewegt", ob er eine „harmonisch organisierte Natur" war, ob er von „genialer Nüchternheit" war, ob sein höchstes Ziel die „politische, militärische, geistige und moralische Wiedergeburt der tief gesunkenen Nation" war, oder ob er eine egomanische, machtfixierte Spielernatur war, die nach dem Motto „alles oder nichts" die Würfel sprechen ließ *(iacta alea est)*, bleibe dahingestellt. Gegen Patriotismus als Triebfeder, eher für den Drang nach ubiquitärer Befriedigung der Machtgier spricht die berühmte, bei PLUTARCH überlieferte antike biographische Anekdote *Caesar und das Alpendorf:*

> Als Caesar einmal die Alpen überquerte und an einem armseligen Bauerndorf vorbeikam, das von ganz wenigen Menschen bewohnt wurde, fragte ein Begleiter im Scherz: „Ob es auch hier Eifersüchteleien um Ämter, Kämpfe um Führungspositionen und Neid unter den Mächtigen gibt?" Caesar antwortete ihm: „Ich möchte lieber bei diesen der Erste sein als bei den Römern der Zweite".

War Cato ein „Bewahrer", so wurde Caesar zum wirkungsmächtigen Reformer des Staates; er gab dem neuen Kaiserreich seinen Namen. Hatte der „Optimat" Cato ein engstirniges Rom-Bild, das eines Stadt-Staates, so zielte der „Popular" Caesar, vereinfacht gesagt, auf eine Vereinheitlichung des Reiches.

Ein letztes Mal stehen sich diese beiden Antipoden am Ende des von Caesar angezettelten Bürgerkrieges im Jahre 46 in Nordafrika gegenüber. In auswegloser militärischer Lage begeht Cato Selbstmord – mit PLATONS Dialog über die Unsterblichkeit der Seele, *Phaidon*, in der Hand. Hierdurch wird Cato endgültig zur Legende, zum *Cato Uticensis*, Cato von Utica, dem Ort des Geschehens, er wird zum personifizierten Prinzip der Freiheit, wie Caesar für Viele zu dem der Tyrannei. Nach Catos „Heldentod" schreibt Cicero, wie Cato ein Republikaner, sein Elogium auf ihn. Caesars Anti-Cato, eine Schrift, die leider, wie das Elogium Ciceros, nicht erhalten ist, folgt auf dem Fuß, wo sicher auch Catos Schwächen gegeißelt wurden: sein Geiz, Inzest, Trunksucht, die Geschichte mit dem Verleih der Ehefrau.

Angesichts des Sieges Caesars und des Untergangs der alten Adelsrepublik muss man Ciceros politische Bestrebungen als gescheitert ansehen. MOMMSEN fällt ein negatives Urteil über Cicero als Politiker und Staatsmann; zu einer Rehabilitierung Ciceros kommt es besonders durch MEYER, z. B. durch die positive Bewertung der Schrift *De re publica* im Hinblick auf die spätere Ausgestaltung der augusteischen „konstitutionellen Monarchie". (Forschungsbericht bei GESCHE). Nach dem 2. Weltkrieg sah man Caesar

„verstärkt als Vertreter des Totalitarismus", Cicero als „Repräsentanten der Republik und des demokratischen Rechtsstaates" (GELZER).

GELZER bezeichnet das Staatsideal Ciceros (s. o. zu POLYBIOS sowie weiter unten zu *De re publica*) als „konservativ romantisch", es orientiere sich am Rom der Scipionen-Zeit, d. h. des 2. Jahrhunderts vor Christus.

Diesen beiden Männern also, Caesar und Cato, erteilt Cicero in der besagten Senatssitzung während der Diskussion über das weitere Vorgehen gegen die gefangenen Verschwörer das Wort; kurz gesagt: zuerst plädiert Caesar für Milde, dann verweist Cato auf die Sitte der Vorfahren und fordert die Todesstrafe, Caesar wirft er staatsschädigendes Verhalten vor, unter dem Deckmäntelchen der Philanthropie wolle er zunächst sich selber schützen, er unterstellt ihm zumindest Sympathien mit den Verschwörern. Am Ende kommt es zu einem Senatsbeschluss im Sinne von Cato. Die Forschung ist sich weitgehend einig, dass die Vollstreckung des Todesurteils aufgrund des herrschenden Ausnahmezustands, des *senatus consultum ultimum* (s. c. u.), das besagt, *videant consules, ne quid detrimenti res publica capiat,* rechtens war; ein Senatsbeschluss sei da eigentlich nicht nötig gewesen. MOMMSEN hatte noch von einem „Justizmord" gesprochen.

Aus dieser Hinrichtung der Catilinarier drehen die politischen Gegner und persönlichen Feinde Cicero später einen Strick, s. u. Clodius.

Im Jahre 60 gibt Cicero seine zwölf *orationes consulares* des Jahres 63 als Konvolut heraus, neben den vier Reden gegen Catilina u. a. zwei Reden *De lege agraria.* Wie oben im Kontext der Reformbestrebungen der Gracchen gezeigt, war der Ausdruck *lex agraria* für die *optimates* ein rotes Tuch, war geradezu ein Synonym für Revolution. In der Rede *De lege agraria* wendet sich der Konsul Cicero gegen einen Vorstoß zweier Männer, die in naher Zukunft mächtig, bzw. noch mächtiger werden sollten, Caesar und Crassus, auf deren Betreiben der Gesetzesantrag von einem gewissen Rullus eingebracht worden war. Cicero geißelt den Antrag als krasse Machtpolitik, die sich als vermeintliche soziale Wohltat tarne. Der Antrag scheiterte an Ciceros Widerstand. Caesar und Crassus werden bald im Bunde mit Pompeius (s. u. 1. Triumvirat) darauf hinarbeiten, Cicero politisch kaltzustellen.

4 Ciceros Blick auf seine Karriere

Der folgende Abschnitt aus *De lege agraria II* (1 ff.) zeigt Cicero auf dem Höhepunkt seiner Karriere; der übersteigerte Stolz, mit dem er festhält, wie er als *homo novus* in die Trutzburg der Nobilität eingedrungen sei, zeigt erstens, wie Cicero sein „soziales Geburtstrauma" und das daraus resultierende Inferioritätsgefühl verarbeitet, zweitens allgemein, wie dominant damals der soziale Prestigegedanke in Rom war. Es erfüllte mit besonderem Stolz, ein Amt *suo anno* erlangt zu haben, d. h. zum frühestmöglichen Zeitpunkt; das in den *leges annales* gesetzlich vorgeschriebene Mindestalter für die einzelnen höheren Ämter war: Quästur mit 30 Jahren, Ädilität mit 37, Prätur mit 40, Konsulat mit 43.

Mihi, Quirites, apud vos de meis maioribus dicendi facultas non datur, non quo non tales fuerint, quales nos illorum sanguine creatos disciplinisque institutos videtis, sed quod laude populari atque honoris vestri luce caruerunt.

De me autem ipso vereor ne adrogantis sit apud vos dicere, ingrati tacere. Nam et quibus studiis hanc dignitatem consecutus sim, memet ipsum commemorare perquam grave est. [...].

Me perlongo intervallo prope memoriae temporumque nostrorum primum hominem novum consulem fecistis et eum locum, quem nobilitas praesidiis firmatum atque omni ratione obvallatum tenebat, me duce rescidistis virtutique in posterum patere voluistis.

Neque me tantum modo consulem, quod est ipsum per se amplissimum, sed ita fecistis, quo modo pauci nobiles in hac civitate consules facti sunt, novus ante me nemo.

Nam profecto, si recordari volueritis de novis hominibus, reperietis eos, qui sine repulsa consules facti sunt, diuturno labore atque aliqua occasione esse factos, cum multis annis post petissent quam praetores fuissent, aliquanto serius quam per aetatem ac per leges liceret; qui autem anno suo petierint, sine repulsa non esse factos; me esse unum ex omnibus novis hominibus, de quibus meminisse possimus, qui consulatum petiverim, cum primum licitum sit, consul factus sim, cum primum petiverim.

Z. 1 **Quirites** – Anrede der römischen Bürger als Zivilisten, bes. in der Volksversammlung
1 **dicendi** – Gerundium als Genitivattribut
1 **non quo** – hier: nicht als ob ...
3 **laude / luce** – abl. separativus, abhängig von *caruerunt*
7 **memoriae** – oft fast ein Synonym von „Zeit“; vgl. *patrum nostrorum memoria*
7f. **me ... consulem fecistis** – doppelter Akkusativ (machen zu ...)
7 **memoriae temporumque nostrorum** – semantisch genitivus qualitatis, syntaktisch Attribut zu *intervallo*
7f. **primum hominem novum** – Prädikativum
8ff. **locum ... patere voluistis** – ACI
9 **me duce** – nominaler ablativus absolutus
11 **tantum modo** – hier: nur
12 **nobiles ... consules facti sunt** – doppelter Nominativ
12 **novus** – ergänze: *homo*
14f. **eos ... esse factos** – ACI
16 **petissent** – Kurzform / Nebenform für *petivissent*
16 **post ... quam** – später als (*post* als Adverb)
16 **aliquanto** – ablativus mensurae zum Komparativ *serius*
17 **per aetatem ac leges** – gemeint ist das gesetzlich vorgeschriebene Mindestalter (s. Einleitung)

17 **anno suo** – auch hier ist das gesetzlich vorgeschriebene Mindestalter gemeint (s. Einleitung)

17 **petierint** – Kurzform / Nebenform für *petiverint*, so wie oben *petissent* für *petivissent*

5 Antike Stimmen zum Eigenlob Ciceros

In der Folgezeit stiegen Cicero seine Leistungen während seines Konsulats wohl etwas zu Kopfe; Plutarch z. B. vermerkt, dieses Eigenlob habe schwer erträgliche Züge angenommen:

> Es verging keine Senatssitzung, keine Volksversammlung, keine Gerichtsverhandlung, in der man von ihm nicht die alte Leier *Catilina* zu hören bekam, schließlich füllte er auch seine Schriften mit derartigen Lobhudeleien an, seine Rede, die ansonsten sehr angenehm war und sehr viel Charme hatte, machte er dadurch für seine Zuhörer schwer erträglich.

Ciceros Zeitgenosse, der Historiker Sallust, dem wir – neben Ciceros Reden – die wichtigste Quelle zu den Ereignissen des Jahres 63, der Catilinarischen Verschwörung, verdanken, verfasste ein Pamphlet, eine sog. Invektive gegen ihn; er geißelt dort Ciceros Selbstverliebtheit, die er z. B. in seiner Selbstverherrlichung in Gedichtform *(De consulatu suo)* an den Tag legte; von diesem Gedicht sind uns nur Fragmente erhalten.

Bei Sallusts Text ist sprachlich zu beachten, dass er – wie schon gesehen – die archaischen Formen der i-Deklination liebt, z. B. *artis* für *artes:*

> Quem Minerva omnis artis edocuit, Iuppiter Optimus Maximus in concilium deorum admisit, Italia exulem humeris suis reportavit.

Ciceros Bewunderer Quintilian beklagt etwa ein Jahrhundert später, dass dieser auf diesem Wege seinen Gegnern eine Angriffsfläche geboten habe:

> In carminibus utinam pepercisset, quae non desierunt carpere maligni: [...], „Iovem illum, a quo in concilium deorum advocatur“ et „Minervam, quae artes eum edocuit“.

Noch Jahrhunderte später persifliert Martianus Capella in seinem Kompendium zu den *artes liberales* diese Neigung Ciceros zu Eigenlob und seine Fixierung auf sein Glanzjahr 63; Martianus Capella imaginiert eine „Himmelfahrt“ Ciceros zusammen mit dessen Vorbild Demosthenes und deren Ankunft im Götterhimmel:

Alter vero, quem consularis purpura et coniurationis extinctae laurea redimibat, mox ingressus curiam superum et in Iovis gratulatus se venisse conspectum, clamare laetius coepit: „O nos beatos, o rem publicam fortunatam, o praeclaram laudem consulatus mei“.

Z. 1 **consularis purpura** – Nach der „Kleiderordnung“ in Rom durften zu Ciceros Zeit nur Konsuln und Triumphatoren das königliche Purpurgewand tragen; dieses Privileg wurde später auf die Kaiser übertragen.

2 **superum** – hier: Genitiv Pl., alte Form für das klassische *superorum,* im Sinne von *deorum*

3 **fortunatam** – persifliert einen Vers aus Ciceros Gedicht *De consulatu suo* aus dem Jahre 60, in dem er sein eigenes Konsulat verherrlicht; dort spielt Cicero mit dem rhetorischen Mittel der Paronomasie; über Rom sagt er: *o fortunatam natam me consule,* wobei *me consule* ein schulbuchmäßiger nominaler ablativus absolutus ist.

VIII Das erste Triumvirat

1 Die *conspiratio*

Nachdem das Heer der Verschwörer unter Leitung Catilinas Anfang 62 in der Toskana eine vernichtende Niederlage erlitten hat, ist Cicero in den folgenden Jahren, 62 bis 59, damit beschäftigt, seine Konsulatspolitik zu verteidigen. Als Pompeius 61 aus dem Osten zurückkehrt und sich 60 mit Crassus und Caesar zum sog. 1. Triumvirat zusammentut, werden die Zeiten düster für Cicero. Dieses Triumvirat ist einer der für die Endphase der Republik typischen Zusammenschlüsse zum Zwecke der persönlichen Machtsteigerung; es handelt sich um eine private Verabredung ohne gesetzliche Bestätigung. Livius spricht Klartext: *conspiratio facta est.* Den Wortlaut der Vereinbarung überliefert Sueton: *ne quid ageretur in re publica, quod displicuerit ulli e tribus,* d. h.: „die republikanische Staatsform verkam zur Fassade". (Funke)

Der Profit für die Triumvirn sieht im Einzelnen so aus: Pompeius und Crassus sorgen dafür, dass Caesar im nächsten Jahr, 59, Konsul wird; während des Konsulats soll er für Pompeius eine Bestätigung für dessen Operationen im Osten erwirken, zudem ein Siedlergesetz durchbringen; Pompeius muss nämlich seine Veteranen versorgen. Für Crassus soll die Pachtsumme für die *publicani*, die Steuerpächter, ermäßigt werden. Crassus, ein Symptom der Zeit, grenzenlos habgierig, ein perfider Immobilienspekulant (ein großer Teil Roms war in seiner Hand) und Großkapitalist (z. B. Silbergruben), war nämlich in großem Stil im Steuerpächtergeschäft tätig, wobei der Staat Privatfirmen Lizenzen zum Einziehen von Steuern verkaufte; der Gewinn für den *publicanus* bestand darin, dass er über die vom Staat festgesetzte Steuersumme hinaus die Steuer- und Abgabepflichtigen ausbeutete – ein lukratives Geschäft, wie geschaffen für Crassus. Von Crassus stammt der für die Zeit typische Satz: „niemand ist reich, wenn er nicht in der Lage ist, von den Zinsen seines Vermögens ein Heer zu finanzieren".

Die Habgier des Crassus hatte sich auch bei den fernsten Barbaren herumgesprochen; als er später den Krieg gegen die Parther verliert (53), gießen ihm diese nach seiner Gefangennahme geschmolzenes Gold in den Rachen – wenn das nicht wahr ist, so ist es zumindest gut erfunden (Cassius Dio).

2 Die Clodius-Affäre

Da die „drei Männer", besonders Caesar während seines Aufenthalts in Gallien, republikanische Quertreiber in Rom nicht gebrauchen konnten, wurde Cato mit einem staatlichen Auftrag nach Zypern „weggelobt". Um Cicero loszuwerden, dachte man sich etwas Besonderes aus: ein Todfeind Ciceros sollte beim Vorgehen gegen ihn eingespannt werden. Dieser Mann, Clodius, mit dem Beinamen „der Schöne", war offenbar ein ganz windiger Draufgänger.

Im Jahre 62 hatte er sich anscheinend in Frauenkleidern in das Haus Caesars geschlichen, der damals neuer *pontifex maximus* und Prätor war, als dort nach alter Sitte eine ausschließlich Frauen zugängliche religiöse Feierlichkeit, das Fest der Bona Dea, unter Beteiligung der Vestalischen Jungfrauen stattfand. Angeblich wollte sich Clodius dort Caesars Frau nähern, woraufhin dieser sich gleich scheiden ließ, weil nach seinem eigenen Bekunden „auf Caesars Frau nicht einmal der Schatten eines Verdachtes fallen dürfe"; Clodius wurde wegen Religionsfrevel der Prozess gemacht, auch wegen Unzucht mit seinen drei stadtbekannten Schwestern, besonders mit Clodia, die Cicero einmal *quadrantaria* nennt, der verrufensten Dame der römischen Gesellschaft; diese *quadrantaria* (Groschenhure) war eine Zeit lang die Geliebte des Dichters Catull, der sie *Lesbia* nennt, auch Cicero wurde ein Verhältnis mit ihr nachgesagt.

Cicero hatte sich damals der Anklage angeschlossen; es gelang ihm sogar, durch seine Zeugenaussage das Alibi des Clodius zunichte zu machen, was dieser mit Todfeindschaft quittierte. Dennoch wurde Clodius durch Richterbestechung – wieder einmal durch die Gelder des reichen Crassus – freigesprochen, woraufhin Cicero die Richter beschimpfte. Offenbar als Racheakt gegen Cicero brachte Clodius im Jahre 58, nachdem er sich per Adoption in den Plebejer-Stand hatte zurückstufen lassen *(transitio ad plebem)* und zum Volkstribun hatte wählen lassen, ein Gesetz ein, das eindeutig auf Ciceros damals rechtmäßiges Vorgehen gegen die Catilinarier gemünzt war und auch rückwirkend auf Cicero angewandt wurde; das neue Gesetz besagte, jeder Bürger solle geächtet werden, *qui civem Romanum indemnatum interemisset.* Die Anklage durch Clodius folgte auf dem Fuß. Der römische Historiker Velleius Paterculus fasst die Ereignisse zusammen:

> Per idem tempus P. Clodius, homo nobilis, disertus, audax, quique dicendi neque faciendi ullum, nisi quem vellet, nosset modum, malorum propositorum executor acerrimus, infamis etiam sororis stupro et actus incesti reus ob initum inter religiosissima populi Romani sacra adulterium, cum graves inimicitias cum M. Cicerone exerceret (quid enim inter tam dissimiles amicum esse poterat?) et a patribus ad plebem transisset, legem in tribunatu tulit, qui civem Romanum indemnatum interemisset, ei aqua et igni interdiceretur: cuius verbis etsi non nominabatur Cicero, tamen solus petebatur. Ita vir optime meritus de re publica conservatae patriae pretium calamitatem exilii tulit.

3 Cicero in der Verbannung

Noch vor dem Prozess begab sich Cicero freiwillig in die Verbannung nach Griechenland; er stellt das später immer wieder als einen patriotischen Akt dar, als *devotio,* d. h. eine heroische Selbstaufopferung eines Einzelnen für die Gemeinschaft; Curtius und Decius sind klassische *exempla maiorum* hierfür. Clodius setzte seine Rache fort, indem er Ciceros Stadthaus auf dem Palatin und seine Villen auf dem Lande, auch die berühmte in Tusculum, niederbrennen ließ. Das Inventar wollte er versteigern lassen, „doch niemand kaufte etwas“ (Plutarch). U. a. Ciceros Parteigänger und Freund Milo, der sich noch lange brutale Bandenkriege mit Clodius liefern sollte (s. u.), initiierte eine Volksabstimmung, Cicero wurde nach einer Verbannungszeit von 16 Monaten mit überwältigender Stimmenmehrheit aus Griechenland nach Rom zurückgerufen, sein Stadthaus und seine Villen auf dem Lande wurden auf Staatskosten wieder aufgebaut. Als Protagonisten des Rückrufs erscheinen im Rückblick in den Reden und besonders den Briefen der folgenden Jahre – neben Milo – Lentulus, Sestius und Pompeius; auf der Gegenseite stehen Piso und Gabinius, die mit der Aussicht auf Provinzen „gekauften“ *(empti)* Konsuln von 58 und natürlich als treibende Kraft Clodius. Velleius Paterculus schreibt:

> Neque quisquam aut expulsus est invidiosius aut receptus laetius. Cuius domus, quam infeste a Clodio disiecta erat, tam speciose a senatu restituta est.

Dieser von Velleius Paterculus konstatierte Umschwung spiegelt sich in sehr eindringlichen Briefen Ciceros; seine Stimmungslage zur Zeit seiner Fahrt in die Verbannung ist „zu Tode betrübt“, im folgenden Jahr, bei seiner triumphalen Heimkehr, „himmelhoch jauchzend“.

Als er im Jahre 58 auf dem Weg in die freiwillige Verbannung seinem Freund Atticus aus Thurii in Süditalien schreibt, ist er von tiefer Niedergeschlagenheit ergriffen. Auf sprachlicher Ebene zeigt dieser Brief (*Ad Att.* III, 5) besonders gut, dass die Briefe Ciceros bezüglich der Stilhöhe weit unter seinen philosophischen Schriften und erst recht weit unter den Reden stehen. Er ist offensichtlich schnell hingeworfen, ein Gelegenheitsprodukt, geprägt von Parataxe, ja geradezu von Telegrammstil:

Terentia tibi et saepe et maximas agit gratias. Id est mihi gratissimum. Ego vivo miserrimus et maximo dolore conficior. Ad te quid scribam, nescio. Si enim es Romae, iam me adsequi non potes. Si es in via, cum eris me adsecutus, coram agemus, quae erunt agenda. Tantum te oro, ut, quoniam me ipsum semper amasti, ut eodem amore sis; ego enim idem sum. Inimici mei mea mihi, non me ipsum ademerunt. Cura, ut valeas.

Z. 1 **Terentia** – Ciceros Ehefrau
2 **miserrimus** – Prädikativum, im Deutschen wie Adverb behandeln
2 **conficior** – wie unser (bes. psychisch) „fertigmachen“
3 **Romae** – Lokativ
3 f. **coram agemus** – etwa: unter vier Augen besprechen
4 f. **amasti** – Kurzform / Nebenform für *amavisti*
5 **eodem amore** – ablativus qualitatis als Prädikatsnomen
5 **mei mea mihi, non me** – eine für einen Brief recht seltene Rhetorisierung: Paronomasie, Polyptoton (daher natürlich inklusive Alliteration), Antithese, Asyndeton

Wenige Wochen später schreibt Cicero während der Weiterfahrt zu seinem Verbannungsort an seine Frau, seine Tochter und seinen Sohn; der Brief zeigt ihn in tiefer

Verzweiflung; das Schreiben ist ein intimes Dokument der Sensibilität Ciceros und zeigt ihn als liebenden Familienvater. *Ad fam.* XIV, 4:

Ego minus saepe do ad vos litteras, quam possum, propterea quod cum omnia tempora sunt misera, tum vero, cum aut scribo ad vos aut vestras lego, conficior lacrimis sic, ut ferre non possim. [...]. Quod si nos ad aliquam alicuius commodi aliquando reciperandi spem fortuna reservavit, minus est erratum a nobis; si haec mala fixa sunt, ego vero te quam primum, mea vita, cupio videre et in tuo complexu emori, quoniam neque dei, quos tu castissime coluisti, neque homines, quibus ego semper servivi, nobis gratiam rettulerunt. [...]. O me perditum, o adflictum! Quid nunc rogem te, ut venias, mulierem aegram et corpore et animo confectam? Non rogem? Sine te igitur sim? [...]. Sed quid Tulliola mea fiet? [...]. Quid? Cicero meus quid aget? Iste vero sit in sinu semper et complexu meo. Non queo plura iam scribere: impedit maeror. [...]. Quod reliquum est, sustenta te, mea Terentia, ut potes. Honestissime viximus, floruimus; non vitium nostrum, sed virtus nostra nos adflixit; peccatum est nullum, nisi quod non una animam cum ornamentis amisimus. [...]. Cura, quoad potes, ut valeas, et sic existimes me vehementius tua miseria quam mea commoveri. Mea Terentia, fidissima atque optima uxor et mea carissima filiola et spes reliqua nostra, Cicero, valete.

Z. 1 **do ... litteras** – Idiom *litteras dare*: einen Brief schicken, vergleichbar mit unserem „einen Brief auf*geben*“
1 f. **cum ... tum** – sowohl … als auch (besonders)
1 f. **omnia tempora** – Gesamtsituation
3 **quod si** – wenn also, wenn nun; oft auch als ein Wort: *quodsi*
5 **fixa** – hier etwa im Sinne von: unumkehrbar
5 **quam primum** – möglichst bald
5 **mea vita** – intime Anrede
6 **emori** – wie *mori*
7 **gratiam rettulerunt** – *gratiam referre:* danken (durch die Tat), *gratias agere* dagegen meint bloß: danken mit Worten
7 **o me perditum** – sog. Akkusativ des Ausrufs
8 **rogem** – Präsens Konj. als Dubitativus / Deliberativus
9 **Tulliola** – bei Cicero häufiges Diminutiv als Koseform für seine Tochter Tullia
12 f. **vitium nostrum / virtus nostra** – Antithese mit paralleler Wortstellung, Paronomasie und Polyptoton
13 **una** – hier adverbial: gleichzeitig
14 **ornamentis** – bezieht sich auf seine hohe Position in der Öffentlichkeit
16 **filiola** – wieder Diminutiv als Koseform

Nach der triumphalen Heimkehr nach Rom sagt Cicero in einer Dankesrede an den Senat, Italien habe ihn auf Schultern nach Rom zurückgetragen. Er schreibt über seine umjubelte Rückkehr aus der kurzzeitigen Verbannung an seinen Freund Atticus; der Text setzt die Kenntnis einiger „Realien“ voraus:

An der *porta Capena,* dem südlichen Stadttor des frühen Roms, das von der Servianischen Mauer umgeben war, die ihren Namen von ihrem angeblichen Erbauer, König Servius Tullius, hat, tatsächlich aber jüngeren Datums ist, begann die *via Appia,* die „Königin der Landstraßen“, die gegen Ende des 4. Jhs. von Appius Claudius Caecus gebaut worden war; sie führte zunächst nach Capua in Kampanien, wurde später bis nach Brundisium, dem heutigen Brindisi in Apulien, weitergeführt. Die *via Appia* war die Landetappe der klassischen Griechenlandroute; in Brundisium schiffte man sich nach Griechenland ein; Zielhafen war oft Dyrrhachium, heute das albanische Durres. Cicero beschreibt in unserem Text den Weg in umgekehrter Richtung, als Heimweg mit dem Ziel: Rom; innerhalb der Stadt zeichnet er den Weg bis in das Stadtzentrum nach: von der *porta Capena* zwischen die Hügel Aventin und Caelius hindurch, wohl über die *via triumphalis* zwischen Palatin und Caelius nach Norden in Richtung Colosseum, das zu Ciceros Zeit natürlich noch nicht existierte, es wurde ja in den 70er Jahren des 1. Jhs. n. Chr. gebaut (*amphitheatrum Flavium* – also unter den Flaviern, dem damaligen Kaisergeschlecht), dann nach Nordwesten auf der *via sacra* über das Forum Romanum bis zum Kapitol, Inbegriff und Herzstück Roms mit dem Tempel des Iuppiter Optimus Maximus; bezeichnenderweise ist der größte Teil dieser Wegstrecke der klassische Weg der Triumphzüge in Rom: Cicero stilisiert hier seine Heimkehr zur Dublette eines klassischen Triumphzugs, einer *pompa triumphalis*; an der von Cicero zurückgelegten Wegstrecke liegen alle drei heute noch erhaltenen Triumphbögen Roms, der Bogen Konstantins, der Bogen des Titus, der Bogen des Septimius Severus. *Ad Att.* IV, 1 (Auszug):

Inde a Brundisinis honestissimis decretis ornatus iter ita feci, ut undique ad me cum gratulatione legati convenerint. Ad urbem ita veni, ut nemo ullius ordinis homo nomenclatori notus fuerit, qui mihi obviam non venerit, praeter eos inimicos, quibus id ipsum, se inimicos esse, non liceret aut dissimulare aut negare. Cum venissem ad portam Capenam, gradus templorum ab infimo plebe completi erant; a qua plausu maximo cum esset mihi gratulatio significata, similis et frequentia et plausus me usque ad Capitolium celebravit, in foroque et in ipso Capitolio miranda multitudo fuit.

Z. 1 **Brundisinis** – Einwohner von Brundisium, heute Brindisi, wo Cicero mit dem Schiff aus Griechenland, dem Land seines Exils, angekommen war.

3 **nomenclatori** – ein Sklave, dessen Aufgabe darin bestand, seinen Herrn in der Öffentlichkeit zu begleiten und ihm die Namen der Personen, denen sie begegneten, zu nennen.

Bei der Rhetorisierung der Themenpunkte „Verbannung“ und „Heimkehr“ greift Cicero wiederholt zum Zwecke der Pathossteigerung zum Stilmittel der Personifikation, wie er ja schon in der zitierten ersten Rede gegen Catilina das Vaterland redend auftreten ließ. Bei einem Vergleich zweier Textabschnitte, erstens aus *Pro Sestio,* wo es um den Tag der Verbannung geht, zweitens aus *In Pisonem,* wo der Tag der Heimkehr verherrlicht wird, können wir sozusagen einen Blick über Ciceros Schulter auf seinen Schreibtisch werfen und nachverfolgen, wie er in vergleichbaren Kontexten auf ein Reservoir von Versatzstücken, im Denkmuster und Ausdruck, zurückgreift; solche „Klischees“ heißen auf Griechisch *tópoi,* ihre Beherrschung bildet einen wichtigen Teil der *inventio,* der Stoff- und Argumentenfindung; die Lehre von diesen *sedes argumentorum,* d. h. Fundstellen von Argumenten, heißt Topik; die lateinische Übersetzung von *tópos* ist *locus,* daher haben wir unser Wort „Allgemeinplatz“.

Der Tag der Verbannung *(Pro Sestio,* 53*):*

Sed ut revertar ad illud, quod mihi in hac omni est oratione propositum, omnibus malis illo anno scelere consulum rem publicam esse confectam, primum illo ipso die, qui mihi funestus fuit, omnibus bonis luctuosus, cum ego me e complexu patriae conspectuque vestro eripuissem, et metu vestri periculi, non mei, furori hominis, sceleri, perfidiae, telis minisque cessissem, patriamque, quae mihi erat carissima, propter ipsius patriae caritatem reliquissem, cum meum illum casum tam horribilem, tam gravem, tam repentinum non solum homines, sed tecta urbis ac templa lugerent, nemo vestrum forum, nemo curiam, nemo lucem aspicere vellet.

Z. 2 **illo anno** – 58, Jahr der Verbannung
2 **consulum** – die Konsuln des Jahres 58 waren Piso und Gabinius
2 **confectam** – Wie oben bereits erwähnt, ist der deutsche Ausdruck „jemanden fertig*machen*“ eine instruktive Analogie.
4 **vestri periculi** – genitivus obiectivus zu *metu*
5 **hominis** – gemeint ist Clodius
8 **vestrum** – hier Genitiv des Personalpronomens *vos,* da partitiv zu *nemo*

Beim Vergleich mit dem folgenden aus *In Pisonem* (52) entnommenen Text, der von der triumphalen Heimkehr handelt, fällt sogleich die strukturelle und inhaltliche Analogie der Schlusspartien auf; in Text 1 trauern die Häuser und Tempel, in Text 2 freuen sie sich:

Unus ille dies mihi quidem immortalitatis instar fuit, quo in patriam redii, cum senatum egressum vidi populumque Romanum universum, cum mihi ipsa Roma prope convolsa sedibus suis ad complectendum conservatorem suum progredi visa est. Quae me ita accepit, ut non modo omnium generum, aetatum, ordinum omnes viri ac mulieres omnis fortunae ac loci, sed etiam moenia ipsa viderentur et tecta urbis ac templa laetari.

Z. 1 **immortalitatis instar** – *instar* mit Genitiv: gleichgewichtig, aufwiegend
3 **convolsa sedibus suis** – *convolsa* ist eine alte Variante für *convulsa, sedibus suis* ein ablativus separativus dazu

3 **conservatorem** – Cicero als Retter des Vaterlandes während seines Konsulatsjahres, 63, wofür er ja mit dem Ehrentitel *pater patriae* ausgezeichnet worden war

5 **omnis fortunae ac loci** – attributiver genitivus qualitatis

Wie nahe die überschwänglichen Sätze Ciceros den Berichten über reguläre Triumphzüge in Rom kommen, zeigt sehr gut ein Vergleich mit dem wohl ausführlichsten antiken Bericht über einen Triumphzug in Rom, nämlich dem des Flavius Josephus über den Triumph des Titus (70 n. Chr.):

> (Am Tag), an dem der Festzug anlässlich der Siegesfeierlichkeiten stattfinden sollte, blieb niemand von der unermesslichen Menschenmenge, die in der Stadt wohnte, zuhause, sondern alle gingen irgendwohin, wo man stehen konnte und nahmen einen Platz ein; für die, die durchziehen sollten, um betrachtet zu werden, ließ man nur so viel Raum übrig, wie für den Vorbeimarsch nötig war.

4 Caesar in Gallien

Während Ciceros Exil beginnt der große Aufstieg Caesars. Nach seinem Konsulatsjahr 59 tritt er im Folgejahr, wie auch sonst üblich, sein Prokonsulat an, d. h. als ehemaligem Konsul wird ihm die Verwaltung einer Provinz übertragen; ganz außergewöhnlich jedoch ist, dass ihm, ermöglicht durch das Triumvirat, ein *quinquennium* eingeräumt wird, welches ihm in einer Konferenz der Triumvirn gegen Mitte der 50er Jahre noch einmal um ein solches *quinquennium* verlängert wird. Er hat also Zeit. Diese nutzt er gründlich. Von den drei Provinzen, deren Verwaltung ihm übertragen wurde, interessiert ihn besonders *Gallia Narbonensis* (heute: Provence – natürlich nach *provincia*), benannt nach der Verwaltungshauptstadt Narbo, heute Narbonne. Ein Anlass, über die engen Provinzgrenzen hinaus in die *Gallia libera* einzugreifen, ist schnell gefunden; im Laufe der Jahre generiert ein Krieg den nächsten, und, „wie er es zutiefst ersehnt hatte" (Cassius Dio), er erlangt hier ungeheuren Kriegsruhm, verfügt am Ende seiner „Amtszeit" über ein so schlagkräftiges Heer, dass er mit diesem gegen Rom selbst Krieg führen kann (Bürgerkrieg), er hat zudem nebenbei seine Geldprobleme endgültig gelöst. Eutrop fasst Caesars Aufenthalt in Gallien knapp zusammen:

> Is primus vicit Helvetios, deinde vincendo per bella gravissima usque ad Oceanum Britannicum processit. Domuit autem annis novem fere omnem Galliam, quae inter Alpes, flumen Rhodanum, Rhenum et Oceanum est. Britannis mox bellum intulit, quibus ante eum ne nomen quidem Romanorum cognitum erat, eosque victos obsidibus acceptis stipendiarios fecit.

Wie Caesar sich in Gallien persönlich bereicherte, zeigt folgende Notiz von Sueton:

> In Gallia fana templaque deorum donis referta expilavit, urbes diruit saepius ob praedam quam ob delictum; unde factum, ut auro abundaret.

Jehne bewertet Caesars Prokonsulat treffend:

Der Gedanke löst Schauder aus, dass hier ein riesiges Territorium in acht harten Kriegsjahren vor allem deshalb erobert wurde, weil die politischen Machinationen in Rom einen Mann in die Statthalterschaft der Narbonensis geschwemmt hatten, der dringend einen großen Krieg brauchte.

In der oben schon erwähnten Konferenz der Triumvirn gegen Mitte der 50er Jahre in Luca (nördliche Toskana) wird der Dreierbund erneuert, Caesar – wie gesagt – ein weiteres *quinquennium* in Gallien eingeräumt, die beiden anderen teilen sich die Weltbereiche: Pompeius „bekommt" Spanien und Libyen, Crassus zieht es in den Osten; ein Feldzug gegen die Parther verspricht Gewinn – das Ergebnis ist bekannt.

5 Annäherung an Caesar

In seiner Rede *De provinciis consularibus* aus dem Jahr dieser Konferenz (56) wirbt Cicero dafür, Caesar solle weiterhin als Prokonsul in Gallien bleiben, Caesars Vorgehen in Gallien bewertet er positiv als „Präventionskrieg" zur Abwehr der „Gallier-Gefahr" und streicht Caesars Leistung für Rom heraus; diese Schmeichelei wird heute „meist als mehr oder weniger totale Unterwerfung gegenüber dem Dreibund und als opportunistische Anpassung an die realen damaligen Machtverhältnisse gesehen" (Forschungsbericht bei Gesche). Etwas später heißt es in einem Brief an den Bruder Quintus, der in dieser Zeit in Caesars Diensten in Gallien kämpfte: *Quoniam in isto homine colendo tam indormivi diu, cursu corrigam tarditatem.* Für uns vielleicht überraschend ist, dass auch ein „kritischer Intellektueller" wie Cicero den Herrschaftsanspruch Roms nicht hinterfragt. In diesem Punkt ist auch er durch und durch Römer. Der folgende Redeabschnitt (32 ff.) gibt ziemlich deutlich das römische Selbstbild eines Herrenvolks wieder und ist geeignet, den Kerngedanken des römischen Imperialismus aufzuzeigen. Die Römer haben ein ausgesprochenes „Sendungsbewusstsein", sie sehen sich als die Herren über alle Völker, wobei diese Herrschaft ewig sei; hierbei führen sie immer ein *bellum iustum*, letztlich zum Wohle der Unterworfenen. Leistet ein Volk Widerstand, wird das mit Auflehnung und Verschwörung gleichgesetzt; Caesars Behauptung am Ende des 2. Kriegsjahres in Gallien, ganz Gallien sei unterworfen, gibt ihm die Möglichkeit, jegliche folgende Gegenwehr als Rebellion zu interpretieren (Kroll). Römische *virtus* ist allem Nicht-Römischen überlegen; fremden Völkern werden pauschal bestimmte Fehler zugeschrieben; Hannibal z. B. wird einmal bei Livius nachgesagt, er sei von einer *perfidia plus quam Punica*, d. h. alle Karthager haben die *perfidia Punica*, den Griechen wird grundsätzlich geringer Lebensernst unterstellt: *levitas Graeca*. Cicero ist davon überzeugt, dem römischen Volk sei es nicht bestimmt, zu dienen; die unsterblichen Götter hätten ihm die Herrschaft über alle Völker zugewiesen.

Bellum Gallicum, p. c., C. Caesare imperatore gestum est, antea tantum modo repulsum. Semper illas nationes nostri imperatores refutandas potius bello quam lacessendas putaverunt. [...]. C. Caesaris longe aliam video fuisse rationem; non enim sibi solum cum iis, quos iam armatos contra populum Romanum videbat, bellandum esse duxit, sed totam Galliam in nostram dicionem esse redigendam. Itaque cum acerrimis nationibus et maximis Germanorum et Helvetiorum proeliis felicissime decertavit, ceteras conterruit, compulit, domuit, imperio populi Romani parere adsuefecit, et quas regiones quasque gentes nullae nobis antea litterae, nulla vox, nulla fama notas fecerat, has noster imperator nosterque exercitus et populi Romani arma peragrarunt. Semitam tantum Galliae tenebamus antea, p. c.; ceterae partes a gentibus aut inimicis huic imperio aut infidis aut incognitis aut certe immanibus et barbaris et bellicosis tenebantur; quas nationes nemo umquam fuit quin frangi domarique cuperet. Nemo sapienter de re publica nostra cogitavit iam inde a principio huius imperii, quin Galliam maxime timendam huic imperio putaret; sed propter vim ac multitudinem gentium illarum numquam est antea cum omnibus dimicatum. Restitimus semper lacessiti: nunc denique est perfectum, ut imperii nostri terrarumque illarum idem esset extremum.

Auch in diesem Redeabschnitt zieht Cicero einige rhetorische Register, z. B. in Zeile 1 und 2: Antithese, Asyndeton, ebenfalls Antithese in Z. 3 bis 5, die asyndetische Reihung in Z. 7, die Anapher in Z. 9, die Pathossteigerung in Z. 9 *noster imperator nosterque exercitus* usw.

Z. 1 **p. c.** – *patres conscripti* ist die Anrede für die Senatoren.

1 **tantum modo** – pleonastischer Ausdruck: nur, lediglich

1 **C. Caesare imperatore** – nominaler ablativus absolutus

2 **nationes** – einzelne Volksstämme; *gens* dagegen meint eher einen „Völkerkomplex“; *gens* ist eher ein allgemeiner Begriff, *natio* ein spezieller: *omnes eius gentis nationes.*

2 f. *refutandas / lacessendas*: auch hier ist beim Gerundivum als Prädikatsnomen im ACI die copula *esse* zu ergänzen (Ellipse).

3 **longe** – hier: bei weitem

5 **duxit** – steht hier, wie oft, im Sinne von *existimavit / putavit*, ist hier somit ein „Auslöser“ für den ACI *bellandum esse*, der also ein unpersönliches Gerundivum als Prädikatsnomen enthält.

5 **esse redigendam** – Es gehörte zur rhetorischen Kunst, besonders das Satzende zu rhythmisieren („Klauselrhythmus“); die Quantitätenstruktur und Rhythmik von *esse redigendam* ist eine solche beliebte „Klausel“

5/10 **totam Galliam / semitam tantum Galliae** – bereits im 2. Jh. v. Chr. hatte sich Rom den Süden des heutigen Frankreichs als „Korridor“ zur iberischen Halbinsel, wo bereits zuvor Provinzen installiert worden waren, einverleibt. Erst durch Caesars „Statthalterschaft“ in den 50er Jahren des 1. Jhs. v. Chr. wurde das restliche Gallien unterworfen.

10 f. Die polysyndetische dreistufige Wortfügung *noster imperator nosterque exercitus et populi Romani arma* entspricht auch einer – bereits erwähnten – „sprachästhetischen“ Regel: Gesetz der wachsenden Glieder.

10 **peragrarunt** – Auch hier liegt die recht beliebte „Nebenform / Kurzform“ für *peragraverunt* vor.

14 **timendam** – Auch bei diesem Gerundivum im ACI ist wieder einmal *esse* zu ergänzen.

16 **lacessiti** – participium coniunctum zum Subjekt, das in *restitimus* steckt

17 **esset** – der Konj. Impf. entspricht formal der strengen Zeitverhältnisregelung für konjunktivische Nebensätze (Gleichzeitigkeit), bezieht sich aber inhaltlich auf die Gegenwart *(nunc)*, ist also mit Präsens zu übersetzen

6 Das neue politische Programm: *concordia omnium bonorum*

Während dieser Jahre des ersten Triumvirats, das im Jahre 53 zerbricht, können wir einen signifikanten Wandel in der politischen Programmatik Ciceros konstatieren. Sprach er zur Zeit der catilinarischen Verschwörung im Jahre 63 noch von der *concordia ordinum,* war er demnach also noch in den tradierten Denkmustern der Bewertung und Ausrichtung politischen Handelns verhaftet, spricht er jetzt, in der Mitte der 50er Jahre, von der *concordia omnium bonorum.*

Wohl durch mehrere Faktoren beeinflusst, erstens wahrscheinlich das „soziale Geburtstrauma" eines *homo novus,* das ihn schon immer jeglichem Standesdenken hatte reserviert gegenüberstehen lassen, zweitens durch die aus seiner Beschäftigung mit der Philosophie resultierende souveräne Weite seines geistigen Horizontes, wobei er hier vielleicht besonders inspiriert war vom stoischen Gedanken der *lógos*-Sympathie (s. u.), der *lógos*-zentrierten „kosmopolitischen" Ausrichtung sowie dem stoischen Pflichtgedanken und drittens – im Zusammenhang damit – vielleicht auch durch den im Hellenismus im griechischen Kulturbereich verbreiteten Gedanken der *homónoia,* d. h. Eintracht, die sich von der Familie über die Bürger und die Stadt bis hin auf alle Menschen erstreckt, formuliert Cicero in der Rede *Pro Sestio* (56) einen neuen Bewertungsmaßstab für „Optimaten".

Offenbar frustiert angesichts der Machenschaften skrupelloser egomanischer Hasardeure, die den Staat sozusagen als private Beute ansehen, eine Entwicklung, die die *res publica* in den Abgrund zu reißen droht, sowie angesichts des Versagens der verkrusteten Ständestrukturen im Kampf gegen diese Tendenzen, versucht Cicero durch eine Neubewertung des Begriffes „Aristokratie" eine breite Front verfassungstreuer Bürger als solidarische „Koalition der Willigen" zur Rettung des Staates zu formieren, eine Eintracht der „Besten", die sich durch persönliche Integrität und Moralität auszeichnen, wo also nicht mehr Geburt und Zugehörigkeit zu einer sozialen Gruppe den Inhalt des Begriffes „Aristokratie" ausmacht.

Durch diese Wendung von der Äußerlichkeit der sozialen Herkunft zur Innerlichkeit, zur Moralität des Einzelnen, die sich in dessen Gewissen, Initiative und Verantwortung dem Staat gegenüber manifestiert, rekurriert Cicero hier neben den genannten Faktoren auf einen Gedanken Platons, den dieser in seinem großen Dialog *Politeia* formuliert hatte: der wahre Aristokrat legitimiere sich durch seine sittlich-moralische Qualifikation, nicht durch Geburt. In seiner sententiösen knappen Diktion formuliert das der Stoiker Seneca so: *animus facit nobilem.*

Nachdem Cicero in *Pro Sestio* die traditionelle Dichotomie im Gefüge der politischen Akteure umrissen hat, d. h. auf der einen Seite die *populares,* auf der anderen die *optimates,* stellt er eine alles andere als rhetorische Frage (97 ff.); denn die Antwort, die

Cicero selbst gibt, muss Viele verblüfft haben und von manch einem Vertreter des Geburtsadels als Affront empfunden worden sein:

Quis ergo iste optimus quisque? Numero, si quaeris, innumerabiles, neque enim aliter stare possemus; sunt principes consilii publici, sunt qui eorum sectam sequuntur, sunt maximorum ordinum homines, quibus patet curia, sunt municipales rusticique Romani, sunt negotia gerentes, sunt etiam libertini optimates. Numerus, ut dixi, huius generis late et varie diffusus est; sed genus universum, ut tollatur error, brevi circumscribi et definiri potest. Omnes optimates sunt, qui neque nocentes sunt nec natura improbi nec furiosi nec malis domesticis impediti.

Auf der Folie dieser Definition der „Besten" stellt er einige Zeilen weiter die Gefährder des Staates gegenüber:

Etenim in tanto civium numero magna multitudo est eorum, qui aut propter metum poenae, peccatorum suorum conscii, novos motus conversionesque rei publicae quaerunt, aut qui propter insitum quendam animi furorem discordiis civium ac seditione pascantur, aut qui propter implicationem rei familiaris communi incendio malint quam suo deflagrare. Qui cum tutores sunt et duces suorum studiorum vitiorumque nacti, in re publica fluctus excitantur, ut vigilandum sit iis, qui sibi gubernacula patriae depoposcerunt, enitendumque omni scientia ac diligentia, ut, conservatis iis, quae ego paulo ante fundamenta ac membra esse dixi, tenere cursum possint.

Z. 1 **optimus quisque** – Ellipse der copula *est;* die Verbindung eines singularischen Superlativs mit *quisque* ist eine lateinische Eigentümlichkeit; hier etwa: all die Guten.

1 **numero** – ablativus limitationis zu *innumerabiles*

2 **consilii publici** – oft ein Synonym für *senatus*

2 f. **sectam sequuntur** – Wortspiel mit stammverwandten Wörtern: *figura etymologica,* vgl. „einen Sieg siegen"; *secta,* hier im Sinne von Partei, leitet sich von *sequi* ab. *Sectam sequi* bedeutet etwa: Anhänger sein.

3 **maximorum ordinum** – obere Stände

3 **patet curia** – Dass die Kurie der Tagungsort des Senates war, wurde bereits mehrfach erwähnt; dass der Zugang zum Senat nur Angehörigen der oberen Schicht offen stand, ist klar.

3 f. **municipales** – Bürger der Landstädte: hier „kippt" die Aufzählung zum Verblüffenden hin und erreicht über die Geschäftsleute in der Nennung der Freigelassenen ihren unerhörten Höhepunkt: Klimax. Die Verblüffung wird in dem Maße gesteigert, wie die Stufen der „sozialen Leiter" absteigen: Antiklimax.

5 f. **late et varie / brevi** – Antithese; *brevi* ist hier als Adverb gebraucht

7 f **neque nocentes / furiosi / malis domesticis impediti** – dem entspricht im zweiten Textteil *peccatorum / furorem / implicationem rei familiaris*

14 f. **vigilandum sit iis** – unpersönliches Gerundivum als Prädikatsnomen, *iis* ist dativus auctoris

16 **conservatis iis** – ablativus absolutus

16f. **quae ... fundamenta ... esse dixi** – relativische Verschränkung des ACI / ACI im Relativsatz

Den „würdevollen“ *(cum dignitate)* Einsatz für die Gültigkeit der Tradition, des Rechts, der Ordnung in Verbindung mit „sozialem Frieden“ *(otium)* fasst Cicero schlagwortartig mit seiner Direktive politischen Handelns zusammen: *otium cum dignitate; haec qui ... defendunt, optimates sunt, cuiuscumque sunt ordinis.*

7 Gegen Piso und die soziale Vererbung

Bevor Cicero zwischenzeitlich in der politischen Bedeutungslosigkeit verschwindet und sich – ein Segen für die römische Literatur – zum ersten Mal der philosophischen Schriftstellerei widmet, sei hier noch ein Abschnitt aus seinem mit Schimpfwörtern gespickten Frontalangriff, einer sog. Invektive, auf seinen Feind L. Calpurnius Piso aus dem Jahre 55 zitiert. Dieser Piso, der „gekaufte“ Konsul von 58 (s. VIII, 3) hatte z. B. im Bunde mit Clodius während Ciceros Exil dessen Haus auf dem Palatin in Brand gesteckt, weshalb ihn Cicero auch an einer Stelle mit *Clodiane canis* anredet. Andere Komplimente sind *monstrum urbis, prodigium civitatis, belua, furia, caenum. Te tua illa nescio quibus a terris apportata mater pecudem ex alvo, non hominem effuderit.*

Diese Invektive ist geeignet, uns eine Vorstellung vom persönlichen Umgangsstil jener Tage zu vermitteln. In unserem Kontext stellt Cicero die Frage: „Wodurch hast Du das Konsulat verdient?“

Hier (1 ff.) bricht beim *homo novus* Cicero, dem „Selfmademan“, die ganze Geringschätzung, Verachtung gegenüber den Sprösslingen der Nobilität durch, denen ohne jegliche persönliche Eigenleistung, allein durch soziale Vererbung, die Posten im Staat in die Wiege gelegt sind.

Numquam erat audita vox in foro, numquam periculum factum consili, nullum non modo inlustre, sed ne notum quidem factum aut militiae aut domi. Obrepsisti ad honores errore hominum, commendatione fumosarum imaginum. [...]. Is mihi etiam gloriabatur se omnis magistratus sine repulsa adsecutum? Mihi ista licet de me vera cum gloria praedicare; omnis enim honores populus Romanus mihi ipsi homini detulit.

Nam tu cum quaestor es factus, etiam qui te numquam viderant, tamen illum honorem nomini mandabant tuo. Aedilis es factus; Piso est a populo Romano factus, non iste Piso. Praetura item maioribus delata est tuis. Noti erant illi mortui, te vivum nondum noverat quisquam. Me cum quaestorem in primis, aedilem priorem, praetorem primum cunctis suffragiis populus Romanus faciebat, homini ille honorem, non generi, moribus, non maioribus meis, virtuti perspectae, non auditae nobilitati deferebat. Nam quid ego de consulatu loquar, parto vis anne gesto? Miserum me! Cum hac me nunc peste atque labe confero.

Zum Stil: Z. 1: Anapher, Z. 3: Parallelismus, Z. 3/4: rhetorische Frage, Z. 3 ff. Antithesen: *is – mihi / mihi – tu*, also gleichzeitig chiastische Grundstruktur, verbunden mit der Paronomasie („Wortumbildung") *homini / nomini*, Z. 6 / 8, ähnlich in Z. 12 *moribus / maioribus*, Z. 14 Affektsteigerung durch „Akkusativ des Ausrufs": *miserum me!*

Z. 1 **in foro** – hier nicht nur topographisch gemeint, sondern metonymisch für öffentlich-politisches Leben, vgl. *in foro esse* – sich am öffentlichen politischen Leben beteiligen

1 **periculum facere** – riskieren; *factum:* ergänze *est. Periculum facere consilii* etwa: bei einer politischen Beratung im Senat sich mit einem Antrag zu Wort melden, Initiative zeigen

2 **inlustre** – nicht assimiliert, also die sog. etymologische Schreibweise für *illustre.*

2 **factum** – hier substantiviert: Leistung. Das Prädikat ist zu ergänzen: gibt es in Deiner Biographie

2 **aut militiae aut domi** – meist *domi militiaeque*: im Krieg und Frieden

3 **fumosarum imaginum** – Die schon weiter oben erwähnten im Atrium (eigentlich „Schwärzung", wegen des dort befindlichen Herdfeuers) aufbewahrten und daher verrauchten *(fumosarum)* Wachsmasken der Ahnen, gemeint ist: mit Patina.

5 **omnis** – ein Archaismus für *omnes*

6 **homini** – Prädikativum: als Individuum aufgrund der persönlichen Leistung; *homini* in Z. 6 korrespondiert in Z. 8 in antithetischer Paronomasie *nomini:* du hast alles deinem Namen, deiner Standeszugehörigkeit zu verdanken

8 f. **Piso / iste Piso** – aufgrund des bloßen Namens, nicht des persönlichen Verdienstes, wie in Z. 11/12 *homini / generi*

10–13 Dieses abgezirkelte Satzgefüge ist im Haupt- und Nebensatz von einer Dreigliedrigkeit geprägt; im Nebensatz, sprachlich gestaltet als asyndetischer Parallelismus, korrespondiert inhaltlich die Klimax *in primis / priorem / primum* mit den aufsteigenden Stufen des *cursus honorum,* im Hauptsatz steigt die Gedankenführung in drei asyndetisch-parallelen Antithesenpaaren, wobei die Paronomasie *moribus / maioribus* ins Auge springt, vom Begriff des Individuums *(homini)* zum Wertbegriff *virtuti* empor. In der Geschichte Roms gab es anfänglich übrigens nur zwei Quästoren, seit Sulla zwanzig, zu Caesars Zeiten vierzig, in der Kaiserzeit wieder zwanzig; im Falle des Ädilen-Amtes ist der Komparativ *priorem* deshalb gewählt, weil es zwei Paare von Ädilen gab, zwei plebejische, zwei „kurulische". Seit der Reform Sullas gab es acht Prätoren, zur Zeit Caesars sechzehn, in der Kaiserzeit achtzehn. Das Imperfekt wurde in diesem Satz natürlich deshalb gewählt, weil es sich um wiederholte Wahlvorgänge handelt (Iterativ).

11 **priorem / primum** – Prädikativum

13 f. **parto / gesto** – bezogen auf *consulatu; parto* ist PPP zu *parĕre;* Sinn: schon die Wahl zum Konsulat war eine Riesenleistung für einen *homo novus,* ganz zu schweigen von der glanzvollen Amtsführung (Catilina!).

IX 1. Phase der philosophischen Schriftstellerei

A Griechen – Römer – Christen

1 Ciceros Motive für philosophische Schriftstellerei

Da die Philosophie „ewige" Fragen behandelt, sei hier als Ersteinstieg in den Themenkomplex Philosophie bzw. als Motto an die vier klassischen Fragen in Kants *Logik* erinnert, mit denen er die Themenfelder dieser Wissenschaft umreißt. Zwar kennt natürlich auch die Antike (sechs klassische) Kurzdefinitionen der Philosophie, doch sind diese recht voraussetzungsreich; sie werden weiter unten aufgeführt. Die vier kantischen Fragen lauten:

Was kann ich wissen? (Metaphysik im kantischen Sinne: Erkenntniskritik)
Was soll ich tun? (Moral)
Was darf ich hoffen? (Religion)
Was ist der Mensch? (Anthropologie)

Mit diesen vier Fragen lässt sich auch der Themenkreis der philosophischen Schriften Ciceros grob umreißen.

Ciceros philosophische – und rhetorische – Schriften entstehen während zweier relativ kurzer Lebensphasen; die erste umfasst die Jahre 55 bis 51, die zweite, gegen Ende seines Lebens, die Jahre von 46 bis 44. Beide Phasen sind für ihn Zeiten erzwungener politischer Untätigkeit, Zeiten, in denen er politisch kaltgestellt ist.

Aus der Mitte der 50er Jahre besitzen wir zahlreiche Briefe Ciceros, die zeigen, dass er zwar beruflich *(negotia)* als Verteidiger mitunter sehr eingespannt war – an Quintus: *Diem scito esse nullum, quo die non dicam pro reo* –, sich aber aus der Politik zurückzog und sich der Literatur und Wissenschaft widmete: *Abduco equidem me ab omni rei publicae cura dedoque litteris,* wie es in einem anderen Brief an Quintus heißt; anderenorts fügt er das Motiv hinzu: *Nihil est enim perditius his hominibus, his temporibus.*

Da nun erstens der Gedanke der freien *res publica,* zweitens die Liebe zur Philosophie zwei Haupttriebfedern in Ciceros Existenz sind, verlegt er sich als Patriot in den genannten Phasen der Kaltstellung auf das Verfassen philosophischer Schriften, und zwar in der für ihn spezifischen Weise, dass immer der Staat und die Bürger den Zielpunkt seiner philosophischen Bestrebungen bilden; Philosophie ist für Cicero nie Selbstzweck. Als Hauptziel seiner philosophischen Schriftstellerei bezeichnet er *civibus quam plurimum prodesse,* an anderer Stelle heißt es: *ne quando intermitterem consulere rei publicae;* gerade um des Staates willen glaubt er seinen Mitbürgern die Philosophie darstellen zu müssen, er will seine *cives doctiores facere*, er handelt gleichsam im nationalen Bildungsauftrag.

2 Ursprung der Philosophie bei den Griechen. Ihre Adaption in Rom

Die antike Philosophiegeschichtsschreibung konstatiert einen zweifachen Ursprung der europäischen Philosophie, den einen in den von Griechen besiedelten Städten der kleinasiatischen Ägäisküste, z. B. Milet, wo Thales (um 624 bis 546) lebte, mit dessen Namen die europäische Philosophie beginnt, Ephesos mit dem berühmten „dunklen" Philosophen Heraklit (um 550 bis 484), den anderen in den griechischen Städten Unteritaliens.

Die Vertreter des östlichen dieser beiden Zweige nennt man die „ionischen Naturphilosophen", die des westlichen nennt schon Aristoteles *Italikoí;* zu ihnen zählen besonders die Pythagoreer, benannt nach dem berühmten Philosophen und Mathematiker Pythagoras (um 570 bis um 500). Diese „östlichen" und „westlichen" frühgriechischen Philosophen fasst man unter dem Sammelbegriff „Vorsokratiker" zusammen. Von den Werken dieser Denker, deren Problemstellungen und Denkmodelle für die Entwicklung des europäischen Denkens prägend wirkten, besitzen wir leider nur noch Fragmente.

Wegen der einfachen, klaren Rationalität der Vorsokratiker, der „Einfachheit und Kühnheit ihrer Fragen" und besonders wegen ihrer „kritischen Einstellung" fordert Popper in seiner Arbeit *Die Anfänge des Rationalismus* von 1958: „zurück zu Thales!"; nach Poppers Überzeugung müsse die Philosophie zu den beiden großen Themen der Vorsokratiker zurückkehren: zur Kosmologie und einer einfachen Erkenntnistheorie.

> Soviel ich weiß, wurde die kritische oder rationalistische Tradition nur einmal erfunden. Sie ging zwei oder drei Jahrhunderte später verloren, womöglich durch das Aufkommen der Aristotelischen Lehre von der *episteme*, vom sicheren und beweisbaren Wissen. (...). In der Renaissance wurde sie dann wiedergefunden und unbewusst wiederbelebt, besonders von Galileo Galilei.

Nicht nur der „kritische Rationalist" Popper, sondern auch der „akademische Skeptiker" (s. u.) Cicero sehen ihre intellektuelle Grundhaltung beim Vorsokratiker Xenophanes vorgezeichnet:

> Und das Genaue freilich erblickte kein Mensch und es wird auch nie jemand sein, der es weiß (erblickt hat) in bezug auf die Götter und alle Dinge, die ich nur immer erwähne; denn selbst wenn es einem im höchsten Maße gelänge, ein Vollendetes auszusprechen, so hat er selbst trotzdem kein Wissen davon; Schein(meinen) haftet an allem.
>
> (Übers. von Diels / Kranz)

Wie Lloyd betont, findet sich der „erste durchgeführte deduktive Beweis" in der europäischen Philosophiegeschichte und damit der europäischen Literatur überhaupt im Lehrgedicht des bedeutenden Vorsokratikers Parmenides (540 bis 470), der zugleich der Begründer der Ontologie ist, der Wissenschaft vom Sein, die ein Kernthema der europäischen Philosophiegeschichte wurde. Wie ein initialer Paukenschlag wirkt sein Satz: „Denn dasselbe ist Denken und Sein" (Fragment B 3).

Durch das Gesamtwerk Ciceros zieht sich als roter Faden die Auseinandersetzung der römischen Tradition mit den griechischen Kultureinflüssen, besonders der Philosophie, der Königin der Wissenschaften und dem wertvollsten Vermächtnis der Griechen an Europa. Cicero geht es „um die Vermittlung griechischer Gedanken über Staatslehre, Ethik und Theologie, um die darin schon bestehende römische Tradition organisch weiterzubilden und zur Klarheit zu bringen." (GIGON)

Hierbei umfasst die erste Schaffensphase Ciceros die Gebiete Rhetorik / Bildungstheorie *(De oratore)* und die politische Philosophie *(De re publica, De legibus),* in der zweiten Phase nimmt er sich die Darstellung der gesamten Philosophie zum Ziel, d. h. Logik, Erkenntnistheorie, Ethik und Theologie; Naturphilosophie i. e. S. und Ontologie bleiben nahezu ausgeklammert, die Epoche der römischen Philosophie ist in der Philosophiegeschichte eine metaphysiklose Zeit, im Einklang mit der gesamten hellenistischen Tradition, d. h. der auf die griechische Blütezeit folgenden Epoche (Stichjahr für den Beginn des Hellenismus ist seit DROYSEN, der den Begriff im 19. Jh. einführte, das Jahr 322, das Todesjahr des ARISTOTELES). Auch Cicero sieht in der Ethik den eigentlichen Kern der Philosophie.

Philosophische Schriften in lateinischer Sprache zu verfassen, die Philosophie, seit jeher eine Domäne der Griechen, zu „latinisieren", war zu Ciceros Zeit ein gewagtes Unterfangen und rief sogleich Kritiker auf den Plan; Philosophie könne man doch viel besser in griechischer Sprache betreiben – was damals der nahezu einzig übliche Weg war. Anfängliche Versuche der „Latinisierung" seien, so Cicero, an der mangelnden Bildung und den dürftigen sprachlichen Fähigkeiten der Autoren gescheitert, er sieht sich selbst für die Meisterung dieser Aufgabe berufen.

Über die sprachlichen Barrieren bei der Darstellung der Philosophie in lateinischer Sprache spricht schon der Dichter LUKREZ, der große Einsame, der sich in seinem Lehrgedicht *De rerum natura* – schon im Titel bemüht er sich, das griechische *perí phýseos* adäquat wiederzugeben – das Ziel setzt, die epikureische Philosophie in lateinischer Sprache darzustellen. Der Dichter klagt hierbei über die *egestas patrii sermonis.* LUKREZ starb ca. 55, d. h. als Cicero am Anfang seiner philosophischen Schriftstellerei stand. Das philosophische Lehrgedicht des LUKREZ wurde übrigens posthum von Cicero herausgegeben.

Staunenswert ist das römisch-nationale Selbstbewusstsein, das Cicero an den Tag legt, als er über die Philosophie, ein griechisches Wort, das er mit *studium sapientiae* übersetzt, im Proömium seiner *Tusculanae disputationes* (I, 1/3) schreibt:

> Hoc mihi Latinis litteris inlustrandum putavi, non quia philosophia Graecis et litteris et doctoribus percipi non posset, sed meum semper iudicium fuit omnia nostros aut invenisse per se sapientius quam Graecos aut accepta ab illis fecisse meliora, quae quidem digna statuissent, in quibus elaborarent. [...]. Doctrina Graecia nos et omni litterarum genere superabat; in quo erat facile vincere non repugnantes.

Die von LUKREZ beklagte Armut der lateinischen Sprache bekommt auch Cicero während seiner philosophischen Schriftstellerei zu spüren; in seinem Ringen um eine adäquate Wiedergabe der griechischen philosophischen Termini formt und prägt er neue Begriffe, die für den Aufbau der europäischen Wissenschaftssprache von enormer Bedeutung wurden; schon sein antiker Biograph PLUTARCH würdigt dieses Übersetzen der Begriffe *(metaphrázein)*:

griech. *poiótes* → *qualitas* → Qualität
usía → *essentia* → Essenz
katálepsis → *perceptio* → Perzeption
átomon → *individuum* → Individuum

Die Wörter „Moral“, „moralisch“ und „Moralphilosophie“ gehen allesamt auf eine begriffliche Neuprägung Ciceros zurück. Zum Begriff „Ethik“ scheibt er:

> Quia pertinet ad mores, quos *ethe* Graeci vocant, nos eam partem philosophiae *de moribus* appellare solemus, sed decet augentem linguam Latinam nominare *moralem.*

An einer anderen Stelle der *Tusculanae disputationes* (I, 5 f.) schreibt Cicero über seinen „Bildungsauftrag“ und die Adaption der Philosophie in Rom:

Philosophia iacuit usque ad hanc aetatem nec ullum habuit lumen litterarum Latinarum; quae inlustranda et excitanda nobis est, ut, si occupati profuimus aliquid civibus nostris, prosimus etiam, si possumus, otiosi. In quo eo magis nobis est elaborandum, quod multi iam esse libri Latini dicuntur scripti inconsiderate ab optimis quidem viris, sed non satis eruditis. Fieri autem potest, ut recte quis sentiat et id, quod sentit, polite eloqui non possit; sed mandare quemquam litteris cogitationes suas, qui eas nec disponere nec inlustrare possit nec delectatione aliqua allicere lectorem, hominis est intemperanter abutentis et otio et litteris. Itaque suos libros ipsi legunt cum suis, nec quisquam attingit praeter eos, qui eandem licentiam scribendi sibi permitti volunt. Quare si aliquid oratoriae laudis nostra attulimus industria, multo studiosius philosophiae fontis aperiemus, e quibus etiam illa manabant.

Z. 2 f. **occupati / otiosi** – Prädikativum; *occupati*: ins öffentliche, politische Leben Roms involviert, *otiosi*: gemilderter Ausdruck für „politisch kaltgestellt“
4 **esse libri ... scripti** – NCI
5 **quis** – hier: Indefinitpronomen
6 **mandare ... litteris** – idiomatische Wendung für etwa: schriftlich niederlegen
7 **possit** – Relativsatz mit konjunktivischem Prädikat, also mit „Nebensinn“, hier: konzessiv
8 **hominis est ...** – genitivus possessivus: „gehört zu einem ...“, „ist Zeichen eines ...“
8 **otio / litteris** – Ablative als Objekt, abhängig von *abutentis*
10 **licentiam ... permitti volunt** – ACI
10 **scribendi** – Gerundium als Genitivattribut zu *licentiam*
11 **fontis** – hier Akk. Pl. als sprachgeschichtlich ältere Variante (i-Dekl.) für *fontes*

Die Anfänge der Adaption der Philosophie in Rom liegen im 2. Jh. v. Chr. (s. u. Scipionenkreis), wo bereits das ambivalente Verhältnis der Römer zu den Griechen deutlich abzulesen ist: auf der einen Seite die Geringschätzung der militärisch unterdrückten Epigonen der Griechen der Klassik, andererseits die Anerkennung der kulturellen Überlegenheit des Griechentums. Als Replik auf die Einnahme Griechenlands durch die Römer schreibt der Dichter Horaz die berühmten Verse:

- Graecia capta ferum victorem cepit et artes/intulit agresti Latio.

Prosaischer sagt das Russell:

> Rome was culturally parasitic on Greece. The Romans invented no art forms, constructed no original system of philosophy, and made no scientific discoveries. They made good roads, systematical legal codes, and efficient armies; for the rest they looked to Greece.

In einem Brief an Atticus schreibt Cicero über seine philosophischen Schriften, sie seien aus den griechischen Quellen abgeschrieben, kämen leicht zustande; er trage nur die Wörter dazu bei, diese stünden ihm im Überfluss zur Verfügung; das ist natürlich pures Understatement, entsprach aber in der Neuzeit lange dem gängigen Urteil über Ciceros Leistungen als Philosoph. In vielen Werken zur Philosophiegeschichte erschien und erscheint Cicero eher in einer Fußnote als typischer Vertreter eines Eklektizismus, der jeglicher systematischen Philosophie mit gelassenem Skeptizismus gegenüberstehe. Geschätzt wurde Cicero allenfalls als Quelle und Steinbruch für den Rekonstruktionsversuch verlorener griechischer Originale. Im Laufe der Zeit setzte sich die Erkenntnis durch, dass Cicero „in Wirklichkeit philosophischer ist als die Systematiker, weil er gegen das Dogma das Recht des Denkens behauptet hat.“ (Büchner)

3 Ciceros Beurteilung der Bedeutung der Philosophie

Über die Segnungen der Philosophie schreibt Cicero in seiner späten Schrift *Tusculanae disputationes* (V, 4 ff.); Dieses Werk ist geprägt von Ciceros Anti-Dogmatismus und stellt eine Art „Lebenshilfe“ dar. „Nicht die Dinge selbst beunruhigen die Menschen, sondern ihre Meinungen und Urteile über die Dinge“, schreibt der stoische Philosoph Epiktet in seinem *Handbüchlein der Moral.* Diese Tatsache nimmt Cicero zum Ausgangspunkt seiner Ausführungen über die Bedeutung der Philosophie, sowohl für ihn selbst als auch für die Menschheit überhaupt.

Nos autem omnia adversa cum venientia metu augentes, tum maerore praesentia rerum naturam quam errorem nostrum damnare malumus. Sed et huius culpae et ceterorum vitiorum peccatorumque nostrorum omnis a philosophia petenda correctio est. Cuius in sinum cum a primis temporibus aetatis nostra voluntas studiumque nos compulisset, his gravissimis casibus in eundem portum, ex quo eramus egressi, magna iactati tempestate confugimus. O vitae philosophia dux, o virtutis indagatrix expultrixque vitiorum! Quid non modo nos, sed omnino vita hominum sine te esse potuisset? Tu urbes peperisti, tu dissipatos homines in societatem vitae convocasti, tu eos inter se primo domiciliis, deinde coniugiis, tum litterarum et vocum communione iunxisti, tu inventrix legum, tu magistra morum et disciplinae fuisti; ad te confugimus, a te opem petimus, tibi nos, ut antea magna ex parte, sic nunc penitus totosque tradimus. Est autem unus dies bene et ex praeceptis tuis actus peccanti immortalitati anteponendus. Cuius igitur potius opibus utamur quam tuis, quae et vitae tranquillitatem largita nobis es et terrorem mortis sustulisti?

Z. 1 **cum ... tum** – korrespondierende Konjunktionen mit Steigerungscharakter: sowohl – als auch (besonders)

1 **augentes** – participium coniunctum zum Subjekt *nos*

4 f. **sinum / portum** – die Philosophie als lebensbegleitende Zuflucht wird hier in angemessener Metaphorik dargestellt, in den frühen Jahren *(primis temporibus aetatis)* als Schoß *(sinum)*, im reifen Alter angesichts der Stürme des Lebens *(magna iactati tempestate)* als Hafen *(portus)*.

6 **his gravissimis casibus** – privat: Tod der Tochter Tullia im Februar 45, dem Entstehungsjahr der Schrift; politisch: Caesars Diktatur (s. u.)

6 **o** – affektgeladene Anrufung *(invocatio)* und Hymnus auf die personifizierte Philosophie; zu beachten z. B. die Anapher der Interjektion „o“, der Chiasmus *virtutis indagatrix expultrixque vitiorum,* die Häufung der rhetorischen Fragen und besonders die polyptotische (d. h. in verschiedenen Kasus) Wiederholung des Personal- und Possessivpronomens, was typisch ist für den Gebetsstil (vgl. das Vaterunser), ebenso typisch hierfür ist die Aufzählung der „Leistungen“ der angebeteten Gottheit, die sog. *Aretalogie.* Der Textabschnitt weist somit die Formelhaftigkeit religiöser Rede auf.

7/10 **indagatrix / expultrix / inventrix** – jeweils ein deverbatives, also von einem Verb abgeleitetes nomen agentis; das maskuline Suffix bei solchen Bildungen ist bekanntlich *-tor,* das feminine *-trix,* z. B. *doctor / doctrix.* Die drei Nomina unserer Textstelle sind in der lateinischen Literatur sehr selten anzutreffen, *expultrix* nur hier.

8 **potuisset** – Irrealis der Vergangenheit im Fragesatz

4 Pythagoras als Schöpfer des Begriffs „Philosoph“

Die Philosophie, so Cicero, sei der Sache nach alt. Ihr Name jedoch sei jung. Er verweist hier z. B. auf die Weisheit der alten Gesetzgeber, z. B. Lykurg in Sparta und die Weisen der „heroischen“ Zeit, Odysseus, Nestor und andere. *Tusculanae disputationes* V, 8 f.:

A quibus ducti deinceps omnes, qui in rerum contemplatione studia ponebant, sapientes et habebantur et nominabantur, idque eorum nomen usque ad Pythagorae manavit aetatem. Quem, ut scribit auditor Platonis Ponticus Heraclides, vir doctus in primis, Phliuntem ferunt venisse, eumque cum Leonte, principe Phliasiorum, docte et copiose disseruisse quaedam.

Cuius ingenium et eloquentiam cum admiratus esset Leon, quaesivisse ex eo, qua maxime arte confideret; at illum: artem quidem se scire nullam, sed esse philosophum. Admiratum Leontem novitatem nominis quaesivisse, quinam essent philosophi, et quid inter eos et reliquos interesset; Pythagoram autem respondisse similem sibi videri vitam hominum et mercatum eum, qui haberetur maxumo ludorum apparatu totius Graeciae celebritate; Nam ut illic alii corporibus exercitatis gloriam et nobilitatem coronae peterent, alii emendi aut vendendi quaestu et lucro ducerentur, esset autem quoddam genus eorum, idque vel maxime ingenuum, qui nec plausum nec lucrum quaererent, sed visendi causa venirent studioseque perspicerent, quid ageretur et quo modo, item nos quasi in mercatus quandam celebritatem ex urbe aliqua sic in hanc vitam ex alia vita et natura profectos alios gloriae servire, alios pecuniae, raros esse quosdam, qui ceteris omnibus pro nihilo habitis rerum naturam studiose intuerentur; hos se appellare sapientiae studiosos – id est enim philosophos –; et ut illic liberalissimum esset spectare nihil sibi adquirentem, sic in vita longe omnibus studiis contemplationem rerum cognitionemque praestare.

Z. 1 **a quibus** – relativischer Satzanschluss; zuvor hatte Cicero, wie im Vorspann erwähnt, von den Weisen des Mythos gesprochen

1 **ducti** – participium coniunctum zu *omnes*

1 f. **omnes ... sapientes ... habebantur ...** – doppelter Nominativ; *habere* hier im Sinne von: halten für

2 f. **Pythagorae** – der berühmte Philosoph und Mathematiker („Satz des Pythagoras"); er ist einer der bedeutendsten Vorsokratiker und hat stark auf PLATON und somit auf Cicero gewirkt, z. B. in der Seelenlehre (s. u. Unsterblichkeit der Seele)

3 **quem** – relativischer Satzanschluss

4 **Phliuntem** – Akkusativ zu Phlius, einer griechischen Stadt auf der Peloponnes, wo in der 2. Hälfte des 6. Jhs. Leon als Tyrann herrschte.

4 **ferunt** – entspricht *dicunt*, davon abhängig der ACI *quem ... venisse*

6 ff. von hier ab bis zum Ende des Textes: indirekte Rede

8 **Admiratum** – Partizip Perfekt zum Deponens *admirari*, syntaktisch ein participium coniunctum zu *Leontem*, dem Subjektsakkusativ des ACI

8 **quinam** – welche denn / wer denn

10 **mercatum** – hier etwa: Festversammlung; die großen periodischen Spiele in Griechenland, besonders die von Nemea, Delphi, Korinth und Olympia, deren späte Nachahmung die heutigen Olympischen Spiele sind, waren stets verbunden mit einer Art Markt, Jahrmarkt.

11 **celebritate** – hier etwa: rege Beteiligung

11 f. **ut ... peterent** – zwar besagt die Grundregel der Schulgrammatik: *ut* + Indikativ = wie, doch in der indirekten Rede kann *ut* mit Konjunktiv natürlich auch „wie" bedeuten, da in der indirekten Rede alle Prädikate von Nebensätzen in den Konjunktiv „verschoben" werden; vgl. auch das „Gegenstück" im Hauptsatz: *item* – ebenso. So wie hier bedeutet auch das *ut* in Z. 19 „wie", da auch dort immer noch indirekte Rede vorliegt.

11 f. **alii ... alii** – die einen, die anderen

12 **emendi / vendendi** – Gerundium als Genitivattribut zu *quaestu et lucro*

17 f. **ceteris omnibus ... habitis** – ablativus absolutus; *habere* hier im Sinne von *halten für / ansehen als*

19 **liberalissimum** – *liberalis* im Sinne von: eines freien Mannes würdig; daher auch der Begriff *artes liberales*, gemäß Seneca die „eines freien Mannes würdigen Künste".

5 Bedeutung des Pythagoras, Platon, Sokrates

In der Philosophie der Vorsokratiker steht die „Natur" *(phýsis)* im Vordergrund; daher nennt Aristoteles diese alten Denker *physikoí.* Im Griechenland des 5. Jhs. v. Chr. kommt es in der Philosophie nicht nur zu einer geographischen Schwerpunktverlagerung – das Wirken der Denker zentriert sich aus den genannten „Außenbezirken" im Osten und Westen allmählich auf Athen, das damalige geistige Zentrum Griechenlands („Klassik") –, sondern auch zu einer thematischen Neuausrichtung: Fragen der Naturphilosophie rücken in den Hintergrund, der Mensch als soziales Wesen und das Problem der Werte rücken in den Mittelpunkt der Betrachtung. Im folgenden Text fasst Cicero diese Verlagerung in ein wunderbares und daher vielzitiertes Bild; *Tusc. disp.* V, 10 f.:

Nec vero Pythagoras nominis solum inventor, sed rerum etiam ipsarum amplificator fuit. Qui cum post hunc Phliasium sermonem in Italiam venisset, exornavit eam Graeciam, quae magna dicta est, et privatim et publice praestantissumis et institutis et artibus. Cuius de disciplina aliud tempus fuerit fortasse dicendi. Sed ab antiqua philosophia usque ad Socratem, qui Archelaum, Anaxagorae discipulum, audierat, numeri motusque tractabantur, et unde omnia orerentur quove reciderent, studioseque ab iis siderum magnitudines, intervalla, cursus anquirebantur et cuncta caelestia. Socrates autem primus philosophiam devocavit e caelo et in urbibus conlocavit et in domus introduxit et coegit de vita et moribus rebusque bonis et malis quaerere. Cuius multiplex ratio disputandi rerumque varietas et ingenii magnitudo Platonis memoria et litteris consecrata plura genera effecit dissentientium philosophorum, e quibus nos id potissimum consecuti sumus, quo Socratem usum arbitrabamur, ut nostram ipsi sententiam tegeremus, errore alios levaremus et in omni disputatione, quid esset simillimum veri, quaereremus. Quem morem cum Carneades acutissime tenuisset, fecimus et alias saepe et nuper in Tusculano, ut ad eam consuetudinem disputaremus.

Z. 1 **nominis inventor** – gemeint ist der Begriff „Philosoph"

2 **Phliasium sermonem** – das im vorhergehenden Text erwähnte Gespräch mit Leon in Phlius, einer Stadt in Griechenland

3 **magna Graecia** – der von Griechen besiedelte südliche Teil von Italien incl. Sizilien

3 **praestantissumis** – Archaismus für *praestantissimis*

4 **fuerit** – Konj. Perfekt als Potentialis der Gegenwart; das Perfekt hat in solchen Fällen keine Tempusfunktion (sog. aoristische Funktion des Perfekts).

4 **dicendi** – Gerundium als Genitivattribut zu *tempus* in Hyperbaton-Stellung.

5 Archelaos und Anaxagoras sind berühmte Vorsokratiker (s. o.)

6 **audierat** – Nebenform / Kurzform für *audiverat* Die Hauptquelle unserer Kenntnis

vom Denken und Wirken des Sokrates sind die Schriften seiner Schüler Platon und Xenophon; Aristoteles, obwohl ansonsten eine Fundgrube philosophiegeschichtlicher Daten, erwähnt ihn nur ganz beiläufig in seiner *Metaphysik*: Sokrates hätten wir nur zwei Dinge zu verdanken, das induktive Schlussverfahren und das Definieren in (Allgemein-)begriffen.

11 **memoria et litteris** – hier greift Cicero wieder zum beliebten Stilmittel Hendiadyoin, d. h. die Konjunktion *et* hat hier nicht additive Funktion, sondern dient der Begriffsverschmelzung, etwa: „durch Platons literarisches Andenken verewigt"; in anderen Kontexten bedeutet *memoria ac litteris* aber auch – mit „additivem" *ac* – „mündlich und schriftlich".

11 f. **plura genera philosophorum** – Sokrates als Initiator verschiedener philosophischer Strömungen; neben der klassischen griechischen Philosophie, besonders Platon und Aristoteles, meint Cicero hier diverse Philosopheme des Hellenismus (s. u.), die hier gleichsam als epigonales Phänomen erscheinen.

13 **Socratem** – Cicero sieht in der sokratischen Art des Philosophierens seinen Skeptizismus präfiguriert.

13 **quo** – bezogen auf *id (genus)*, syntaktisch ist *quo* Ablativobjekt zu *usum* (Partizip Perfekt zu *uti*), bei dem *esse* zu ergänzen ist, um dem vorliegenden ACI die schulmäßige Form zu geben; hier liegt eine „relativische Verschränkung des ACI" vor – oder kurz: ACI im Relativsatz.

15 **Carneades** – neben Arkesilaos wichtigster Vertreter der skeptischen Richtung der in der Nachfolge Platons stehenden „Akademie", der von Platon gegründeten Philosophenschule, die ca. ein Jahrtausend Bestand hatte (s. u.).

16 **nuper in Tusculano** – anders als in vielen philosophischen Dialogen Ciceros, die in die „gute alte Zeit" der römischen Republik zurückversetzt sind, d. h. das 2. Jh. v. Chr., referiert Cicero, wie er vorgibt, in den *Gesprächen in Tusculum* Diskussionen, die im Sommer 45 auf seinem Landgut in Tusculum (südlich von Rom) stattfanden.

6 „Sokrates führte die Ethik ein"

Was Cicero hier über den Themenwechsel der Philosophie mit dem Bild von Himmel und Erde umschreibt, sagt der antike Philosophiehistoriker Diogenes Laertios schlicht: „Sokrates führte die Ethik ein", die Cicero, wie oben gesagt, mit seiner Neuprägung *philosophia moralis* nennt.

In Anlehnung an seinen Lehrer Sokrates gliedert Platon die Wissenschaften in drei Gattungen, theoretische (*theoreín* – betrachten), poietische (*poieín* – hervorbringen) und praktische (*prắttein* – handeln). Diogenes Laertios erklärt das mit einfachen Worten:

> Architektur und Schiffbau sind poietische Künste, da die durch sie hervorgebrachten Werke sichtbar sind. Politik, Flötenspiel, Leierspiel und ähnliche Künste sind praktische Künste, denn nichts Sichtbares wird durch sie hervorgebracht, sondern sie liegen im Vollführen einer Handlung; denn der eine spielt Flöte oder Leier, der andere betätigt sich politisch. Die Geometrie, Harmonik und Astronomie u. ä. dagegen sind theoretische Wissenschaften, denn weder handeln die Betreffenden noch stellen sie etwas her, sondern der Geometer

> betrachtet, wie sich die Linien zueinander verhalten, der Harmoniker betrachtet die Töne, der Astronom die Sterne und den Kosmos.

Sokrates gilt also als Begründer dessen, was wir *praktische Philosophie* nennen. Für die Römer im allgemeinen und Cicero im besonderen ist das von herausragender Bedeutung, insofern sich ihr von den Griechen inspiriertes Philosophieren auf das Ethische zentriert. Wenn Diogenes Laertios übrigens in seiner groben Zweiteilung der Philosophen in Dogmatiker, d.h. solche Denker, die die Dinge für „erfassbar" halten, und Skeptiker, welche die Dinge für „nicht fassbar" halten, Sokrates zu den Skeptikern zählt, so entspricht das Ciceros Sokrates-Bild.

7 Cicero *ubique Platonis aemulus*

Sokrates' Schüler Platon, der „König der Philosophen", ist das große, unerreichte Vorbild des Philosophen Cicero, der ihn in einem Brief an seinen Freund Atticus *deus ille noster* nennt. Der Literaturkritiker Quintilian schreibt im 1. Jh. n.Chr. über Ciceros Leistung in seinen philosophischen Schriften: *ubique Platonis aemulus.* Seine Begeisterung für Platon verdankt Cicero sicherlich zu einem guten Teil dem Einfluss zweier seiner philosophischen Lehrer, die beide zu Platons Schule gehörten, Philon von Larisa und Antiochos von Askalon, durch den die von Arkesilaos begründete und von Karneades weiterentwickelte skeptische Ausrichtung in der platonischen Schule zu einem neuen Dogmatismus umgekehrt wurde; terminologisch wichtig: die Vertreter der skeptischen Richtung hießen seitdem *Academici,* die der dogmatischen *Platonici.*

8 Platons Bedeutung für die Philosophiegeschichte und das Christentum

Platon ist der einflussreichste Denker der europäischen Geistesgeschichte. Einen ersten Zugang zum Verständnis eines Kerngedanken Platons bietet uns – auf dem Wege der Kontrastwirkung – z.B. Poppers „Drei-Welten-Theorie", die er etwa in seiner Vorlesung *Subjektive und objektive Erkenntnis* von 1967 präsentiert; nach Popper, der sich, ganz anders als Platon als „Realist" bekennt („ungefähr wie ein naiver Realist"), d.h. als jemand, der erkenntnistheoretisch den Standpunkt vertritt, dass „unsere Sinneswahrnehmungen uns ein Bild von der Außenwirklichkeit geben, wie sie wirklich ist" (Hoffmeister),

> kann man folgende drei Welten oder Universen unterscheiden: erstens die Welt der physikalischen Gegenstände oder physikalischen Zustände, zweitens die Welt der Bewusstseinszustände oder Geisteszustände (...); drittens die Welt der *objektiven Gedankeninhalte,* insbesondere der wissenschaftlichen und dichterischen Gedanken und der Kunstwerke (...). Was ich also „die dritte Welt" nenne, hat zugegebenermaßen viel mit Platons Theorie der Formen und Ideen gemeinsam und daher auch mit Hegels objektivem Geist. (...).
>
> Zu den Bewohnern meiner „dritten Welt" gehören, um mehr ins einzelne zu gehen, theo-

> retische Systeme; ebenso wichtige Bewohner sind Probleme und Problemsituationen. Und ich werde behaupten, dass die wichtigsten Bewohner dieser Welt kritische Argumente sind.

Als wichtigsten Unterschied streicht POPPER heraus:

> Platons dritte Welt war göttlich, unveränderlich und selbstverständlich wahr. So gibt es eine tiefe Kluft zwischen seiner und meiner dritten Welt. Die meine ist Menschenwerk und veränderlich. Sie enthält nicht nur wahre Theorien, sondern auch falsche, und besonders auch offene Probleme, Vermutungen und Widerlegungen.

PLATON unterscheidet zwei Welten: eine ontologisch übergeordnete Welt der unvergänglichen, ewigen, objektiv existierenden Ideen, eine niedere Welt des „Vergänglichen", des Räumlich-Zeitlichen, Körperlichen, die durch Teilhabe *(méthexis)* und Nachahmung *(mímesis)* der Ideenwelt untergeordnet ist.

Treffend schreibt WHITEHEAD im Jahre 1929: „The European philosophical tradition consists of a series of footnotes to Plato." Zu den wichtigsten Bestandteilen des Fundaments der europäischen geistigen und kulturellen Identität gehören neben dem griechischen Denken, das uns ja zu einem Teil durch Ciceros Schriften vermittelt wurde, das Christentum, das aber ohne die griechische Philosophie nicht zu seiner gedanklichen Ausgestaltung gefunden hätte. Nicht von ungefähr bezeichnet NIETZSCHE das Christentum als „Platonismus fürs Volk" und geißelt den Platonismus mit folgendem Peitschenhieb: „Je weniger *real*, um so mehr *werth*. Das ist Plato."

9 Platon und Cicero bei Augustinus

Auch hier ist Cicero für die lateinischen Kirchenväter der späteren Antike eine wichtige Quelle und Brücke zum griechischen Gedankengut; hier seien nur der „christliche Cicero" LAKTANZ und AUGUSTINUS, der „Lehrer des Abendlandes", genannt; wie AUGUSTINUS in seinen *Confessiones* schreibt, fand er durch die Lektüre einer kleinen, uns nicht erhaltenen philosophischen Schrift Ciceros, eines sog. Protreptikos, d. h. eines „Ansporns zum Philosophieren", seinen Weg von der Rhetorik zur Philosophie – AUGUSTINUS war ja vor seiner Bekehrung zum Christentum durch AMBROSIUS, den Bischof von Mailand, Professor für Rhetorik gewesen und daher seit jeher in Ciceros Schriften zuhause: *„perveneram in librum quendam cuiusdam Ciceronis, cuius linguam fere omnes mirantur, pectus non ita"*.

Wie Cicero ein Bewunderer PLATONS ist, so ist AUGUSTINUS durch und durch Platoniker; wenn er in seinem großen Werk *De civitate Dei* zwischen einer *civitas terrena* und einer *civitas Dei* unterscheidet, so spiegelt das PLATONS „zwei Welten", die sinnlich wahrnehmbare Welt *(kósmos aisthetós)* und die Welt des Geistes *(kósmos noetós)*; in lateinischer Fassung sind diese platonischen Grundbegriffe als *mundus sensibilis* und *mundus intelligibilis* in die Philosophiegeschichte eingegangen, so noch in KANTS lateinischer Dissertation *De mundi sensibilis atque intelligibilis forma et principiis.*

So hebt AUGUSTINUS in Buch VIII die große gedankliche Nähe PLATONS zum Christentum hervor; was AUGUSTINUS hier im Kontrast z. B. über die Epikureer und

Stoiker sagt, hat er wahrscheinlich Ciceros philosophischen Schriften entnommen. Das Werk ist schon vom Titel her eine Replik auf Ciceros *De re publica.* Als letzte große antike „Verteidigung des Christentums“, d.h. als sog. Apologeticum, lehnt er die Beschränkung des römischen Welt- und Menschenbildes auf das Diesseits ab und betont schon im Titel die heilsgeschichtliche (soteriologische) Ausrichtung des Menschen auf das Jenseits hervor: *civitas terrena* vs. *civitas Dei.* Dieser Auseinandersetzung des Augustinus mit Ciceros *De re publica* verdanken wir einen guten Teil des nur fragmentarisch erhaltenen Werkes Ciceros; dazu später mehr.

Wenn Cicero mit seinem *De re publica* Platons Werk *Politeia* aufgreift, Augustinus in seinem *Gottesstaat* anhand von Ciceros *De re publica* mit dem heidnisch-römischen Welt- und Menschenbild abrechnet, so können wir hier über die Jahrhunderte hinweg gleichsam wie in einem Brennglas einen „Dreischritt“ der Wirkungsmächtigkeit Platons in drei verschiedenen Phasen der europäischen Kultur- und Geistesgeschichte gebündelt sehen.

Si Plato Dei huius imitatorem, cognitorem, amatorem dixit esse sapientem, cuius participatione sit beatus, quid opus est excutere ceteros? Nulli nobis quam isti propius accesserunt. [...].

Non solum ergo ista, quae duae theologiae, fabulosa continet et civilis, Platonicis philosophis cedant, qui verum Deum et rerum auctorem et veritatis inlustratorem et beatitudinis largitorem esse dixerunt; sed alii quoque philosophi,qui corporalia naturae principia corpori deditis mentibus opinati sunt, cedant his tantis et tanti Dei cognitoribus viris, ut Thales in umore, Anaximenes in aere, Stoici in igne, Epicurus in atomis, hoc est minutissimis corpusculis, quae nec dividi nec sentiri queunt, et quicumque alii, quorum enumeratione immorari non est necesse, sive simplicia sive coniuncta corpora, sive vita carentia sive viventia, sed tamen corpora, causam principiumque rerum esse dixerunt. Nam quidam eorum a rebus non vivis res vivas fieri posse crediderunt, sicut Epicurei; quidam vero a vivente quidem et viventia et non viventia, sed tamen a corpore corpora. Nam Stoici ignem, id est corpus unum ex his quattuor elementis, quibus visibilis mundus hic constat, et viventem et sapientem et ipsius mundi fabricatorem atque omnium, quae in eo sunt, eumque omnino ignem deum esse putaverunt. [...].

Viderunt ergo isti philosophi, quos ceteris non immerito fama atque gloria praelatos videmus, nullum corpus esse Deum, et ideo cuncta corpora transcenderunt quaerentes Deum. Viderunt, quidquid mutabile est, non esse summum Deum, et ideo animam omnem mutabilesque omnes spiritus transcenderunt quaerentes summum Deum. [...]. Proinde intelligibilem speciem sensibili praetulerunt. Sensibilia dicimus, quae visu tactuque corporis sentiri queunt, intelligibilia, quae conspectu mentis intelligi possunt.

Nachdem Augustinus sich mit dem Sensualismus der Epikureer und Stoiker auseinandergesetzt hat, schreibt er über die Platoniker:

Hi vero, quos merito ceteris anteponimus, discreverunt ea, quae mente conspiciuntur, ab his, quae sensibus adtinguntur, nec sensibus adimentes, quod possunt, nec eis dantes, ultra quam possunt. Lumen autem mentium esse dixerunt ad discenda omnia eundem ipsum Deum, a quo facta sunt omnia.

Über die Ethik PLATONS schreibt er:

Satis sit commemorare Platonem determinasse finem boni esse secundum virtutem vivere et ei soli evenire posse, qui notitiam Dei habeat et imitationem, nec esse aliam ob causam beatum; ideoque non dubitat hoc esse philosophari, amare Deum, cuius natura sit incorporalis. Unde utique colligitur tunc fore beatum studiosum sapientiae (id enim est philosophus), cum frui Deo coeperit.

Z. 1 **Dei ... imitatorem** – Zu den 6 klassischen antiken Definitionen der Philosophie, wie sie z. B. bei IOANNES DAMASKENOS zusammengefasst sind, gehören zwei platonische; die eine lautet: Philosophie ist die Bemühung um eine Angleichung an Gott *(homoíosis theó)*, die andere: Philosophie ist eine *meditatio mortis*, so die lateinische Fassung. Zwei weitere Definitionen der Philosophie gehen auf ARISTOTELES zurück; die eine lautet: Philosophie ist die Wissenschaft der Wissenschaften – heute würden wir sagen: Metawissenschaft, die andere: die Philosophie untersucht das Seiende, insofern es seiend ist (Ontologie). Die 5. Definition ist stoischen Ursprungs: Die Philosophie ist die Wissenschaft von den göttlichen und menschlichen Dingen. Die 6. und letzte ist die älteste und geht auf PYTHAGORAS zurück: Philosophie ist die Liebe zur Weisheit.

2 **nobis** – Christen; *isti* – Platoniker

4 Schon griechische Philosophen unterschieden drei Arten von Göttern: Götter der Dichter, Götter des Staates, Götter (bzw. Gott) der Philosophen.

6 ff. AUGUSTINUS thematisiert hier den fundamentalen Unterschied zwischen Materialismus und Idealismus. THALES und ANAXIMENES sind Vorsokratiker (s. o.), die Stoiker und Epikureer sind nachklassische, hellenistische Philosophen (s. u.).

9 **atomis** – griech. *átomos* / lat. *atomus* – „unteilbar" → Atom
Die materialistische Position der Vorsokratiker LEUKIPP und DEMOKRIT wird um 300 v. Chr. von EPIKUR wiederaufgegriffen. Der Vorsokratiker EMPEDOKLES gilt als Begründer der klassischen 4-Elementen-Lehre: Feuer, Wasser, Erde, Luft.

14 Die Stoiker sind in einigen ihrer Grundgedanken vom Vorsokratiker HERAKLIT, dem „Dunklen von Ephesos", inspiriert; das gilt besonders für die sog. *ekpýrosis*-Lehre („Verbrennung"), d. h. die Lehre von der zyklischen Entstehung der Welt aus einer Art Feuersamen und ihre Wiederauflösung in dieses Urelement.

22 Dichotomie in einen *mundus sensibilis* und einen *mundus intelligibilis.*

27 Hier rekurriert AUGUSTINUS auf PLATONS berühmtes Sonnengleichnis im Dialog *Politeia*: Wie die Sonne für das sinnlich Wahrnehmbare Ursache ist, dass es entsteht und gesehen werden kann, so ist die Idee des Guten / Gott Grund und Ursprung für Sein und Erkennbarkeit der Ideen. Im ersten Kapitel des *Johannes-Evangeliums* heißt es von Gott: *lux vera, quae illuminat omnem hominem venientem in hunc mundum.*

10 Platon und Cicero bei Erasmus

Diese platonische „Zwei-Welten-Lehre“ stellt über die Jahrtausende hinweg ein anthropologisches Grundphilosophem in der europäisch-christlichen Tradition dar. Um 1500 behauptet der Humanist Erasmus v. Rotterdam als „christlicher Platonist“ in seinem *Enchiridion militis Christiani* implizit, hätte Platon in nachchristlicher Zeit gelebt, wäre er sicherlich Christ gewesen; zudem hätte Erasmus den „Heiligen“ Sokrates, Platons Lehrer, gerne in die Fürbitten der Liturgie aufgenommen gesehen: *Sancte Socrates, ora pro nobis.*

Über die nahe Verwandtschaft von Platonismus und Christentum heißt es in seiner *Ratio (Theologische Methodenlehre)*: *Reperies fortassis in Platonis ... libris, quae non abhorreant a decretis Christi; reperies in vita Socratis, quae utcumque cum Christi vita consentiant.*

Das Menschenbild des Erasmus beruht im Kern auf drei Wirkkräften: erstens – wie gesehen – dem Platonismus, zweitens der Heiligen Schrift und der patristischen Tradition, d.h. den Kirchenvätern der späteren Antike (die Scholastik des Mittelalters hat für Erasmus sowohl unter gedanklich-inhaltlichem als auch sprachlichem Aspekt geringen Wert) und drittens der an Cicero orientierten Sprachästhetik und dessen Bildungsgedanken, von dem sie getragen wird; diese Faktoren machen den christlichen Platonismus der erasmischen Prägung aus. Freilich steht Erasmus nicht für die von den Renaissance-Humanisten oft propagierte sklavische *imitatio Ciceronis.*

Nach der platonisch-ciceronianisch-christlichen anthropologischen Konzeption sind wir Menschen also in zwei Welten heimisch, wir sind, wie es z.B. der spätantike Theologe und Philosoph Nemesios v. Emesa formuliert, „Amphibien“, oder mit Erasmus’ Worten:

> Duos igitur quosdam mundos imaginamur, alterum intelligibilem, alterum sensibilem. Intelligibilem, quem et angelicum licebit appellare, in quo deus cum beatis mentibus, visibilem caelestes sphaeras et quod in his includitur. Tum hominem veluti tertium quendam mundum utriusque participem, visibilis secundum corpus, invisibilis secundum animam. [...]. Quod sol hic visibilis in mundo visibili, id divina mens in mundo intelligibili.

Diese „Doppelnatur“ des Menschen, des Kompositums aus „Leib und Seele“, generiert Konflikte und ist in der Affektenlehre von grundlegender Bedeutung. Die Diskussion über die Leidenschaften nimmt in der nachklassischen griechischen Philosophie einen großen Raum ein und wird bei Cicero extensiv referiert und fortgeführt. Bevor wir wieder zu Cicero zurückkehren, soll hier abschließend noch einmal Erasmus zu Wort kommen. Der hier zitierte Textabschnitt aus dem *Enchiridion* ist ein guter Einstieg in diese Problematik:

Est igitur homo prodigiosum quoddam animal ex duabus tribusve partibus multo diversissimis compactum, ex anima veluti numine quodam et corpore tamquam muta pecude. Si quidem corpore usque adeo reliquo brutorum generi non praestamus, ut omnibus eius dotibus inveniamur inferiores. Secundum animam vero adeo divinitatis sumus capaces, ut ipsas etiam angelicas mentes liceat praetervolare et unum cum deo fieri. Si tibi corpus additum non fuisset, numen eras, si mens ista non fuisset indita, pecus eras. Has duas naturas tam inter se diversas summus ille opifex felici concordia colligaverat, at serpens pacis inimicus infelici rursus discordia dissecuit, ut iam neque dirimi queant sine maximo cruciatu neque coniunctim vivere sine assiduo bello. [...]. Adeo perplexa seditione inter se tumultuantur veluti diversa, quae unum sunt. Corpus enim ut est ipsum visibile, rebus visibilibus delectatur, ut est mortale, mortalia sequitur, ut est grave, deorsum sidit. Contra anima generis aetherii memor summa vi sursum nititur et cum terrestri mole luctatur, contemnit ea, quae videntur; scit enim esse caduca, quaerit, quae vere, quae semper sunt. Immortalis amat immortalia, caelestis caelestia, similis similibus capitur, nisi penitus fuerit corporis immersa sordibus atque e nativa generositate eius contagio degeneraverit.

Z. 6f. **eras / eras** – hier anstelle von *esses / esses;* der Gesamtsatz ist somit ein irreales Satzgefüge. Rhetorisch handelt es sich bei diesem Satz um eine sog. *Apostrophé* (griech. = Abwenden), ursprünglich bezogen auf die Gerichtspraxis, wenn sich der Redner von den Richtern zum Prozessgegner hinwandte. Hier ist der Mensch als Gattung angesprochen.

8 **serpens** – natürlich die Schlange im Paradies

15f. **immortalis / caelestis / similis** – jeweils Prädikativum zum elliptischen *anima*

B Staatsphilosophie

1 Die literarische Form des Dialogs bei Platon und Cicero. Idealstaatsentwürfe

Ciceros Bewunderung für Platon schlägt sich nicht nur in der Adaption der philosophischen Grundhaltung des Gesprächsführers der platonischen Dialoge, Sokrates, nieder, einer Grundhaltung, die Cicero im Sinne der Akademischen Skepsis interpretiert, sondern auch in der Übernahme der literarischen Form des Dialogs, zudem in der Übernahme von Werktiteln sowie neben gedanklichen Anleihen sogar in der haargenauen Übernahme einzelner Motive in der Rahmengestaltung der Dialoge.

In *De re publica, de legibus* und *de oratore,* Werken der ersten Phase seiner philosophischen Schriftstellerei, lässt sich das sehr deutlich aufzeigen; hierbei ist jedoch festzuhalten, dass Cicero erstens gerade bei der Übertragung ethisch-politischer Theorien aus dem Griechischen immer die Eigentümlichkeit des römischen Staates im Auge behält, den er für allen anderen überlegen hält, zweitens neben Platon stets auch von den nachklassischen, d. h. hellenistischen Denkern stark beeinflusst ist. Im Falle der Staatstheorie ist das von besonderer Wichtigkeit; die beiden wichtigsten Werke der klassischen griechischen Philosophie zur Staatstheorie sind PLATONS *Staat (Politeía)* und ARISTOTELES' *Politik (Politiká)*. Der Idealstaat, den PLATON entwirft, ist eine „geschlossene Gesellschaft", letztlich ein „totalitärer Staat". Hierzu bemerkt schon in der Spätantike MACROBIUS in seinem Kommentar zu Ciceros *De re publica*:

> Inter Platonis et Ciceronis libros, quos de re publica uterque constituit, [...], hoc interesse prima fronte perspeximus, quod ille rem publicam ordinavit, hic rettulit, alter qualis esse deberet, alter qualis esset a maioribus instituta disseruit.

ARISTOTELES' Idealstaat ist ein Staat der „Mitte", in dem der Mittelstand das Übergewicht hat, wie überhaupt der Begriff der „Mitte" und des Ausgleichs eine zentrale Rolle in der aristotelischen Ethik spielt. Beide Denker, PLATON und ARISTOTELES, klassifizieren die Verfassungen in drei „rechte" und drei „entartete", und zwar nach zwei Parametern, erstens nach der Anzahl der Inhaber der Regierungsgewalt, zweitens je nachdem, ob gut oder schlecht regiert wird, d. h., ob im Sinne des „gemeinsamen Nutzens" regiert wird oder nicht. Dieses Klassifikationsmodell übernimmt Cicero. Wenn Cicero im folgenden Textauszug aus *De re publica* von einer *naturalis congregatio* des Menschen, einem angeborenen Gemeinschaftstrieb spricht, so ist das eine Annäherung an das bekannte aristotelische *phýsei zóon politikón,* d. h. aufgrund seiner Vernunftnatur ist es die „Bestimmung" (griech. *télos* – Ziel) des Menschen, sich als Bürger in einer Polis politisch zu betätigen *(bíos politikós)*.

2 Definition der *res publica*. Traditionelle Staatsformen

In der Verfassungsstruktur der römischen Republik sieht Cicero die Überlegenheit Roms manifestiert; in genialer Weitsicht hätten die Verfassungsväter die drei guten Verfassungsformen Königtum, Aristokratie und „Demokratie" zu einer stabilen Mischverfassung vereinigt, wodurch ein fataler „Kreislauf der Verfassungen" verhindert und Stabilität im Staat garantiert worden sei. Diese Lehre von der gemischten Verfassung hatte bereits PLATON im Buch VI seines Spätwerks *Gesetze* im Blick auf Sparta vorgeführt, sie findet sich auch im 2. Buch der *Politik* des ARISTOTELES, in einem Werktitel thematisiert ist sie in einem verschollenen Werk des ARISTOTELES-Schülers DIKAIARCH: *Tripolitikós* – etwa: Lehre von der gemischten Verfassung. Auf den römischen Staat angewandt wird diese Theorie beim griechischen Historiker POLYBIOS (2. Jh. v. Chr.); an ihn lehnt sich Cicero an.

Dieser griechische Historiker gehört mit dem Gesprächsteilnehmer Scipio Africanus minor, dem Politiker und Feldherren, dem Zerstörer Karthagos, sowie dem griechischen stoischen Philosophen PANAITIOS, unter dem der stoische Rigorismus gemildert wurde (s. u.), zu einem griechisch-römisch gemischten Intellektuellenkreis, der sozusagen Kulturpolitik betrieb mit dem Ziel, den engen altrömischen *virtus*-Begriff, wie ihn etwa noch der Zeitgenosse Cato d. Ä. lange vertreten hatte, zu „modernisieren" und für neue, griechisch-„aufklärerische“ Einflüsse zu öffnen. So wie Cicero hier Scipio zum edlen, griechisch gebildeten römischen Aristokraten stilisiert, so glorifiziert er die römische *res publica* als das ideale politische Gebilde.

Auf wie schwachen Füßen übrigens die Überlieferung antiker Texte mitunter steht, zeigt Ciceros *De re publica* besonders eindringlich. Erst 1819 wurde die Schrift in der Vatikanischen Bibliothek in Rom vom Bibliothekar Angelo Mai in Form eines Palimpsests wiederentdeckt; Palimpsest: griech. aus *pálin* – wieder / zurück, *psestós* – geschabt, lat. *codex rescriptus*, d.h. „eine Handschrift, deren ursprünglicher Text aus Sparsamkeitsgründen durch Waschen, Auslaugen mit Milch, Reiben mit Bimsstein oder Schaben mit dem Messer getilgt und durch einen anderen ersetzt wurde“ (v. Wilpert). Wohl nur ein Viertel des Textes ist erhalten.

Wie auch andere fiktive Dialoge, so hat Cicero auch *De re publica* „zurückdatiert“, und zwar in die „gute alte Zeit“ der römischen Republik des 2. Jhs. v. Chr., als Kontrapunkt zur „Dekadenz“ seiner Zeit.

Auch was diesen Kunstgriff angeht, hat Cicero ein griechisches Vorbild, den Platonschüler Herakleides Pontikos, der, wie die fragmentarisch überlieferten Textzeugnisse zeigen, gerne längst verstorbene Personen als Dialogpartner auftreten ließ; Cicero selbst beruft sich diesbezüglich an einer Stelle ausdrücklich auf ihn. Dagegen versetzt er die Gesprächsszenerie von *De oratore* (s. u.) in seine jungen Jahre; in einem Brief heißt es hierzu: *Puero me hic sermo inducitur, ut nullae esse possent partes meae.* Über einige philosophische Gespräche seiner letzten Lebensjahre schließlich schreibt Cicero, ebenfalls in einem Brief: *Quae autem his temporibus scripsi, Aristotelium morem habent: in quo sermo ita inducitur ceterorum, ut penes ipsum sit principatus.* Es folgt die Definition der *res publica* (I, 39 ff.):

„Est igitur“, inquit Africanus, „res publica res populi, populus autem non omnis hominum coetus quoquo modo congregatus, sed coetus multitudinis iuris consensu et utilitatis communione sociatus. Eius autem prima causa coeundi est non tam imbecillitas quam naturalis quaedam hominum quasi congregatio; non est enim singulare nec solivagum genus hoc. [...]. Hi coetus igitur hac, de qua exposui, causa instituti sedem primum certo loco domiciliorum causa constituerunt; quam cum locis manuque saepsissent, eius modi coniunctionem tectorum oppidum vel urbem appellaverunt, delubris distinctam spatiisque communibus. Omnis ergo populus, qui est talis coetus multitudinis, qualem exposui, omnis civitas, quae est constitutio populi, omnis res publica, quae, ut dixi, populi res est, consilio quodam regenda est, ut diuturna sit.

Id autem consilium primum semper ad eam causam referendum est, quae causa genuit civitatem. Deinde aut uni tribuendum est aut delectis quibusdam aut suscipiendum est multitudini atque omnibus. Quare, cum penes unum est omnium summa rerum, regem illum unum vocamus et regnum eius rei publicae statum. Cum autem est penes delectos, tum illa civitas optimatium arbitrio regi dicitur. Illa autem est civitas popularis – sic enim appellant –, in qua in populo sunt omnia. Atque horum trium generum quodvis, si teneat illud vinculum, quod primum homines inter se rei publicae societate devinxit, non perfectum illud quidem neque mea sententia optimum est, tolerabile tamen, et ut aliud alio possit esse praestantius; Nam vel rex aequus ac sapiens, vel delecti ac principes cives, vel ipse populus, quamquam id est minime probandum, tamen nullis interiectis iniquitatibus aut cupiditatibus posse videtur aliquo esse non incerto statu."

Z. 6 **quam** – relativischer Satzanschluss
7 **locis manuque** – günstige Lage und ihrer Hände Arbeit
13 **uni** – Dativ (s. Pronominaladjektive)
15 **summa rerum** – Gesamtgewalt
17 **civitas popularis** – Ciceros „analytische" Übersetzung des griechischen Kompositums *demokratía* (Volksherrschaft); das Lateinische ist ja, anders als das Griechische und Deutsche, arm an nominalen Komposita.
18 **quodvis** – Indefinitpronomen *(quivis)*
21 **rex aequus ac sapiens** – die Attribute sind notwendig, da *rex* im Lateinischen ja aus historischen Gründen negativ konnotiert ist (s. u.); Cicero meint hier den „Philosophenkönig" in PLATONS *Politeía*.

Zum Abschluss dieses Themenbereiches folgt eine knappe tabellarische Übersicht der sechs klassischen Staatsverfassungsformen, wie sie in der antiken griechischen politischen Theorie diskutiert wurden; die Terminologie hat – mit Abstrichen – nach 2500 Jahren immer noch Gültigkeit:

		Qualität des Regierens: gut	schlecht
Anzahl der Regierenden	Einer	Königtum	Tyrannis
	Wenige	Aristokratie	Oligarchie
	Alle	Demokratie	Ochlokratie

Zu beachten ist, dass das Wort *rex* in der Antike in der Regel negativ konnotiert ist, geradezu ein Reizwort und Kampfbegriff ist; das liegt historisch im unguten Ende der Königszeit im frühen Rom begründet: Tarquinius Superbus – der „Hochmütige". Bei den Griechen war *týrannos* zunächst nicht negativ besetzt; so heißt die berühmteste Tragödie der Antike, der *Ödipus* des SOPHOKLES auf Griechisch *Oidípus týrannos – König Ödipus*. Erst im Laufe der Zeit erhielt der Begriff eine negative Färbung. Eine ähnliche Entwicklung machte im Lateinischen das Wort *dictator* durch. War es in alter Zeit noch ein Ehrentitel für besonders fähige Bürger, denen in Notzeiten für eine kurze Zeit die Leitung des Staates übertragen wurde, diente es später zur begrifflichen Bemäntelung von Despotie *(dictator perpetuus)*. Das griechische Verb *kratein* bedeutet „herrschen", Aristokratie also „Herrschaft der (moralisch) Besten", denn *áristos* bedeutet „Bester", Oligarchie bedeutet analog „Herrschaft der Wenigen", vgl. „Oligopol", Demokratie „Herrschaft des Volkes", Ochlokratie „Herrschaft des Pöbels".

3 Der Dialograhmen von *De legibus*

In dem „Anschlusswerk“ *De legibus*, das schon im Titel Platons Spätwerk *Gesetze* aufgreift, kontaminiert Cicero gleichsam Motive aus diesem platonischen Dialog, in dem drei Greise, in ein Gespräch vertieft, einen dem Alter angemessenen gemütlichen Spaziergang auf Kreta unternehmen, und Platons Werk *Phaidros*, in dem Sokrates mit einem Gesprächspartner vor der Stadtmauer Athens am Flüsschen Ilisos entlang spaziert, wobei sie sich schließlich unter einer Platane niederlassen und ihre Diskussion fortsetzen. Ciceros Gesprächsszenerie (I, 15 f.) ist mit einer guten Portion Sentimentalität nach Italien verlegt, nach Arpinum, seinem Heimatort, die Gewässer sind hier der Bach Fibrenus und das Flüsschen Liris, aus Platons Zypressenhainen auf Kreta und der Platane im *Phaidros* sind hier Pappeln geworden, die „gewundene Flussufer bedecken“ (Vergil); in Italien lässt sich das heute noch am besten in Vergils Heimat, am Ufer des Po, beobachten.

Atticus: Atqui si quaeres, ego quid exspectem, quoniam scriptum est a te de optimo rei publicae statu, consequens esse videtur, ut scribas tu idem de legibus: sic enim fecisse video Platonem illum tuum, quem tu admiraris, quem omnibus anteponis, quem maxime diligis.

Marcus: Visne igitur, ut ille cum Crete Clinia et cum Lacedaemonio Megillo aestivo, quem ad modum describit, die in cupressetis Gnosiorum et spatiis silvestribus, crebro insistens, interdum adquiescens, de institutis rerum publicarum ac de optimis legibus disputat, sic nos inter has procerissimas populos in viridi opacaque ripa inambulantes, tum autem residentes, quaeramus isdem de rebus aliquid uberius quam forensis usus desiderat?

Atticus: Ego vero ista audire cupio.

Z. 2 **sic** – wie oben gesagt, sind die *Gesetze*, eine „Schatzkammer von Altersweisheit“ (Gauss), ein Spätwerk Platons, der Dialog *Politeia* stammt aus der mittleren Phase seines Schaffens, bei Cicero hingegen sind *De re publica* und *De legibus* die philosophischen Erstlingswerke.

5 **Crete** – Ablativ zu *Cres*, nach dem griech. *Kres*, d. h. Kreter; dass Platon das Gespräch auf Kreta stattfinden lässt, wurde oben schon erwähnt.

5 **Clinia** – Ablativ zu *Clinias*, nach dem griech. *Kleinias*. Die Wahl der Gesprächspartner und des Ortes des Gesprächs kommen nicht von ungefähr: Die Verfassungsväter und Gesetzgeber Kretas und Spartas, Minos von Kreta und der Spartaner Lykurg, galten in der Antike als besonders weise. Man führte die Genealogie des sagenhaften Minos auf Zeus zurück, wegen seiner Weisheit wurde in der Sage Minos als erster Gesetzgeber der Menschheit nach seinem Tode zu einem der Toten-Richter in der Unterwelt. In minoischer Zeit (2. Jt. v. Chr.) war der Königssitz Knossos, lat. meist *Gnossus*, entsprechend nannten die Römer die Einwohner *Gnosii*.

7 **insistens / adquiescens** – participium coniunctum zum Subjekt *ille*

8 **populos** – ein gutes Beispiel für die Bedeutung der Quantitäten: *pŏpulus* mit kurzem o = Volk, pōpulus mit langem o = Pappel; außerdem ist der alte Merkspruch zu beachten: „Land, Insel, Stadt und Baum auf *-us* man sich als weiblich merken muss".

9 **inambulantes / residentes** – participium coniunctum zum Subjekt *nos*, parallel zu Z. 7

9 **isdem** – hier für *iisdem*

4 Hellenismus: von der Polis zur Kosmopolis

Typisch für Cicero ist, dass sich unter der „platonischen Einkleidung" der philosophischen Dialoge viel Gedankengut aus nachplatonischer Zeit, besonders aus der Philosophie der Stoa findet. Der unten folgende Textausschnitt aus *De legibus* beginnt mit dem tradierten Philosophem der *logos*-Verwandtschaft zwischen Gott und Mensch und dem darin implizierten platonischen Gedanken der Ausrichtung des Menschen auf eine „Angleichung an Gott"; der Gedankengang nimmt dann, ausgehend von dem Stichwort *societas,* über die Begriffe *lex* und *ius* eine „politische Wendung" und mündet in der grundlegenden stoischen Gleichung: *universus mundus* = *una civitas,* d. h. der stoischen Idee der *Kosmopolis,* der Welt als eines gemeinsamen Staates von Göttern und Menschen. Für die Griechen der frühen und klassischen Zeit (5./4. Jh.) war der „Staat" die Polis; der überschaubare „Stadtstaat" der klassischen griechischen Antike bildete den ethischen Bezugsrahmen für menschliches Handeln; exemplarisch hierfür steht Aristoteles mit seiner Definition des Menschen als *zóon politikón*, wonach das Wesen des Menschen sich nur in der Polis verwirklicht, die *Politik* ist dabei die „Vollendung" der Ethik.

Im Zuge der Eroberungen Alexanders des Großen und der Weitung des Horizontes, des Austausches der Kulturen, der Interaktion Griechen – Barbaren, des Verlustes der politischen Freiheit und der Auflösung des alten Polis-Rahmens entwickelte sich im frühen Hellenismus die Idee des Kosmopolitismus. In einer Zeit, „da der Staat dem Menschen nicht mehr den Lebensinhalt vermittelt" (Pohlenz), wird aus dem Bürger der Polis ein Bürger des Kosmos, aus dem *polítes* (Bürger der Polis) wird der *kosmopolítes;* nicht mehr nur nach dem Gesetz des Staates zu leben, sondern „im vernunftbestimmten Einklang mit der göttlichen Allnatur" (Böhling), macht gelungenes menschliches Leben aus; Ricken nennt diese Position „theologische Vernunftethik".

Wie wir später sehen werden, predigen die Erzrivalen der Stoiker, die Epikureer, gar ein „Leben im Verborgenen" und empfehlen, sich nicht auf das Politische einzulassen. Allgemein konzentriert sich der ethische Fokus auf das Individuum. Über diesen geistesgeschichtlichen Wesenszug des 3. vorchristlichen Jahrhunderts heißt es in der *Cambridge Ancient History (Bd. VII):*

> Metaphysics sink into the background and ethics, now individual, becomes of the first importance. Philosophy is no longer the pillar of fire going before a few intrepid seekers after truth: it is an ambulance following in the wake of the struggle for existence and picking up the weak and wounded.

5 Stoisches Welt- und Menschenbild

Im Zuge dieser Forderung nach „Weltoffenheit“ schreibt der Begründer der stoischen Schule, Zenon von Kition, eine *Gegen-Politeia* zu Platons *Politeia.* Der Mensch solle nicht mehr nach Städten und Völkern getrennt leben, jeder nach eigenen Rechtsvorschriften, sondern man solle alle Menschen für Mitbürger und Landsleute halten. Das wird weiter unten im Kontext der stoischen *oikeíosis-Lehre* näher erläutert werden. Für die Beurteilung von Ciceros Adaption und Transformation griechischen Gedankenguts ist wichtig, dass bei ihm das oben genannte „privatmoralische Element“, das in der hellenistischen Philosophie verstärkt hervortritt, in den Hintergrund rückt zugunsten der Forderung eines Lebens als aktiver Staatsbürger.

Die christlichen Denker der Antike gingen in ethischen Fragen – wie Cicero – mit den Stoikern weitgehend konform, bei der Idee der kosmischen Polis jedoch bleiben unüberwindliche Barrieren. Der Kirchenvater Eusebios referiert uns den stoischen Kosmos-Begriff: „Den ganzen Kosmos nennen sie Gott“, sie „bezeichnen den Kosmos als Wohnung der Götter und Menschen“, eine *pólis* von Göttern und Menschen, in der die Götter die Leitung haben und die Menschen untergeordnet seien. Alles andere im Kosmos hätten die wohltätigen Götter *(philánthropoi)* um der Menschen willen eingerichtet. Hierbei bestehe die Gemeinschaft der Götter und Menschen auf der *„logos*-Teilhabe“.

Der Logos sei das universelle Gesetz. Anders als beim platonisch-christlichen transzendenten Gottesbegriff handelt es sich bei dem stoischen – typisch hellenistischen – um einen „immanenten“, d. h. Gott wird hier, im Gegensatz zum außerweltlichen Gott, als in der Welt enthalten gedacht; über das stoische Welt- und Menschenbild schreibt Cicero in *De legibus* (I, 22 f.):

Animal hoc providum, sagax, multiplex, acutum, memor, plenum rationis et consilii, quem vocamus hominem, praeclara quadam condicione generatum est a supremo deo. Solum est enim ex tot animantium generibus atque naturis particeps rationis et cogitationis, quom cetera sint expertia. Quid est autem, non dicam in homine sed in omni caelo atque terra, ratione divinius? Quae quom adolevit atque perfecta est, nominatur rite sapientia. Est igitur, quoniam nihil est ratione melius, eaque est et in homine et in deo, prima homini cum deo rationis societas. Inter quos autem ratio, inter eosdem etiam recta ratio communis est: quae cum sit lex, lege quoque consociati homines cum dis putandi sumus. Inter quos porro est communio legis, inter eos communio iuris est. Quibus autem haec sunt communia, et civitatis eiusdem habendi sunt. Si vero iisdem imperiis et potestatibus parent, multo iam magis. Parent autem huic caelesti discriptioni mentique divinae et praepotenti deo, ut iam universus hic mundus una civitas communis deorum atque hominum sit existimanda.

Z. 1/3 **plenum / particeps** – diese beiden Adjektive regieren den Genitiv

3 **deo** – Nicht nur die stoischen Philosophen reden gemäß der bereits oben referierten klassischen Dreiteilung von den „Göttern des Mythos“, „Göttern des Staates“ und

„Göttern der Philosophen", im Falle der letztgenannten entweder von „den Göttern" im Plural oder von „Gott" („das Göttliche") im Singular. Gängige stoische Gleichung: *summus deus = aether*

4 f. **non dicam** – Potentialis, entspricht etwa dem deutschen „ich möcht' nicht sagen"

4 f. **quom** – Archaismen für *cum*; die semantische Färbung von *quom* in Z. 4 ist adversativ („während"), in Z. 5 temporal.

7 **ratione** – ablativus comparationis zu *divinius*

5/9 **quae** – jeweils relativischer Satzanschluss

8 **recta ratio** – Ciceros Übersetzung für den stoischen Terminus *orthós lógos*

9 **consociati homines ... putandi sumus** – doppelter Nominativ, Gerundivum als Prädikatsnomen

11 **et** – hat hier die Bedeutung „auch", es verbindet nicht Gleichartiges, sondern induziert eine Folgerung

11 **habendi sunt** – Gerundivum als Prädikatsnomen; *habere* hier: „halten für"; gleichsam ein modifizierter „Doppelter Nominativ"; das Subjekt (Nominativ 1) ist expandiert zum Relativsatz; das Prädikatsnomen erscheint als Genitiv der Zugehörigkeit *(civitatis eiusdem)* – ein interessanter Fall von „Transformation".

12 **iam** – sogar

13 f. **mundus ... civitas ... sit existimanda** – doppelter Nominativ; auffällig ist hierbei, dass *existimanda est* bezüglich des Genus nicht mit dem Subjekt *mundus,* sondern dem Prädikatsnomen *civitas* kongruiert: bei „kopulaartigen" Verben wie *existimare* kann das eintreten.

6 Stoiker lehren die göttliche Vorsehung

Anders als ihre Antipoden, die Epikureer, nach deren Lehre das Weltgeschehen ein Produkt des Zufalls ist, sehen also die Stoiker (*De legibus* I, 25 f.) im ganzen Kosmos eine anthropozentrische göttliche Vorsehung *(providentia)* am Werk:

Itaque ad hominum commoditates et usus tantam rerum ubertatem natura largita est, ut ea, quae gignuntur, donata consulto nobis, non fortuito nata videantur, nec solum ea, quae frugibus atque bacis terrae fetu profunduntur, sed etiam pecudes. [...]. Artes vero innumerabiles repertae sunt, docente natura, quam imitata ratio res ad vitam necessarias sollerter consecuta est.

Z. 2 **donata consulto ... non fortuito nata** – rhetorisch auffällig ist hier die markante Antithese, die erstens durch das Asyndeton, zweitens den Chiasmus *donata consulto / fortuito nata*, drittens durch die Paronomasie *donata / nata* an Gewicht gewinnt.

C Theorie des *orator perfectus*

1 Griechische Geistesgeschichte in italischer Bildlichkeit

Korrespondierte in *De legibus* in der motivischen Rahmengestaltung das Flüsschen Liris in Ciceros Heimatort mit dem Flüsschen Ilisos vor den Toren Athens in PLATONS *Phaidros*, so fasst Cicero in *De oratore*, dem frühesten der drei Werke der ersten Phase seiner philosophischen Schriftstellerei, Entwicklungsströmungen der griechischen Geistesgeschichte in italische Naturbilder, wodurch er uns diesmal ein buntes, da naturnahes Mosaiksteinchen seines großen Projekts der Vermittlung griechischer Geisteskultur an seine Römer bietet. In seinem Bemühen, seinen Lesern ein einprägsames Bild für die Geschichte der Entwicklung des Verhältnisses von Philosophie und Rhetorik zu bieten, zieht Cicero Gegebenheiten der Geographie Italiens zum Vergleich heran.

Die ursprüngliche Einheit von Philosophie und Rhetorik, die Einheit von Handeln und Reden, sei schon in den frühesten Anfängen des Griechentums zu finden:

Nam vetus quidem illa doctrina eadem videtur et recte faciendi et bene dicendi magistra; neque disiuncti doctores, sed eidem erant vivendi praeceptores atque dicendi, ut ille apud Homerum Phoenix.

Dann hätten in historischer Zeit auch Staatsmänner wie Themistokles und Perikles gezeigt, dass diese beiden Disziplinen untrennbar miteinander verbunden seien. Diese Einheit von Redekunst und Weisheit, eine Einheit, deren wahrer Name *philosophía* sei, habe Sokrates getrennt:

Socrates hoc commune nomen eripuit sapienterque sentiendi et ornate dicendi scientiam re cohaerentis disputationibus suis separavit.

Doch auch wenn beide Disziplinen aus derselben Quelle strömten, aus dem einen Gipfel der Weisheit, flössen die Philosophie zu der einen Seite, die Redekunst zu der anderen; es folgt der „italische Vergleich“ (III, 69/72):

Haec autem, ut ex Appennino fluminum, sic ex communi sapientiae iugo sunt doctrinarum facta divortia, ut philosophi tamquam in superum mare defluerent Graecum quoddam et portuosum, oratores autem in inferum hoc, Tuscum et barbarum, scopulosum atque infestum laberentur, in quo etiam ipse Ulixes errasset. [...]. Namque, ut ante dixi, veteres illi usque ad Socratem omnem omnium rerum, quae ad mores hominum, quae ad vitam, quae ad virtutem, quae ad rem publicam pertinebant, cognitionem et scientiam cum dicendi ratione iungebant; postea dissociati, ut exposui, a Socrate et deinceps a Socraticis item omnibus philosophi eloquentiam despexerunt, oratores sapientiam, neque quicquam ex alterius parte tetigerunt.

Z. 3 **Phoenix** – In Homers *Ilias* übergibt Peleus seinen Sohn Achill dem Phoenix zur Erziehung.

4 **Socrates** – eine Konstante in Platons Dialogen, besonders in frühen und mittleren, ist der Kampf des Protagonisten Sokrates gegen die sog. Sophisten, „Weisheitslehrer", deren Domäne die Rhetorik war; diese Kunst wird an einer Stelle definiert als die Fähigkeit, „das schwächere Argument zum stärkeren zu machen". Das kann einem Wahrheitssucher wie Sokrates nicht schmecken.

5 **cohaerentis** – Archaismus für *cohaerentes*

7 f. **superum / inferum** – in antiker lateinischer Terminologie heißt die Adria *mare superum*, das Tyrrhenische Meer *mare inferum;* das griechische *Tyrrhenos* heißt lateinisch *Tuscus*, wie hier im Text, davon abgeleitet ist das Wort Toskana.

9 **errasset** – Nebenform / Kurzform für *erravisset*

9 **Ulixes** – im südlichen Teil des Tyrrhenischen Meeres lokalisierte man in der Antike einige der Abenteuer, die Odysseus (lat. *Ulixes*) bei Homer auf seinen Irrfahrten durchlebte, Sizilien z.B. galt als die Insel der Zyklopen. Nach der Zauberin *Kirke* (daher „bezirzen") ist heute noch ein Kap im südlichen Latium an der Grenze zu Kampanien benannt: *Monte Circeo*, mit der *Grotta della Maga Circe.*

10 **Socratem omnem omnium rerum** – auffällig ist hier das Homoioteleuton („gleiche Endung") *Socratem omnem* neben dem folgenden Homoioteleuton *omnium rerum;* eine „Schnittmenge" erhalten sie durch das Polyptoton (dasselbe Wort in verschiedenen Flexionsformen hintereinander) *omnem omnium;* diese Juxtaposition soll die inhaltliche Fülle unterstreichen. Sehr markant ist dabei das sehr weit gespannte Hyperbaton *omnem* (Z. 10) … *cognitionem* (Z. 12), welches die vier aufeinander folgenden asyndetischen, überwiegend elliptischen Relativsätze überspannt; auch hierdurch wird die thematische Vielfalt und Fülle durch die sprachliche Gestaltung hervorgehoben.

2 Rhetorik bei den Griechen

Es wurde bereits erwähnt, dass das Aufkommen der Rhetorik im Griechenland des 5. Jhs. v. Chr. in unmittelbarer Verbindung mit dem Demokratisierungsprozess in bestimmten griechischen Stadtstaaten stand. Aristoteles lokalisiert das Aufkommen der Rhetorik in Syrakus, einer griechischen Stadt auf Sizilien, und nennt als Archegeten der Disziplin Korax und Teisias. *Rhetor*, ein Wort, das im 5. Jh. aufkommt, bedeutet zunächst: jemand, der öffentlich in der Volksversammlung redet.

Im Zuge dieser Demokratisierung, die in der attischen Demokratie des 5. Jhs. kulminiert (Attika ist die Landschaft um Athen herum), hatte sich auch, wie dargelegt, der Fokus der philosophischen Bemühungen von der Welterklärung auf das Problem des Lebens in der Gesellschaft verlagert; Sprachwissenschaft, Grammatik, Linguistik, Rhetorik, Disziplinen, die in jener Zeit von den Sophisten, den „Lehrern Griechenlands", wie Hegel sie nennt, initiiert und entscheidend geprägt wurden, sind also sozusagen Blüten, welche die Demokratie trieb.

Es sind die Sophisten, durch welche „die Bildung überhaupt zur Existenz kam" (Hegel). Sie waren professionelle Erzieher und vermittelten die für das politische Geschäft notwendige Beherrschung der Sprache. Die „Entstehung der Rhetorik ist ein ebenso erstaunliches Phänomen wie das Aufkommen der Philosophie und der Wissenschaften bei den Griechen." (WEISCHE)

Der Sophist PROTAGORAS führt, ausgerichtet auf das Pro und Contra bei politisch-gerichtlichen Argumentationen, das Prinzip des *in utramque partem disserere* ein, ein Prinzip, das später für die Lehrweise der Akademischen Skepsis und somit für Cicero grundlegend wurde.

Ähnlich wie PLATON verwirft übrigens auch KANT in der *Kritik der Urteilskraft* die „Redekunst":

„Die Redekunst *(ars oratoria)* ist als Kunst, sich der Schwächen des Menschen zu seinen Absichten zu bedienen (diese mögen immer so gut gemeint, oder auch wirklich gut sein, als sie wollen), gar keiner Achtung würdig." Daher heißt die Rhetorik in England seit dem 17. Jh. *mother of lies.*

PLATON, der erbitterte Widersacher der Sophisten, wirft diesen ja vor, ihre „Kunst" sei die „Lenkung der Seele durch Rede" *(psychagogía),* und zwar in der Weise, dass, wie bereits gesagt, „das schwächere Argument zum stärkeren gemacht" werde; Rhetorik sei keine Wissenschaft, sie gehe nicht auf Wahrheit aus, sie sei bloß „Routine" und „Schmeichelei", ihr Ziel sei nicht das Überzeugen, sondern das Überreden. Gemäß einem berühmten Wort des Sophisten GORGIAS „ist die Rede ein gewaltiger Herrscher" *(lógos dynástes mégas estín),* „der mit dem kleinsten und unscheinbarsten Körper die göttlichsten Werke vollbringt, denn er kann die Furcht beenden, den Schmerz nehmen, Freude bewirken und das Mitleid vergrößern."

Bei PLATON ist das Politische dem Philosophischen unterworfen, bei seinem Schüler ARISTOTELES kommt es zu einer „antiplatonischen Rehabilitierung der traditionellen Themen der Sophistik" (CASSIN), vom Bürger wird politische Klugheit und Urteilsfähigkeit gefordert, ein *bíos politikós*, eine *vita activa*, nach HANNAH ARENDT die „griechische Lösung für die Zerbrechlichkeit der menschlichen Verhältnisse".

3 Stellung der vier hellenistischen Philosophenschulen zum *orator*

Cicero will – bildhaft gesprochen – das durch Sokrates / PLATON geschiedene Ehepaar Philosophie und Rhetorik wiedervereinigt sehen. Hierbei ist ihm die Position der Mittleren Akademie (s. u.), initiiert durch ARKESILAOS und vollendet durch KARNEADES, am nächsten. ARKESILAOS praktizierte, wie schon der Sophist PROTAGORAS, die dialektische Kunst (griech. *dialégesthai* – sich unterhalten) der *Antilogie*, des „Pro- und-contra- Redens"; sein Bestreben war dabei, eine ursprüngliche Form des Philosophierens zu reaktivieren, nämlich das *dialégesthai* im Sinne eines offenen, auch kontroversen „Durchsprechens":

diá – durch / *légein* – sprechen, das Substantiv dazu ist schließlich „Dialektik". Als der „Begründer des Probabilismus" (LEVY) setzt er damit einen Kontrapunkt zum Grundzug der hellenistischen Philosophie, dem Drang zum strengen philosophischen System, wie er besonders in der Stoa (s. u.) ausgeprägt war.

Die vier hellenistischen Philosophenschulen (ab ca. 300 v. Chr.) sind bekanntlich erstens die von Platon gegründete Akademie, zweitens der auf Aristoteles zurückgehende Peripatos, drittens die Stoa sowie viertens „der Garten“ Epikurs; alle vier Schulen sind nach Lokalitäten benannt, und zwar nach den Örtlichkeiten des philosophischen Unterrichts: die Akademie nach dem Namen des Heros *Hekádemos* oder *Akádemos*, Peripatos und Stoa bedeuten schlicht „Wandelhalle“ oder „Halle“, der „Garten“ meint den ruhigen Lebensmittelpunkt des „im Verborgenen lebenden“ Epikur. Die Kenntnis dieser vier Schulen setzt Cicero im folgenden Textabschnitt aus *De oratore* (III, 64 ff.) bei seinen Lesern voraus; die Themafrage lautet hier: Wie stehen die vier Schulen zur Rhetorik? Er beginnt mit den Epikureern:

Verum ego non quaero nunc, quae sit philosophia verissima, sed quae oratori coniuncta maxime; qua re istos sine ulla contumelia dimittamus; sunt enim et boni viri et, quoniam sibi ita videntur, beati. [...]. Stoicos autem, quos minime improbo, dimitto tamen nec eos iratos vereor, quoniam omnino irasci nesciunt. [...]. Reliqui sunt Peripatetici et Academici; quamquam Academicorum nomen est unum, sententiae duae; nam Speusippus, Platonis sororis filius, et Xenocrates, qui Platonem audierat, et qui Xenocratem Polemo et Crantor, nihil ab Aristotele, qui una audierat Platonem, magno opere dissentit; copia fortasse et varietate dicendi pares non fuerunt: Arcesilas primum, qui Polemonem audierat, ex variis Platonis libris sermonibusque Socraticis hoc maxime arripuit, nihil esse certi, quod aut sensibus aut animo percipi possit; quem ferunt eximio quodam usum lepore dicendi aspernatum esse omne animi sensusque iudicium primumque instituisse – quamquam id fuit Socraticum maxime – non quid ipse sentiret ostendere, sed contra id, quod quisque se sentire dixisset, disputare. Hinc haec recentior Academia manavit, in qua exstitit divina quadam celeritate ingenii dicendique copia Carneades.

Z. 4 **iratos** – ergänze *esse* (elliptischer ACI)

4 f. **irasci nesciunt** – urbaner scherzhafter Seitenhieb gegen die Lehre der Stoiker von der Leidenschaftslosigkeit, der *apátheia*, s. u.

6 **Speusippus** – die hier genannten Akademiker Speusipp, Xenokrates, Polemon und Krantor zählt man zur Alten Akademie, die darauf folgenden oben genannten Denker Arkesilaos und Karneades mit ihrer Wendung zur Skepsis sind die Hauptvertreter der Mittleren Akademie, die zur Zeit Ciceros von Antiochos von Askalon vollzogene Kehrtwendung zur Dogmatik stellt den Beginn der Phase der Neuen Akademie dar (Lebensdaten s. S. 138).

8 **dissentit** – wir hätten eine Pluralform erwartet, denn all die genannten Philosophen sind gemeint; daher ließ ein berühmter französischer Philologe des 16. Jhs., Lambinus, in seiner grundlegenden Cicero-Ausgabe von 1566 auch *dissenserunt* drucken. Numerus-Kongruenz zwischen Subjekt und Prädikat richtet sich manchmal nur nach dem letztgenannten Subjekt, hier *Crantor.* Vielleicht wollte Cicero durch den Singular die Einheitlichkeit im Denken dieser Philosophen unterstreichen, ihre Divergenz und Individualität in der Ausdrucksform durch den Plural absetzen *(pares non fuerunt).*

11 **ferunt** – entspricht hier etwa: *dicunt*

12 **usum** – participium coniunctum zum Subjektsakkusativ des ACI: *quem* (relativischer Satzanschluss)

12 **iudicium** – Die Skeptiker forderten die „Zurückhaltung des Urteils“ *(epoché)*.

13 **Socraticum** – Eine „Spezialität“ des Sokrates, besonders in den Frühdialogen Platons, ist die methodische Widerlegung der Behauptungen der Gesprächspartner *(elenktische Methode)*.

4 *Disertus* vs. *eloquens*. Der Begriff der *humanitas*

De oratore gehört zu den wichtigsten Büchern Ciceros, da er hier besonders eindringlich seinen Bildungsbegriff, seinen Begriff von *humanitas* darlegt. Er selbst schreibt über dieses Werk in einem Brief an Atticus: „Meine drei Bücher über den Redner halte ich für besonders gelungen“; daher sollen im Folgenden drei Passagen aus diesem Werk präsentiert werden; die erste beinhaltet ein Lob der Redekunst, die zweite eine Erörterung über die wichtige Begriffsunterscheidung *disertus / eloquens*, die dritte fasst die Kernaussage von *De oratore* noch einmal zusammen: im *orator perfectus* ist der Philosoph subsumiert. Im ersten Textauszug (I, 30 ff.) spricht Crassus, nicht der Triumvir (s. o.), sondern – ca. 100 v. Chr. – einer der bedeutendsten römischen Redner seiner Zeit, neben Antonius (auch dieser nicht zu verwechseln mit dem später lebenden Cicerofeind Marcus Antonius), einem weiteren Dialogpartner in *De oratore*:

Neque vero mihi quicquam praestabilius videtur quam posse dicendo tenere hominum mentis, adlicere voluntates, impellere quo velit, unde autem velit deducere: haec una res in omni libero populo maximeque in pacatis tranquillisque civitatibus praecipue semper floruit semperque dominata est. Quid est aut tam admirabile, quam ex infinita multitudine hominum exsistere unum, qui id, quod omnibus natura sit datum, vel solus vel cum perpaucis facere possit, aut tam iucundum cognitu atque auditu, quam sapientibus sententiis gravibusque verbis ornata oratio et polita, aut tam potens tamque magnificum quam populi motus, iudicum religiones, senatus gravitatem unius oratione converti? Quid tam porro regium, tam liberale, tam munificum quam opem ferre supplicibus, excitare adflictos, dare salutem, liberare periculis, retinere homines in civitate? Quid autem tam necessarium quam tenere semper arma, quibus vel tectus ipse esse possis vel provocare integer vel te ulcisci lacessitus? Age vero, ne semper forum, subsellia, rostra curiamque meditere, quid esse potest in otio aut iucundius aut magis proprium humanitatis quam sermo facetus ac nulla in re rudis? Hoc enim uno praestamus vel maxime feris, quod conloquimur inter nos et quod exprimere dicendo sensa possumus. Quam ob rem quis hoc non iure miretur summeque in eo elaborandum esse arbitretur, ut, quo uno maxime homines bestiis praestant, in hoc hominibus ipsis antecellat? Ut vero iam ad illa summa veniamus, quae vis alia potuit aut dispersos homines unum in locum congregare aut a fera agrestique vita ad hunc humanum cultum civilemque deducere aut iam constitutis civitatibus leges, iudicia, iura describere? Ac ne plura, quae sunt paene innumerabilia, consecter, comprehendam brevi: sic enim statuo, perfecti oratoris moderatione et sapientia non solum ipsius dignitatem, sed et privatorum plurimorum et universae rei publicae salutem maxime contineri.

Stilistisch fällt sogleich die Häufung der rhetorischen Fragen ins Auge sowie die Parallelismen in den zahlreichen Vergleichen *tam / quam*, in Z. 9f. durch das mehrfache anaphorische *tam* gesteigert; dem entspricht im Gegenstück *quam* Z. 10/11 der fünfgliedrige Parallelismus in asyndetischer Reihung; das letzte Element hat nach dem „Gesetz der wachsenden Glieder" den größten Umfang.

Z. 2 **mentis** – Archaismus für *mentes*

2 **adlicere** – wie so häufig die sog. etymologische Schreibweise, d.h. noch nicht assimiliert *(allicere)*

2 **quo** – hier: wohin

5 **exsistere unum** – ACI: abhängig vom unpersönlichen Ausdruck *est admirabile* (Z. 4f.); eine syntaktische Dublette dazu sind die Zeilen 8 und 9.

7 **cognitu / auditu** – Supinum II, wie üblich nach Adjektiven der Beurteilung: *iucundum*

9 **religiones** – hier etwa: Bedenken

14 **rostra curiamque** – beide nahe beieinander auf dem Forum Romanum in Rom; über die große Rednerbühne wurde bereits oben gesprochen, die Kurie ist das Tagungsgebäude des Senats. *Subsellia* steht hier metonymisch für Gericht, *rostra* für die öffentliche politische Rede, *curia* für Diskussionen im Senat.

14 **meditere** – Nebenform für *mediteris*

15 **humanitatis** – wie durchgängig bei Cicero, so auch hier in erster Linie: Bildung, *eruditio, bonae artes*, etwa wie der alte Begriff *Humaniora (studia)*, nicht primär Menschenfreundlichkeit im Sinne von „Philanthropie"; diese letztere Konnotation von *humanitas* ist maßgeblich für unseren Begriff von *humanitas / Humanität*, der sich im 19. Jh. durchsetzte.

17f. **miretur / arbitretur** – Konjunktiv Präsens als Potentialis der Gegenwart im Fragesatz

Der Unterschied zwischen *disertus* und *eloquens* (I, 94f., es spricht Antonius):

Scripsi etiam illud quodam in libello, qui me imprudente et invito excidit et pervenit in manus hominum, disertos cognosse me non nullos, eloquentem adhuc neminem, quod eum statuebam disertum, qui posset satis acute atque dilucide apud mediocris homines ex communi quadam opinione hominum dicere, eloquentem vero, qui mirabilius et magnificentius augere posset atque ornare, quae vellet, omnisque omnium rerum, quae ad dicendum pertinerent, fontis animo ac memoria contineret. [...]. Ego enim, quantum auguror coniectura quantaque ingenia in nostris hominibus esse video, non despero fore aliquem aliquando, qui et studio acriore quam nos sumus atque fuimus et otio ac facultate discendi maiore ac maturiore et labore atque industria superiore, cum se ad audiendum, legendum scribendumque dederit, exsistat talis orator, qualem quaerimus, qui iure non solum disertus, sed etiam eloquens dici possit; qui tamen mea sententia aut hic est iam Crassus aut, si quis pari fuerit ingenio pluraque quam hic et audierit et lectitarit et scripserit, paulum huic aliquid poterit addere.

Z. 1 **me imprudente et invito** – nominaler ablativus absolutus, d. h. Nomina (hier Adjektive) anstelle von Partizipien, auch wenn *imprudens* von einem Verb abgeleitet ist und daher partizipiale Gestalt zeigt: aus *providens* mit dem verneinenden Präfix *in-;* entsprechend ist *prudentia* aus *providentia* entstanden („Voraussicht")

1 **excidit** – d. h. in die Öffentlichkeit, durch nicht autorisierte Publikation

2 **cognosse** – Kurzform für *cognovisse*

3 **eum statuebam disertum** – doppelter Akkusativ

4 **mediocris** – Archaismus für *mediocres,* so wie weiter unten *omnis* für *omnes, fontis* für *fontes*

8 **fore** – Kurzform für *futurum esse*

8 **aliquem aliquando** – damit meint Cicero wie in Z. 13 *si quis* sich selbst als den Kulminationspunkt in der Geschichte der Beredsamkeit in Rom. In diesem Punkt zeigt Cicero mehrfach großes Selbstbewusstsein.

9 f. Häufung des ablativus qualitatis als Prädikatsnomen

13 **audierit** – Kurzform für *audiverit,* so wie *lectitarit* für *lectitaverit,* abgeleitet von *lectitare,* d. h. *legere* mit dem intensivierenden Suffix *-tare,* so wie *dicere* und *dictare, canere* und *cantare* usw.

5 Koinzidenz von *orator perfectus* und *philosophus* (III, 142 f.):

Nunc sive qui volet, eum philosophum, qui copiam nobis rerum orationisque tradat, per me appellet oratorem licet; sive hunc oratorem, quem ego dico sapientiam iunctam habere eloquentiae, philosophum appellare malet, non impediam; dum modo hoc constet, neque infantiam eius, qui rem norit, sed eam explicare dicendo non queat, neque inscientiam illius, cui res non suppetat, verba non desint, esse laudandam; quorum si alterum sit optandum, malim equidem indisertam prudentiam quam stultitiam loquacem; sin quaerimus, quid unum excellat ex omnibus, docto oratori palma danda est; quem si patiuntur eundem esse philosophum, sublata controversia est; sin eos diiungent, hoc erunt inferiores, quod in oratore inest illorum omnis scientia, in philosophorum autem cognitione non continuo inest eloquentia; quae quamvis contemnatur ab eis, necesse est aliquem cumulum illorum artibus adferre videatur.

Dass Philosoph und Redner sich sozusagen spiegelbildlich entsprechen bzw. ergänzen, wird in diesem Text stilistisch durch den dreifachen Chiasmus unterstrichen: Z. 1–3 *philosophum … oratorem / oratorem … philosophum,* Z. 7 *indisertam prudentiam / stultitiam loquacem,* Z. 10 f. *oratore … illorum / philosophorum … eloquentia.*

Z. 1 f. **philosophum appellet oratorem** – doppelter Akkusativ, wie im folgenden Satz *oratorem philosophum appellare*

2 **per me** – meinetwegen

2 **licet appellet** – zwischen den beiden Wörtern ist sozusagen ein *ut* zu denken: „es ist erlaubt, dass“, „mag“; derartige „asyndetische Verbindungen“, besonders unpersönliche Ausdrücke + Konjunktiv, sind bei Cicero nicht selten, vgl. auch Z. 11/12 *necesse est … videatur.* Als Muster können gelten: *fac venias, velim venias, cave putes.*

2 f. **quem dico habere** – relativische Verschränkung des ACI, in anderer Terminologie: ACI im Relativsatz, etwa: von dem ich sage, dass er …

4 **dum modo** – wenn nur

4 **infantiam** – nicht nur „Kindheit“, sondern auch – sogar primär – „Mangel an Beredsamkeit“, da gebildet aus dem Deponens *fari* (sprechen) und dem Negationspräfix „*in-*“

4 **norit** – Kurzform für *noverit,* formal Konjunktiv Perfekt, semantisch aber präsentisch (präsentisches Perfekt), daher zeitlich auf derselben Ebene wie *queat* (Konj. Präs.) in der Antithese

6 **quorum** – relativischer Satzanschluss

7 **indisertam prudentiam / stultitiam loquacem** – die markante Antithese gewinnt hier durch den Chiasmus noch mehr an Gewicht.

8 **palma** – gemeint ist die Siegespalme, 1. Preis

11 f. **necesse est videatur** – für das deutsche Ohr fehlt wieder ein „dass“ als Bindeglied, wörtlich: „es ist nötig, dass scheint“, besser z. B. mit Wortartwechsel, etwa: „scheint notwendigerweise“.

X Cicero und Archimedes. Die antike Forschung, Wissenschaft und Technik

1 Der „Humanismus" und die neuzeitliche Wissenschaft

Ciceros Bildungsbegriff ist der des Humanismus, „den man auch Ciceronianismus nennen kann" (RÜEGG). Wie gemäß der Forderung der Renaissance-Humanisten die antike Kultur, d. h. in erster Linie die griechisch-römische Sprachkultur via philologischer Erschließung und literarischer Wiederbelebung nachgeahmt werden muss und als Leitbild der durch umfassendes Studium der antiken Literatur geformte *uomo universale* propagiert wird, so ist Cicero der Prototyp eines „Humanisten" in der Antike, denn „der Humanismus entspringt der Begegnung der Römer mit der Kultur des späten Griechentums; er ist und bleibt daher als Kulturform spezifisch römisch" (HOFFMEISTER).

Freilich ist bei Cicero ein idealisiertes Hellas-Bild wirksam. Wie die meisten Römer seiner Zeit blickt er mit einer gewissen Herablassung auf die zeitgenössischen Griechen; in einem Brief an seinen Bruder Quintus schreibt er: *Perpauci Graeci vetere Graecia digni.* Cicero will „den Römergeist als Idee *(mos maiorum)* durch die Vermittlung von Hellas als Idee *(vetus Graecia)* für die Zukunft Roms und seines Reiches neu beleben. Den *mos maiorum* hat er genauso als eine Entelechie empfunden wie die *vetus Graecia.*" (KNOCHE)

Richtete sich das Augenmerk Ciceros stets zu einem guten Teil auf die stilistisch-rhetorische Meisterschaft, so schreibt FRANCIS BACON, der *bucinator novi temporis,* dessen *Novum Organum,* mit dem die philosophische Literatur der Neuzeit beginnt, der „Chef der Erfahrungsphilosophen" (HEGEL), durch den sich laut KANT die entscheidende Wende zur „Revolution der Denkungsart" vollzog, 1605 in seinem *Advancement of Learning* im Rückblick auf die Cicero-Begeisterung der Humanisten, dass

> the admiration of ancient authors (...) did bring in an affectionate study of eloquence and copy of speech, which than began to florish. This grew speedily to an excess; for men began to hunt more after words than matter. (...). In sum, the whole inclination and bent of these times was rather towards copy than weight.

Für die elegante Beredsamkeit gelte:

> For surely, to the severe inquisition of truth and the deep progress into philosophy, it is some hinderance; because it is too early satisfactory to the mind of man.

1885 schreibt PAULSEN in seiner *Geschichte des gelehrten Unterrichts*: „Die geschichtliche Entwicklung in den letzten drei Jahrhunderten lässt sich als die allmähliche Loslösung einer selbständigen und eigentümlichen modernen Kultur von der antiken Kultur beschreiben." Den Humanisten der Renaissance wirft BACON vor, ihre Verehrung der Antike habe sie bezaubert und sie an wissenschaftlicher Forschung im Sinne des Fortschritts, der die Beförderung der Wohlfahrt der Menschheit im Blick hat, gehindert.

„Die religiösen, politischen und philosophischen Ideale der Renaissance liegen im Frühchristentum, in der römischen Republik, bei Platon und Aristoteles oder wo auch immer – jedenfalls nicht in der Zukunft" (Krohn).

Die neuzeitliche Entwicklung dessen, was wir heute im Kern unter Forschung und Wissenschaft verstehen, beginnt spätestens im 16. Jh., als man wieder an die naturwissenschaftliche Forschung der Antike anzuknüpfen beginnt. Ein mittelalterlicher Vorbote des neuzeitlichen Wissenschaftsmodells auf dem Fundament der Mathematik und des Experiments ist z. B. Roger Bacon (13. Jh.), ein „origineller, in Vielem seiner Zeit vorauseilender Denker" (Gilson / Böhner).

> Nam instrumenta navigandi possunt fieri sine hominibus remigantibus, ut naves maximae, fluviales et marinae, ferantur unico homine regente, maiore velocitate quam si plenae essent hominibus. Item currus possunt fieri, ut sine animali moveantur cum impetu inaestimabili. [...]. Item possunt fieri instrumenta volandi, ut homo sedeat in medio instrumenti. [...]. Possunt etiam instrumenta fieri ambulandi in mari, vel fluminibus, usque ad fundum absque periculo corporali. [...]. Et infinita quasi talia fieri possunt, ut pontes ultra flumina sine columna.

Einen knappen universalhistorischen Abriss über die Fortschritte der Wissenschaft in Europa, besonders der Naturwissenschaft, bietet etwa 350 Jahre nach Roger Bacon sein o. g. Landsmann Francis Bacon in seinem lateinischen Hauptwerk *Novum Organum* von 1620, einem Grundbuch der europäischen Wissenschaftstheorie. Hier wird ab Z. 24 implizit auch Ciceros Stellenwert in dieser Entwicklung festgehalten:

Iam vero veniendum ad causas errorum, et tam diuturnae in illis per tot saecula morae; quae plurimae sunt et potentissimae. [...]. Primo tot saeculorum numerus vere rem reputanti ad magnas angustias recidit. Nam ex viginti quinque annorum centuriis, in quibus memoria et doctrina hominum fere versatur, vix sex centuriae seponi et excerpi possunt, quae scientiarum feraces earumve proventui utiles fuerunt. Sunt enim non minus temporum quam regionum eremi et vastitates. Tres enim tantum doctrinarum revolutiones et periodi recte numerari possunt: una, apud Graecos, altera, apud Romanos; ultima apud nos, occidentales scilicet Europae nationes: quibus singulis vix duae centuriae annorum merito attribui possunt.

Media mundi tempora, quoad scientiarum segetem uberem aut laetam, infelicia fuerunt. Neque enim causa est, ut Arabum vel Scolasticorum mentio fiat: qui per intermedia tempora scientias potius contriverunt numerosis tractatibus quam pondus earum auxerunt. Itaque prima causa tam pusilli in scientiis profectus ad angustias temporis erga illas propitii rite et ordine refertur. At secundo loco se offert causa illa magni certe per omnia momenti: ea videlicet, quod per illas ipsas aetates, quibus hominum ingenia et litterae [...] floruerunt, Naturalis Philosophia minimam partem humanae operae sortita sit. [...].

At manifestum est, postquam Christiana fides recepta fuisset et adolevisset, longe maximam ingeniorum praestantissimorum partem ad Theologiam se contulisse; atque huic rei et amplissima premia proposita, et omnis generis adiumenta copiosissime subministrata fuisse: atque hoc Theologiae studium praecipue occupasse tertiam illam partem sive periodum temporis apud nos Europaeos occidentales. [...]. At aevo superiore, durante periodo illa secunda apud Romanos, potissimae philosophorum meditationes et industriae in Morali Philosophia (quae Ethnicis vice Theologiae erat) occupatae et consumptae fuerunt: etiam summa ingenia illis temporibus ut plurimum ad res civiles se applicuerunt, propter magnitudinem populi Romani. [...].

At illa aetas, qua Naturalis Philosophia apud Graecos maxime florere visa est, particula fuit temporis minime diuturna, cum [...], postquam Socrates philosophiam de caelo in terras deduxisset, adhuc magis valuerit Moralis Philosophia et ingenia hominum a naturali averterit.

Z. 25 **in Morali Philosophia** – so heißt die Ethik seit Cicero; auch wenn Francis Bacon also wissenschaftstheoretisch alles andere als ein Ciceronianer ist, verdankt er Cicero doch in Terminologie und Bildhaftigkeit der Rede viel.

Oben wurde ja bereits von den Begriffsneuschöpfungen Ciceros gesprochen; auch das berühmte Bild, Sokrates habe die Philosophie vom Himmel herabgeholt und in den Städten heimisch gemacht (s. Z. 30/31), stammt ja von ihm – ganz abgesehen davon, dass Bacon wie viele Engländer der damaligen Zeit (z. B. Hobbes und zuvor Thomas Morus) ein perfekter, an Ciceros Schriften geschulter Stilist war.

2 Forschung und Technik in der Antike

Ein schwerer Hemmschuh der antiken naturwissenschaftlich-technischen Forschung war zunächst der Mangel an exakten Messinstrumenten, wie sie für jedes Experiment nötig sind und z. B. von Francis Bacon zwingend gefordert wurden; da man z. B. kurze Zeitintervalle nicht messen konnte, fehlte es auch an Fortschritten im Studium der Bewegung. Das theoretische technische Wissen der Griechen ist zugleich das des gesamten Mittelmeerraums inklusive des Römischen Reiches bis zu seinem Untergang, da „der beträchtliche Beitrag der Römer zur Entwicklung der Technik nahezu ganz im Bereich der praktischen Anwendung lag“ (Landels). Dass es kaum zielgerichtete und gleichsam im Forschungsbetrieb verankerte Applikation theoretischen Wissens auf die Praxis, auf die *particularia* gab, liegt, so Landels, zu einem guten Teil in einem Wesenszug des griechischen Denkens verankert, einer Präferenz für das Stabile und Ruhige und der Abneigung gegen Veränderung und Bewegung; besonders gut greifbar ist das in Platons „zwei Welten“ (s. o.), der raum-zeitlichen, der *génesis* und *phthorá,* Entstehen und Vergehen, unterworfenen Welt der sinnlichen Wahrnehmung einerseits, andererseits der unveränderlichen, ewigen, wahren Welt des Geistes, des Reiches der Ideen.

Platon mahnt die Philosophen zur Abkehr von der gegenständlichen Welt; das

„Reine“ sei die Welt des theoretischen Wissens, das „Mechanische“ und „Praktische“ nennt der Grieche „banausisch“ (*bánausos* – handwerksmäßig, mechanisch). „Platons Bewunderer sehen darin die aufrechte und logische Schlussfolgerung aus seiner Theorie der Formen und seiner Erkenntnistheorie. Seine Feinde hielten es für die aufgeblasene Geringschätzigkeit eines Aristokraten und unabhängigen Mannes für jene seiner Zeitgenossen, die sich ihr ganzes Leben mit gegenständlichen Dingen beschäftigen mussten und für ihren Lebensunterhalt arbeiteten.“ (Landels).

Ungeachtet dessen erscheint nach Russell die überragende Bedeutung der Griechen in Mathematik und Astronomie deutlicher als irgendwo sonst. In der Geometrie z. B. haben die Griechen einiges von den Babyloniern und Ägyptern übernommen, doch „die Kunst des mathematischen Beweises ist nahezu vollständig griechischen Ursprungs“. Von Euklid, der um 300 v. Chr. in Alexandria lebte, das in hellenistischer Zeit, einer Blütezeit der empirischen und technischen Wissenschaften, ein wichtiges Forschungszentrum war, schreibt Russell, dass jener

> was still, when I was young, the sole acknowledged text-book of geometry for boys [...]. Euclid's *Elements* is certainly one of the greatest books ever written, and one of the most perfect moments of the Greek intellect. It has, of course, the typical Greek limitations: the method is purely deductive.

3 Astronomie

Was die Astronomie angeht, sollte nicht unerwähnt bleiben, dass die Griechen nicht nur wussten, dass die Erde eine Kugelgestalt hat, dass Eratosthenes von Kyrene im 3. Jh. v. Chr. eine nahezu korrekte Messung des Erdumfangs durchführte und dass schließlich nach der Auskunft des Aristoteles in seiner Schrift *Über den Himmel* Pythagoras die Theorie des heliozentrischen Weltsystems vertrat und Aristarch von Samos im 3. Jh. v. Chr. die komplette kopernikanische Erkenntnis als Hypothese vorausnahm, was übrigens die Pioniere der neuzeitlichen Astronomie, Kopernikus und Kepler, ausdrücklich erwähnen.

In seiner *Praefatio* zu seinem großen Werk *De revolutionibus orbium caelestium* schreibt Kopernikus 1543, wobei er als Quelle seiner Kenntnis u. a. Cicero angibt:

> Hanc igitur incertitudinem mathematicarum traditionum de colligendis motibus sphaerarum orbis cum diu mecum revolverem, coepit me taedere, quod nulla certior ratio motuum machinae mundi, qui propter nos ab optimo et regularissimo omnium opifice conditus esset, philosophis constaret. [...]. Quare hanc mihi operam sumpsi, ut omnium philosophorum, quos habere possem, libros relegerem indagaturus, anne ullus umquam opinatus esset alios esse motus sphaerarum mundi quam illi ponerent, qui in scholis mathemata profiterentur. Ac reperi quidem apud Ciceronem primum Nicetum sensisse terram moveri. Postea et apud Plutarchum inveni quosdam alios in ea fuisse opinione.

Z. 7 **mathemata** – griechisch: mathematische Wissenschaften, auch Astronomie
7 **profiterentur** – *profiteri* hat hier die Bedeutung „lehren"; daher unser Begriff „Professor"
7 **reperi** – häufiger mit synkopierter Reduplikation: *repperi,* von *reperire*

Kepler in seiner *Astronomia nova* von 1609:

Sic igitur habeat lector, duas esse Astronomorum sectas: alteram coryphaeo Ptolemaeo et [...] plurimum allegatione Veterum insignem; alteram recentioribus tributam, licet sit antiquissima. [...]. Atque haec secta rursum subdividitur; causam enim, quae Planetas efficit videri stationarios retrogradosque, Copernicus cum antiquissimo Aristarcho transscribit translationi Telluris, domicilii nostri; quibus et ego subscribo.

Z. 1f. **Ptolemaeo** – Klaudios Ptolemaios lebte im 2. Jh. n. Chr. in Alexandria, herausragend in Astronomie, Mathematik und Geographie; nach ihm ist das in der Antike gängige Weltbild benannt, das geozentrische „ptolemäische Weltsystem"; das neuzeitliche heliozentrische nennt man ja das „kopernikanische Weltsystem".
2 **allegatione** – hier etwa: das Behaupten und Vertreten einer Sache
3 **licet** – mag auch
4 **Planetas** – ein griechisches Wort: die *Umherirrenden,* Gegensatz: Fixsterne, in unserem Text *stationarios*
6 **subscribo** – „unterschreiben" im Sinne von „beipflichten", „sich anschließen"

4 Archimedes und Cicero

In der hellenistischen Zeit kam es zu einer einzelwissenschaftlichen Separierung vieler Disziplinen aus der allgemeinen Philosophie, eine Entwicklung, die bereits im Werk des Aristoteles vorgezeichnet ist und sich besonders im Peripatos, der von ihm gegründeten Schule, manifestierte. Die hellenistische Zeit war die Zeit der Fachwissenschaften und der empirischen Forschung auf den Gebieten Astronomie, Optik, Geographie, Botanik, Pharmakologie, Medizin usw..

Einer der bedeutendsten Köpfe dieser Zeit und einer der größten Physiker und Mathematiker der Weltgeschichte, der es verdient, in eine Reihe mit Newton, Gauss und Einstein gestellt zu werden (Knorr), war Archimedes. „Die von ihm konstruierten Maschinen und physikalischen Apparate galten seinen Zeitgenossen als Wunder der Technik" (Böker). Zwischen diesem Archimedes und Cicero kam es im Jahre 75 v. Chr. sozusagen zu einer indirekten Begegnung. Vor den Toren von Syrakus – einer Stadt auf Sizilien, wo Cicero ja in diesem Jahr Quästor war – fand Cicero das lange verschollene Grab des Archimedes, der während der Einnahme seiner Heimatstadt im Jahre 212 (während des 2. Punischen Krieges) von einem römischen Soldaten erschlagen worden war. „The Roman soldier, who killed Archimedes, was a symbol of the death of original thought that Rome caused throughout the Hellenic World." (Russell)

Mit Archimedes und Cicero „begegnen“ sich hier Exponenten zweier die europäische Kultur- und Geistesgeschichte prägender Wissenschafts- und Bildungskonzeptionen; der Eine steht für die „moderne“, auf die Neuzeit vorausweisende, mathematisch-naturwissenschaftlich geprägte Wissenschaft und Technik, der Andere ist der Prototyp des Verfechters eines „humanistischen“, sprachlich-literarisch ausgerichteten Bildungskonzeptes und Menschenbildes.

Bevor Cicero von der „Auffindung des Grabes“ berichtet, soll uns Valerius Maximus (1. Jh. n. Chr.), der Verfasser einer zur „Gebrauchsliteratur“ zählenden *exempla*-Sammlung, die Person des Archimedes etwas näher bringen. Der Autor überliefert uns die Umstände des Todes des Denkers, der als *exemplum* für Eifer und Fleiß präsentiert wird:

Archimedis quoque fructuosam industriam fuisse dicerem, nisi eadem illi et dedisset vitam et abstulisset: captis enim Syracusis Marcellus etsi machinationibus eius multum ac diu victoriam suam inhibitam senserat, eximia tamen hominis prudentia delectatus, ut capiti illius parceretur, edixit, paene tantum gloriae in Archimede servato quantum in oppressis Syracusis reponens. At is, dum animo et oculis in terra defixis formas describit, militi, qui praedandi gratia domum inruperat strictoque super caput gladio, quisnam esset, interrogabat, propter nimiam cupiditatem investigandi quod requirebat, nomen suum indicare non potuit, sed protecto manibus pulvere „noli“ inquit „obsecro istum disturbare“, ac perinde quasi neglegens imperii victoris obtruncatus sanguine suo artis suae liniamenta confudit. Quo accidit, ut propter idem studium modo donaretur vita, modo spoliaretur.

Z. 2 **Marcellus** – der römische Feldherr, der die Belagerung von Syrakus leitete
2 **machinationibus** – Archimedes hatte für die Verteidigung seiner Heimatstadt gegen die Römer verschiedene, äußerst effiziente Kriegsmaschinen entwickelt und dadurch die Eroberung der Stadt enorm hinausgezögert.
4 **delectatus** – participium coniunctum zu Marcellus, ebenso wie weiter unten (Z. 5) *reponens*
6/9 **in terra / pulvere** – eine mit feinem grünen Glasstaub bestreute Platte diente als Skizzenblock, ein Stab *(radius)* als „Stift“.
6 **formas** – geometrische Figuren
6 **gratia** – wie *causa* als „Postposition“ hinter einem Genitiv, besonders einem Gerundium: „um zu“;
6 **praedandi** – *praedari*: Beute machen
7 **stricto gladio** – ablativus absolutus, wie *protecto pulvere* in Z. 9
9 **noli istum disturbare** – aufgrund dieser Szene heute noch unsere Redensart: „störe meine Kreise nicht!“
10 **neglegens** – hiervon ist der genitivus obiectivus *imperii* abhängig
10 **perinde quasi** – so als ob

5 Cicero findet das Grab des Archimedes

Voller Stolz berichtet Cicero in seinen *Gesprächen in Tusculum* (V, 64 ff.) von seiner Entdeckung des Grabes des Archimedes; nachdem Cicero über den Tyrann Dionysios von Syrakus gesprochen hat, kommt er auf einen wirklich bedeutenden Bürger der Stadt zu sprechen:

Non ego iam cum huius vita, qua taetrius, miserius, detestabilius excogitare nihil possum, Platonis aut Archytae vitam comparabo, doctorum hominum et plane sapientium: ex eadem urbe humilem homunculum a pulvere et radio excitabo, qui multis annis post fuit, Archimedem, cuius ego quaestor ignoratum ab Syracusanis, cum esse id omnino negarent, saeptum undique et vestitum vepribus et dumetis indagavi sepulcrum. Tenebam enim quosdam senariolos, quos in eius monumento esse inscriptos acceperam, qui declarabant in summo sepulcro sphaeram esse positam cum cylindro. Ego autem cum omnia conlustrarem oculis – est enim ad portas Agragantinas magna frequentia sepulcrorum –, animum adverti columellam non multum e dumis eminentem, in qua inerat sphaerae figura et cylindri. Atque ego statim Syracusanis – erant autem principes mecum – dixi me illud ipsum arbitrari esse, quod quaererem. Inmissi cum falcibus multi purgarunt et aperuerunt locum. Quo cum patefactus esset aditus, ad adversam basim accessimus. Apparebat epigramma exesis posterioribus partibus versiculorum dimidiatum fere. Ita nobilissima Graeciae civitas, quondam vero etiam doctissima, sui civis unius acutissimi monumentum ignorasset, nisi ab homine Arpinate didicisset.

Z. 1 **iam** – bedeutet nicht nur „schon“, sondern z. B. auch: „nun“

1 **qua** – ablativus comparationis

2 **Archytae** – Archytas von Tarent in Süditalien, berühmter Mathematiker, Harmoniker und Mechaniker des 4. Jhs.; ihm wird z. B. die Konstruktion einer automatisch fliegenden Taube zugeschrieben.

3 **humilem homunculum** – man beachte die Assonanzen, z. B. die Alliteration, die Diminutivbildung *homunculum* (zu *homo*) unterstreicht den semantischen Wert von *humilis*

3 **a pulvere et radio** – zu den „mathematischen Arbeitsinstrumenten“ vgl. den vorangehenden Text von Valerius Maximus

4 **quaestor** – Prädikativum: als Quästor

4 **ignoratum** – weitgespanntes Hyperbaton von *ignoratum* über *saeptum* zum Bezugssubstantiv *sepulcrum* (in Z. 6); syntaktisch ein participium coniunctum

5 **esse** – hier als *verbum substantivum* gebraucht, d. h. als „Vollverb“ im Sinne von „existieren, vorhanden sein“

6 **senariolos** – Diminutiv zu *senarius*, eine Versform aus 6 metrischen Elementen (*seni* – je 6)

6 f. **quos esse inscriptos acceperam** – relativische Verschränkung des ACI

7 **monumento** – hier: Grabmal

7 **in summo** – hier etwa: ganz oben auf, sog. partitiver Gebrauch von Adjektiven

8 **sphaeram / cylindro** – als: „Insignien“ eines Mathematikers, natürlich griechische Wörter: *sphaíra* – Kugel (vgl. Hemisphäre – Halbkugel), *kýlindros* – Walze, Zylinder. Gemäß Plutarch war es der letzte Wille des Archimedes, man möge an seinem Grabmal die Darstellung einer Kugel und eines sie passgenau umfassenden Zylinders anbringen: Archimedes hatte nämlich die Proportionsformel ermittelt, die das Volumenverhältnis zwischen Zylinder und Kugel angibt, nämlich 3 : 2. Seine Schrift zu diesem Thema trägt den Titel *Perí sphaíras kaí kylíndru – Über Kugel und Zylinder.*

9 **Agragantinas** – Adjektiv zu Agrigent, bedeutende Stadt auf Sizilien

9 f. **animum adverti** – wird oft zum Kompositum: *animadvertere,* eigentlich ja: die Aufmerksamkeit hinwenden

12 f. **purgarunt** – Kurzform / Nebenform für *purgaverunt*

13 **quo** – relativischer Anschluss: dorthin

13 **basim** – ans Griechische angelehnter Akkusativ zu *basis*

14 **epigramma** – Aufschrift, griechisches Wort, dessen grammatisches Geschlecht *neutrum* ist, daher kongruent mit *dimidiatum,* etwa: zur Hälfte erhalten

14 **exesis** – PPP zu *exedere*: verzehren, zerfressen, hier im Sinne von: durch den „Zahn der Zeit“ unlesbar geworden

14 **versiculorum** – Cicero gebraucht in diesem Text einige Diminutivbildungen, was das mit *humilem homunculum* (Z. 3) angeschlagene Grundthema sprachlich fortsetzt.

16 **ignorasset** – Kurzform / Nebenform zu *ignoravisset,* syntaktisch Teil eines irrealen Satzgefüges

16 **Arpinate** – Ablativ zu *Arpinas*: Mann aus Arpinum; Cicero kokettiert hier ein wenig mit der Antithese zwischen der „Weltstadt“ Syrakus und seinem ansonsten unbedeutenden Heimatort, dem Landstädtchen Arpinum.

XI Die Banden des Clodius und Milo. Cicero verteidigt Milo

Gegen Ende der ersten Phase seiner philosophischen Schriftstellerei finden wir Cicero wieder in die Tagespolitik involviert. Im Jahre 52 regiert in Rom – wie schon etwa 58 – das Chaos. Es ist ein innenpolitisches Umbruchjahr; jetzt werden durch legislatorische Bemühungen, Caesar „auszumanövrieren", die Weichen gestellt für eine Entwicklung, die im Bürgerkrieg zwischen Caesar, der sich noch als Prokonsul in Gallien aufhält und enorme militärische Macht akkumuliert hat, und den Republikanern unter Pompeius mündet. Auch privat haben sich Caesar und Pompeius mittlerweile auseinandergelebt.

Die grundlegende soziale Dichotomie, die Patrizier auf der einen, die Plebejer auf der anderen Seite, schlägt sich auf Politikerseite nieder in den Gruppierungen der Optimaten bzw. der Popularen („Volksfreundliche"); gleichsam der verlängerte Arm nach unten, „auf die Straße", sind in dieser Zeit zwei rivalisierende Banden, die für Anarchie in Rom sorgen. Die Ursache für die üblen Zustände waren nach Gelzer, dass „die Großstadt Rom einer Polizei ermangelte. Die Amtsdiener der Magistrate reichten dazu nicht aus"; damals wurden ja mit Appians Worten die Ämter „mit Bestechung, Steinen und Schwertern" vergeben. Die „Plebejer-Bande" wurde geführt von Clodius, einer ganz windigen Figur, Todfeind Ciceros, wie oben bereits erwähnt wurde; er war zwar als Adliger geboren, ließ sich aber zum Plebejer zurückstufen, änderte dabei auch seinen Namen: aus *Claudius* wurde das plebejische *Clodius* – übrigens ein schönes Beispiel für sprachlichen Vulgarismus. Die „Patrizier-Bande" führte Milo, der *Ciceronis erat amicissimus,* wie ein antiker Kommentator schreibt.

In der Nähe von Rom kommt es nun zu einem Handgemenge, während dessen Clodius den Tod findet. Milo wird angeklagt, er habe Clodius ermordet; Cicero übernimmt die Verteidigung. Die Umstände des Prozesses und ihre Wirkung auf Cicero werfen ein klares Licht auf die Psyche dieses sensiblen Mannes des Wortes und der Wissenschaft inmitten der raubeinigen römischen Männerwelt. Um Unruhen während des Prozesses zu vermeiden, lässt Pompeius, der von der Senatspartei als neuer starker Mann *(consul sine collega)* gegen Caesar in Position gebracht wird, in der Nacht vor dem Prozess das Gericht von Soldaten umstellen. Da Milo offenbar die Sensibilität seines Anwalts kennt, empfiehlt er ihm, sich in einer geschlossenen Sänfte ins Gericht tragen zu lassen und erst dann hervorzukommen, wenn das Gericht sich gefüllt habe. Auch während anderer Reden zeigt Cicero laut Plutarch des öfteren Nerven und zittert; als er nun im Milo-Prozess aus der Sänfte hervorgekommen sei und die Lokalität ringsum vor Waffen strotzen gesehen habe, habe er vor Verwirrung kaum Worte gefunden, er habe geschwankt und gezittert.

Cicero war also nicht in der Lage, seine vorbereitete Rede zu halten, sprach nur knapp und unbeholfen und trat ab. Diese Form von Sensibilität musste sich erst recht in einer Kriegssituation zeigen: als vier Jahre nach dem Milo-Prozess in der großen Bürgerkriegsschlacht von Pharsalos (48) der Feldherr Pompeius bereits geflohen war und man einen neuen Feldherrn brauchte, wurde die Position Cicero, der an der eigentlichen Schlacht wegen „Unpässlichkeit" (Plutarch) nicht teilgenommen hatte, als einem gewesenen Konsul angetragen; dieser lehnte aus den bekannten Gründen ab, woraufhin man ihn als Verräter bezeichnete, die Schwerter gegen ihn zückte und ihn beinahe aus Empörung getötet hätte.

Unter den oben genannten Voraussetzungen konnte die Milo-Rede nicht zum Erfolg führen; Ciceros Auftritt wurde zum größten Misserfolg seiner Karriere als Redner. Milo ging nach seiner Verurteilung ins Exil nach Massilia (Marseille), wohin ihm Cicero eine perfekt überarbeitete Verteidigungsrede übersandte, eben die uns erhaltene „Milo-Rede", woraufhin Milo nur mit Galgenhumor kontern konnte: „Glücklicherweise hast du vor Gericht nicht so überzeugend geredet; denn sonst hätte ich jetzt nicht die Möglichkeit, in Massilia so gute Seebarben zu essen." Bezeichnend ist, dass diese „letzte Rede der freien res publica" (Büchner) bereits in einem waffenstarrenden Umfeld unter dem Vorzeichen der Gewalt steht. Der Angeklagte Milo wird im folgenden Textabschnitt (92 f.) als patriotischer „Unschuldsengel" gezeichnet. Der Textabschnitt ist dem Schlussappell, der *peroratio,* entnommen; schulmäßig greift Cicero daher zu Mitteln der Pathossteigerung; hier entscheidet er sich für die *sermocinatio:* er fingiert eine Ansprache Milos, die dessen selbstlose Vaterlandsliebe dokumentieren soll und ihn als nationalen Helden erscheinen lässt, der sich für das Vaterland aufopfert. Die Ruhe und Gelassenheit Milos, sein positives Psychogramm *(ethopoiía),* rückt ihn dabei in die Nähe des stoischen *sophós,* des Weisen.

Sed iam satis multa de causa, extra causam etiam nimis fortasse multa. Quid restat, nisi ut orem obtesterque vos, iudices, ut eam misericordiam tribuatis fortissimo viro, quam ipse non implorat, ego etiam repugnante hoc et imploro et exposco? Nolite, si in nostro omnium fletu nullam lacrimam aspexistis Milonis, si voltum semper eundem, si vocem, si orationem stabilem ac non mutatam videtis, hoc minus ei parcere: haud scio, an multo etiam sit adiuvandus magis. Etenim si in gladiatoriis pugnis et in infimi generis hominum condicione atque fortuna timidos et supplices et, ut vivere liceat, obsecrantes etiam odisse solemus, fortes et animosos et se acriter ipsos morti offerentes servari cupimus, eorumque nos magis miseret, qui nostram misericordiam non requirunt quam qui illam efflagitant, quanto hoc magis in fortissimis civibus facere debemus! Me quidem, iudices, exanimant et interimunt hae voces Milonis, quas audio adsidue et quibus intersum cotidie. „Valeant", inquit, „valeant cives mei; sint incolumes, sint florentes, sint beati; stet haec urbs praeclara mihique patria carissima, quoquo modo erit merita de me; tranquilla re publica mei cives, quoniam mihi cum illis non licet, sine me ipsi, sed propter me tamen perfruantur. Ego cedam atque abibo."

In diesem Redeabschnitt zieht Cicero alle Register seiner rhetorischen Technik; schreibt doch Asconius Pedianus, ein bedeutender antiker Kommentator der Reden Ciceros, zu

Pro Milone: scripsit vero hanc, quam legimus, ita perfecte, ut iure prima haberi possit. Daher soll hier die sprachliche Gestaltung ein wenig genauer betrachtet werden.
Schon im ersten Satz sind vier rhetorische Mittel festzuhalten: Ellipse, d. h. das Prädikat ist zu ergänzen, z. B. *dixi* oder *dicta sunt*; Antithese *de causa / extra causam*; Asyndeton, d. h. die beiden Teilsätze sind nicht mit Bindewort verbunden; Chiasmus *multa de causa / extra causam multa.*
Der folgende Satz ist als rhetorische Frage formuliert. In Z. 4/5 sind die Anaphern *si/ si/ si* zu beachten. Die Wiederholung des Wortes *valeant* am Satzanfang in Z. 13 nennt man in der Fachsprache *anadiplosis* oder lateinisch: *geminatio* („Verdopplung"); bei der *geminatio* folgen die Wörter entweder unmittelbar aufeinander, oder – wie hier – ein Wort wird zwischengeschaltet; ein anderer Name für dieses Stilmittel ist *Epanalepse*, was wörtlich übersetzt nichts anderes heißt als: „Wiederaufnahme"; Anaphern in Z. 13 f.: *sint/ sint/ sint.* Z. 15 f. Antithese *cum illis / sine me*, Parallelismus *sine me / propter me.* Das rhetorisch-stilistische Glanzstück dieses Redeabschnittes jedoch ist die abgezirkelte Periode Z. 6–11. Ein Satzmodell nach der sog. Schachtelmethode bzw. Einrückmethode kann helfen, die auf den ersten Blick vielleicht nicht zu erkennende Raffinesse zu verdeutlichen:
Nebensatz:
A Etenim si in gladiatoriis pugnis et in infimi generis hominum condicione atque fortuna timidos et supplices et,
ut vivere liceat,
obsecrantes etiam odisse solemus,
B fortes et animosos et se acriter ipsos morti offerentes servari cupimus,
C eorumque nos magis miseret,
qui nostram misericordiam non requirunt
quam qui illam efflagitant,
Hauptsatz:
quanto hoc magis in fortissimis civibus facere debemus!
Wirkung: Die im dreistufigen Nebensatzbereich aufgebaute Spannung entlädt sich am Ende im knappen Hauptsatz. Gestaltung: Wie auf Anhieb sichtbar wird, dominiert in der Gliederung der einzelnen Teile die auch in der Rhetorik magische Zahl 3 (vgl. Trikolon): *veni, vidi, vici;* Freiheit, Gleichheit, Brüderlichkeit. Zu allererst: die 3 Blöcke des Nebensatzbereiches (A, B, C):
Teil A hat 3 Objekte, Teil B hat 3 Subjektsakkusative, sowohl in A als auch in B hält sich Cicero an das schon mehrfach erwähnte „Gesetz der wachsenden Glieder", in A: 1. *timidos*, 2. *supplices, 3. ut vivere liceat obsecrantes*, in B: 1. *fortes*, 2. *animosos*, 3. *se acriter ipsos morti offerentes*, A und B weisen also eine parallele Grundstruktur auf, wobei jeweils gegen Ende die Partizipien durch dieselbe Endung auch lautlich korrespondieren (Homoioteleuton); auch C gliedert sich in 3 Einzelteile, wobei der zweite und dritte Teil, den ganzen Nebensatzbereich abrundend, die Teile B und A chiastisch wieder aufgreifen.

Z. 1 **multa** – substantiviert (Pl./ n.); über die Ellipse des Prädikates wurde oben bereits geredet.
3 **repugnante hoc** – ablativus absolutus
3 **et ... et** – sowohl ... als auch
5 **voltum** – Archaismus für *vultum*
6 **hoc** – abl. mensurae
6 **ei parcere** – *parcere* regiert den Dativ.

7 **infimi generis hominum condicione** – ein guter Anlass, um vor der Wort-für-Wort-Methode zu warnen: wie so oft stehen auch hier die Wortfolge im Satz und die syntaktische Dependenz in einem gegenläufigen Verhältnis zueinander; die präpositionale Verbindung *in … condicione* steht in Hyperbaton-Stellung, die Genitivattribute in dieser „Klammer"; die Dependenzstruktur verläuft dabei „von rechts nach links": von *condicione* abhängig das Genitivattribut *hominum,* von *hominum* das Genitivattribut *infimi generis,* semantisch ein genitivus qualitatis.

9 f. **eorum nos miseret** – nach unpersönlichen Ausdrücken des Affektes steht die Person ja im Akkusativ, die „Sache" im Genitiv.

11 **quanto** – abl. mensurae

13 f. **valeant / sint** – Konj. Präs. im Hauptsatz zum Ausdruck des Wunsches, ebenso wie in den folgenden Sätzen *stet* und *perfruantur.*

14 **quoquo** – Indefinitpronomen *(quisquis)*

14 f. **erit merita** – Fut. II des Deponens *mereri* (nicht Subst.), bezogen auf *patria*

15 **tranquilla re publica** – Ablativobjekt zu *perfruantur*

XII Der „zweite Bürgerkrieg"

1 Prokonsulat in Kilikien

Eine wesentliche Ursache für den Ausbruch des Bürgerkrieges im Jahre 49 ist folgende:

Nach seinem Konsulat im Jahre 59, während dessen er sich einige Gesetzesverstöße in seiner Amtsführung hatte zuschulden kommen lassen, befand sich Caesar als Prokonsul in Gallien. Ihm war unbedingt daran gelegen, nach Ablauf seines Prokonsulats, dessen Laufzeit ja – wie oben dargelegt (VIII 4) – per Triumviratsbeschluss außerordentlich ausgeweitet worden war (2 mal 5 Jahre, nach Anderen 2 mal 4 Jahre), in einem nahtlosen Ämterwechsel ein zweites Konsulat anzutreten, um seine Immunität zu behalten, die er brauchte, da er gerichtliche Verfolgungen seitens seiner politischen Gegner zu befürchten hatte. Diesen nahtlosen Übergang wollten ihm, dessen Machtzuwachs durch seinen Aufenthalt in Gallien (vgl. Caesar, *De bello Gallico*) Viele als immer bedrohlicher empfanden, seine Gegner unter allen Umständen unmöglich machen. Sie waren nicht gewillt, ihm eine Bewerbung in Abwesenheit zu gestatten; das nach einer Gesetzesnovelle des Pompeius wieder notwendige persönliche Erscheinen eines Bewerbers in Rom würde aber die Entlassung seines Heeres voraussetzen. Ein gegen Caesar gemünztes Gesetz aus dem Jahre 52, das eine solche Immunitätslücke aufreißen sollte, beinhaltete, dass künftig ein Konsul nicht vor Ablauf einer Frist von 5 Jahren ein Prokonsulat erhalten dürfe; das Kalkül war: auch wenn Caesar erneut Konsul werden sollte, könnte er also erstens nicht mehr, wie früher üblich, unmittelbar nach dem Konsulat seine Immunität per Prokonsulat verlängern; vorrangig aber dachten die Initiatoren dieses Anti-Caesar-Gesetzes zeitnah: nach der neuen Rechtslage könnte früher ein Nachfolger für Caesar als Statthalter nach Gallien geschickt werden, Caesar könnte eine Vakanzzeit bis zur Einsetzung eines Nachfolgers nicht mehr, wie früher üblich, nach Gewohnheitsrecht füllen; die von ihm gefürchtete Immunitätslücke wäre damit gegeben. Caesar selbst spricht von *iactura honoris.*

Doch zurück zu Cicero; das neue Gesetz betraf auch ihn: Er, der Konsul von 63, erfüllte damit die neuen Gesetzesbedingungen und wurde jetzt – für zwölf Monate, die sich auf die Jahre 51/50 verteilten – als Prokonsul nach Kilikien „weggelobt", was ihm gar nicht behagte. Die Provinz Kilikien, auch das „raue" oder „bergige" genannt, lag an der Südküste der heutigen Türkei; lange war es lediglich als Rückzugsort der Piraten bekannt und berüchtigt gewesen, bis Pompeius die Seeräuberplage beseitigte (s. o.); in Kilikien sah Cicero lediglich eine provinzielle *outstation*, die zu eng sei für die Entfaltung seiner Persönlichkeit *(non satis magnum campum)*. Im folgenden Briefauszug klagt er seinem Freund Atticus sein Leid und bittet ihn eindringlich, in Rom dahingehend seine Beziehungen spielen zu lassen, dass sein Prokonsulat bloß nicht verlängert werde *(prorogatio)*. *Ad Att.* V, 15:

Sed est incredibile, quam me negotii taedeat, non habeat satis magnum campum ille tibi non ignotus cursus animi et industriae meae, praeclara opera cesset; [...] lucem, forum, urbem, domum, vos desidero. Sed feram, ut potero, sit modo annuum: si prorogatur, actum est; verum perfacile resisti potest, tu modo Romae sis. [...].
Clitellae bovi sunt impositae: plane non est nostrum onus; sed feremus, modo sit annuum: si me amas, adsis tu ad tempus, ut senatum totum excites. Mirifice sollicitus sum, quod iam diu ignota sunt mihi ista omnia; quare, ut ad te ante scripsi, cum cetera, tum res publica cura ut mihi nota sit.

Z. 1 f. **quam me negotii taedeat, ... habeat ..., ... cesset** – indirekte Fragesätze; nach unpersönlichen Ausdrücken des Affekts *(taedeat)* steht die Person im Akkusativ, die Sache im Genitiv.

1 f. **magnum campum** – Metapher, *non ignotus:* das beliebte Stilmittel „Litotes", eigentlich „Bescheidenheit"; Zweck: Hervorhebung einer Sache durch Negation des Gegenteils, im Englischen sagt man dafür *understatement: not bad!*

3 **modo** – hier Adverb: nur

3 f. **annuum** – hier: ein Jahr dauernd, auf ein Jahr begrenzt; die Annuität war neben der Kollegialität ein Grundprinzip des römischen Ämterwesens.

4 **prorogatur** – Die Verlängerung eines Amtes heißt *prorogatio.*

4 **actum est** – im Sinne von: es ist (um mich) geschehen

6 **clitellae bovi ... impositae** – „dem Ochsen einen Packsattel auflegen" gebrauchte man sprichwörtlich für „jemandem eine Aufgabe zuweisen, für die er nicht geeignet ist".

7 **si me amas** – schönes Beispiel für umgangssprachliche Elemente in Ciceros Briefen; diese Bittformel ist äquivalent mit dem häufigen *amabo te,* das gern parenthetisch gebraucht wird, im Sinne unseres „tu mir den Gefallen!"

9 **cum ... tum** – korrelative Konjunktion: sowohl ... als auch (besonders)

2 Ciceros Unschlüssigkeit im Jahre 49

Nach seiner Rückkehr aus Kilikien hatten sich in Rom die Fronten völlig verhärtet; zunächst soll uns Eutrop einen kurzen Abriss der Ereignisse der Jahre 49 und 48 bieten:

Hinc iam bellum civile successit exsecrandum et lacrimabile, quo praeter calamitates, quae in proeliis acciderunt, etiam populi Romani fortuna mutata est. Caesar enim rediens ex Gallia victor coepit poscere alterum consulatum atque ita, ut sine dubietate aliqua ei deferretur. Contradictum est a Marcello consule, a Bibulo, a Pompeio, a Catone, iussusque dimissis exercitibus ad urbem redire. Propter quam iniuriam ab Arimino, ubi milites congregatos habebat, adversum patriam cum exercitu venit. Consules cum Pompeio senatusque omnis atque universa nobilitas ex urbe fugit et in Graeciam transiit. Ad Epirum, Macedoniam, Achaiam Pompeio duce senatus contra Caesarem bellum paravit.

Z. 1 **exsecrandum** – attributives Gerundivum; *exsecrari* – verfluchen
3 **victor** – Prädikativum: als Sieger / siegreich
5 **iussusque** – Ellipse, ergänze *est*
5 **dimissis exercitibus** – ablativus absolutus
5 **urbem** – natürlich Rom
6 **Arimino** – *Ariminum*, heute Rimini, lag im Grenzgebiet zwischen dem Mutterland und der Provinz *Gallia cisalpina*, dem heutigen Norditalien. Nördlich von Rimini mündet der Fluss *Rubico* in die Adria; Caesar entschloss sich, über diesen Grenzfluss mit seinen Truppen in das Vaterland einzufallen, daher heute noch bei „grenzüberschreitenden“ Entscheidungen die Redewendung: „den Rubikon überschreiten“. Der „Spieler“ Caesar soll bei diesem Anlass gesagt haben: *iacta est alea* – vielleicht sagte er es mit einem griechischen Dichterzitat; jedenfalls beherrschte Caesar wie alle gebildeten Römer natürlich das Griechische; Zweisprachigkeit war ein *must;* Ciceros Briefe z. B. sind gespickt mit griechischen Wörtern, Wendungen und Sätzen.
8 f. **Pompeio duce** – nominaler ablativus absolutus

In der brisanten Gemengelage von „verletzter Ehre“, Argwohn, Eifersüchteleien, Machtkalkül und politischen Grundüberzeugungen versuchte Cicero vor der Eskalation der Ereignisse zu vermitteln; seine allgemeine Diagnose lässt an Klarheit nichts zu wünschen übrig: *De sua potentia dimicant homines hoc tempore periculo civitatis.* So lautete sein Vermittlungsvorschlag, Caesar solle Gallien verlassen, aber einen Teil des Heeres bis zu seinem zweiten – zu erwartenden – Konsulat behalten; diese Initiative scheiterte, der Staatsnotstand wurde ausgerufen (s. c. u.), Caesar ein Ultimatum bezüglich der Entlassung seines Heeres gesetzt, Pompeius mit diktatorischen Vollmachten ausgestattet.

Beide, Pompeius und Caesar, versuchten, Cicero auf ihre Seite zu ziehen. In einem Brief an Atticus gesteht Cicero, in rhetorisierter, griffiger Antithetik: *Ego vero, quem fugiam, habeo, quem sequar, non habeo;* für Pompeius spreche die „gute Sache“, Caesar dagegen habe „den besseren Lauf“, die größere Tatkraft, gegen ihn spreche aber die mangelnde Rechtsbasis und die Gefahr der Tyrannis; zudem schare sich – mit wenigen Ausnahmen – nur der „Abschaum des Romulus“ um Caesar. Ciceros Grundhaltung zur Alternative Krieg oder Frieden ist: *Equidem pacem hortari non desino: Quae vel iniusta utilior est quam iustissimum bellum.*

Der folgende „Werbebrief“ des Pompeius – Cicero selbst bewertet das Schreiben als „nachlässig“ – argumentiert mit den Schlagwörtern *virtus, salus communis, studium rei publicae,* die Argumentationsbasis ist das Gemeinwohl, das darauffolgende Werbeschreiben Caesars mündet über eine „Schmeichelattacke“ im Bekenntnis des Eigeninteresses Caesars: er wolle Cicero „zur Hand haben“ *(uti),* er brauche sein *consilium,* seine *gratia* und *dignitas* und *ops,* vielleicht, so hofft Cicero anfänglich, mit dem Ziel einer Aussöhnung mit Pompeius; jedenfalls kalkuliert Caesar mit Cicero gleichsam als einem Mittel der Prestigesteigerung. Es folgt der „Werbebrief“ des Pompeius (*Ad Att.* VIII, 11):

Tuas litteras libenter legi; recognovi enim tuam pristinam virtutem etiam in salute communi. Consules ad exercitum, quem in Apulia habui, venerunt. Magno opere te hortor pro tuo singulari perpetuoque studio in rem publicam, ut te ad nos conferas, ut communi consilio rei publicae afflictae opem atque auxilium feramus. Censeo, via Appia iter facias et celeriter Brundisium venias.

Z. 2 **Apulia** – Landschaft in Süditalien; hierhin flohen beim Anrücken Caesars die Anhänger der Senatspartei. Von Brundisium aus setzte man nach Griechenland über.
3 f. **te … conferas** – *se conferre:* sich begeben
5 **via Appia / Brundisium** – s. o.: Ciceros Rückkehr aus der Verbannung

„Werbebrief" Caesars (*Ad Att.* IX, 6):

Cum [...] properarem atque essem in itinere praemissis iam legionibus, praeterire tamen non potui, quin et scriberem ad te [...] gratiasque agerem, etsi hoc et feci saepe et saepius mihi facturus videor: ita de me mereris. Imprimis a te peto, quoniam confido me celeriter ad urbem venturum, ut te ibi videam, ut tuo consilio, gratia, dignitate, ope omnium rerum uti possim. Ad propositum revertar: festinationi meae brevitatique litterarum ignosces [...].

Z. 1 **praemissis iam legionibus** – ablativus absolutus
1 **praeterire** – hier etwa: unterlassen
2 **quin** – diesen Nebensatz schlicht als erweiterten Infinitiv übersetzen: zu …
3 **mihi facturus videor** – *sibi videri* bedeutet oft so viel wie: glauben
4 **venturum** – Teil eines ACI, ergänze *esse*

Pompeius, noch „der Große", hatte vor Ausbruch des Krieges falsch kalkuliert, als er sagte: „Wo auch immer in Italien ich mit dem Fuß auf den Boden stampfe, werden Scharen von Legionären und Reitern aus dem Boden sprießen". Wenige Tage, nachdem Caesar mit seinen Truppen, aus Gallien kommend, etwas nördlich von Ariminum (heute Rimini) den Rubikon überquert und gegen Rom zieht, schreibt Cicero am 29. 1. 49 in einem Brief an seinen Freigelassenen Tiro, seinen Sekretär, Freund, zeitweiligen Vermögensverwalter, der übrigens eine eigene Kurzschrift entwickelte *(notae Tironianae),* die noch im 14. Jh. benutzt wurde. *Ad fam.* XVI, 12:

Quo in discrimine versetur salus mea et bonorum omnium atque universae rei publicae, ex eo scire potes, quod domos nostras et patriam ipsam vel diripiendam vel inflammandam reliquimus: in eum locum res deducta est, ut, nisi qui deus vel casus aliquis subvenerit, salvi esse nequeamus. Equidem, ut veni ad urbem, non destiti omnia et sentire et dicere et facere, quae ad concordiam pertinent; sed mirus invaserat furor non solum improbis, sed etiam iis, qui boni habentur, ut pugnare cuperent me clamante nihil esse bello civili miserius.

Itaque, cum Caesar amentia quadam raperetur et oblitus nominis atque honorum suorum Ariminum, Pisaurum, Anconam, Arretium occupavisset, urbem reliquimus: quam sapienter aut quam fortiter, nihil attinet disputari; quo quidem in casu simus, vides. Feruntur omnino condiciones ab illo, ut Pompeius eat in Hispaniam [...].

Z. 1 **discrimine** – *discrimen* hier wie oft: Gefahr (im Sinne von: auf Messers Schneide)
1 **versetur** – Konjunktiv, da indirekter Fragesatz
2f. **diripiendam / inflammandam** – prädikatives Gerundivum, etwa: zum Plündern ...
3 **qui** – Indefinitpronomen, da enklitisch hinter dem „Stützwort“ *nisi.*
4 **casus aliquis** – nicht nach der Regel der verkürzenden Schulgrammatik; das adjektivische Indefinitpronomen lautet ja dort: *aliqui*
5 **concordiam** – *concordia ordinum / concordia omnium bonorum* sind bei Cicero geradezu politische Programmbegriffe in seinem Bestreben, die alte *res publica* zu bewahren, s. o. *Pro Sestio*
6 **qui boni habentur** – doppelter Nominativ (gehalten werden für ...)
7 **me clamante** – ablativus absolutus, davon abhängig der ACI
7 **bello civili** – abl. comparationis
8 **nominis** – Verben wie *meminisse / oblivisci* stehen mit Genitiv.
11 **illo** – Caesar; *Hispaniam:* Caesar hatte gefordert, Pompeius solle sich in seine Provinz Spanien zurückziehen.

Ciceros Unschlüssigkeit zu Beginn dieses Bürgerkrieges zeigt besonders deutlich ein Brief aus dem Februar 49 an seinen Freund Atticus (VIII, 3):

Maximis et miserrimis rebus perturbatus, cum coram tecum mihi potestas deliberandi non esset, uti tamen tuo consilio volui; deliberatio autem omnis haec est, si Pompeius Italia cedat, quod eum facturum esse suspicor, quid mihi agendum putes, et, quo facilius consilium dare possis, quid in utramque partem mihi in mentem veniat, explicabo brevi.
Cum merita Pompeii summa erga salutem meam familiaritasque, quae mihi cum eo est, tum ipsa rei publicae causa me adducit, ut mihi vel consilium meum cum illius consilio vel fortuna cum eius fortuna coniungenda esse videatur. Accedit illud: si maneo et illum comitatum optimorum et clarissimorum civium desero, cadendum est in unius potestatem; qui etsi multis rebus significat se nobis esse amicum, tamen utrumque considerandum est, et quanta fides ei sit habenda et, si maxime exploratum sit eum nobis amicum fore, sitne viri fortis et boni civis esse in ea urbe, in qua, cum summis honoribus imperiisque usus sit, res maximas gesserit, sacerdotio sit amplissimo praeditus, non sit sui iuris subeundumque periculum sit cum aliqua labe dedecoris, si quando Pompeius rem publicam recuperaverit.

Z. 1 **perturbatus** – participium coniunctum zum Subjekt, das in *volui* steckt
3 **Italia** – ablativus separativus
3 **agendum** – Gerundivum als Prädikatsnomen mit Ellipse von esse im ACI
4 **quo** – entspricht hier *ut eo,* wobei *eo* ein ablativus mensurae ist: damit um so ...

6 f. **cum ... tum** – sowohl ... als auch (besonders)

9 **comitatum** – hier Substantiv, nicht Partizip Perfekt, wenn auch von diesem abgeleitet, also ein sog. deverbatives Substantiv, als solches, wie oft, u-Deklination, vgl.: *motus* von *movere*

10 **unius** – Caesar, der aus dem Norden gegen Rom marschiert

11 f. **et ... sit ... et, ... sitne** – indirekte Fragesätze; *sitne* mit enklitischem *-ne*: ob

12 **sitne viri fortis et boni civis** – genitivus possessivus als Prädikatsnomen, etwa: passt zu einem ...

13 f. **honoribus / imperiis / res maximas / sacerdotio** – Ciceros Leistungen und Verdienste im Staat; *honor* bedeutet nicht nur Ehre, sondern auch Amt, vgl. *cursus honorum* – Ämterlaufbahn, die Cicero bis zum Gipfel durchlaufen hatte; im Sinne von „Ehrung" kann man an die höchste staatliche Auszeichnung in Rom denken, den Ehrentitel *pater patriae*, der deshalb auf Inschriften immer an letzter Stelle als Krönung erscheint, ein Ehrentitel, der Cicero aufgrund der Aufdeckung der catilinarischen Verschwörung verliehen worden war *(res maximas gessi)*; dass ein verliehenes *imperium* immer auch mit einer militärischen Kommandolegitimation verbunden ist, wurde oben bereits gesagt; das steht z. B. einem Konsul oder Prokonsul zu – was Cicero ja beides gewesen war. *Imperator* ist aber auch ein Ehrentitel, den Soldaten ihrem Feldherrn nach besonderen Leistungen sozusagen durch Akklamation verleihen; dies wurde auch Cicero während seines Prokonsulats in Kilikien zuteil, als seine Truppen bei *Issos*, wo schon Alexander der Große eine große Schlacht gewonnen hatte (333), erfolgreich gegen die Parther gekämpft hatten. Deswegen hatte Cicero sich danach sogar Hoffnungen auf einen Triumph gemacht.

sacerdotio – Bezüglich der Göttervorstellungen wurde bereits die antike „3-Schichten-Theorie" referiert: Götter der Dichter, Götter des Staates, Götter (Gott) der Philosophen.

Auf Cicero bezogen zeichnet sich folgendes Bild ab: besonders in seinen Reden präsentiert er sich gerne als frommen Staatsbürger, er gibt einen Glauben an das Walten der Götter vor, an denen er sich in seinem Handeln orientiere. Als aufgeklärter Philosoph wendet er sich gegen jede Form von Aberglaube, was ihn andererseits aber nicht daran hindert, sich im Jahre 53 an Crassus' vakante Stelle, dessen unrühmliches Ende bei den Parthern schon Thema war, in das Auguren-Kollegium wählen zu lassen; er übernahm also ein Priesteramt. Gleichzeitig greift derselbe Cicero das Bonmot Catos (d. Ä.) auf, er wundere sich, dass Auguren, wenn sie sich begegnen, angesichts der Leichtgläubigkeit der Masse nicht ins Grinsen verfallen. Auguren waren nämlich Orakelpraktiker, die nach einem strengen Zeremoniell den Willen der Götter erforschten: der Augur verhüllt seinen Kopf mit der Toga und zeichnet mit seinem sakralen Krummstab *(lituus)*, einer Art Bischofsstab, imaginäre Bezirke in den Himmel, bittet um ein Götterzeichen, welches dann in Form eines Blitzes oder durch Vogelflug erfolgen kann.

Eine ähnliche Ambivalenz können wir bei Caesar festhalten: er war sogar oberster Priester, *pontifex maximus*, wie der Papst heute noch heißt; gleichzeitig war in seinem von Epikur (s. u.) inspirierten Weltbild wohl kein Platz für Götter, was auch ihn nicht daran hindert, etwa im ersten Buch von *De bello Gallico*, als von einer Niederlage eines Feindes die Rede ist, dies als Strafe der *di immortales* zu deuten.

Dass schließlich Crassus, der skrupellose Immobilien- und Finanzmagnat, ein Priesteramt bekleidet, zeigt vollends, dass hier Sittlichkeit und Glaube offenbar überhaupt keine Rolle spielten, es handelte sich um ein reines Politikum.

14 **sui iuris** – selbständig, unabhängig

14f. **subeundumque periculum** – idiomatisch: *periculum subire* – eine Gefahr auf sich nehmen

In großer Sorge um Leib und Leben seiner Familienangehörigen angesichts des Anrückens der Armee Caesars und nachdem die meisten Aristokraten und Anhänger der Senatspartei Rom schon verlassen haben, schreibt Cicero aus seiner Villa in Formiae einen Brief an seine Frau, seine Tochter, seine Mutter und seine Schwester, die sich noch in Rom aufhalten (*Ad fam.* XIV, 18):

Considerandum vobis etiam atque etiam, animae meae, diligenter puto, quid faciatis: Romaene sitis an mecum an aliquo tuto loco. Id non solum meum consilium est, sed etiam vestrum. Mihi veniunt in mentem haec: Romae vos esse tuto posse per Dolabellam, eamque rem posse nobis adiumento esse, si quae vis aut si quae rapinae fieri coeperint. Sed rursus illud me movet, quod video omnes bonos abesse Roma et eos mulieres suas secum habere. [...]. Mihi plane non satis constat adhuc, utrum sit melius. Vos videte, quid aliae faciant isto loco feminae et ne, cum velitis, exire non liceat. [...]. Et velim tabellarios instituatis certos, ut cotidie aliquas a vobis litteras accipiam. Maxime autem date operam, ut valeatis, si nos vultis valere.

Z. 1 **Considerandum** – ergänze *esse*, damit Gerundivum als Prädikatsnomen im ACI; *vobis* ist dativus auctoris

1 **etiam atque etiam** – idiomatisch: immer wieder, nachdrücklich

1 **animae meae** – intime Anrede

2 **Romaene** – Das enklitische *-ne* ist Signal für einen indirekten Fragesatz, *Romae* ist Lokativ.

4 **Dolabellam** – Ciceros Tochter Tullia war dreimal verheiratet, mit Dolabella von 50 bis 46 (Scheidung); er hatte sich zu Beginn dieses Bürgerkrieges auf Caesars Seite geschlagen.

4 **nobis adiumento esse** – doppelter Dativ

4 **quae** – Indefinitpronomen, da enklitisch zu *si*

5 **bonos** – Aristokraten

8 **tabellarios** – Boten; das Versenden von Briefen verlief zumeist über ein privates Netzwerk, das gut organisiert war.

In Ciceros Entscheidungsnot hatte seine politische Überzeugung den Ausschlag gegeben; er entschied sich für die Senatspartei unter der Führung des Pompeius. Nach der Entscheidungsschlacht von Pharsalos (48) in Griechenland (Thessalien), die nicht nur für die *libera res publica* das Ende bedeutete, sondern auch für ihn persönlich ein Desaster war (s. o. Unpässlichkeit während der Schlacht, Vorwurf des Verrats und der Feigheit), begab er sich zurück nach Brundisium (heute Brindisi) an der süditalienischen Adriaküste und erwartete im Jahre 47 in banger Hoffnung auf Begnadigung Caesars Ankunft aus Afrika, wohin dieser den fliehenden Pompeius verfolgt hatte. Nach Caesars Ankunft in Tarent und Weiterfahrt auf dem Landweg in Richtung Brundisium ging Cicero ihm zu Fuß entgegen; als Caesar ihn erblickte, stieg er vom Wagen und begrüßte ihn mit Milde, die er walten ließ, wenn er es sich leisten konnte und es der Image-Steigerung diente *(clementia Caesaris)*; diese *mansuetudo* Caesars entlarvt Cicero in einem Brief aus dem Jahre 49 als *simulatio*. Politisch war Cicero jedenfalls wieder kaltgestellt und begann bald wieder mit seiner philosophischen Schriftstellerei (2. Phase).

3 Caesar als Diktator

Vom Sieg bei Pharsalos (48) bis zu seiner Ermordung (44) transformierte Caesar die Republik in eine absolute Monarchie. Mit seinen gesetzgeberischen Maßnahmen bemühte er sich darum, „das Reich auf eine breitere Grundlage zu stellen als nur Rom und Italien. Es sollte ein Reich werden, in dem die bisherigen schroffen Gegensätze zwischen Italien und den fast rechtlosen Provinzen sich mildern und später sich einmal aufheben sollten“ (Meyer). Anstelle der alten *res publica Romana* trat die Vision eines Reiches mit allgemeinem gleichen Bürgerrecht. Der Wechsel zur Monarchie – mit Caesars „Erben“ Octavian, dem späteren *Augustus* („Erhabener“) beginnt ja die Epoche des römischen Kaiserreiches – wird heute eher positiv bewertet. Der Umbruch führte nach Jehne zu einer „gesteigerten Gewährleistung des Wohlbefindens der Mehrzahl der Reichseinwohner im Vergleich zur damaligen Daseinsform“.

Der Verlust der Freiheit betreffe „eine zwar lautstarke, aber nur sehr kleine Führungsschicht.“

Im *Breviarium* des Eutrop wird Caesar als Tyrann gezeichnet, der seine Tyrannenmörder findet:

Inde Caesar bellis civilibus toto orbe compositis Romam rediit. Agere insolentius coepit et contra consuetudinem Romanae libertatis. Cum ergo et honores ex sua voluntate praestaret, qui a populo antea deferebantur, nec senatui ad se venienti adsurgeret aliaque regia ac paene tyrannica faceret, coniuratum est in eum a sexaginta vel amplius senatoribus equitibusque Romanis. Praecipui fuerunt inter coniuratos duo Bruti ex eo genere Bruti, qui primus Romae consul fuerat et reges expulerat, et C. Cassius et Servilius Casca. Ergo Caesar, cum senatus die inter ceteros venisset ad curiam, tribus et viginti vulneribus confossus est.

Z. 1 **bellis civilibus** – Plural, da auf die erwähnte Schlacht von Pharsalos noch zwei Bürgerkriegsschlachten folgten: die eine im heutigen Tunesien, wo Cato Selbstmord beging, die andere in Spanien, wo Caesar die Söhne des Pompeius ausschaltete.

2 **honores** – hier im Sinne von „Ämter“, *praestare* ist hier annähernd synonym mit dem folgenden *deferre*: übertragen / gewähren.

4 **regia** – wie das semantisch sehr nahestehende *tyrannica* hier substantiviertes Adjektiv

(Pl. / n.); dass *rex* im Lateinischen oft negativ gefärbt ist, wurde schon erwähnt, die Ursache dafür wird in diesem Text angeschnitten: der letzte römische König, Tarquinius Superbus, der tyrannische Anwandlungen zeigte, wurde ca. 510 verjagt: Brutus wurde der erste Konsul der jungen römischen Republik. Fast 5 Jahrhunderte später wurde der Caesarmörder Brutus zur historischen Dublette des frührömischen Brutus stilisiert. Vor Caesars Ermordung wurden in Rom angeblich Statuen des alten Brutus mit – sinngemäß – folgendem Graffito beschriftet: Wo bist Du, Brutus?

4 Schmeichelei gegenüber Caesar

Die folgenden Lebensjahre Ciceros bis zur Ermordung Caesars sind geprägt vom Rückzug in die literarische Tätigkeit; vereinzelt tritt er noch öffentlich als politischer Redner auf, so im Jahre 46 anlässlich der Begnadigung seines alten Freundes Marcellus, eines Pompejaners, der seit dem Ende des Bürgerkriegs auf der Insel Lesbos lebte, durch Caesar. Neben der überschwänglichen Danksagung an Caesar, die stellenweise einer Apotheose gleicht, nutzt Cicero die Rede dafür, im Sinne seines *concordia*-Gedankens Caesar aufzufordern, die Republik wiederherzustellen. Diese Hoffnungen musste er aber bald begraben; *Pro Marcello* 1 ff.:

Diuturni silenti, patres conscripti, quo eram his temporibus usus, non timore aliquo, sed partim dolore, partim verecundia, finem hodiernus dies attulit, idemque initium, quae vellem quaeque sentirem, meo pristino more dicendi. Tantam enim mansuetudinem, tam inusitatam inauditamque clementiam, tantum in summa potestate rerum omnium modum, tam denique incredibilem sapientiam ac paene divinam tacitus praeterire nullo modo possum. M. enim Marcello vobis, patres conscripti, reique publicae reddito non illius solum sed etiam meam vocem et auctoritatem vobis et rei publicae conservatam ac restitutam puto. [...].
Ergo et mihi meae pristinae vitae consuetudinem, C. Caesar, interclusam aperuisti et his omnibus ad bene de re publica sperandum quasi signum aliquod sustulisti. [...].
Nullius tantum flumen est ingenii, nulla dicendi aut scribendi tanta vis tantaque copia, quae non dicam exornare, sed enarrare, C. Caesar, res tuas gestas possit. Tamen hoc adfirmo et pace dicam tua, nullam in his esse laudem ampliorem quam eam, quam hodierno die consecutus es. [...]. Animum vincere, iracundiam cohibere, victo temperare, adversarium nobilitate, ingenio, virtute praestantem non modo extollere iacentem, sed etiam amplificare eius pristinam dignitatem, haec qui faciat, non ego eum cum summis viris comparo, sed simillimum deo iudico.

Den erhofften geschichtlichen Wendepunkt lässt Cicero hier gleich im ersten Satz mit großer rhetorisch-stilistischer Meisterschaft auch sprachlich als solchen erscheinen: Wendepunkt und Spiegelachse ist das Prädikat *attulit*; um dieses für beide Teile der Antithese geltende Prädikat herum stehen – sozusagen in einer Art verkürztem Chiasmus (a, b, / (b) a) – links das Subjekt des ersten Teiles *(hodiernus dies)*, rechts das Subjekt des zweiten *(idemque);* dieser Chiasmus wird fortgesetzt auf der einen Seite mit dem Objekt *finem* und dem davon abhängigen Genitivattribut *silenti*, auf der anderen mit dem Objekt *initium* und dem davon abhängigen Genitivattribut *dicendi*; der Gesamtsatz hat somit folgende Grundstruktur: a – b – c – d, (d') – c' – b' – a'; im Innenbereich der Antithese stehen sich also die Begriffe „Ende" und „Anfang", im Außenbereich die Begriffe „Schweigen" und „Reden" gegenüber; da diese an den exponiertesten Stellen des Satzes stehen, Anfang und Ende, haben sie das größte Gewicht.

Z. 1 **silenti** – für *silentii*

1 **patres conscripti** – Anrede der Senatoren, manchmal, wie gesehen, auch abgekürzt: p.c.

1 **quo** – Ablativobjekt zu *usus eram*

1 **temporibus** – *tempus* bedeutet in einem prägnanten, d.h. „bedeutungsschwangeren" Sinn auch: schwere Zeit, Unglück.

3 **quae vellem ...** – Dieser Relativsatz ist ein expandiertes Objekt zum Gerundium *dicendi* (sagen, was ...)

5 **modum** – hier etwa: Maß, Mäßigung

6 **tacitus** – Prädikativum zum Subjekt, das in *possum* steckt

6f. **Marcello reddito** – ablativus absolutus im Grenzbereich zum ablativus instrumentalis

8 **conservatam / restitutam** – nach Ergänzung von *esse* läge ein schulmäßiger ACI vor, ohne *esse* ein doppelter Akkusativ; diese beiden Konstruktionen sind ja sehr nahe verwandt.

10 **ad ... sperandum** – gehören zusammen (Hyperbaton), die Erweiterungen zum Gerundium stehen in der „Klammer".

10 **signum sustulisti** – ein aus der Militärsprache entlehnter Ausdruck, etwa: eine Signalfahne hissen, hier übertragen: Veranlassung zur Hoffnung geben

13 **quae** – Das Prädikat dieses Relativsatzes, der übrigens wegen des Konjunktivs einen „Nebensinn" hat (konsekutiv), ist *possit*; *non dicam* dient lediglich der Begriffsabschwächung von *exornare* (ich möcht' nicht sagen ...).

14 **pace ... tua** – idiomatisch, etwa: nimm es mir nicht übel

16 **victo temperare** – bei *temperare* ist Vorsicht geboten; je nach Kasusrektion hat es verschiedene Bedeutungen, mit Dativ: schonen. Der Dativ ist ja grundsätzlich der Kasus der begünstigten Person, das verrät schon sein Name: er leitet sich ja ab von *dare* – geben, darbieten.

18f. **simillimum deo iudico** – ergänze *eum* aus dem Satz davor, damit ein doppelter Akkusativ

Ciceros Entschluss, sich angesichts der misslichen Zeitumstände wieder der wissenschaftlich-literarischen Tätigkeit zu widmen, findet einen Niederschlag in einem Brief aus dem Winter 47/46, adressiert an Marcus Terentius Varro, den „ersten Universalgelehrten Roms" (Birt), einen literarisch äußerst vielseitigen Zeitgenossen und Geistesverwandten Ciceros; auch Varro hatte sich im Bürgerkrieg auf die „falsche" Seite, die des Pompeius, geschlagen. Später entkam er nur durch die Fürsprache eines

Freundes den Proskriptionen des Antonius; Cicero hatte da weniger Glück. Seneca nennt Varro später *doctissimus Romanorum.* Neben Cicero hat er wohl am meisten für die Adaption griechischen Denkens und griechischer Wissenschaft in Rom geleistet; besonders hervorzuheben ist sein sprachwissenschaftliches Werk *De lingua Latina*, das er übrigens Cicero widmete. Cicero schrieb diesen Brief in einer seiner Villen, diesmal der in Cumae, in der Nähe von Neapel. *Ad fam.* IX, 1 (Auszug):

Scito enim me, posteaquam in urbem venerim, redisse cum veteribus amicis, id est cum libris nostris, in gratiam; etsi non idcirco eorum usum dimiseram, quod iis suscenserem, sed quod eorum me subpudebat; videbar enim mihi, cum me in res turbulentissimas [...] demisissem, praeceptis illorum non satis paruisse. Ignoscunt mihi, revocant in consuetudinem pristinam teque, quod in eo permanseris, sapientiorem quam me dicunt fuisse.

Z. 1 **scito** – sog. Imperativ II
1 **posteaquam** – entspricht postquam
2 **gratiam** – *in gratiam redire*: sich aussöhnen
3 **subpudebat** – das Präfix *sub-* drückt oft, sowohl bei nominalen als auch bei verbalen Komposita, eine Abschwächung aus: *subdubitare* – ein wenig zweifeln, *subnubilus* – leicht bewölkt
4 **demisissem** – *se demittere in:* sich einlassen auf
5 **consuetudinem** – hier etwa: Umgang mit jemandem

XIII Zweite Phase der philosophischen Schriftstellerei

A Motive und Ziel

1 Ziel: *totam philosophiam pertractare*

Cicero hat sich also mit seinen „alten Freunden", den Büchern, „wieder ausgesöhnt" und will wieder intensiven Umgang mit ihnen pflegen.

In der zweiten Phase (46–44) seiner philosophischen Schriftstellerei, gegen Ende seines Lebens, widmet sich Cicero daher der Aufgabe, *totam philosophiam pertractare*, also der Darstellung der gesamten Philosophie in lateinischer Sprache. Hatte er durch die Werke der ersten Phase, *De oratore, De re publica, De legibus,* die Disziplinen Rhetorik und Staatsphilosophie behandelt, so spannt er jetzt einen thematischen Bogen von Logik, Erkenntnistheorie über Ethik bis zur Theologie. Seine große sprachliche Leistung allein bei der Übertragung der griechischen philosophischen Terminologie streicht ja schon der antike Cicero-Biograph PLUTARCH heraus (s. o.); schon hierdurch gebührt Cicero ein Ehrenplatz in der europäischen Philosophiegeschichte, wenn man bedenkt, in welchem Maße sich die Denker der folgenden Jahrhunderte und Epochen in terminologischer Hinsicht auf ihn stützen. Als Motiv für diese Darstellung der griechischen philosophischen Theorien in lateinischer Sprache nennt Cicero in erster Linie einen nationalen Bildungsauftrag, der sich für ihn aus der erzwungenen politischen Untätigkeit ergibt. Er sieht in dieser literarischen Tätigkeit gleichzeitig auch die Möglichkeit, den tiefen Schmerz und den Kummer zu verarbeiten, den der Tod seiner Tochter Tullia (im Jahre 45) ihm bereitet hat – Schreiben als Therapie.

Was diese Motive für die Inangriffnahme einer so umfassenden Arbeit und das Echo, das sie im gebildeten Rom hervorrief, angeht, sind die Proömien einiger Werke Ciceros aus dieser Schaffensphase sehr instruktiv.

2 Der „Schriftenkatalog"

Zunächst soll ein Textabschnitt aus dem Proömium (1 ff.) des zweiten Buches der Schrift *De divinatione (Über die Weissagung)*, der berühmte „Katalog", einen Überblick über die Werktitel der philosophischen Schriften Ciceros geben. *De divinatione* ist eines der letzten Werke Ciceros; daher ist der Katalog nahezu vollständig, im Falle der *Tusculanae disputationes* werden sogar die Themen der einzelnen Bücher angegeben.

Quaerenti mihi multumque et diu cogitanti, quanam re possem prodesse quam plurimis, ne quando intermitterem consulere rei publicae, nulla maior occurrebat, quam si optimarum artium vias traderem meis civibus; quod compluribus iam libris me arbitror consecutum.

Nam et cohortati sumus, ut maxime potuimus, ad philosophiae studium eo libro, qui est inscriptus *Hortensius*, et, quod genus philosophandi minime adrogans maximeque et constans et elegans arbitraremur, quattuor *Academicis libris* ostendimus. Cumque fundamentum esset philosophiae positum in *finibus bonorum et malorum*, perpurgatus est is locus a nobis quinque libris, ut, quid a quoque et quid contra quemque philosophum diceretur, intellegi posset.

Totidem subsecuti libri *Tusculanarum disputationum* res ad beate vivendum maxime necessarias aperuerunt. Primus enim est de contemnenda morte, secundus de tolerando dolore, de aegritudine lenienda tertius, quartus de reliquis animi perturbationibus, quintus eum locum complexus est, qui totam philosophiam maxime inlustrat; docet enim ad beate vivendum virtutem se ipsa esse contentam. Quibus rebus editis tres libri perfecti sunt *de natura deorum*, in quibus omnis eius loci quaestio continetur. Quae ut plane esset cumulateque perfecta, *de divinatione* ingressi sumus his libris scribere; quibus, ut est in animo, *de fato* si adiunxerimus, erit abunde satis factum toti huic quaestioni. Atque his libris adnumerandi sunt sex *de re publica*, quos tum scripsimus, cum gubernacula rei publicae tenebamus: magnus locus philosophiaeque proprius a Platone, Aristotele, Theophrasto totaque Peripateticorum familia tractatus uberrime.

Nam quid ego de *Consolatione* dicam? Quae mihi quidem ipsi sane aliquantum medetur, ceteris item multum illam profuturam puto. Interiectus est etiam nuper liber is, quem ad nostrum Atticum *de senectute* misimus; in primisque quoniam philosophia vir bonus efficitur et fortis, *Cato* noster in horum librorum numero ponendus est. Cumque Aristoteles itemque Theophrastus, excellentes viri cum subtilitate tum copia, cum philosophia dicendi etiam praecepta coniunxerint, nostri quoque oratorii libri in eundem librorum numerum referendi videntur. Ita tres erunt *de oratore*, quartus *Brutus*, quintus *Orator*.

Z. 1 f. **prodesse quam plurimis** – *quam* mit Superlativ: möglichst …; *civibus meis prodesse* – das nennt Cicero immer wieder als Triebfeder seines Handelns und Schreibens.

2 **consulere** – je nach Kasusrektion hat es verschiedene Bedeutungen, mit Dativ: sorgen für

4 **consecutum** – ergänze *esse*; es liegt also ein ACI mit gewöhnlicher Ellipse vor.

6 **Hortensius** – ein sogenannter Protreptikos, d. h. „Ansporn" zum Philosophieren; der berühmteste Protreptikos der Antike war der – nur in Fragmenten erhaltene – des Aristoteles, er wurde aber über weite Strecken aus dem Protreptikos des Neuplatonikers Jamblich rekonstruiert. Ciceros *Hortensius*, ebenfalls verloren, führte noch im 4. Jh. Augustinus zur Philosophie (s. S. 88), so wie ihn später Ambrosius von Mailand zum Christentum bekehrte.

6 **minime adrogans** – Ciceros Standardattribut für die Akademische „ergebnisoffene" skeptische Philosophie

9 **locus** – hier (wie auch weiter unten): Thema

20 f. **gubernacula rei publicae tenebamus** – Die erste Phase der philosophischen Schriftstellerei Ciceros beginnt Mitte der 50er Jahre, *De re publica* entsteht 54 bis 51; Cicero kaschiert hier offenbar die Tatsache seiner temporär geringen politischen Bedeutung; ähnlich euphemistisch heißt es im Proömium des ersten Buches der *Tusculanae disputationes*: *Cum defensionum laboribus senatoriisque muneribus ... essem aliquando liberatus.* Man mag das Eitelkeit nennen.

22 **Theophrasto** – Theophrast war der berühmteste Schüler des Aristoteles, bes. wichtig wegen seiner botanischen Schriften; schon früh wurden ja in der Schule des Aristoteles, dem Peripatos, die Einzelwissenschaften gepflegt.

23 **Consolatione** – Trostliteratur oder „Konsolationsliteratur" ist eine Art Sondergattung der Literatur; mit seiner – nicht erhaltenen – Trostschrift versuchte Cicero, sich selbst anlässlich des Todes seiner Tochter zu trösten. Erhalten sind die *Consolationes* des Philosophen Seneca und aus der späten Antike die *Consolatio Philosophiae* des Boethius. Auch dieser versucht mit seiner Schrift sich selbst zu trösten; gleichzeitig ist sie, wie Ciceros *Hortensius*, ein Protreptikos. Traf Cicero der Tod seiner Tochter in einer Lebensphase, als er nach der Katastrophe von Pharsalos bei Caesar Gnade gefunden hatte und sich aus der *vita activa* in die *vita contemplativa* zurückgezogen hatte, so fand dagegen Boethius beim Potentaten seiner Zeit, Theoderich dem Großen, keine Gnade und verfasste im Kerkerturm in Pavia in Norditalien, auf seine Hinrichtung wartend, seine *Consolatio Philosophiae* (s. XVII, 5).
Der Archetyp der antiken Trostliteratur war eine Schrift des letzten Vertreters der Alten Akademie, Krantor; sie trug den Titel: *Über den Kummer.* Diese Funktion der Philosophie nennen wir heute Psychotherapie.

24 **profuturam** – PFA zu prodesse, es ist wieder einmal *esse* im ACI zu ergänzen.

26 **Cato** – ein sog. Panegyricus, d. h. Verherrlichung; gefeiert wurde Cato d. J. als Verteidiger der alten *res publica* und Exponent des alten Rombildes. Auf Ciceros Cato hin verfasste Caesar einen *Anticato*, Schattenseiten am Charakter dieses Mannes waren ja unschwer zu finden (s. o.).
Vorsicht: Die Schrift *De senectute* wird auch oft mit einem *Cato* im Titel zitiert, dort geht es aber um Cato d. Ä., einen der Gesprächsteilnehmer dieses Dialoges.

27 f. **cum subtilitate tum copia** – sowohl ... als auch (besonders)

29 **libri referendi videntur** – NCI mit Ellipse von *esse*, damit erhält das Gerundivum Nezessitätscharakter; *referre* bedeutet hier: zählen zu, rechnen zu

30 **de oratore** – *De oratore* umfasst drei Bücher, *Brutus* und *Orator* jeweils eines, sie sind sog. *monóbibloi*; hier werden alle diese Bücher wegen der thematischen Zusammengehörigkeit additiv aufgezählt.

3 Cicero antwortet Kritikern

Im Proömium der Schrift *De natura deorum* bekennt sich Cicero zur Philosophie als der großen intellektuellen Leidenschaft seines Lebens, die offenbar nicht jedermann bekannt war, worauf die Stimmen seiner hier zurückgewiesenen Kritiker hindeuten. Bemerkenswert ist, dass man Ciceros philosophische Position, die der Akademischen Skepsis, zu seiner Zeit schon längst nicht mehr für *up to date* hielt. Mit Ciceros Lehrer

Philon von Larisa und besonders Antiochos von Askalon hatte eine „dogmatische“ Wende in der Geschichte der Akademie eingesetzt (zur Geschichte der Akademie s. u.). Am Ende des Textes nennt Cicero seine philosophischen Lehrer: den Stoiker Diodot, der – erblindet – seinen Lebensabend in Ciceros Haus verbrachte, wo er auch starb, die Akademiker Philon und Antiochos sowie den „Mystiker“ der Stoa, Poseidonios. Wie man an den Namen ablesen kann, waren alle diese Philosophen natürlich Griechen. *De natura deorum* (I, 5 f.):

Qua quidem in causa et benivolos obiurgatores placare et invidos vituperatores confutare possumus, ut alteros reprehendisse paeniteat, alteri didicisse se gaudeant; nam qui admonent amice, docendi sunt, qui inimice insectantur, repellendi. Multum autem fluxisse video de libris nostris, quos complures brevi tempore edidimus, variumque sermonem partim admirantium, unde hoc philosophandi nobis subito studium extitisset, partim quid quaque de re certi haberemus scire cupientium; multis etiam sensi mirabile videri eam nobis potissimum probatam esse philosophiam, quae lucem eriperet et quasi noctem quandam rebus offunderet, desertaeque disciplinae et iam pridem relictae patrocinium necopinatum a nobis esse susceptum. Nos autem nec subito coepimus philosophari nec mediocrem a primo tempore aetatis in eo studio operam curamque consumpsimus, et cum minime videbamur, tum maxime philosophabamur; quod et orationes declarant refertae philosophorum sententiis et doctissimorum hominum familiaritates, quibus semper domus nostra floruit, et principes illi Diodotus, Philo, Antiochus, Posidonius, a quibus instituti sumus.

Z. 1 **qua in causa** – *qua* ist relativischer Satzanschluss, *causa* hat hier die Bedeutung „Sache“.

1 **et ... et** – sowohl … als auch

2 **paeniteat** – bei unpersönlichen Verben des Affekts steht die Person im Akkusativ: *alteros*

6 **quid … certi** – *certi* ist genitivus partitivus zu *quid*, dieses seinerseits leitet den indirekten Fragesatz ein, der von *scire cupientium* abhängt, dieses wiederum ist wie das parallele *admirantium* Genitivattribut zu *multum … variumque sermonem* (Subjektsakkusativ des ACI).

7 **sensi** – vom ACI *sensi mirabile videri* hängt ein zweiter ab: *eam philosophiam probatam esse.*

9 **disciplinae** – hier etwa: philosophische Richtung, Schule

12 f. **et … et** – sowohl … als auch

13 f. **familiaritates** – hat, wie besprochen, weniger mit unserer „Familie“ zu tun als vielmehr mit „Bekanntschaft“.

Nach einigen überleitenden Worten über die Gültigkeit des Primats des Praktischen gegenüber der theoretischen Philosophie kommt Cicero auf die Gründe für das späte literarische Unterfangen zu sprechen (I, 7 ff.); man kann sie – wie gesagt – unter 3 Punkten zusammenfassen:

- erzwungene Muße während der Diktatur Caesars
- nationaler Bildungsauftrag
- psychotherapeutische Wirkung der philosophischen Schriftstellerei angesichts des Schmerzes über den Tod der Tochter

Sin autem quis requirit, quae causa nos impulerit, ut haec tam sero litteris mandaremus, nihil est, quod expedire tam facile possimus. Nam cum otio langueremus et is esset rei publicae status, ut eam unius consilio atque cura gubernari necesse esset, primum ipsius rei publicae causa philosophiam nostris hominibus explicandam putavi, magni existimans interesse ad decus et ad laudem civitatis res tam graves tamque praeclaras Latinis etiam litteris contineri. [...]. Hortata etiam est, ut me ad haec conferrem, animi aegritudo fortunae magna et gravi commota iniuria; cuius si maiorem aliquam levationem reperire potuissem, non ad hanc potissimum confugissem. Ea vero ipsa nulla ratione melius frui potui quam si me non modo ad legendos libros, sed etiam ad totam philosophiam pertractandam dedissem.

Z. 1 **quis** – Indefinitpronomen, da enklitisch / sich anlehnend zu *sin*
1 f. **litteris mandaremus** – idiomatisch: schriftlich aufzeichnen
3 **unius** – natürlich Caesar
4 **causa** – Postposition zu *rei publicae*: wegen; vgl. *honoris causa*
5 **explicandam** – es ist wieder einmal *esse* zu ergänzen
5 **magni existimans interesse** – *existimans* ist participium coniunctum zum Subjekt (ich), von *existimans* ist der wegen des unpersönlichen *interesse* um den Akkusativ „verkürzte" (AC)I abhängig; von *interesse* als einem unpersönlichen Ausdruck, der durch den genitivus pretii *magni* erweitert ist (von großer Bedeutung sein), ist ein zweiter ACI abhängig: *res ... contineri.*
7 **me ad ... conferrem** – idiomatisch: *se conferre* – sich begeben
8 **commota** – participium coniunctum zum Subjekt *aegritudo*; erweitert ist diese Konstruktion durch *magna et gravi ... iniuria* in Hyperbaton-Stellung, das Genitivattribut *fortunae* bildet syntaktisch das letzte Glied dieser Dependenzkette, erhält aber durch die Spitzenstellung besonderes Gewicht; *iniuria* meint natürlich den Tod der Tochter.
9 **ea** – verweist zurück auf *hanc* / *levationem* (Philosophie) und ist Ablativobjekt zu *frui.*

B Ciceros „Akademische Skepsis"

1 Die „Sokratische Methode"

In den *Academici libri* expliziert der *magnus opinator* Cicero seine, um einen modernen Begriff zu gebrauchen, „erkenntnistheoretische" Grundposition. Kann der Mensch die Dinge, wie sie wirklich sind, „erfassen", gibt es ein *kritérion* der Wahrheit?

Der antike Philosophiehistoriker Diogenes Laertios teilt die Philosophen in Dogmatiker und Skeptiker ein, d. h. einerseits solche Denker, die die Grundsätze und Lehren ihrer Philosophie für unumstößlich halten, die vorgeben, Wahrheit gefunden zu haben und diese lehren zu können, andererseits in solche, die die Erkennbarkeit von Wahrheit prinzipiell bezweifeln. Der antike Skeptiker Sextus Empiricus, für uns die wichtigste Quelle für den antiken Skeptizismus, referiert eine Definition eines der Väter der Skepsis, Pyrrhon v. Elis, der Alexander den Großen auf seinen Feldzügen begleitet hatte und damit am Wendepunkt zum Hellenismus lebte:

> Skepsis ist die Kunst, auf jede mögliche Weise erscheinende und gedachte Dinge einander entgegen zu setzen, von wo aus wir wegen der Gleichwertigkeit der entgegengesetzten Sachverhalte und Argumente zuerst zur Zurückhaltung des Urteils, danach zur Seelenruhe gelangen. (Übers. von Hossenfelder)

Diese Definition zeigt die in der antiken Skepsis häufig anzutreffende enge Verbindung von Erkenntnistheorie und Ethik, die Verbindung des Glücksbegriffes mit Erkenntniskritik; die Zurückhaltung des Urteils heißt auf Griechisch *epoché*, die Seelenruhe *ataraxía*. Dabei bedeutet Skepsis ursprünglich „aufmerksames Hinsehen", „Beobachten", „mit den Augen Untersuchen" (vgl. Mikroskop, Teleskop), dann im Zuge der gewöhnlichen Metaphernbildung im Erkenntnisbereich: „geistiges Untersuchen", „Nachdenken", „Erforschen". Insofern „ist die ganze griechische Philosophie skeptisch, und Ausdrücke aus der Wortfamilie *sképsis* treten ständig auch bei Philosophen auf, die die Skeptik nicht zu ihrer Schule zählt, so bei Platon und Aristoteles." (Brunschwig)

In der Ahnengalerie der Skeptiker bei Diogenes Laertios (Buch IX) stehen an erster Stelle die Vorsokratiker Xenophanes, Parmenides und Demokrit; andere lassen den Skeptizismus bereits mit dem ersten Dichter Europas, Homer, beginnen; in dem Musenanruf des zweiten Gesanges der *Ilias*, vor dem berühmten „Schiffskatalog", heißt es in der Übersetzung von Voss:

> Göttinnen seid Ihr, allgegenwärtig und alles erkennend;
> unser Wissen ist nichts, wir horchen allein dem Gerüchte.

In der frühen griechischen Dichtung erscheint der Mensch nicht nur bei Homer als ephemeres und erkenntnisschwaches Wesen. Die relativistischen und im Extremfall agnostizistischen Implikationen des Skeptizismus hat der bedeutende Vorsokratiker Xenophanes – wie bereits erwähnt – in die klassischen Verse gefasst (die meisten Vorsokratiker legten ihre Gedanken in Lehrgedichten nieder):

> Und das Genaue freilich erblickte kein Mensch und es wird auch nie jemand sein, der es weiß (erblickt hat) in bezug auf die Götter und alle Dinge, die ich nur immer erwähne; denn selbst wenn es einem im höchsten Maße gelänge, ein Vollendetes auszusprechen, so hat er selbst trotzdem kein Wissen davon; Schein(meinen) haftet an allem.
>
> (Übers. von Diels / Kranz)

Mit dieser Unterscheidung zwischen „Schein(meinen)" und „Wissen", zwischen Vermuten und sicherer Erkenntnis, wurde Xenophanes wegweisend. Wenn es in der antiken Literatur einen *locus classicus* für die Behauptung der Unmöglichkeit „objektiver" Erkenntnis und den Rückzug auf den Subjektivismus und Relativismus gibt, dann ist es das Fragment B1 aus der Schrift *Über die Wahrheit* des Sophisten Protagoras, der berühmte *homo-mensura-Satz*:

> Aller Dinge Maß ist der Mensch, der seienden, daß (wie) sie sind, der nichtseienden, daß (wie) sie nicht sind. – Sein *ist gleich* jemandem Erscheinen. (Übers. von Diels / Kranz)

Ähnliche Bekanntheit erreichte auch der „Dreisatz“ des Sophisten Gorgias, folgende dreistufige Argumentation:

erstens: Nichts ist.
zweitens: Falls etwas ist, ist es nicht erkennbar.
drittens: Falls etwas erkennbar werden kann, so kann es doch nicht anderen mitgeteilt werden.

Was nun den Relativismus sophistischer Prägung vom Skeptizismus Ciceros krass unterscheidet, ist, dass die Sophisten ihren Relativismus über die Erkenntnistheorie hinaus auf das Rechtsdenken, die Moralphilosophie und die Religion ausweiteten, was schon den scharfen Widerspruch des Antipoden der Sophisten, Sokrates, hervorgerufen hatte. Gemäß der Lehre der Sophisten basiert das positive Recht lediglich auf menschlicher Satzung *(nómos)*, nicht auf der Natur *(phýsis)*, es entspreche den Interessen der Gesetzgeber. Analoges gelte von moralischen Werten. Was das Problem der Erkenntnis angeht, ist auch Cicero Skeptiker, in Fragen des Rechts und der Moral jedoch ist er vorrangig stoisch geprägt und steht auf dem für ihn unumstößlichen Fundament des römischen *mos maiorum;* gehört es doch zu den großen Verdiensten Ciceros, dass er, besonders auf stoischem Gedankengut aufbauend, in erster Linie Kleanthes und Panaitios, wegweisende Theorien über das Naturrecht dargelegt hat; das Rechtssystem basiere demnach auf dem normativen Fundament des Naturrechts. Diese *naturalis ratio* wurde bei den römisch-byzantinischen Juristen (*Corpus Iuris Civilis* unter Kaiser Justinian) zum „Rechtserkenntnisprinzip“ (Wolf). So gelten ja auch heute noch im Grundgesetz der Bundesrepublik Deutschland die „Menschenrechte“ als „Grundlage jeder menschlichen Gemeinschaft“ (Artikel 1, Absatz 2 der „Grundrechte“) und somit als Verkörperung des Naturrechts.

Seine größte Inspiration zu seinem Skeptizismus empfing Cicero durch die Dialoge Platons und die dort vorgeführte dialektische Methode des Gesprächsführers Sokrates. Diese Methode stellt uns Cicero in den *Academici libri* (I, 15 f.) kurz vor:

> Socrates mihi videtur, id quod constat inter omnes, primus a rebus occultis et ab ipsa natura involutis, in quibus omnes ante eum philosophi occupati fuerunt, avocavisse philosophiam et ad vitam communem adduxisse, ut de virtutibus et de vitiis omninoque de bonis rebus et malis quaereret, caelestia autem vel procul esse a nostra cognitione censeret vel, si maxime cognita essent, nihil tamen ad bene vivendum. Hic in omnibus fere sermonibus, qui ab iis, qui illum audierunt, perscripti varie copioseque sunt, ita disputat, ut nihil affirmet ipse, refellat alios, nihil se scire dicat nisi id ipsum, eoque praestare ceteris, quod illi, quae nesciant, scire se putent, ipse se nihil scire id unum sciat, ob eamque rem se arbitrari ab Apolline omnium sapientissimum esse dictum, quod haec esset una hominis sapientia, non arbitrari sese scire, quod nesciat.

Z. 1 ff. **primus** – über Sokrates als „Begründer der Ethik“ wurde bereits gesprochen, auch über das berühmte Bild Ciceros, Sokrates habe die Philosophie vom Himmel herabgeholt und in den Städten und Häusern heimisch gemacht, d. h. er habe die Wende von der vorsokratischen Naturphilosophie zur Ethik vollzogen. Syntax: NCI *(Socrates videtur … avocavisse / adduxisse)*

7 **disputat** – Dass Sokrates der Gesprächsleiter in den meisten Dialogen seines Schülers Platon ist, wurde bereits gesagt; hier wird wieder einmal Sokrates als Prototyp des Skeptikers und Widerlegers propagiert (s. o. elenktische Technik).

9 **se nihil scire** – entspricht nicht ganz der gängigen griechischen Fassung der bekannten sokratischen *confessio philosophi*; korrekt wäre etwa: „ich weiß, dass ich nicht weiß“ oder „ich weiß, obwohl ich nicht weiß“.

10 **Apolline** – in seiner Verteidigungsrede *(Apologie)* berichtet Sokrates bei Platon von einem delphischen Orakelspruch: niemand sei weiser als Sokrates; das deutet er im Sinne der „menschlichen Weisheit“ *(anthropíne sophía)*, was Cicero mit *hominis sapientia* wiedergibt, d. h. der intellektuellen Bescheidenheit eines „Suchers“ gegenüber der intellektuellen Arroganz der vermeintlich Wissenden. Man kann hier von Erkenntnispessimismus sprechen, wenn Sokrates sagt, diese „menschliche Weisheit“ sei „wenig wert“ oder gar „nichts wert“. In solchen Sätzen bei Platon kann man die Keimzelle für die spätere Akademische Skepsis und damit die Grundposition des *magnus opinator* sehen. Diese intellektuelle Bescheidenheit war ja auch die Triebfeder für die folgenreiche Begriffsbildung des Pythagoras gewesen: *philosophía*, d. h. „Liebe zur Weisheit“ als Kontrapunkt zur vermeintlichen Weisheit eines Menschen (s. o. IX, A 4).

2 „Akademische Skepsis“

In seiner Platon-Deutung ist Cicero geprägt von der sogenannten Mittleren Akademie (s. u.), d. h. das Platon-Bild in der vom Meister gegründeten Schule, der Akademie, war im Laufe der Geschichte nicht einheitlich (s. o. IX, C 3): „Die Geschichte der Akademie scheint mehr als die jeder anderen Philosophenschule geeignet, jene schöpferische Freiheit zu illustrieren, die den Ruhm des griechischen Denkens ausmacht“ (Levy). In nachchristlicher Zeit bietet uns Sextus Empiricus eine Auflistung der verschiedenen „Akademien“. Sie geht zurück auf eine in der Mitte des ersten Jhs. v. Chr. vorgenommene Einteilung (solche Einteilungen waren besonders in Philosophenkreisen sehr beliebt) und bildet die Grundlage für die moderne Klassifizierung, die aber in der Fachliteratur nicht immer homogen ist, besonders was die Schnittstelle Mittlere Akademie / Neue Akademie angeht; so bezeichnet schon Cicero von seiner Zeitwarte aus die zweite Phase der folgenden Klassifizierung manchmal als *Academia nova*. Die „klassische“ Einteilung ist:

a. Alte Akademie (von Platon bis Krantor, gestorben 275)
b. Mittlere Akademie (besonders Arkesilaos, 4./3. Jh. und Karneades, 3./2. Jh.)
c. Neue Akademie (beginnt mit Antiochos von Askalon, den auch Cicero hörte)

Da diese Klassifikation etwa aus dem Jahre 40 v.Chr. stammt, berücksichtigt sie nicht die Akademie der Kaiserzeit. Erst seit dem 18. Jh. übrigens wird dieser alte Name „Akademie“ in dem uns geläufigen Sinne von Fachschule gebraucht. Kurz gesagt: Die Alte Akademie war mehr dogmatisch ausgerichtet, mit Arkesilaos beginnt die skeptische Phase, die unter Antiochos, dem Zeitgenossen Ciceros, wieder zum Dogmatismus umschlägt.

Die skeptische Akademie beruft sich auf den skeptizistisch gedeuteten Sokrates und fordert die Enthaltung von jedem Urteil *(epoché perí pánton)*. Nach einer Information des Platonikers Albinos in seiner Schrift *Prolegomena in Platonis philosophiam* bezieht sich die Akademische Skepsis hierbei auf Platons Dialog *Phaidon,* wo es heißt: „Die Seele kann niemals zu Wahrem gelangen, solange sie noch im Körper ist“. *Academici libri,* I, 44 ff.:

Tum ego „Cum Zenone“, inquam, „ut accepimus, Arcesilas sibi omne certamen instituit, non pertinacia aut studio vincendi, ut quidem mihi videtur, sed earum rerum obscuritate, quae ad confessionem ignorationis adduxerant Socratem et iam ante Socratem Democritum, Anaxagoram, Empedoclem, omnes paene veteres, qui nihil cognosci, nihil percipi, nihil sciri posse dixerunt, angustos sensus, imbecillos animos, brevia curricula vitae et, ut Democritus, in profundo veritatem esse demersam, opinionibus et institutis omnia teneri, nihil veritati relinqui, deinceps omnia tenebris circumfusa esse dixerunt. Itaque Arcesilas negabat esse quicquam, quod sciri posset, ne illud quidem ipsum, quod Socrates sibi reliquisset, ut nihil scire se sciret; sic omnia latere censebat in occulto neque esse quicquam, quod cerni aut intellegi posset, quibus de causis nihil oportere neque profiteri neque affirmare quemquam neque assensione approbare, cohibereque semper et ab omni lapsu continere temeritatem, quae tum esset insignis, cum aut falsa aut incognita res approbaretur, neque hoc quicquam esse turpius quam cognitioni et perceptioni assensionem approbationemque praecurrere.

Huic rationi quod erat consentaneum, faciebat, ut contra omnium sententias disserens de sua plerosque deduceret, ut, cum in eadem re paria contrariis in partibus momenta rationum invenirentur, facilius ab utraque parte assensio sustineretur. Hanc Academiam novam appellant, quae mihi vetus videtur, si quidem Platonem ex illa vetere numeramus, cuius in libris nihil affirmatur et in utramque partem multa disseruntur, de omnibus quaeritur, nihil certi dicitur.“

Die bisherigen Ausführungen zur sokratischen Methode und akademischen Skepsis unter XIII B 1/2 dürften jetzt ein Verständnis dieses inhaltlich voraussetzungsreichen Textes ermöglichen.

Im ersten Satz handelt es sich – wenn wir von den drei sehr kurzen, z. T. floskelhaften mit *ut* eingeleiteten Einschüben absehen – um ein klassisches Beispiel für eine fallende Periode: Erstens Hauptsatz, zweitens Nebensatz erster Ordnung *(quae …)*, drittens Nebensatz zweiter Ordnung *(qui …)*; das Prädikat dieser letzten Einheit ist „gedoppelt“ *(dixerunt)*, vor *dixerunt* stehen jeweils die davon abhängigen ACI- Konstruktionen, wobei die asyndetischen Reihungen und Parallelismen, z. T. mit Anaphern (*nihil* in Z. 5) ins Auge springen.

Z. 1 **Zenone** – ZENON VON KITION auf Zypern / lat. *Zeno* war der Gründer der Stoa
1 **Arcesilas** – die latinisierte Form des griechischen ARKESILAOS
3 **confessionem ignorationis** – im vorangehenden Text war vom Bekenntnis des Sokrates die Rede, *nihil se scire.*
4 **Democritum / Anaxagoram / Empedoclem** – Vorsokratiker, unter denen sich ja auch viele „Skeptiker" befinden
5 **percipi** – es war schon mehrfach die Rede von der großen Bedeutung Ciceros als eines Übersetzers griechischer philosophischer Fachtermini; ein klassisches Beispiel ist seine Übersetzung des stoischen Begriffes *katálepsis* durch *perceptio* (von *capere* – fassen), wovon die Sprachen Europas Derivate abgeleitet haben. Im Deutschen ist es im Fremdwort Perzeption greifbar. MEISTER ECKHART verdanken wir das mittelhochdeutsche Wort *begrif* als Übersetzung des ciceronischen *conceptus.* Metaphern der Hand und des Auges waren seit jeher die wichtigsten, um sprachlich intellektuelle Vorgänge plastisch darzustellen: „erfassen", „begreifen / Begriff", „einsehen", „durchschauen". Das deutsche Wort „Wissen" und das englische „wisdom" gehen auf die indogermanische Wurzel *wid* zurück, die auch dem Griechischen *idéa* (Idee) und dem Lateinischen *videre* zugrunde liegt.
5 f. **angustos / imbecillos / brevia** – Prädikatsnomina im ACI, *esse* ist zu ergänzen (Ellipse); in Z. 5/6 haben wir wieder das Phänomen der „wachsenden Glieder" vor uns.
9 **ne ... quidem** – nicht einmal
18 **ab utraque parte** – die dialektische skeptische Methode: These – Antithese – *epoché,* hier: *assensio sustineretur.* Aufgegriffen wird diese Wendung am Ende *in utramque partem disseruntur. In utramque partem disserere* ist die klassische Formulierung bei der Beschreibung der skeptischen Methode.

3 „Exzessiver" und „moderater" Skeptizismus

Der Skeptizismus Ciceros ist nicht der exzessive des PYRRHON VON ELIS, sondern der moderate der Akademie, wie er von ARKESILAOS propagiert und von KARNEADES als Probabilismus verfochten wurde: menschliche Erkenntnis kann nie zur Gewissheit gelangen, sondern nur zu einer Wahrscheinlichkeitserkenntnis, griechisch *pithanón,* lateinisch *probabile / verisimile.* Diese beiden Begriffe sind bei Cicero von enormer Bedeutung.

Über ARKESILAOS schreibt DIOGENES LAERTIOS:

> Mit ihm beginnt die Mittlere Akademie; er war der erste, der aufgrund der Widersprüche opponierender Argumentationen sein Urteil zurückhielt. Er war auch der Erste, der in beide Richtungen argumentierte und der Erste, der das von Platon tradierte System aufweichte und die platonische Philosophie eristisch erscheinen ließ. (griech. *eristikós* – auf Streit angelegt)

Über diesen ARKESILAOS war die Parodie eines HOMER-Verses im Umlauf; in der *Ilias* heißt es von dem Fabelwesen Chimaira (Chimäre): „Vorne ein Löwe, hinten eine Schlange, in der Mitte eine Ziege".

Für ARKESILAOS prägte man den Vers um: „Vorne Platon, hinten Pyrrhon, in der

Mitte Diodoros", d.h. eine Mischung von PLATON, dem Skeptiker PYRRHON und dem Dialektiker DIODOR. Insofern ist ARKESILAOS ein typischer Vertreter des Synkretismus, d.h. der Vermischung verschiedener Systeme, was auch vom „Eklektiker" Cicero gesagt werden mag. In DAVID HUMES *Inquiry concerning Human Understanding* finden sich sehr treffende und Cicero bestätigende Bemerkungen über die beiden o.g. Formen des Skeptizismus:

> There is, indeed, a more mitigated scepticism, or academical philosophy, which may be both durable and useful, and which may in part be the result of the Pyrrhonism, or excessive scepticism, when its undistinguished doubts are, in some measure, corrected by common sense and reflection. (...).
>
> The great subverter of Pyrrhonism, or the excessive principles of scepticism, is action and employement and the occupations of common life. (...). The academics always talk of doubt and suspense of judgement, of danger in hasty determinations, of confining to very narrow bounds the inquiries of the understanding, and of renouncing all speculations which lie not within the limits of common life and practice. Nothing, therefore, can be more contrary than such a philosophy to the supine indolence of the mind, its rash arrogance, its lofty pretensions, and its superstitious credulity.

Das könnte auch Cicero so unterschreiben, ist doch DAVID HUME einer seiner großen Bewunderer, von dem KANT in einem Selbstbekenntnis sagte, er habe ihn aus seinem „dogmatischen Schlummer" geweckt. Somit hat Cicero seinen Platz in der europäischen Ahnengalerie „kritischen" Philosophierens.

4 Die Erkenntnislehre Epikurs

Einen Kontrapunkt zur Akademischen Skepsis setzt in der Erkenntnistheorie, die man in den philosophischen Systemen des Hellenismus zur Logik, in jener Zeit bekanntlich neben Physik und Ethik eine der drei Teildisziplinen der Philosophie, zählte, die Lehre EPIKURS. Für ihn gilt die Gleichung: Erkennen = Sinneswahrnehmung. Wenn irgendwo der Ausdruck „naive Abbildtheorie" treffend ist, dann hier; denn nach EPIKUR strömen „Bildchen" (*eídola* – daher unser Wort „Idol") von den Objekten in die Sinnesorgane ein und verbürgen „Wahrheit"; die Wahrnehmung *(aísthesis)* ist das *kritérion* der Wahrheit. Jede Form von „Erkenntnis" ist bloße Sinneswahrnehmung. EPIKUR ist also ein Sensualist. Diese Theorie baut auf dem Materialismus EPIKURS auf und ist dessen Konsequenz: es gibt nur Körper und Raum, auch der „Geist", die „Seele" ist Materie. Erkennen wird gleichsam „physikalisch" erklärt. Da auch die Stoiker wie die Epikureer letztlich Materialisten sind, baut auch ihre Erkenntnistheorie auf dem Materiellen auf. Auch bei ihnen kann man von „naivem Realismus" sprechen.

Der folgende kurze Text (*De finibus* I, 22) zeigt erstens, wie wenig Cicero EPIKUR in intellektueller Hinsicht schätzte; er hielt ihn für schwach in der Logik, schwach in der Physik und schwach in der Ethik; zweitens belehrt er uns über den Sensualismus EPIKURS; drittens ist er ein gutes Beispiel dafür, wie Cicero griechische philosophische Begriffe ins Lateinische überträgt:

Iam in altera philosophiae parte, quae est quaerendi ac disserendi, quae *logice* dicitur, iste vester plane, ut mihi quidem videtur, inermis ac nudus est. Tollit definitiones, nihil de dividendo ac partiendo docet, non quo modo efficiatur concludaturque ratio tradit, non qua via captiosa solvantur, ambigua distinguantur, ostendit; iudicia rerum in sensibus ponit, quibus si semel aliquid falsi pro vero probatum sit, sublatum esse omne iudicium veri et falsi putat.

Z. 1 **iam** – hier steigende Übergangspartikel: ferner, vollends; zuvor war von anderen philosophischen Themen die Rede gewesen.

1 **parte** – schon in den Schriften des Aristoteles ist eine Dreiteilung der philosophischen Disziplinen angelegt, bei den Stoikern und allgemein in der Philosophie des Hellenismus vollends vollzogen: Logik, Physik (Naturphilosophie), Ethik.

1 **logice** – Nominativ Singular, in den Handschriften variieren die Lesarten u.a. zwischen der Transskription *logice* und dem griechischen Original; auf *logice* geht natürlich unser Wort Logik zurück.

2 **iste vester** – der Sprecher wendet sich hier an einen Epikureer; bekanntlich wird *iste*, das „Demonstrativpronomen der 2. Person", mit dem also primär auf ein „du" verwiesen wird, häufig mit verächtlichem Unterton gebraucht, so auch hier; vgl. im Deutschen: „Du mit deinem ..."; *iste* meint hier Epikur, von dem in diesem Kontext die Rede ist.

3 **definitiones** – mit *definitio* übersetzt Cicero hier den griechischen Fachausdruck *horismós*, abgeleitet von *hóros* – Grenze *(finis)*, vgl.: Horizont – Begrenzung des Gesichtsfeldes; beim Definieren geht es ja um das gedankliche Ziehen von Grenzen.

3 **de dividendo ac partiendo** – Das „Zergliedern" von Begriffen nannten die griechischen Philosophen *dihaíresis.*

4 **concludatur ratio** – etwa im Sinne von: „einen logischen Schluss ziehen"; in *concludatur* hört man das Fremdwort *conclusio*; seit Aristoteles, dem Meister der Logik, heißt „logischer Schluss" Syllogismus.

4 **captiosa** – wie *ambigua* substantiviertes Adjektiv (Nom. Pl. n.); *captiosa* lässt sich gut verdeutschen: „verfänglich" von „fangen" / *capere.* Mit *ambigua* versucht Cicero das griechische *amphíbola* in lateinischer Sprache begrifflich zu fassen: es geht hier also um Trugschlüsse, sog. Paralogismen, über die separate Lehrbücher verfasst wurden, z.B. von Aristoteles.

5 **sensibus** – hier Sinne / sinnliche Wahrnehmung (vgl. Sensualismus), bei den griechischen Philosophen heißt die sinnliche Wahrnehmung *aísthesis*, daher das Wort Ästhetik.

5 **quibus si** – sog. „relativische Verschränkung eines subjunktionalen Nebensatzes"; ein gewöhnlicher Nebensatz ist entweder subjunktional oder relativisch, nicht beides zugleich; doch gerade dies liegt bei diesem außergewöhnlichen lateinischen syntaktischen Phänomen vor. Für einen deutschen Übersetzer die „sicherste" Lösung ist: mit der relativischen Verschränkung ein neues Satzgefüge beginnen lassen und das Relativpronomen dabei als relativischen Satzanschluss behandeln.

C Ethik

1 Primat des Praktischen

Thematisch nimmt in den philosophischen Schriften Ciceros die Königsdisziplin der Philosophie den größten Raum ein, die Ethik; das ist nicht verwunderlich, da die Gestalt, in der die griechische Philosophie in Rom adaptiert wurde, die Philosophie des Hellenismus war, in der die Kernfrage lautete, wie der Mensch leben solle; spätestens seit dem zweiten Nachfolger Platons in der Leitung der Akademie hatte sich die Dreiteilung der Philosophie in die bekannten drei Disziplinen durchgesetzt: Logik, Physik, Ethik (s. o.). In einprägsamer Bildhaftigkeit vergleicht der große Systematiker der Stoa, Chrysipp, die Philosophie mit einem Lebewesen, wobei die Physik das Blut und das Fleisch darstellen, die Logik die Knochen und die Sehnen, die Ethik die Seele. An anderer Stelle entwirft er das Bild eines Obstgartens mit der Physik als den Bäumen, der Logik als der Umfriedung und der Ethik als den Früchten. Einen ähnlichen Vergleich bietet etwa 2000 Jahre später Descartes in seinen *Principia Philosophiae.*

> Tota igitur Philosophia veluti arbor est, cujus radices Metaphysica, truncus Physica et rami ex eodem pullulantes, omnes aliae scientiae sunt, quae ad tres praecipuas revocantur, Medicinam scilicet, Mechanicam atque Ethicam; altissimam autem et perfectissimam morum disciplinam intellego, quae integram aliarum scientiarum cognitionem praesupponens, ultimus ac summus sapientiae gradus est.

In den Antworten auf die Frage, nach welchen Maximen der Mensch leben solle, waren die Stoiker und Epikureer geradezu Antipoden, wobei die Römer schon vor Cicero die Kompatibilität und Wesensnähe von stoischer Philosophie und römischem Menschenbild sowie römischem Staatsgedanken erkannt hatten; ein Initiator der Annäherung der Römer an die stoische Philosophie war der Begründer der seit dem Ende des 19. Jhs. so genannten „Mittleren Stoa", Panaitios (2. Jh. v. Chr.), der mehrere Jahre in Rom lebte und im engen Kontakt mit dem sog. Scipionen-Kreis (s. o.) stand, einem Zirkel gebildeter „aufgeklärter" Römer um Scipio Africanus d. J., der auch in Ciceros philosophischen Schriften als Gesprächsteilnehmer auftritt. Der Stoiker Panaitios konnte geistesgeschichtlich deshalb ein wichtiges Bindeglied zwischen Griechenland und Rom werden, weil er den alten ethischen Rigorismus seiner Schule dahingehend milderte, dass der Mensch bei ihm nicht als leidenschaftsloses, auf sich selbst bezogenes Vernunftwesen gesehen wird, sondern als ein praktisch-politisches Wesen, zu dessen Wesenskern die soziale Gesinnung gehöre (s. u. zu *De officiis*).

Die o. g. Wesensnähe lässt sich mit folgenden Schlagwörtern umreißen: Pflichtgefühl, Gesetzesstrenge, Gemeinsinn. „Der Stoiker" sieht sich wie „der Römer" als einen Willensmenschen, einen Charaktermenschen, einen politischen Menschen, einen Tatenmenschen. Die Römer konnten ihr Selbstbild, das ihnen durch den *mos maiorum* in den „Römertugenden" *virtus, pietas, fides, gravitas* und *constantia* tradiert wurde, im Menschenbild der Stoa als philosophisch untermauert interpretieren.

2 Ethik bei den Griechen. Theorie und Praxis. Die vier Kardinaltugenden

Dass im 5. Jh. – besonders in Athen – im Zuge des Aufblühens der Demokratie der Mensch in seinem Miteinander in den Mittelpunkt der philosophischen Bemühungen gerückt war, dass – neben den Sophisten und in Opposition zu ihrer Doktrin – Sokrates nach Ciceros Worten „die Philosophie vom Himmel herabzog und in den Städten heimisch machte", wurde bereits mehrfach erwähnt. Ethik, ein Wort, das Cicero bekanntlich mit *moralis philosophia* übersetzt, als Bezeichnung für die philosophische Disziplin, geht auf ARISTOTELES zurück. Sprachlich ist *ēthikē* eine Adjektivbildung zum Substantiv *ēthos*; dieses bedeutet erst in einem übertragenen Sinn „Charakter", ursprünglich bezeichnet *ēthos* den gewohnten, vertrauten Lebens- und Wohnbereich und bezieht sich im übertragenen Sinn auf das Weltverhalten des Menschen, das sich zu einem „Charakter" verfestigt; „Charakter" ist zunächst ein Begriff aus dem antiken Münzwesen (*charássein* – einritzen), als Metapher wird er – besonders seit dem ARISTOTELES-Schüler THEOPHRAST, der ein gleichnamiges Buch verfasste *(Charaktēres)* – im Sinne unseres Fremdworts gebraucht; *ēthos* seinerseits führt ARISTOTELES auf das Substantiv ĕthos (Gewöhnung) zurück und erklärt den Zusammenhang: durch Gewöhnung (ĕthos) werde ein Verhalten zum Charakter *(ēthos)*, zum *habitus*. Auch die Begriffe Ethologie (Verhaltenslehre) und Ethnologie (Völkerkunde) leiten sich natürlich, wie Ethik, letztlich von *ĕthos* ab. Kurz: die beiden semantischen Schattierungen, die im griechischen *ēthos/ēthikē* stecken, 1. Gewöhnung, 2. Charakter, hat Cicero durch seinen Übersetzungsversuch *moralis* gut getroffen; denn *mos* bedeutet ja einmal „Gewohnheit/Sitte", dann im Plural *mores* „Charakter/Lebenswandel".

Die Vorstellung vom *ēthos* als dem dem Menschen eigenen Wesensbereich in der oben geschilderten Prägnanz liegt an einer berühmten Stelle in PLATONS Dialog *Phaidros* zugrunde; auf die Vorhaltung seines Gesprächspartners Phaidros, er verlasse trotz der Schönheit der freien Natur so gut wie nie die Stadt Athen, antwortet der Ethiker schlechthin, Sokrates: „Verzeih mir, mein Bester; ich bin nämlich lernbegierig; doch Felder und Bäume wollen mich nichts lehren, wohl aber die Menschen in der Stadt." Sokrates verweist hier auf den Imperativ des bekannten, auf der Wand der Vorhalle des Apollo-Tempels von Delphi geschriebenen Spruches: „Erkenne dich selbst!" Das ist nach Sokrates die Hauptaufgabe des Philosophen und erscheint z. B. beim scholastischen Philosophen PETRUS ABAELARDUS als Untertitel seiner *Ethica: Nosce te ipsum.*

Der delphische, an das Individuum gerichtete Imperativ erscheint bei KANT auf den Menschen schlechthin bezogen als eine der vier Fragen, auf welche die Philosophie eine Antwort zu geben versucht: Was ist der Mensch?

Wie Sokrates dem Phaidros gegenüber, so klagt auch PASCAL, dass „die Tragödie der Menschheit darin besteht, dass sie vom Studium des Menschen in das *divertissement* flieht." Für die großen Philosophen wie für Cicero gilt der „Primat des Praktischen".

Für die griechische Antike mögen in diesem Punkte zwei Stimmen ausreichen, die des PLATON und die des ARISTOTELES, denn: „Was sollte ich wohl über die Denker vor und nach ihnen sagen? Diese beiden allein reichen aus, die griechische Geisteskultur zu charakterisieren", so der byzantinische Philosoph MICHAEL PSELLOS.

Nach den Worten des wohl bedeutendsten PLATON-Kommentators des 20. Jhs., GAUSS, ist der Platonismus „keine logisch abgrenzbare Doktrin, sondern eine ganz bestimmte Lebensweise".

Sie beruhe darauf, dass in ihr der Primat des Praktischen, die Grundlage des ganzen Denkens PLATONS, über das Theoretische in seiner vollen Gültigkeit anerkannt werde. Ohne die Beziehung auf ein mögliches Handeln, so GAUSS, wäre nach PLATON die Erkenntnis der Wirklichkeit bedeutungslos. Im Dialog *Philebos* skizziert PLATON einen Stufenbau der Disziplinen, von der Ideendialektik über die Mathematik und Logik zur höchsten Stufe, der Ethik. „Die obersten Einsichten sind nach Platon ethische Einsichten." (GAUSS)

Auf die Ethik bezogen betont ARISTOTELES, dass wir uns mit ethischen Fragen nicht der Theorie wegen befassen, denn „nicht, um zu wissen, was Tugend ist, stellen wir die Untersuchung an, sondern um gut zu werden, denn sonst hätte sie ja keinen Nutzen", doch „die meisten verhalten sich nicht so, sondern flüchten in die Theorie und glauben, zu philosophieren und zu guten Menschen zu werden; dabei handeln sie so wie Kranke, die zwar sorgsam auf die Ärzte hören, aber nichts von dem Aufgetragenen tun. Wie diese so nicht körperlich gesund werden, so auch jene nicht seelisch, wenn sie so philosophieren."

Dieser Primat des Praktischen gilt erst recht für die von Cicero rezipierten und diskutierten philosophischen Strömungen des Hellenismus, in erster Linie für den Epikuerismus und Stoizismus. Dass die „praktisch ausgerichteten" Römer als „Willensmenschen" und „Tatenmenschen" diesem Primat positiv gegenüberstanden, liegt auf der Hand. Der stoische Philosoph EPIKTET (1./2. Jh. n. Chr.), der in Rom philosophischen Unterricht erteilte und das berühmte „Handbüchlein der Moral" verfasste – nahezu der einzige Text eines griechischen stoischen Schulphilosophen, der uns vollständig erhalten ist –, schreibt: „Nenne dich niemals einen Philosophen und sprich unter Ungebildeten auch möglichst nicht über die philosophischen Lehrsätze, sondern handle danach. Bei einem Gastmahl z. B. sprich nicht davon, wie man essen soll, sondern iß so, wie es sich gehört" (Übers. von STEINMANN). Schon sein Lehrer, der römische Stoiker MUSONIUS RUFUS definierte: „Philosophie ist Betätigung der Rechtschaffenheit, nichts anderes." (Übers. von GIGON)

Soweit zum Theorie-Praxis-Problem; im Folgenden soll ganz kurz die in der antiken Ethik grundlegende Lehre von den vier Kardinaltugenden angeschnitten werden, da dieses Philosophem auch in Ciceros philosophischen Schriften von eminenter Bedeutung ist. Bei PLATON finden wir, in Anlehnung an volkstümliche Vorstellungen, diese Theorie der vier Grundtugenden ausgeführt.

Grob gesprochen: Nach PLATON ist die menschliche Seele dreigeteilt: Begehren, Wille, Vernunft.

Diesen drei Seelenvermögen ordnet er drei Körperregionen zu: dem Begehren den Unterleib, dem Willen die Brust, der Vernunft den Kopf. Jedem der drei Vermögen komme je eine „Tugend" zu (von „taugen"; das griechische Wort für Tugend ist *areté*

– wörtlich: „Bestheit“, also bestmögliche Ausprägung). Die Tugend des begehrenden Teils sei die Selbstbeherrschung, die des Willens die Tapferkeit, die des vernünftigen Teiles die Einsicht oder Weisheit. Diesen drei Tugenden sei – gleichsam als ausgleichendes Band – die Gerechtigkeit als vierte Tugend übergeordnet. Diese platonische Konzeption bildet das klassisch gewordene System der vier Kardinaltugenden, welches in der europäischen Geistesgeschichte großen Einfluss hatte und z. B. auch in die christliche Tugendlehre einfloss. In Ciceros Adaption und Latinisierung nun heißen die vier Kardinaltugenden folgendermaßen:

1. *sapientia / prudentia*
2. *fortitudo / magnanimitas*
3. *moderatio / temperantia*
4. *iustitia*

Als Übersetzung des griechischen geschlechtsneutralen Wertbegriffes *areté* (Bestheit), dem das deutsche Wort *Tugend* (von *taugen*) einigermaßen entspricht, wählt Cicero – und das ist typisch römisch – den primär geschlechtsspezifischen Begriff (*virtus* – von *vir*, Mann), der ursprünglich für das altrömische Männerbild stand: Mannhaftigkeit, Tapferkeit, Härte, Kraft; im neuen philosophischen Kontext verlagert sich der „römische“ Sinn zum neuen „griechischen“; für die Kardinaltugend Tapferkeit gebraucht Cicero jetzt *fortitudo.*

In dem berühmten Bild vom Seelenwagen in Platons Dialog *Phaidros* schlägt sich eine grundlegende griechische Auffassung vom Menschen wieder: Platon vergleicht die menschliche Seele mit einem Gespann mit zwei Pferden – diese stehen für Begehren und Wille –, der Wagenlenker ist die Vernunft. Auf diese Vorstellung der das Irrationale regierenden Vernunft basiert das griechisch-antike Menschenbild, „in dem sich zum ersten Mal in der Welt das Selbstbewusstsein des Menschen zu einem Begriff seiner Sonderstellung erhob in der These, der Mensch sei Mensch durch Besitz der Vernunft, logos, phronesis, ratio, mens“. (Scheler)

Im engsten Zusammenhang mit dieser Lehre steht die Lehre von einer übermenschlichen Vernunft, die das gesamte All durchwalte. Diese Lehre vom kosmischen *lógos*, an dem der Mensch teilhabe, ist besonders wichtig im Weltbild der Stoiker (s. u.); die Stoiker, besonders Poseidonios, ein Vertreter der Mittleren Stoa, sprechen hier von einer kosmischen „Sympathie“, sozusagen einem kosmischen *lógos*-Kontinuum, welches auch in der Ethik sozusagen eine normative Kraft darstelle.

3 Eudämonistische Ethik vs. Pflichtethik

Die Philosophiehistoriker unterscheiden im ethischen Schrifttum der europäischen Geistesgeschichte, wie schon Kants *Kritik der praktischen Vernunft*, zwischen Vertretern der „eudämonistischen“ Ethik und denen der „Pflichtethik“.

Die erste fragt: „Wie werde ich glücklich?“, die zweite: „Was wird von mir verlangt?“ (Schlick)

Aristoteles wird oft als Begründer der eudämonistischen Ethik genannt; *eudai-*

monía (gleichsam: wenn es der „Schutzgeist“, *daímon*, gut mit einem meint) bedeutet zugleich Glückseligkeit und Seelenfrieden. „Glück“ ist hierbei der „Bestimmungsgrund des Willens“, in der Pflichtethik dagegen ist es das „Sittengesetz“ (Kant). Die Ethik der Antike fragt primär, bezogen auf die Wünsche des Individuums: Wie muss ich leben, um glücklich zu werden und zu bleiben (s. o. Schlick)? Die antike Ethik ist also prinzipiell eudämonistisch, auch die stoische, auch wenn dort der Begriff der Pflicht (s. u. *De officiis)* eine wichtige Rolle spielt. Das Erfüllen der Pflicht, das Leben „gemäß der Vernunft“, garantiert demnach das Glück; in der Pflichtethik, als deren Hauptvertreter man Kant ansehen kann, spielt der Glücksbegriff keine Rolle; immer wieder heißt es in Kants Schriften zur Ethik: „handeln aus Pflicht, nicht aus Neigung“. Daher lautet die ethische Frage in seinem Fragenkatalog der Philosophie: „Was soll ich tun?“, nicht etwa: „Wie werde ich glücklich?“

Da die menschliche Seele – wie in der Antike allgemein akzeptiert – aus einem vernünftigen und einem unvernünftigen Teil besteht, hat es die Ethik immer auch mit den Gefühlen von Lust und Unlust und Neigungen usw. zu tun. So wie Aristoteles in seinen *Magna Moralia* seinem Lehrer vorwirft, er vernachlässige in ethischen Fragen den irrationalen Teil der Seele und dem Sokrates vorhält, er setze fälschlicherweise Tugend mit Wissen gleich – „denn wenn jemand weiß, was die Gerechtigkeit ist, ist er doch noch lange nicht gerecht“ –, wird später den (alten) Stoikern ihre Überforderung des Menschen, ihre Missachtung des „ganzen Menschen“ vorgeworfen; die alten Stoiker kennen sozusagen keinen nicht-rationalen Teil der Seele, Affekte entstehen nur aus „widernatürlichen Bewegungen der Seele“. (Diogenes Laertios/Stemmer)

4 Güter- und Affektenlehre der Stoiker

Um das „Extremistische“ der Ethik der (Alten) Stoa anzudeuten, eignet sich ein Vergleich der stoischen Güterlehre mit der des Aristoteles; diese ist geprägt von der Forderung der Ausgewogenheit und „Mitte“. Aristoteles unterscheidet im Leben der Menschen drei Arten von Gütern: äußere (z. B. Besitz), körperliche (z. B. Gesundheit, Schönheit) und seelische, die zusammen für ein glückliches Leben nötig sind. Bei den (alten) Stoikern zählt einzig und allein die Tugend. Dem spätantiken griechischen Kompilator Stobaios verdanken wir, neben den Schriften von z. B. Cicero und Plutarch, wichtige Auszüge zur stoischen Güterlehre; wir besitzen nämlich von den Philosophen der Alten und Mittleren Stoa keine Originalschriften, auch dieser Tatbestand macht Ciceros Schriften allein in doxographischer Hinsicht so wichtig.

> Von den seienden Dingen sind die einen Güter, die anderen Übel, das Dritte gleichgültige Dinge. Güter sind folgende: Einsicht, Selbstbeherrschung, Gerechtigkeit, Tapferkeit und alles, was Tugend ist oder teilhat an Tugend. Übel sind folgende: Unverstand, Zuchtlosigkeit, Ungerechtigkeit, Feigheit und alles, was Laster ist oder teilhat am Laster. Gleichgültige Dinge sind: Leben und Tod, Ruhm und Ruhmlosigkeit, Lust und Schmerz, Reichtum und Armut, Gesundheit und Krankheit und ähnliche Dinge. (Übers. von Kranz)

Wenn die Stoiker die „Lust“ zu den gleichgültigen Dingen *(adiáphora)* zählen, wird hier die auch in Ciceros philosophischen Schriften omnipräsente Erzrivalität zwischen Stoizismus und Epikureismus überdeutlich. Der Begriff der „Lust“ ist der Dreh- und Angelpunkt der epikureischen Ethik (s. u.), das höchste dem Menschen erreichbare Gut, die Stoiker fixieren sich auf die Niederzwingung der Affekte, bei denen sie 4 Gattungen unterscheiden: Lust, Unlust, Begierde, Furcht.

In seiner dialektischen Dialog- und Kompositionstechnik setzt Cicero die Positionen der Stoiker und Epikureer als Extreme *(in utramque partem disserere)*, um dazwischen eine gemäßigte, mittlere Stufe anzusetzen.

Über die Unterdrückung der „Leidenschaften“ mit dem Ziel der „Leidenschaftslosigkeit“ schreibt der römische Stoiker Seneca, den man, weil er in nachchristlicher Zeit lebte, zur Jüngeren Stoa zählt:

> Utrum satius sit modicos habere affectus an nullos, saepe quaesitum est: nostri illos expellunt, Peripatetici temperant.

Aristoteles und seine Peripatetiker erweisen sich also wieder einmal als Männer der Mitte.

Bevor wir zum Cicero-Text über die stoische Güterlehre kommen, soll zunächst ein knappes Referat des „christlichen Cicero“ Laktanz über die stoische Affektenlehre als Überleitung dienen; es benennt schon die wesentliche Forderung der Stoiker: *omnes affectus exstirpare radicitus* – alle Affekte mit der Wurzel ausreißen.

Nam Stoici affectus omnes, quorum impulsu animus commovetur, ex homine tollunt, cupiditatem, laetitiam, metum, maestitiam: quorum duo priora ex bonis sunt aut futuris aut praesentibus; posteriora ex malis. Eodem modo haec quattuor morbos vocant, non tam natura insitos, quam prava opinione susceptos, et idcirco eos censent exstirpari posse radicitus, si bonorum malorumque opinio falsa tollatur. Si enim nihil censet sapiens bonum, nihil malum, nec cupiditate ardescet, nec laetitia gestiet, nec metu terrebitur nec aegritudine contrahetur.

Z. 2 f. Die Affekte werden also nach zwei Parametern eingeteilt, erstens: positive bzw. negative Färbung der Vorstellungen/Gefühle, zweitens: deren zeitliche Ausrichtung (Gegenwart/Zukunft).

3–6 Die jeweiligen Affekte beruhen stets auf „falschen Meinungen“, diese müssen durch den *lógos* korrigiert werden, damit man zur ersehnten Leidenschaftslosigkeit kommen kann (*apátheia* – vgl. Apathie)

6 **sapiens** – In den Schriften der Stoiker wird oft das Idealbild des Weisen entworfen, der all die geforderten Eigenschaften, die das stoische Menschenbild ausmachen, prototypisch in sich vereinigt. Von diesem *sapiens*, griech. *sophós*, sagt ein alter Stoiker, er sei so selten wie der Wundervogel Phönix, der sich alle 500 Jahre selbst erneuert.

5 Die utopische Position der Stoiker

Über die utopische Position der Stoiker, die den „ganzen Menschen“ aus dem Blick verliert, lesen wir in Ciceros *De finibus bonorum et malorum* (IV, 28 f.):

Chrysippus autem exponens differentias animantium ait alias earum corpore excellere, alias autem animo, non nullas valere utraque re; deinde disputat, quod cuiusque generis animantium statui deceat extremum. Cum autem hominem in eo posuisset, ut ei tribueret animi excellentiam, summum bonum id constituit, non ut excellere animus, sed ut nihil esse praeter animum videretur. Uno autem modo in virtute sola summum bonum recte poneretur, si quod esset animal, quod totum ex mente constaret, id ipsum tamen sic, ut ea mens nihil haberet in se, quod esset secundum naturam, ut valetudo est. Sed id ne cogitari quidem potest quale sit, ut non repugnet ipsum sibi.

Z. 1 **Chrysippus** – großer Systematiker der Alten Stoa, notorischer Vielschreiber
1 **animantium** – substantiviertes PPA, hier: Lebewesen, auch als Subst. ist dieses Wort entweder m., f. oder n., hier femininum.
1 f. **alias … alias** – die einen … die anderen
3 **extremum** – hier nicht räumlich oder zeitlich, sondern graduell; außerdem substantiviert, Sinn etwa: Maximalpotential.
4 **bonum** – substantiviert, wie deutsch: das Gut, Gegenteil: *malum*
6 **virtute sola** – in der Ethik der Alten Stoa sozusagen das *Credo* (vergleichbar mit Luthers *sola gratia*); *sola* ist Prädikativum: allein in der Tugend
6 **quod** – Indefinitpronomen, da enklitisch zu *si*.
8 **secundum naturam** – *secundum* ist hier Präposition (gemäß); der Ausdruck entspricht dem griechischen Vorbild *katá phýsin*. Cicero spielt hier offensichtlich mit der gängigen stoischen Formulierung, der Mensch müsse „gemäß der Natur leben“; nur versteht die Stoa unter der menschlichen Natur ausschließlich die Vernunftnatur, Cicero dagegen sieht im Menschen ein komplexes Naturwesen, das als solches auch den Widrigkeiten der Natur ausgeliefert sei; gegen die Utopie setzt er die Lebenswirklichkeit.
8 **ne … quidem** – nicht einmal

6 Die epikureische „Lust“

Dieser stoischen Konzeption des Menschen als eines vollkommen vernünftigen Wesens, welches gemäß dem *lógos* lebt, setzt Cicero in demselben Werk (I, 29 f.) das Menschenbild Epikurs entgegen:

Primum igitur, inquit, sic agam, ut ipsi auctori huius disciplinae placet: constituam, quid et quale sit id, de quo quaerimus, non quo ignorare vos arbitrer, sed ut ratione et via procedat oratio. Quaerimus igitur, quid sit extremum et ultimum bonorum, quod omnium philosophorum sententia tale debet esse, ut ad id omnia referri oporteat, ipsum autem nusquam. Hoc Epicurus in voluptate ponit, quod summum bonum esse vult, summumque malum dolorem, idque instituit docere sic: omne animal, simul atque natum sit, voluptatem appetere eaque gaudere ut summo bono, dolorem aspernari ut summum malum et, quantum possit, a se repellere, idque facere nondum depravatum ipsa natura incorrupte atque integre iudicante. Itaque negat opus esse ratione neque disputatione, quam ob rem voluptas expetenda, fugiendus dolor sit. Sentiri haec putat, ut calere ignem, nivem esse albam, dulce mel.

Z. 1 **agam** – hier etwa: vorgehen, argumentieren, verfahren
1 **auctori** – Epikur als Begründer *(auctor)* der Schule
3 **ratione et via** – klassischer Hendiadyoin, etwa: methodisch, systematisch
3 **extremum et ultimum** – Die griechische Philosophie spricht hier von *télos* – Ende, Vollendung, Zweck, was Cicero mit *finis* wiedergibt; daher der Titel des Buches *De finibus bonorum et malorum*, griechische Vorbilder tragen den Titel *perí telón*.
4 **bonorum** – substantiviertes Adjektiv, s. o.
5 **voluptate** – mit *voluptas* übersetzt Cicero den griechischen Begriff *hedoné* (vgl. Hedonismus), die „Lust", den Kernbegriff der epikureischen Ethik.
9f. **depravatum** – Prädikativum, etwa: (wenn es noch nicht) degeneriert sei.
9 **ipsa natura … iudicante** – ablativus absolutus; inhaltlich eine Spitze gegen die Stoiker: die Epikureer lehnen bei diesem Thema, um mit Kant zu sprechen, jegliches „Vernünfteln" ab.
10 **opus esse** – nötig sei, von *negat* abhängiger ACI; die Sache, die man nötig hat, steckt im Abl. *ratione …*
11 **ut** – wie zum Beispiel
12 **dulce** – ergänze *esse*

Um beim Begriff „Lust" von vorneherein Missverständnissen vorzubeugen, müssen wir zunächst Epikur selbst zu Wort kommen lassen; zum Glück sind einige seiner Briefe bei Diogenes Laertios überliefert; eine äußerst wichtige Lust-Definition finden wir in seinem dritten Brief (an Menoikeus):

> Wenn wir sagen, die Lust sei das Ziel, meinen wir nicht die Lüste der Schlemmer oder überhaupt die im sinnlichen Genuss liegenden Lüste, wie einige aufgrund ihrer Ignoranz, ihrer Vorurteile und absichtlicher Fehlinterpretation behaupten, sondern Abwesenheit von körperlichem Schmerz und von seelischer Unruhe.

Schlick behauptet wohl mit Recht, die Vorurteile gegen die Lust rührten aus der Erziehung im allerweitesten Sinn; die sittliche Beeinflussung der Menschen untereinander versuche, vorhandene Triebe einzudämmen und zu unterdrücken. Bei Epikurs Lust handelt es sich also um eine Art „negativen Glücksbegriff", sozusagen um das bescheidene Ziel eines „Verschont-Bleibens-von" („Ungestörtheit" – *ataraxía*), ein Ziel, das in der obigen Formulierung wie die Sehnsucht eines Leidgeprüften klingt. „Abwesenheit von körperlichem Schmerz und seelischer Unruhe" – in fast identischer Formulierung wird von der Weltgesundheitsorganisation (WHO) „Gesundheit" definiert. Tatsächlich wird überliefert, Epikurs körperliche Verfassung sei problematisch gewesen; er starb nach langer, schwerer Krankheit. Den erstrebten ruhigen Zustand der Seele vergleicht Epikur mit der glatten Meeresoberfläche bei Windstille *(galéne)*.

Cicero schreibt in *De finibus bonorum et malorum* (I, 37) über Epikurs *voluptas* (es spricht ein Epikureer):

Nunc autem explicabo, voluptas ipsa quae qualisque sit, ut tollatur error omnis imperitorum intellegaturque ea, quae voluptaria, delicata, mollis habeatur disciplina, quam gravis, quam continens, quam severa sit. Non enim hanc solam sequimur, quae suavitate aliqua naturam ipsam movet et cum iucunditate quadam percipitur sensibus, sed maximam voluptatem illam habemus, quae percipitur omni dolore detracto. Nam quoniam, cum privamur dolore, ipsa liberatione et vacuitate omnis molestiae gaudemus, omne autem id, quo gaudemus, voluptas est, ut omne, quo offendimur, dolor, doloris omnis privatio recte nominata est voluptas. Ut enim, cum cibo et potione fames sitisque depulsa est, ipsa detractio molestiae consecutionem affert voluptatis, sic in omni re doloris amotio successionem efficit voluptatis.

Z. 1 f. **error imperitorum** – Dieser Epikureer bei Cicero muss sich also gegen dieselben Vorurteile gegenüber der „Lust“ zur Wehr setzen wie der Meister selbst in seinem oben zitierten Brief gegen die Verunglimpfungen, die besonders von stoischer Seite (Zenon) gegen ihn lanciert wurden. Den Römern mit ihrem auf den tradierten „Römertugenden“ basierenden Menschenbild blieb der Epikureismus auf weite Strecken suspekt, auch wenn offenbar gerade in aristokratischen Kreisen der Epikureismus in Rom Anhänger fand, z. B. Caesar und Ciceros Freund und Verleger Atticus, Maecenas u. a.; doch Epikureer war man privat, nicht öffentlich. Dass später die christlichen Autoren den Epikureismus gänzlich ablehnten, ja geradezu verteufelten, liegt nicht nur am demokritisch-epikureischen Materialismus (s. u.) und Atheismus, sondern eben auch an der verfänglichen „Lust“; stand sie doch in einer gefährlichen semantischen Nähe zur *cupiditas*, der verkehrten Weltliebe, oder gar *concupiscentia* oder *libido*, wodurch das *secundum carnem vivere* und nicht das geforderte *secundum spiritum vivere* propagiert werde.

2 f. **voluptaria / delicata / mollis…** – auch in dieser Antithese dominiert die in der Rhetorik magische Zahl 3; Teil A setzt auf die Wirkung des Asyndetons, Teil B zudem auf die der Anapher.

2 f. **disciplina** – wie oft: Lehre, philosophische Schule, System

3 **quam gravis … sit** – indirekter Fragesatz, abhängig von *intellegatur.*

5 **habemus** – im Sinne von: halten für, davon abhängig ein doppelter Akkusativ

6 **omni dolore detracto** – ablativus absolutus, Kurzfassung der epikureischen Definition der „Lust“, wie sie oben von Epikur geboten wurde: „Abwesenheit von körperlichem Schmerz und seelischer Unruhe“.

7 Vernunft und „Lust" bei Cicero, Mill und Freud

Nicht nur in der Antike, z. B. bei Cicero, war der epikureische Lust-Begriff hinsichtlich einer Fehlinterpretation äußerst gefährdet. Über den hedonistischen Ansatz des Utilitarismus seines Lehrers Bentham, der also vom „Lustprinzip" ausgeht (griech. *hedoné* – Lust), schreibt Mill:

> Eine utilitaristische Lebensauffassung stößt bei vielen Menschen, darunter manchen, deren Fühlen und Trachten in höchstem Maße achtenswert ist, auf eingewurzelte Abneigung. Der Gedanke, daß das Leben keine höheren Zwecke habe als die Lust, (...) erscheint ihnen im äußersten Grade widrig und gemein, als eine Ansicht, die nur der Schweine würdig wäre, mit denen die Anhänger Epikurs ja schon sehr früh verächtlich gleichgesetzt wurden. (Übers. von Birnbacher)

Ähnlich kritische Komplimente und Metaphern benutzt auch Cicero, wenn er über Epikurs „Lust" spricht. Souverän sagt der römische Dichter und Epikureer Horaz, solche Vorwürfe aufgreifend, über sich selbst. „Ich bin ein Schwein aus der Herde Epikurs". Mill schreibt weiter:

> Auf Angriffe dieser Art haben die Epikureer stets geantwortet, daß nicht sie, sondern ihre Ankläger es sind, die die menschliche Natur in entwürdigendem Licht erscheinen lassen, da die Anklage ja unterstellt, daß Menschen keiner anderen Lust fähig sind als der, deren auch Schweine fähig sind. (Übers. von Birnbacher)

Auch wenn die oben dargestellte rigorose Position der Alten Stoa etwa durch einen der Lehrer Ciceros, Poseidonios, gemildert wurde, der lehrte, weder für die Natur im ganzen noch für den Menschen treffe es zu, dass der *lógos* unbestritten herrsche, und betonte, das Postulat der alten Stoiker, *secundum naturam vivere* (s. o. *natura* = *lógos*), werde der Lebenswirklichkeit nicht gerecht, und die Lehre von den Affekten revidierte, so ist doch die Ethik der Mittleren Stoa, mit der auch Cicero sehr sympathisiert, ein Exponent des über Epochen hinweg tradierten europäischen Vernunftoptimismus, der vollends erst durch Schopenhauer, der als „erster Denker ersten Ranges aus der europäischen Vernunftkirche ausgetreten ist" (Sloterdijk), dessen Schüler Nietzsche und die durch beide befruchtete Psychoanalyse als problematisch erwiesen wurde; Freud spricht hier von der Zerstörung einer „Menschheitsillusion". Das „Vernunftwesen" Mensch wird als „Triebwesen" erkannt. Nach Freud ist bekanntlich die Erkenntnis, dass der Mensch, dieses „bevorzugte Geschöpf Gottes nicht einmal Herr im eigenen Haus ist", die „empfindlichste Kränkung seiner naiven Eigenliebe."

Freud ist in unserem Kontext sehr lehrreich, weil er mit den Worten des Freud-Biographen L. Marcuse „ein militanter Epikureer war, dessen leise Ethik dem großen Epikur nicht unverwandt" ist.

Freuds Wissenschaft „diente der Lust". Epikurs „negatives Glücksziel", nämlich Abwesenheit von Schmerz und Unlust, wobei es ja nicht um das Erleben starker Lustgefühle geht, passt gut zu Freuds Satz: „Die Absicht, dass der Mensch glücklich sei, ist im Plan der Schöpfung nicht enthalten. Die Kultur ist ins Dasein gezwungen worden, um das Harte gnädig zu mildern."

Zur „Leidvermeidung" sucht der Epikureer die Ruhe; der epikureische Imperativ lautet: „Lebe im Verborgenen!“ Ausdrücklich wird empfohlen: „Betätige dich nicht politisch!“

„Ein Gärtchen, Feigen, Käse und drei oder vier gute Freunde – das war die Üppigkeit Epikurs“, schreibt Nietzsche.

Ein abschließendes Wort zur stoischen Illusion: Wenn Freud – gleichsam als Quintessenz seiner wissenschaftlichen Lebensleistung – von sich sagt, er habe „das Glück gehabt, das Unbewusste zu entdecken“, so gebührt diese Ehre vielleicht eher dem spätantiken Neuplatoniker Plotin (3. Jh.), dem „Vater der Philosophie des Unbewussten“. In Opposition zur stoischen Vernunft- und Bewusstseinsfixierung betont er die Bedeutung unbewusster Triebregungen, die auch für die Entfaltung des Glücks des Menschen von größter Bedeutung seien.

8 Epikurs Ruheglück

Der folgende Textabschnitt aus *De finibus bonorum et malorum* (I, 45) bietet zunächst eine epikureische Klassifizierung der Begierden und kommt dann auf den Begriff der „Ruhe“ zu sprechen; die Textstelle zeigt gut, dass es bei Epikurs „Lust“ nicht um einen momentanen Maximalausschlag auf einer Skala möglicher Lustgefühle geht, sondern um einen ausgeglichenen Dauerzustand der Seele.

Quae est enim aut utilior aut ad bene vivendum aptior partitio quam illa, qua est usus Epicurus? Qui unum genus posuit earum cupiditatum, quae essent et naturales et necessariae; alterum, quae naturales essent nec tamen necessariae; tertium, quae nec naturales nec necessariae. Quarum ea ratio est, ut necessariae nec opera multa nec inpensa expleantur. Ne naturales quidem multa desiderant, propterea quod ipsa natura divitias, quibus contenta sit, et parabiles et terminatas habet, inanium autem cupiditatum nec modus ullus nec finis inveniri potest. Quod si vitam omnem perturbari videmus errore et inscientia sapientiamque esse solam, quae nos a libidinum impetu et a formidinum terrore vindicet et ipsius fortunae modice ferre doceat iniurias et omnes monstret vias, quae ad quietem et tranquillitatem ferant, quid est, cur dubitemus dicere et sapientiam propter voluptates expetendam et insipientiam propter molestias esse fugiendam?

Z. 1 **qua** – Ablativobjekt zu *est usus* (nicht das Substantiv, sondern das Deponens *uti*)
2 **Qui** – relativischer Satzanschluss (Epikur)
2 **essent** – coniunctivus obliquus, „Konjunktiv der fremden Meinung“, wie in der deutschen indirekten Rede; so auch in der Fortsetzung des Referats.
4 **Quarum** – wieder relativischer Satzanschluss
4 **ratio** – natürlich nicht die „Vernunft“ der Begierden; bei diesem extrem kontextabhängigen Wort werden wir durch die neuzeitliche semantische Verengung in Fremdwörtern wie „rational“ u. ä. erfahrungsgemäß oft fehlgeleitet. Bei *ratio* lohnt es sich, zwei Feststellungen eines großen Kenners des Lateinischen aus dem 19. Jh., Krebs, zu beherzigen; erstens: *ratio* ist „neben *res* das wohl vieldeutigste Substantiv

der lateinischen Sprache“, zweitens: „Die Grundbedeutung von *ratio* ist das „Rechnen“, und hieraus leiten sich die übrigen Bedeutungen mit Leichtigkeit her“. Immerhin lebt ein weiterer semantischer Aspekt von *ratio*, das „Verhältnis“, in unserem Fremdwort „Ration“ weiter; in „rationell“ schwingt noch das „Rechnen“ mit.

5 **opera** – Abl. Sg., parallel zu **inpensa** (die „etymologische Schreibweise“ für *impensa*), welches nicht PPP, sondern Substantiv ist.

5 **ne ... quidem** – nicht einmal

8 **Quod si** – wenn also, wenn nun

8 **perturbari** – *perturbatio* ist der Gegenbegriff zur erstrebten *ataraxía.*

9 **quae ... vindicet** – konjunktivischer Relativsatz mit konsekutivem „Nebensinn“, im Deutschen natürlich Indikativ.

9 **impetu / terrore** – ablativus separativus, abhängig von *vindicet*, das hier „befreien“ bedeutet

10f. **quietem et tranquillitatem** – das Ziel in der epikureischen Psychologie, für welches EPIKUR ja gerne das Bild der Meeresruhe und Windstille gebraucht *(galéne)*. EPIKURS Bild der „Meeresruhe“ entspricht semantisch dem lat. *tranquillitas*; der Gegenbegriff ist hier: Bewegung, Aufregung. Der Kontrastbegriff zu *quies* ist „Tätigkeit“ / „Gefahr“; daher bedeutet *quies* auch Nachtruhe. Demnach ist das, was Cicero an EPIKURS Lebensmodell ablehnt, nicht die *tranquillitas*, sondern die *quies.*

11 **dubitemus** – *dubitare* mit Infinitiv: zögern

11f. **et ... et** – sowohl ... als auch

12 **expetendam** – aufgrund des Parallelismus war die Ellipse von *esse* zu erwarten; Gerundivum als Prädikatsnomen im ACI.

9 „Hedonistischer Egoismus“ vs. „patriotische Pflichterfüllung“

Da EPIKUR ein „Leben im Verborgenen“ empfahl und dazu riet, sich nicht politisch zu betätigen, konnte es nicht ausbleiben, dass man in Rom den Epikureern einen den Staatsgedanken schädigenden „hedonistischen Egoismus“ und sozusagen subversives Streben nach „Ruheglück“ vorwarf und eine patriotische Pflicht-Ethik dagegen hielt. Im politischen Kampf konnte man einen Gegner offenbar allein dadurch schon diskreditieren, dass man ihm Sympathien mit dem Epikureismus unterstellte. So greift Cicero seinen persönlichen Feind Piso (vgl. VIII, 3 und VIII, 7), der als „gekaufter“ Konsul des Jahres 58 mit Clodius gegen Cicero kollaboriert hatte, mit folgenden Worten an (*Pro Sestio* 23):

Laudabat homo doctus philosophos [...], sed tamen eos laudabat maxime, qui dicuntur praeter ceteros esse auctores et laudatores voluptatis. [...]. Eosdemque praeclare dicere aiebat sapientes omnia sua causa facere, rem publicam capessere hominem bene sanum non oportere; nihil esse praestabilius otiosa vita plena et conferta voluptatibus; eos autem, qui dicerent dignitati esse serviendum, rei publicae consulendum, officii rationem in omni vita, non commodi esse ducendam, adeunda pro patria pericula, volnera excipienda, mortem oppetendam, vaticinari atque insanire dicebat.

Z. 1 **laudabat** – Das tat Piso gemäß Cicero sogar immer wieder, daher Imperfekt (iterativ).

1 f. **qui dicuntur ... esse** – NCI im Relativsatz, etwa: von denen man sagt, dass sie ..., *auctores / laudatores* sind Prädikatsnomina.

3 **aiebat** – hiervon ist der ACI *eosdem dicere* abhängig, von *dicere* ein zweiter ACI: *sapientes ... facere.*

3 **sua causa** – ihrer selbst wegen

4 **nihil esse** – als Aussagesatz einer indirekten Rede mit ACI ausgedrückt; im Deutschen natürlich Konjunktiv I

4 **otiosa vita** – ablativus comparationis zu *praestabilius.*

5 **eos autem** – Subjektsakkusativ des ACI, gehört mit *vaticinari ... dicebat* (Z. 7/8) zusammen.

5 **qui dicerent** – Da dieser Nebensatz vom ACI / indirekte Rede abhängig ist, steht er im Konjunktiv; auch dieser Nebensatz ist von der Konstruktion ACI dominiert, die asyndetische Reihung gewinnt durch die Ellipsen von *esse* bei *adeunda, excipienda, oppetendam* noch an Prägnanz.

5 f. **rei publicae consulendum** – auch hier ist *esse* zu ergänzen; zu beachten ist die Kasusrektion: *consulere* bedeutet in Verbindung mit einem Dativ „sorgen für“.

6 **rationem ... ducendam** – wie *rationem habere*: Rücksicht nehmen auf. Über *ratio* wurde kurz zuvor gesprochen; der Tipp des Altmeisters Krebs, von der Grundbedeutung „Rechnung“ auszugehen, geht auch hier auf: einer Sache Rechnung tragen.

7 **adeunda ... pericula** – idiomatisch: *periculum subire / adire* – eine Gefahr auf sich nehmen; alle sechs Gerundiva des Relativsatzes haben Nezessitätscharakter, da *esse* jeweils entweder steht oder zwar aus rhetorischen Gründen weggelassen wurde, aber mitzudenken ist.

Auch der griechische Philosoph und Historiker Plutarch macht den Epikureern deren Streben nach „Ruheglück“ und apolitische Haltung zum Vorwurf; die Epikureer profitierten von den Vorzügen des Gemeinwesens, ohne selbst etwas für dessen Gedeihen zu tun, sie gefährdeten den Staat, „indem sie sich und ihre Anhänger aus dem politischen Leben heraushalten und sich damit herausreden, dass großer Einfluss und Ämter keinen Vergleich mit den Kostbarkeiten eines in Frieden gelassenen Geistes aushalten.“

Warum der Patriot Cicero in ethischen Fragen dem gemäßigten Stoizismus nahe steht, wird deutlich, wenn man sich vor Augen hält, dass nach der Lehre besonders der Mittleren Stoa der Mensch nur in der Gemeinschaft lebensfähig ist. Schon Aristoteles hatte den Menschen als *zóon politikón* definiert, ein Lebewesen, das auf den Staat hin ausgelegt ist und hatte damit auf die soziale Dimension des Mensch-Seins verwiesen. Aristoteles hatte hierbei den griechischen Stadtstaat, die Polis, im Auge; bei den Stoikern weitet sich der Horizont, wie bereits gezeigt, von der Polis zur Kosmopolis, der Mensch wird ein kosmopolitisches Wesen. Der Stoiker Epiktet schreibt: „Wir sind alle Brüder und haben in gleicher Weise Gott zum Vater“. Der Mensch sei daher zur allgemeinen Menschenliebe, Wohltätigkeit, Sanftmut und Milde verpflichtet. Der römische Stoiker Seneca, der, anders als Cicero, den knapp gehaltenen sententiösen Stil liebte, formulierte eine griffige stoische Lebensregel:

Alteri vivas oportet, si vis tibi vivere.

Die bereits in IX B 4 vorgestellte stoische Konzeption einer Kosmopolis stellt ja ein Welt- und Menschenbild dar, in dem völlig vernünftige Individuen gemäß einem den gesamten Kosmos durchwaltenden Vernunftgesetz, also in einem vernunftbestimmten Miteinander, ihr Dasein gestalten.

10 Die stoische *oikeiosis*-Lehre

Ein zentraler Begriff in der Anthropologie und Ethik der Stoiker ist *oikeíosis*, d. h. etwa: Ausrichtung auf das, was einem „zugehörig“ und „verwandt“ ist; die *oikeíosis*-Lehre ist demnach die Lehre vom natürlichen Verhalten. Nach stoischer Lehre steht der Mensch durch die Teilhabe am *lógos*, der den ganzen Kosmos durchwaltenden Vernunft, mit diesem Kosmos in einem Einheit stiftenden Sympathiezusammenhang. Der Einzelne erkennt im Laufe seiner Entwicklung in einem fortschreitenden Selbstwahrnehmungsprozess seine eigene Identität, erkennt in der von der Vernunft geprägten Tugend sein persönliches Interesse, erkennt, dass er ein *koinonikón zóon*, ein „Gemeinschaftswesen“ ist, erkennt, dass er aufgrund seiner Vernunftnatur, die ihn sogar mit den Göttern verbindet – der Kosmos ist ja nach stoischer Lehre der gemeinsame Staat von Göttern und Menschen –, ein *civis totius mundi* ist. Der Mensch leitet schließlich aus diesen Einsichten die Normen für sein Verhalten ab.

Zum folgenden Cicero-Text: Nachdem Cicero gemäß seiner dialektischen Technik im ersten Buch von *De finibus bonorum et malorum* die Ethik Epikurs präsentiert hat, diese dann im zweiten widerlegt wurde, handelt das dritte Buch, aus dem hier ein Textabschnitt präsentiert wird (III, 64 ff.), von der Ethik der Stoa, im vierten Buch folgt dann die Diskussion der stoischen Position, im fünften Buch, dem letzten, wird abschließend die vermittelnde Position des Peripatos präsentiert, der, wie so oft bei Cicero, mit der Akademie zusammengenommen wird.

Itaque natura sumus apti ad coetus, concilia, civitates. Mundum autem censent regi numine deorum, eumque esse quasi communem urbem et civitatem hominum et deorum, et unumquemque nostrum eius mundi esse partem; ex quo illud natura consequi, ut communem utilitatem nostrae anteponamus.
Ut enim leges omnium salutem singulorum saluti anteponunt, sic vir bonus et sapiens et legibus parens et civilis officii non ignarus utilitati omnium plus quam unius alicuius aut suae consulit. Nec magis est vituperandus proditor patriae quam communis utilitatis aut salutis desertor propter suam utilitatem aut salutem. Ex quo fit, ut laudandus is sit, qui mortem oppetat pro re publica, quod deceat cariorem nobis esse patriam quam nosmet ipsos.

Quoniam illa vox inhumana et scelerata ducitur eorum, qui negant se recusare, quominus ipsis mortuis terrarum omnium deflagratio consequatur – quod vulgari quodam versu Graeco pronuntiari solet –, certe verum est etiam iis, qui aliquando futuri sint, esse propter ipsos consulendum. Ex hac animorum affectione testamenta commendationesque morientium natae sunt.

Quodque nemo in summa solitudine vitam agere velit ne cum infinita quidem voluptatum abundantia, facile intellegitur nos ad coniunctionem congregationemque hominum et ad naturalem communitatem esse natos. Impellimur autem natura, ut prodesse velimus quam plurimis imprimisque docendo rationibusque prudentiae tradendis. Itaque non facile est invenire, qui, quod sciat ipse, non tradat alteri; ita non solum ad discendum propensi sumus, verum etiam ad docendum.

Z. 1 **coetus, concilia, civitates** – Asyndeton, Alliteration, Klimax; *coetus* hat bloß den Akt des „Zusammengehens" im Blick, *concilia* schon eine geordnete Vereinigung, *civitates* schließlich deren höchste und vollkommenste Form, den Staat. Einen andersartigen Dreischritt in der Stufung menschlicher Gemeinschaftsformen konstatiert Aristoteles in seiner *Politik*: Haus, Dorf, Polis.

3 **unumquemque** – von *unusquisque*

3 **nostrum** – hier partitiver Genitiv des Personalpronomens *nos*, nicht etwa das formgleiche Possessivpronomen.

6 **ignarus** – zieht den genitivus obiectivus *civilis officii* nach sich.

7 **consulit** – wie schon häufiger: *consulere* mit Dativ: sorgen für

7 f. **proditor patriae ... utilitatis ... desertor** – Der Vergleich wird durch den Chiasmus unterstrichen.

10 **nosmet** – das enklitische (angehängte) *-met* dient der Heraushebung.

11 **ducitur** – mit doppeltem Nominativ bedeutet *ducere* „halten für".

12 **ipsis mortuis** – ablativus absolutus, *mortuis* ist hier Partizip Perfekt non *mori*, nicht das daraus abgeleitete Adjektiv.

12 f. **vulgari ... versu** – man denke an unser: „Nach mir die Sintflut!"

13 **verum est** – von diesem unpersönlichen Ausdruck ist ein um den Subjektsakkusativ „verkürzter" ACI abhängig, da unpersönlich, also subjektlos, formuliert: *consulendum esse* (Gerundivum).

16 **Quodque** – wie *et quod* (weil)

16 **velit** – Konjunktiv Präsens als Potentialis

16 **ne ... quidem** – nicht einmal

19 **quam plurimis** – quam mit Superlativ: möglichst

19 f. **rationibus tradendis** – sog. Gerundiv-Konstruktion, also ohne Notwendigkeitscharakter, funktional gleichwertig dem Gerundium *docendo*.

21 **tradat** – konjunktivischer Relativsatz mit konsekutivem Nebensinn; da von diesem Nebensatz ein weiterer Nebensatz abhängig ist, steht dieser im Zuge der beliebten Modusangleichung (*attractio modi* in konjunktivischen Nebensätzen) ebenfalls im Konjunktiv. Das klassische Latein hat ja den Anwendungsbereich des Konjunktivs in enormem Maße sich erweitern lassen; für deutsches Empfinden steht er oft ohne ersichtlichen Grund und wird, wie auch hier, mit dem Indikativ übersetzt. Man kann aus dem Konjunktiv *sciat* eine konzessive Sinnfärbung herauslesen.

11 „Freundschaft“ bei Aristoteles und Cicero

Freundschaft ist in der antiken Philosophie ein viel behandeltes Thema; so hat z.B. PLATON einen Dialog über dieses Thema geschrieben – darin folgt ihm sein Bewunderer Cicero. Freundschaft ist „etwas für das Leben dringend Notwendiges, denn ein Leben ohne Freundschaft würde niemand wählen wollen, wenn er auch alle anderen Güter hätte“, schreibt ARISTOTELES in seiner *Nikomachischen Ethik*, deren achtes und neuntes Buch er ganz der Freundschaft widmet; der Umfang der Ausführungen zeigt schon, welche Bedeutung der *philía* im Rahmen der Ethik zukommt.

Da die Klassifikationsparameter der verschiedenen Arten von Freundschaft und überhaupt von Lebensformen und Gütern bei ARISTOTELES, dem großen „Zusammenfasser“, der gerade in der Ethik allgemeingriechisches Gedankengut aufgreift, griffig präsentiert sind und in dieser Form in der Philosophie des Hellenismus und damit auch bei Cicero stark nachgewirkt haben, sollen hier einige wenige grundlegende Klassifikationen vorgeführt werden.

ARISTOTELES liebt in seinen uns erhaltenen Schriften, die eine Art Vorlesungsmanuskripte in Telegrammstil sind (seine von ihm veröffentlichten Werke sind uns nur in ganz wenigen Fragmenten erhalten und waren nach dem Urteil Ciceros wahre sprachliche Kunstwerke) das knappe Klassifizieren; so unterscheidet er drei „Lebensweisen“, erstens das auf die Lust *(hedoné)* ausgerichtete Genussleben, das er „das Leben des Viehs nennt“, was Cicero ja, bezogen auf EPIKURS „Lust“, wiederholen wird, zweitens den auf die Polis ausgerichteten *bíos politikós* oder *praktikós* und schließlich drittens den auf die Wissenschaft, auf das „Schauen“ *(theoría)* ausgerichteten *bíos theoretikós; bíos theoretikós* und *bíos praktikós* sind die griechischen Vorbilder für die allbekannten lateinischen Begriffe *vita contemplativa* und *vita activa*.

Ebenso griffig teilt er die Güter in drei Klassen ein: äußere (z.B. Besitz), körperliche (z.B. Schönheit) und seelische.

Auch die Freundschaft, die er ein „gegenseitiges, beiden Teilen bewusstes Wohlwollen“ nennt und als „Aufgeschlossenheit und Verbindlichkeit, Mitte zwischen aufdringlicher Gefallsucht oder berechnender Schmeichelei und abwehrender Selbstverhärtung sowie Streitsucht“ (Übers. von MÜLLER) definiert, teilt er in drei Arten ein, die in dieser Klassifizierung besonders in der stoischen Philosophie kanonische Geltung erhielten: erstens Freundschaft um des Vergnügens willen, zweitens um des Nutzens willen, drittens um der Tugend willen, wobei nur die dritte ethischen Wert habe; auch für die rigorosen Stoiker ist die einzig wahre Freundschaft die um der Tugend willen; diese sei einzig unter Weisen zu finden.

Für EPIKUR ist die Freundschaft für die *eudaimonía* (Glück) notwendig: „Unter allem, was die Weisheit zum Glück des Lebens beiträgt, ist nichts größer, nichts fruchtbarer, nichts freudvoller als die Freundschaft“; „man wählt die Freundschaft um der Lust willen, aber für seine Freunde nimmt man die größten Schmerzen auf sich“. (Übers. von HIRSCHBERGER)

12 Der Dialog *Laelius de amicitia*

Die aristotelische Gliederung der Freundschaft in drei Arten wurde also bei den Stoikern kanonisch, in Ciceros Dialog *Über die Freundschaft* ist sie wohl nicht zuletzt auch deshalb anzutreffen, weil Cicero hier, wie Gellius berichtet, die Monographie des Aristoteles-Schülers Theophrast *Über die Freundschaft* als Quelle benutzte.

Auch in diesem Dialog finden wir Ciceros „dialektische Technik" in mustergültiger Form angewandt.

Das aus Ciceros Sicht negative Extrem ist die Position Epikurs, wie er sie deutet: Freundschaft um des Nutzens willen; Das zwar sehr löbliche, aber utopische Extrem ist die Lehre der Stoa, wahre Freundschaft gebe es nur zwischen Weisen, natürlich nur um der Tugend willen. Cicero favorisiert mit dem und über den Gesprächsteilnehmer Laelius eine gemäßigte Position. Typisch für Ciceros Interpretation Epikurs ist, dass diese „niedrige" Position *(humilis)* Attribute erhält wie *contemptus* und ein Vergleich mit dem „Vieh" herangezogen wird *(pecudum ritu)*. Die „hohe" *(altum)*, stoische „positive" Extremposition wird mit den Attributen *divinus* und *magnificus* versehen.

Der Dialog *Laelius* gehört zu denjenigen philosophischen Gesprächen Ciceros, die er in einer Art „Rückblende" in die „gute alte Zeit" zurückversetzt, die Zeit der römischen Republik des 2. Jhs. v. Chr.; Cicero datiert diesen Dialog auf das Jahr 129 und lässt als den Protagonisten Laelius auftreten, einen Freund des Scipio Africanus minor, des Zerstörers Karthagos im sog. dritten Punischen Krieg; derselbe Laelius tritt auch in *De re publica* und im *Cato maior de senectute* auf (s. u.). Cicero versetzt seinen Dialog also in die Zeit der Pioniere der Verpflanzung der griechischen Philosophie nach Rom; Laelius war ein Anhänger des Stoikers Panaitios und gehörte zum bereits erwähnten Scipionenkreis, einem gräkophilen Intellektuellenzirkel. Im denkwürdigen Jahr 155 verkehrte er mit den griechischen Philosophen, die als Gesandte Athens in Rom weilten, bevor Cato, besorgt um die „geistige Hygiene" in Rom, sie des Landes verweisen ließ, Cato, der „Griechenhasser", der in seinen späten Jahren doch noch den Wert der griechischen Geisteskultur zu schätzen lernte und sich die Kenntnis der griechischen Sprache aneignete.

Verfasst wurde der Dialog im Frühjahr 44, kurz nach Caesars Tod (15. 03. 44); da die Schrift von der Freundschaft handelt, hat Cicero sie seinem besten Freund Atticus gewidmet. Der Protagonist sagt über die Freundschaft Folgendes (*Laelius,* 29 ff.):

Quam si qui putant ab inbecillitate proficisci, ut sit, per quem adsequatur, quod quisque desideret, humilem sane relinquunt et minime generosum, ut ita dicam, ortum amicitiae, quam ex inopia atque indigentia natam volunt. Quod si ita esset, ut quisque minimum esse in se arbitraretur, ita ad amicitiam esset aptissimus; quod longe secus est. Ut enim quisque sibi plurimum confidit et ut quisque maxime virtute et sapientia sic munitus est, ut nullo egeat suaque omnia in se ipso posita iudicet, ita in amicitiis expetendis colendisque maxime excellit. Quid enim? Africanus indigens mei? Minime hercule! Ac ne ego quidem illius; sed ego admiratione quadam virtutis eius, ille vicissim opinione fortasse non nulla,

quam de meis moribus habebat, me dilexit; auxit benevolentiam consuetudo. Sed quamquam utilitates multae et magnae consecutae sunt, non sunt tamen ab earum spe causae diligendi profectae.
Ut enim benefici liberalesque sumus, non ut exigamus gratiam (neque enim beneficium faeneramur, sed natura propensi ad liberalitatem sumus), sic amicitiam non spe mercedis adducti, sed quod omnis eius fructus in ipso amore inest, expetendam putamus.
Ab his, qui pecudum ritu ad voluptatem omnia referunt, longe dissentiunt, nec mirum; nihil enim altum, nihil magnificum ac divinum suspicere possunt, qui suas omnes cogitationes abiecerunt in rem tam humilem tamque contemptam. Quam ob rem hos quidem ab hoc sermone removeamus, ipsi autem intellegamus natura gigni sensum diligendi et benivolentiae caritatem facta significatione probitatis.

Z. 1 **quam** – relativischer Satzanschluss; die letzten Worte des Vorsatzes: ... *exardescit benivolentiae magnitudo*

1 **qui** – enklitisch zu *si*, daher Indefinitpronomen.

3 **ortum** – hier das deverbative Substantiv, nicht mehr das Partizip Perfekt.

3 **quam ... natam volunt** – ACI im Relativsatz / relativische Verschränkung des ACI mit Ellipse von *esse*.

3 **quod** – relativischer Satzanschluss

4 **ut quisque .../ita ...** – dieses *ut* hat hier eine Art Sonderfunktion, ist Teil einer idiomatischen Wendung: das deutsche *je mehr einer .../ desto ...* kann der Lateiner entweder mit *quo quis .../ eo...* mit Komparativ oder, wie hier, mit *ut quisque .../ ita ...* mit Superlativ ausdrücken. Diese Wendung wird weiter unten wieder aufgegriffen!
Alle drei Teilsätze des Gesamtsatzes sind als Irrealis der Gegenwart formuliert (Konj. Impf.).

6 **nullo egeat** – *egere* hier mit Abl., sonst auch mit Gen.

6f. **omnia ... posita iudicet** – doppelter Akkusativ

7 **in amicitiis expetendis** – sog. Gerundiv-Konstruktion, also ohne Nezessitätscharakter, äquivalent mit Gerundium.

8 **indigens mei** – *indigens* (PPA) mit Genitiv (genitivus obiectivus): *mei* ist hier Genitiv des Personalpronomens *ego*, nicht des im Genitiv formgleichen Possessivpronomens.

8 **ne ... quidem** – nicht einmal

9 **virtutis eius** – *eius* ist genitivus possessivus zu *virtutis*, dieses genitivus obiectivus zu *admiratione*.

15 **adducti** – klassisches participium coniunctum zum Subjekt, das in *putamus* steckt.

14ff. **amicitiam ... expetendam putamus** – weit ausladender doppelter Akkusativ, die adverbialen Bestimmungen dazu stehen in der Klammer des Hyperbatons, und zwar in *variatio*: einmal als participium coniunctum *(adducti)*, dann in der Antithese als subjunktionaler Nebensatz.

17 **referunt** – hier etwa: zurückführen auf, beziehen auf

20 **removeamus / intellegamus** – Konj. Präs. im Hauptsatz als (Ad-)hortativus.

21 **facta significatione** – ablativus absolutus

13 Freundschaft: Die Extremposition der Stoiker

Im Folgenden bringt Laelius (17 f.) seine – und Ciceros – Bedenken gegenüber der utopischen Extremposition der Stoiker zum Ausdruck; Laelius bevorzugt den *common sense (vita communis).*

Ego vos hortari tantum possum, ut amicitiam omnibus rebus humanis anteponatis; nihil est enim tam naturae aptum, tam conveniens ad res vel secundas vel adversas. Sed hoc primum sentio nisi in bonis amicitiam esse non posse; neque id ad vivum reseco ut illi, qui haec subtilius disserunt, fortasse vere, sed ad communem utilitatem parum; negant enim quemquam esse bonum nisi sapientem. Sit ita sane; sed eam sapientiam interpretantur, quam adhuc mortalis nemo est consecutus. Nos autem ea, quae sunt in usu vitaque communi, non ea, quae finguntur aut optantur, spectare debemus.

Z. 2 f. **res secundas / adversas** – Da das Lateinische relativ wortarm ist, besonders arm an Substantiven ist, greift es in dieser Beschränktheit oft zu Umschreibungen, gibt dabei einfachen Wörtern den Vorzug vor einem Kompositum; die Armut der lateinischen Sprache an Komposita hat schon in der Antike der Rhetorikprofessor QUINTILIAN festgestellt. Sehr beliebt sind konkrete Pluralia, wo der Deutsche ein singularisches Abstraktum wählt: *vitae rationes* – Lebensplan, *res maritimae* – Seewesen; in unserem Fall: *res adversae* – Unglück, *res secundae* – Glück; *secundae* ist eine Weiterbildung von *sequundae*, d. h. altes „Partizip" Präsens zu *sequi*, also eigentlich: folgend (*secundus* – der folgende, also: zweite); *res secundae* heißt also ursprünglich etwa: „Dinge, die (dem Wunsch / dem guten Lauf) folgen"; vgl. *ventus secundus* – *Rücken*wind.

4 **ad vivum reseco** – bildhafte idiomatische Wendung, wörtlich: „bis ans Lebendige, bis ans Fleisch wegschneiden", übertragen: etwas im strengsten Sinn verstehen, haarscharf nehmen.

4 **illi** – die Stoiker

5 **sit** – dieser Konjunktiv drückt eine Einräumung aus: mag sein …

14 Der Dialog *Cato maior de senectute*

Auch der kurze Dialog *Cato maior* – also Cato der Ältere, der schon genannte „Sittenstrenge", der „Griechenhasser" – ist wie der Dialog *Laelius* in die „gute alte Zeit" Roms zurückversetzt, 150 v. Chr., also kurz vor der Zerstörung Karthagos (dritter Punischer Krieg). Er wurde wie *Laelius* in der Zeit der Verschwörung gegen Caesar verfasst. Thema ist das Alter, daher der thematische Untertitel *de senectute.* Im einleitenden Teil wird die thematische Struktur des Dialogs vorgezeichnet (*Cato* 15):

Etenim cum conplector animo, quattuor reperio causas, cur senectus misera videatur, unam quod avocet a rebus gerendis, alteram quod corpus faciat infirmius, tertiam quod privet fere omnibus voluptatibus, quartam quod haud procul absit a morte. Earum, si placet, causarum quanta quamque sit iusta una quaeque, videamus.

Z. 3 **voluptatibus** – ablativus separativus, abhängig von *privet*
4 **quamque** – wie *et quam*
4 **quaeque** – das Femininum zu *quisque*
4f. **videamus** – Konj. Präs. als (Ad-)hortativus

Im Folgenden wird in orphisch-pythagoreisch-platonischer Argumentation (s. u.) der dritte der oben genannten Kritikpunkte behandelt. Die Begierden und die Lüste erscheinen als Feinde *(inimici)* des Geistes. Eine der sechs seit den spätantiken Aristoteles-Kommentatoren kanonischen Definitionen der Philosophie lautet: „Philosophie ist Einübung in den Tod"; die in lateinischer Sprache schreibenden Philosophen sagen später: *meditatio mortis*, nach Platons *meléte thanátu*; Diese Definition umreißt griffig die Vorstellung von der Reinigung der Seele von den Irritationen der Begierden und Leidenschaften, vom Irrationalen, den Imperativ der Absonderung der Seele vom Körperlichen, einen Imperativ, der mitunter geradezu eine Art Weltflucht propagiert. Das ist nach Sokrates (in Platons Dialog *Phaidon*) „das Geschäft des Philosophen", die „Befreiung und Absonderung der Seele von dem Leibe", die wahrhaft Philosophierenden „trachten danach zu sterben". Der „Triebverzicht" erscheint hier als Kultur und Sittlichkeit stiftender Faktor (*Cato* 39 ff.):

Sequitur tertia vituperatio senectutis, quod eam carere dicunt voluptatibus. O praeclarum munus aetatis, siquidem id aufert a nobis, quod est in adulescentia vitiosissimum! Accipite enim, optimi adulescentes, veterem opinionem Archytae Tarentini, magni in primis et praeclari viri, quae mihi tradita est, cum essem adulescens Tarenti cum Q. Maximo.

Nullam capitaliorem pestem quam voluptatem corporis hominibus dicebat a natura datam, cuius voluptatis avidae libidines temere et effrenate ad potiundum incitarentur. Hinc patriae proditiones, hinc rerum publicarum eversiones, hinc cum hostibus clandestina colloquia nasci, nullum denique scelus, nullum malum facinus esse, ad quod suscipiendum non lubido voluptatis inpelleret, stupra vero et adulteria et omne tale flagitium nullis excitari aliis inlecebris nisi voluptatis; cumque homini sive natura sive quis deus nihil mente praestabilius dedisset, huic divino muneri ac dono nihil tam esse inimicum quam voluptatem; nec enim lubidine dominante temperantiae locum esse neque omnino in voluptatis regno virtutem posse consistere. Quod quo magis intellegi posset, fingere animo iubebat tanta incitatum aliquem voluptate corporis quanta percipi posset maxima; nemini censebat fore dubium, quin tam diu, dum ita gauderet, nihil agitare mente, nihil ratione, nihil cogitatione consequi posset.

Z. 1 **voluptatibus** – ablativus separativus, abhängig von *carere*
2 **praeclarum munus** – Akkusativ des Ausrufs; Klarheit in der Begrifflichkeit gehört

zum Kerngeschäft eines Juristen, daher enthält das *Corpus Iuris Civilis* ein Kapitel *De verborum significatione*; zu *munus* heißt es dort (Paulus): *munus tribus modis dicitur, uno donum, et inde munera [...] mittere, altero onus, [...], inde immunitatem appellari, tertio officium, [...], unde munera militiae.*

3 **Archytae** – Archytas von Tarent in Süditalien (Magna Graecia), berühmter Pythagoreer der ersten Hälfte des 4. Jhs. v. Chr. (von den Vorsokratikern gehört ja Pythagoras zu den *Italikoí*). Cato der Ältere *(Cato maior)*, nach dem der Dialog benannt ist und der als Gesprächspartner auftritt (Z. 4: *mihi*), hatte während des 2. Punischen Krieges („Hannibal-Krieg") an der Einnahme von Tarent im Jahre 209 durch den römischen Feldherrn Q. Fabius Maximus Cunctator teilgenommen.

6 **nullam** – ab hier bis Z. 15 ist der Text als Referat *(dicebat)* in indirekter Rede formuliert.

6 ff. Als Pythagoreer steht Archytas in der Seelenlehre in der Nähe Platons, der in diesem Punkt stark von pythagoreischem Gedankengut beeinflusst ist; in Platons Dialog *Phaidon* entfaltet der zum Tode verurteilte Sokrates einen ähnlichen Gedankengang wie unsere Textstelle: „Denn der Leib macht uns tausendfach zu schaffen wegen der notwendigen Nahrung, dann auch, wenn uns Krankheiten zustoßen, hindern uns diese, das Wahre zu erjagen, und auch mit Gelüsten und Begierden, Furcht und mancherlei Schattenbildern und vielen Kindereien erfüllt er uns; so dass recht in Wahrheit, wie man auch zu sagen pflegt, wir um seinetwillen nicht einmal dazu kommen, auch nur irgendetwas richtig einzusehen, denn auch Kriege und Unruhen und Schlachten erregt uns nichts anderes als der Leib und seine Begierden." (Übersetzung von Schleiermacher) Eine gängige griechische Formel in diesem Kontext, die sich die rhetorischen Mittel Ellipse und Paronomasie zunutze macht, hieß: *sóma séma*, d. h. „der Körper ist das Grab", nämlich der Seele.

7 **cuius voluptatis** – genitivus obiectivus zu *avidae*, der Satz zeigt also gut: *libido* ist das Verlangen, *voluptas* die Erfüllung desselben; siehe auch weiter unten: *libido voluptatis*, auch dort ist *voluptatis* syntaktisch ein genitivus obiectivus.

8/9 auffällig die Anaphern: *hinc, hinc, hinc / nullum, nullum*; sie sorgen für Nachdruck.

10 f. **stupra / adulteria** – im *Corpus Iuris Civilis* heißt es dazu: *lex stuprum et adulterium promiscue [...] appellat, sed proprie adulterium in nupta committitur propter partum ex altero conceptum composito nomine: stuprum vero in virginem viduamque committitur.*

12 **quis** – Indefinitpronomen zu *deus*, da enklitisch zu *sive*

12 **mente** – ablativus comparationis zu *praestabilius*

13 f. **lubidine dominante** – ablativus absolutus; *lubidine* ist ein Archaismus.

14 **temperantiae** – dativus finalis zu *locum*

15 **quo magis** – *quo* steht hier für *ut eo* (ablativus mensurae): damit umso

17 **fore** Kurzform für *futurum esse*

D Theologie

1 Der „Gott der Stoiker“ vs. epikureische „Götterlehre“

Auch in *De natura deorum,* einer äußerst wichtigen Quelle zu der philosophischen Theologie der Antike, bilden die Stoiker und Epikureer die Antipoden, zwischen denen eine gemäßigte Position vermittelt. Eines vorab: In der Naturphilosophie und Theologie handelt es sich sowohl beim Stoizismus als auch Epikureismus um „materialistische“ Positionen. Weder die einen noch die anderen kennen einen transzendenten Gott. Für Epikur, den Fortsetzer des vorsokratischen Atomismus des Leukipp und Demokrit, der Begründer des Materialismus in Europa, besteht die Welt ausschließlich aus unteilbaren Materieteilchen (*á-tomos* = unteilbar), die sich nach dem Zufallsprinzip im „Leeren“ bewegen. Eine Vorsehung, wie sie die Stoiker zugrunde legen, gibt es in diesem Weltbild nicht. Wenn es Götter gibt, so die Theorie, dann leben sie abgeschieden und selig in den Bereichen zwischen den unzähligen Kosmen, in den „Intermundien“ oder „Metakosmien“. In der Antike war es – wie heute – strittig, ob Epikur an die Existenz von Göttern glaubte. Der erste der uns überlieferten 40 „Hauptlehrpunkte“ Epikurs *(Kýriai dóxai)* hat die Götter zum Thema und lautet: „Das glückselige und unvergängliche Wesen hat weder selbst Probleme noch bereitet es jemandem Probleme; daher kennt es weder Regungen der Wut noch der Gunst, denn all solche Regungen implizieren Schwäche.“

Da auch die Stoiker letztlich Materialisten sind, kennen sie nur einen der Welt immanenten Gott; sie nennen den Kosmos den „sinnlich wahrnehmbaren Gott“, Gott ist für sie „der reinste Körper“. Im Rückgriff auf den Vorsokratiker Heraklit, den Dunklen von Ephesos, sehen sie die schöpferische göttliche Vernunft im heraklitischen Feuer verkörpert, das in periodischem Wechsel die Welt in einem kosmischen Brand *(ekpýrosis)* vergehen und neu entstehen lässt.

Der Kirchenvater Laktanz schreibt – sehr griffig – über den immanenten Gottesbegriff der Stoiker in Absetzung zum transzendenten christlichen Gott:

> At isti uno naturae nomine duas res diversissimas comprehendunt, deum et mundum, artificem et opus, dicuntque alterum sine altero nihil posse, tamquam natura sit deus mundo permixtus, [...], deus ipse mens mundi et mundus sit corpus dei. Quasi vero simul esse coeperint mundus et deus ac non ipse mundum fecerit.

Die Seelenlehre und die Theologie der Stoiker kritisiert später Augustinus mit folgenden Worten:

> [...] cum Zeno sua quadam de mundo et maxime de anima, propter quam vera philosophia vigilat, sententia delectaretur, dicens eam esse mortalem, nec quicquam esse praeter hunc sensibilem mundum, nihil in eo agi nisi corpore; nam et deum ipsum ignem putabat.

In der Antike differenzierte man – wie bereits erwähnt – zwischen einer „physischen“ Theologie der Philosophen, einer „mythischen“ der Dichter und einer „gesetzlichen“ der Stadt bzw. des Staates.

Die philosophische Theologie des Altertums beginnt mit einer Kritik; der Vorsokratiker XENOPHANES beklagt den Anthropomorphismus der Göttervorstellung, wie er bei den Dichtern üblich sei: „Alles haben den Göttern Homer und Hesiod angehängt, was nur bei Menschen Schimpf und Tadel ist: Stehlen und Ehebrechen und einander Betrügen“ (Übersetzung von DIELS / KRANZ).

Nicht nur XENOPHANES, dessen berühmte Verse über die Begrenztheit des menschlichen Wissens bereits zweimal zitiert wurden, spricht damals von der Beschränktheit des menschlichen Verstandes und der Unmöglichkeit, Sicheres über die Götter auszusagen. Ähnlich skeptisch äußert sich im 5. Jh. der Sophist PROTAGORAS: „Über die Götter allerdings habe ich keine Möglichkeit zu wissen weder daß sie sind, noch daß sie nicht sind, noch, wie sie etwa an Gestalt sind; denn vieles gibt es, was das Wissen hindert: die Nichtwahrnehmbarkeit und daß das Leben des Menschen kurz ist“. (Übersetzung von DIELS / KRANZ).

Auf die metaphysische Theologie der beiden Meister der klassischen griechischen Philosophie kann hier nicht eingegangen werden; denn *theología* meint in der Terminologie des ARISTOTELES – neben dem Begriff „Erste Philosophie“ – das, was wir Metaphysik nennen, eine Bezeichnung, die zur Zeit Ciceros im Kontext der Erstpublikation der wiederentdeckten „Vorlesungsmanuskripte“ (Lehrschriften) des ARISTOTELES aufkam, um ein Konvolut von Einzelbüchern editorisch zusammenzufassen, die nach den Worten des Meisters die „Wissenschaft der ersten Prinzipien und Ursachen“ zum Thema haben: *metá tá physiká*: „hinter der Physik“, d. h. „was über die Natur hinausgeht“, was „hinter der Natur liegt“. Wie aber bereits erwähnt wurde, blieb nicht nur bei Cicero, sondern in der römischen Philosophie überhaupt, die Metaphysik als systematische philosophische Disziplin nahezu ausgeklammert; im Kontext der Seelenlehre kommt sie bei Cicero schemenhaft in den Blick.

W. F. OTTO sieht in der Theologie EPIKURS die Wiederkehr des Gottesglaubens des heroischen Zeitalters; bei HOMER heißen die Götter „die in Leichtigkeit Lebenden“, mit dem Unterschied, dass sie bei EPIKUR in ihrem abgetrennten Lichtreich leben. Der ganze Materialismus EPIKURS diene dazu, den Menschen zu wahrem Seelenfrieden freizumachen. Die Gottesverehrung EPIKURS sei die Religion des höheren Menschen, der es ertragen könne, dass das Göttliche mit den Belangen des irdischen Daseins nichts zu tun habe. Sie sei die reinste und ursprünglichste Frömmigkeit. EPIKURS Gottesbild sei nicht durch eigene Wünsche und Sorgen umnebelt. EPIKURS Wort „lebe wie Gott unter Menschen“ ist gleichsam die epikureische Form der platonischen „Angleichung an Gott“. EPIKURS Lebensregel, sich nicht ängstigen zu lassen, sondern frei von jeglicher Beunruhigung gelassen das Dasein zu genießen, fasst der römische Dichter und Epikureer HORAZ in die knappe Maxime: *carpe diem!* – man braucht einfach nur „zuzugreifen“.

Ein Gesprächspartner wendet sich in *De natura deorum* (I, 121 ff.) mit Kritik an einen Epikureer:

Epicurus vero ex animis hominum extraxit radicitus religionem, cum dis immortalibus et opem et gratiam sustulit. Cum enim optimam et praestantissimam naturam dei dicat esse, negat idem esse in deo gratiam, tollit id, quod maxime proprium est optimae praestantissimaeque naturae. Quid enim melius aut quid praestantius bonitate et beneficentia? Qua cum carere deum vultis, neminem deo nec deum nec hominem carum, neminem ab eo amari, neminem diligi vultis: ita fit, ut non modo homines a deis, sed ipsi dei inter se ab aliis alii neglegantur.

Quanto Stoici melius, qui a vobis reprehenduntur: censent autem sapientes sapientibus etiam ignotis esse amicos; nihil est enim virtute amabilius, quam qui adeptus erit, ubicumque erit gentium, a nobis diligetur. Vos autem quid mali datis, cum in imbecillitate gratificationem et benivolentiam ponitis? Ut enim omittam vim et naturam deorum, ne homines quidem censetis, nisi inbecilli essent, futuros beneficos et benignos fuisse? Nulla est caritas naturalis inter bonos? Carum ipsum verbum est amoris, ex quo amicitiae nomen est ductum; quam si ad fructum nostrum referemus, non ad illius commoda, quem diligimus, non erit ista amicitia, sed mercatura quaedam utilitatum suarum. Prata et arva et pecudum greges diliguntur isto modo, quod fructus ex iis capiuntur, hominum caritas et amicitia gratuita est; Quanto igitur magis deorum, qui nulla re egentes et inter se diligunt et hominibus consulunt. Quod ni ita sit, quid veneramur, quid precamur deos, cur sacris pontifices, cur auspiciis augures praesunt, quid optamus a deis immortalibus, quid vovemus? „At etiam liber est Epicuri de sanctitate“. Ludimur ab homine non tam faceto quam ad scribendi licentiam libero.

Quae enim potest esse sanctitas, si dei humana non curant, quae autem animans natura nihil curans? Verius est igitur nimirum illud, quod familiaris omnium nostrum, Posidonius, disseruit in libro quinto de natura deorum, nullos esse deos Epicuro videri, quaeque is de deis immortalibus dixerit, invidiae detestandae gratia dixisse.

Z. 1 **religionem** – Die Begiffe *religio / religiosus* sind in der römischen Literatur semantisch vielschichtig, bis hin zur Ambivalenz; die Parameter sind besonders: subjektiv (das von Cicero geliebte *religio iudicum* – Gewissenhaftigkeit der Richter) vs. objektiv (*religio loci* – Heiligkeit des Ortes) sowie positiv vs. negativ: In einer negativen Konnotation liegen die Begriffe z. B. in der epikureischen Religionskritik im posthum von Cicero edierten Lehrgedicht des römischen Epikureers Lukrez vor; nachdem dieser das Iphigenie-Opfer geschildert und dabei die religiöse Verblendung der Menschen beklagt hat (an anderer Stelle heißt es: *o pectora caeca*), schließt er den Gedankengang mit dem berühmten Vers ab: *tantum religio potuit suadere malorum*; in solchen Kontexten heißt *religio* also „Aberglaube“. In einer anderen Färbung meint *religio* die Eigenart der römischen Religion, dass immer wieder peinlich genau zu beachten sei, was die Götter meinen, und dass mit ebenso akribischer Gewissenhaftigkeit die sakralen Akte durchzuführen seien. Daher bringt Cicero *religio* etymologisch mit *relegere* in Verbindung; *religiosi a relegendo.* Eine von den Christen (seit Laktanz) bevorzugte (sprachwissenschaftlich falsche, aber spirituell treffende) etymologische Variante betont die „Bindung“ des Menschen an Gott; z.B. AUGUSTINUS: *religantes animas nostras.*

7 **aliis alii** – vgl. *alius, alius:* der eine, der andere

9 **quam qui** – relativische Verschränkung; am leichtesten ist es bei der Übersetzung, hier einen neuen selbständigen Satz beginnen zu lassen und dabei *quam* als relativischen Satzanschluss zu behandeln.

10 **ubicumque ... gentium** – vgl. *ubi gentium* – wo in aller Welt; *gentium* ist genitivus partitivus.

10 f. **quid mali datis** – idiomatisch: *malum dare* – Schaden zufügen; *mali* ist wieder partitiv.

13 **futuros ... fuisse** – Dieses „hybride“ Formengebilde (PFA + Infin. Perf. von *esse*) dient im Lateinischen zum Ausdruck der Irrealität in der abhängigen Aussage / ACI.

15 f. **ista amicitia** – *ista* ist Subjekt, *amicitia* Prädikatsnomen (Pronominales Subjekt steht in KNG-Kongruenz zum Prädikatsnomen, nicht im Deutschen: *das* ist Freundschaft).

24 f. **nostrum** – hier Genitiv des Personalpronomens *nos*

25 **Posidonius** – der schon mehrfach erwähnte POSEIDONIOS VON APAMEIA in Syrien, ca. 130 bis 50, der „Mystiker“ der Stoa; lebte und wirkte lange auf Rhodos, einem antiken Forschungs- und Bildungszentrum, wo Cicero im Jahre 87 dessen Vorträge hörte.

E Seelenlehre

1 Ursprünge der pythagoreisch-platonischen Seelenlehre

Auf die anthropologische Grundfrage „Was ist der Mensch?“ wurde nach SCHELER in der europäischen Geistesgeschichte auf drei Weisen geantwortet, nämlich in Form der drei Ideenkreise des jüdisch-christlichen, des griechisch-antiken und des modernen naturwissenschaftlichen, genetisch-psychologischen Menschenbildes; für das griechisch-antike, besonders platonische, Menschenbild, wie es sich etwa in der aristotelischen Definition des Menschen als *zóon lógon échon / animal rationale* manifestiert, gilt, so SCHELER, dass sich der Mensch durch den Besitz des *lógos* in seiner Sonderstellung erkennt, wobei diese Vernunft in einer übermenschlichen Vernunft verankert ist, die das ganze All umspannt und mit den Menschen in einem Teilhabeverhältnis steht.

Sehr früh tauchte in Griechenland, offenbar zuerst in der Mystik der Dionysoskulte, der Gedanke von der Unsterblichkeit und damit der Göttlichkeit der Seele auf, denn „wer unter Griechen *unsterblich* sagt, sagt *Gott*; das sind Wechselbegriffe“ (ROHDE). Vom Kult führte dann offenbar der Weg in die philosophischen Lehren; an erster Stelle ist hier PYTHAGORAS und seine Schule zu nennen, von wo PLATON für seine Seelenlehre starke Impulse empfing, und gerade die Seelenlehre PLATONS faszinierte Cicero ungemein, an mehreren Stellen in seinem Werk kommt er darauf zu sprechen. „Es ist unberechenbar, wie viel, seit sie entstanden sind, PLATONS Dialoge zur Kräftigung, Verbreitung und bestimmender Ausgestaltung des Unsterblichkeitsglaubens, wechselnd im

Laufe der Jahrhunderte, aber ununterbrochen bis in unsere Zeit, gewirkt haben.“ (Rohde, 1893)

In seinem großen Dialog *Politeia* gliedert Platon die Seele folgendermaßen:

> Nicht ohne Grund also werden wir zwei voneinander getrennte Teile annehmen: den einen der Seele, womit sie denkt, bezeichnen wir als den vernünftigen, den anderen, womit sie liebt und hungert und dürstet und Spielball der anderen Begierden ist, den unvernünftigen, begehrenden Teil, den Freund der Befriedigungen der Lüste. (...). Außerdem gibt es in der Seele das Mutvolle als dritten Teil, seinem Wesen nach Helfer der Vernunft, wenn er nicht durch schlechte Erziehung verdorben ist. (...). Also kommt der Vernunft das Herrschen zu, da sie weise ist und die Obsorge über die ganze Seele hat, dem mutvollen Teil aber, ihm gehorsam und Helfer zu sein. (Übers. von Schleiermacher)

Zum Philosophem der Unsterblichkeit der Seele bei Platon s. das folgende Kapitel.

2 Cicero übersetzt den „Phaidros-Beweis“ Platons

Das *lógos*-zentrierte platonische Menschenbild wird im Dialog *Phaidros* in ein Gleichnis gefasst: Ein Wagenlenker versucht, ein Gespann mit zwei Pferden zu bändigen; die beiden Pferde sind das Mutvolle und das Triebhafte, der Wagenlenker die Vernunft. Die Unsterblichkeit der ganzen Seele ist bei Platon verankert in der Konzeption der Weltseele, die dadurch, dass sie eine Verbindung mit dem Körperlichen eingeht, erst ein Lebewesen hervorbringt; daher rührt die Vorstellung, dass die Seele im Leib „eingekerkert ist wie ein Schalentier“, weshalb sie sich bemüht, sich von den Fesseln der Körperlichkeit zu befreien, um in einer *kátharsis* (Reinigung) den „Weg hinauf“ vom Werdenden zum Sein zu finden. Der *Didaskalikós* des Platonikers Albinos aus dem 2. Jh. n. Chr., ein Handbuch des Schul-Platonismus, definiert die Philosophie so: „Philosophie ist Streben nach Weisheit oder eine Loslösung und Abkehr der Seele vom Körper, indem wir uns zum Intelligiblen und zum wahrhaft Seienden wenden.“

In der Neuzeit freilich entfernte sich der Begriff der Seele immer mehr vom antiken; war er dort noch, etwa bei Platon und Cicero, Bezeichnung für eine unvergängliche Substanz oder Entität im oben geschilderten Sinne, so entwickelte er sich in der Moderne mitunter gleichsam zur Chiffre einer „Funktion“.

Watson, der Begründer der psychologischen Richtung des Behaviorismus, in dem es nicht mehr um „Seele“, sondern um „Verhalten“ *(behaviour)* geht, schreibt etwas provokant, er habe die Seele noch nicht im Reagenzglas entdecken können.

In einer Passage des Dialogs *Cato maior* (77 f.) wird uns über die pythagoreisch-platonische Seelenlehre referiert:

Est enim animus caelestis ex altissimo domicilio depressus et quasi demersus in terram, locum divinae naturae aeternitatique contrarium. Sed credo deos immortales sparsisse animos in corpora humana, ut essent, qui terras tuerentur quique caelestium ordinem contemplantes imitarentur eum vitae modo atque constantia.

Nec me solum ratio ac disputatio impulit, ut ita crederem, sed nobilitas etiam summorum philosophorum et auctoritas. Audiebam Pythagoram Pythagoreosque, incolas paene nostros, qui essent Italici philosophi quondam nominati, numquam dubitasse, quin ex universa mente divina delibatos animos haberemus. Demonstabantur mihi praeterea, quae Socrates supremo vitae die de immortalitate animorum disseruisset, is qui esset omnium sapientissimus oraculo Apollinis iudicatus. Quid multa?
Sic persuasi mihi, sic sentio, cum tanta celeritas animorum sit, tanta memoria praeteritorum futurorumque prudentia, tot artes, tantae scientiae, tot inventa, non posse eam naturam, quae res eas contineat, esse mortalem, cumque semper agitetur animus nec principium motus habeat, quia se ipse moveat, ne finem quidem habiturum esse motus, quia numquam se ipse sit relicturus, et cum simplex animi esset natura neque haberet in se quicquam admixtum dispar sui atque dissimile, non posse eum dividi; quod si non posset, non posse interire.

Z. 4 **imitarentur** – erinnert an die platonische Formulierung des Lebenszwecks: „Angleichung an Gott“.

6 **ratio ac disputatio** – Hendiadyoin, etwa: systematische Untersuchung

6 **nobilitas** – gerade im Kontext der Seelenlehre werden platonische Philosophen (sonst auch z. B. Aristoteles) mit dem Attribut *nobilis* charakterisiert, Epikur dagegen wegen seines materialistischen Ansatzes und seiner These von der Vergänglichkeit der Seele mit *plebeius*.

8 **incolas paene nostros** – Pythagoras stammte ja von der Insel Samos, floh aber vor dem Tyrannen Polykrates nach Süditalien, das wegen seiner frühen Besiedlung durch Griechen *Magna Graecia* genannt wurde, und scharte dort zahlreiche „Jünger“ in einer Art Klostergemeinschaft um sich. Dass Aristoteles die Vorsokratiker im Westen (Magna Graecia) *Italikoí* nannte, wurde bereits erwähnt.

9 **dubitasse** – Kurzform/Nebenform für *dubitavisse*

10 **Socrates** – Platon lässt seinen Dialog *Phaidon* in der Gefängniszelle des zum Tode verurteilten Sokrates an dessen Hinrichtungstag stattfinden; Thema: Unsterblichkeit der Seele.

11 **oraculo** – es war bereits weiter oben die Rede davon, dass das Orakel von Delphi verkündet hatte: „Niemand ist weiser als Sokrates“.

13 f. **sic / sic, tanta / tanta, tot / tot** – auffällige Häufung von Anaphern; es geht ja schließlich um die sprachliche Untermauerung der fundamentalen, die ganze Existenz betreffenden Überzeugung, die Seele sei unsterblich.

13 f. **memoria praeteritorum / futurorumque prudentia** – spiegelt sprachlich als Chiasmus schön die Janusköpfigkeit des Blicks in die Vergangenheit und in die Zukunft mit dem gegenwärtigen Augenblick als Spiegelachse; als Gegenstück zu *memoria* hat Cicero das Wort *prudentia* hier in einer etymologienahen semantischen Färbung gebraucht: *prudentia* ist abgeleitet aus *providentia* – Voraussicht.

18 **sui** – Genitiv des reflexiven Personalpronomens, abhängig von den Adjektiven *dispar / dissimile*, die auch mit Dativ stehen können.

Wie schon erwähnt, handelt es sich bei Ciceros Übersetzung von Platons „Phaidros-Beweis“ der Unsterblichkeit der Seele im ersten Buch der *Tusculanae disputationes* (I, 53 ff.) um eine Dublette in seinem Gesamtwerk, worauf er selbst aufmerksam macht: *ratio Platonis, quae a Socrate est in Phaedro explicata, a me autem posita est in sexto libro de re publica.* Der Beweis beruht auf dem Argument der „Selbstbewegung“ der Seele, Seele sei „Prinzip der Bewegung“.

Mit Übersetzungen aus dem Griechischen kannte sich Cicero übrigens bestens aus; neben der vorliegenden Stelle aus dem *Phaidros* hatte er auch Platons Dialoge *Protagoras* und *Timaios* ins Lateinische übertragen, zudem das astronomische Lehrgedicht des stoisch geprägten griechischen Dichters Aratos (3. Jh.) lateinisch umgedichtet. Zu Ciceros Beherrschung der griechischen Sprache im allgemeinen ist zu sagen, dass etwa das Verfassen und Halten griechischer Reden Teil seiner rhetorischen Ausbildung auf Rhodos gewesen war (s. o.), Reden, die, so Plutarch, von seinem Ausbilder Apollonios Molon in den höchsten Tönen gelobt wurden:

> Ich kann dich nur loben und bewundern, Cicero, Griechenlands Schicksal aber bedaure ich, da ich sehe, dass auch das, was uns an Schönem einzig übrig blieb, jetzt durch dich den Römern zufällt, Bildung und Kunst der Rede.

Doch nun zu Ciceros Übersetzung; die These lautet: Die Seele ist unsterblich.

„Quod semper movetur, aeternum est; quod autem motum adfert alicui quodque ipsum agitatur aliunde, quando finem habet motus, vivendi finem habeat necesse est. Solum igitur, quod se ipsum movet, quia numquam deseritur a se, numquam ne moveri quidem desinit; quin etiam ceteris, quae moventur, hic fons, hoc principium est movendi. Principii autem nulla est origo; nam e principio oriuntur omnia, ipsum autem nulla ex re alia nasci potest; nec enim esset id principium, quod gigneretur aliunde. Quod si numquam oritur, ne occidit quidem umquam, nam principium extinctum nec ipsum ab alio renascetur nec ex se aliud creabit, siquidem necesse est a principio oriri omnia. Ita fit, ut motus principium ex eo sit, quod ipsum a se movetur; id autem nec nasci potest nec mori, vel concidat omne caelum omnisque natura et consistat necesse est nec vim ullam nanciscatur, qua a primo impulsa moveatur. Cum pateat igitur aeternum id esse, quod se ipsum moveat, quis est, qui hanc naturam animis esse tributam neget? Inanimum est enim omne, quod pulsu agitatur externo; quod autem est animal, id motu cietur interiore et suo; nam haec est propria natura animi atque vis. Quae si est una ex omnibus, quae se ipsa moveat, neque nata certe est et aeterna est.“

Licet concurrant omnes plebei philosophi – sic enim ii, qui a Platone et Socrate et ab ea familia dissident, appellandi videntur – non modo nihil umquam tam eleganter explicabunt, sed ne hoc quidem ipsum, quam subtiliter conclusum sit, intellegent. Sentit igitur animus se moveri; quod cum sentit, illud una sentit, se vi sua, non aliena, moveri, nec accidere posse, ut ipse umquam a se deseratur. Ex quo efficitur aeternitas, nisi quid habes ad haec.

Die ersten drei Sätze zeigen unter dem Aspekt der Gedankenführung die klassische Form des Syllogismus, d. h. einer dreischrittigen Beweisführung, wie sie von Aristoteles, dem Vater und Vollender der formalen Logik, in seinen *Analytiken* lehrbuchmäßig untersucht wurde; in lateinischer scholastischer Terminologie: *propositio maior, propositio minor, conclusio: quod semper …, quod autem …, solum igitur …*

Z. 2 **quando** – hat hier kausale Färbung

2 f. **habeat necesse est** – solche unpersönlichen Ausdrücke stehen im Lateinischen gerne asyndetisch (ohne *ut*) mit Konjunktiv, wie z. B. unten *licet concurrant*; dort jedoch hat sich *licet* bereits zu einer Subjunktion weiterentwickelt; bei *necesse est* ist natürlich auch der ACI sehr häufig, wie unten: *necesse est oriri omnia.*

4 **ne … quidem** – hier wird nach dem negativen *numquam* das *ne* gleichsam neutralisiert: hört auch nie auf …

4 **quin etiam** – ja sogar

4 f. **hic fons, hoc principium** – *hic / hoc* sind hier die Subjekte; im Lateinischen steht ja, anders als im Deutschen, ein pronominales Subjekt in KNG-Kongruenz zum Prädikatsnomen: *Das* ist die Quelle …

7 **quod si** – wenn also, wenn nun

7 **ne … quidem** – hier: auch nicht

11 f. **qua a primo impulsa moveatur** – *qua* greift *vim* auf und ist ablativus instrumentalis zum participium coniunctum *impulsa,* das sich auf das elliptische Subjekt *natura* bezieht; *a primo* ist eine lateinische Redensart: von Anfang an, anfangs, am Anfang; das konjunktivische Prädikat in diesem Relativsatz unterstreicht die Bedingtheit der Bewegung.

15 **haec est … natura** – wieder pronominales Subjekt und Prädikatsnomen

20 **una** – hier adverbial: zugleich; vgl. *una cum* – zusammen mit.

3 Philosophie als *commentatio mortis*

Die *Tusculanae disputationes* sind eine Art „praktische Lebenshilfe“, sie handeln, wie Cicero im bereits zitierten „Schriftenkatalog“ in *De divinatione* schreibt, von den *res ad beate vivendum maxime necessarias.* Als Thema des ersten Buches benennt er dort: *de contemnenda morte.* In der folgenden Passage aus diesem Buch (75) expliziert Cicero die von Platon im Dialog *Phaidon* vorgebrachte Definition der Philosophie als *commentatio mortis*, was seine Übersetzung für Platons *meléte thanátu* ist.

Tota enim philosophorum vita, ut ait idem, commentatio mortis est. Nam quid aliud agimus, cum a voluptate, id est a corpore, cum a re familiari, quae est ministra et famula corporis, cum a re publica, cum a negotio omni sevocamus animum, quid, inquam, tum agimus nisi animum ad se ipsum advocamus, secum esse cogimus maximeque a corpore abducimus? Secernere autem a corpore animum, nec quicquam aliud, est mori discere. Quare hoc commentemur, mihi crede, disiungamusque nos a corporibus, id est consuescamus mori. Hoc, et dum erimus in terris, erit illi caelesti vitae simile, et cum illuc ex his vinclis emissi feremur, minus tardabitur cursus animorum. Nam qui in compedibus corporis semper fuerunt, etiam cum soluti sunt, tardius ingrediuntur, ut ii, qui ferro vincti multos annos fuerunt. Quo cum venerimus, tum denique vivemus. Nam haec quidem vita mors est, quam lamentari possem, si liberet.

Z. 1 **idem** – Sokrates in Platons Dialog *Phaidon*

2 **re familiari** – *res* alleine bezeichnet schon in einer Grundbedeutung „Besitz“ und „Habe“, das gilt zumal für die Verbindung mit dem Attribut *familiaris.*

6 f. **commentemur, disiungamus, consuescamus** – Konj. Präs. als (Ad-)hortativus

8 **in terris / illi caelesti vitae** – An solchen Textstellen ist die Nähe des Platonismus zum Christentum mit Händen zu greifen, weshalb ja Augustinus in *De vera religione* über Platon und seine Anhänger sagt: *paucis mutatis verbis atque sententiis Christiani fierent, sicut plerique recentiorum nostrorumque temporum Platonici fecerunt.* Wie Platon von zwei Welten spricht (s. o.), so spricht die christliche lateinische Tradition vom *mundus primus* (Diesseits) und dem *mundus secundus* („Himmelreich“).

8 **vinclis** – für *vinculis;* die Formmutation, dass zwischen zwei Konsonanten im Wortinneren ein kurzer Vokal ausgestoßen wird, nennt man Synkope, ein weit verbreitetes Phänomen, z. B. *valde* aus *valide.*

8 ff. **vinclis, compedibus, soluti, vincti** – erinnert an die „Befreiung“ aus Fesseln und den „Aufstieg“ zum intelligiblen Licht in Platons Höhlengleichnis; vom Körper als dem Grab der Seele, die nach Befreiung strebt, war schon die Rede.

11 f. **haec vita mors est** – Dass nach christlicher Auffassung der Mensch nur ein „Fremder“ (*peregrinus,* vgl. das davon abgeleitete „Pilger“) in dieser Welt ist, dass er sich nach einer Befreiung von den Fesseln der Körperlichkeit und nach der *superna patria* sehnt, ist bekannt; insofern können folgende Zeilen aus Augustinus’ Predigt über das Johannes-Evangelium als Paraphrase und Kommentar zu unserer Textstelle dienen: *Obsecro vos, amate mecum, currite credendo mecum! Patriam supernam desideremus, supernae patriae suspiremus, peregrinos nos esse sentiamus. […]. Nudam ipsam lucem videbis, cui videndae ferendaeque mundaris. […]. Scimus quia, cum apparuerit, similes ei erimus, quoniam videbimus eum sicut est. Sentio vestros affectus attolli mecum in superna: sed corpus, quod corrumpitur, aggravat animam et deprimit terrena inhabitatio sensum multa cogitantem.* Augustinus’ *similes ei erimus* erinnert hierbei an Platons „Angleichung an Gott“.

12 **lamentari** – Laut Cicero basieren die *Tusculanae disputationes* auf realen Diskussionen im Sommer 45 in Tusculum; seine Tochter war im Februar desselben Jahres gestorben, politisch war er nach wie vor kaltgestellt.

4 Die „Quintessenz“ des Aristoteles

Auch Aristoteles nimmt einen „himmlischen“ Ursprung der Seelen an. In einem kosmologischen Entwurf gliedert er den Kosmos, dessen Zentrum gemäß der in der Antike von den meisten Denkern akzeptierten Theorie des geozentrischen Weltsystems die ruhende Erde ist, in einen sublunaren und einen supralunaren Bereich; der Bereich unterhalb des Mondes besteht demnach aus den seit dem Vorsokratiker Empedokles geradezu kanonischen vier Elementen Erde, Wasser, Luft und Feuer; dieser Bereich ist durch Werden und Vergehen gekennzeichnet; der Bereich oberhalb des Mondes besteht laut Aristoteles aus einem fünften Element, dem Äther, einem göttlichen Feuer, das scharf vom irdischen getrennt wird. In diesem Bereich herrschen Unvergänglichkeit und ewiges Kreisen; Aristoteles sieht im Kosmos ein System von ewig kreisenden konzentrischen Sphären, wobei der Bewegungsanstoß von einem „ersten Beweger" (Gott) ausgeht. Aus diesem als geistig gedachten Äther leiten sich „Geist", „Seele" und „Leben" ab. Cicero schreibt: *Quintam quandam naturam censet esse, a qua sit mens.* Sprachlich wurde übrigens aus dieser *quinta essentia* des Aristoteles unser Fremdwort „Quintessenz".

Bei dem folgenden Textabschnitt zur *quinta essentia* aus den *Tusculanae disputationes* (I, 65 f.) handelt es sich wieder um eine Dublette im Gesamtwerk Ciceros, die Parallelstelle befindet sich diesmal in seiner *Consolatio*, der – nur noch fragmentarisch erhaltenen – Trostschrift anlässlich des Todes der Tochter Tullia; in der Geschichte der antiken Trostliteratur (Konsolationsliteratur) ist Ciceros *Consolatio* die erste Schrift, mit der ein Verfasser sich selbst tröstet.

Die Tatsache, dass sowohl Platons „Phaidros-Beweis" als auch die aristotelische *quinta-essentia*-Theorie in Ciceros Werk als Dubletten erscheinen, zeigt, dass die Seelenlehre der beiden Meister der klassischen griechischen Philosophie Cicero tief beeindruckt hat.

Sin autem est quinta quaedam natura, ab Aristotele inducta primum, haec et deorum est et animorum. Hanc nos sententiam secuti his ipsis verbis in Consolatione hoc expressimus: „Animorum nulla in terris origo inveniri potest; nihil enim est in animis mixtum atque concretum aut quod ex terra natum atque fictum esse videatur, nihil ne aut umidum quidem aut flabile aut igneum. His enim in naturis nihil inest, quod vim memoriae, mentis, cogitationis habeat, quod et praeterita teneat et futura provideat et complecti possit praesentia. Quae sola divina sunt, nec invenietur umquam, unde ad hominem venire possint nisi a deo. Singularis est igitur quaedam natura atque vis animi seiuncta ab his usitatis notisque naturis.

Ita, quicquid est illud, quod sentit, quod sapit, quod vivit, quod viget, caeleste et divinum ob eamque rem aeternum sit necesse est.

Nec vero deus ipse, qui intellegitur a nobis, alio modo intellegi potest nisi mens soluta quaedam et libera, segregata ab omni concretione mortali, omnia sentiens et movens ipsaque praedita motu sempiterno. Hoc e genere atque eadem e natura est humana mens."

Z. 1 **natura** – hier: Element, Substanz
2 **Consolatione** – die Trostschrift anlässlich des Todes der Tochter
4 f. **terra, umidum, flabile, igneum** – die 4 seit Empedokles kanonischen Elemente
5 **nihil ne ... quidem** – auch nichts ...
6 f. **habeat, teneat, provideat, possit** – konjunktivische Relativsätze mit konsekutivem „Nebensinn"

11 **sapit** – Das horazische *sapere aude!* hat bekanntlich KANT in seiner Schrift *Was ist Aufklärung?* als „Wahlspruch der Aufklärung" adaptiert: wage es, weise zu sein! Gegenüber dem bloßen Wissen beinhaltet *sapere* semantisch auch einen „ästhetischen" Aspekt: schmecken, Geschmack haben; Weisheit hat also etwas mit „gutem Geschmack" zu tun. So kann *sapiens* neben „weise" auch „Feinschmecker" bedeuten.

12 **necesse est** – hier: asyndetisch mit bloßem Konjunktiv, elliptisch, d. h. ohne *ut* o. ä. (wie schon öfter)

F Materialismus vs. Idealismus

1 Kampf der Giganten

Naturphilosophische Probleme i. e. S. behandelt Cicero bekanntlich kaum (s. S. 80); freilich rechneten etwa die Stoiker aufgrund ihres immanenten Gottesbegriffes die philosophische Theologie, die Cicero ja in *De natura deorum* und *De divinatione* und *De fato* behandelt, zur „Physik"; im folgenden Text aus *De finibus bonorum et malorum* kritisiert Cicero EPIKURS Rezeption des atomistischen Materialismus des Vorsokratikers DEMOKRIT. Der Text ist ein für Ciceros Darstellungsweise typischer Fall eines kritischen doxographischen Berichts (Doxographie bedeutet „Beschreibung von Lehrmeinungen"); Cicero will ja nie nur referieren und informieren, sondern er lässt die Probleme im Lichte seines *iudicium* besprechen; in intellektueller Hinsicht schätzt Cicero EPIKUR dermaßen gering, dass er bei der Beurteilung seiner Argumente oft, so wie hier, zu ironischen und sarkastischen Formulierungen greift; dieser „Umgangsstil" mag vielleicht erstaunen, doch z. B. auch KANT „rezensiert" das Werk eines schwedischen Zeitgenossen, die *Arcana coelestia* von SWEDENBORG, mit den Worten: „acht Quartbände voll Unsinn", HEGEL nennt SCHLEIERMACHER „Schläuermacher", NIETZSCHE die Stoiker mit ihrer „Tollhäusler-Hoffnung" „wunderliche Schauspieler und Selbstbetrüger" und jüngst ODO MARQUARD die im Dunstkreis der „Frankfurter Schule" um HORKHEIMER, HABERMAS und ADORNO aufgekommene ideologische Bewegung „als Reflexion zelebrierte Dummheit".

Der unten folgende Text ist wieder einmal beispielhaft für Ciceros Übersetzung griechischer philosophischer Begriffe: *átomos/individuum, parénklisis/declinatio, hýle/materia*; diese Begriffe werden in den Anmerkungen zum Text etwas näher erklärt.

Die europäische Philosophie beginnt mit dem Namen THALES (s. S. 79), THALES VON MILET in Kleinasien (in der heutigen Türkei); die Philosophiegeschichte spricht daher von der milesischen Naturphilosophie.

Das Problem der „ersten Philosophen", wie ARISTOTELES, durch dessen Redaktion die Philosophie der Vorsokratiker auf uns gekommen ist, diese Denker nennt, war der „Urgrund alles Seienden", die *arché* (vgl. „archaisch", „Archäologie"); THALES erblickte den Urgrund im Stofflichen, im Wasser.

Spätere vorsokratische Philosophen, so ARISTOTELES, entwickelten dann neben dieser *causa materialis* die Theorie einer *causa movens* und einer *causa formalis*; in seiner eigenen Konzeption sei unter Hinzunahme einer *causa finalis* diese Forschungsentwicklung zu einem Abschluss gekommen: Vier-Ursachen-Lehre des Aristoteles.

Rein materialistisch bleibt jedoch die Philosophie des Leukipp und seines Schülers Demokrit, die dann im Hellenismus von Epikur wiederaufgegriffen wurde: Die Welt besteht demnach aus *Atomen*, „unteilbaren", unsichtbaren, qualitativ gleichen, aber quantitativ verschiedenen Teilchen und dem leeren Raum; nach dieser Theorie sind auch „Seele" und „Geist" stofflich. Es gilt die Gleichung: Sein = Körper + Raum, eine Position, die dem „Platoniker" Cicero zuwider sein muss.

Die Philosophiegeschichte segmentiert die Geschichte des Materialismus in zwei Perioden: die erste, „philosophische" Periode bis zum 17. Jh.; in dieser Zeit kam es zur naturwissenschaftlichen Wende.

Gassendi, der den antiken Materialismus wiederentdeckte, nahm an, „dass sich die Atome zu *moleculae* (*moles* – Masse) zusammenfügen, welche dann Qualitäten zeigen können" (van Melsen).

Sein Zeitgenosse Boyle spricht von *primae concretiones* von Atomen und nennt diese Konkretionen *elementa rerum*; damit „bereitete Boyle den Weg, der über Lavoisier und Dalton zu einer chemischen Atomtheorie führen sollte". (van Melsen)

Im 20. Jh. betont der Physiker Heisenberg in seinem Buch „Physik und Philosophie", dass die moderne Deutung der Atomvorgänge nur sehr wenig Ähnlichkeit mit der frühen materialistischen Philosophie hat, denn in der antiken Atomistik sind Atome unzerstörbare Materieeinheiten, können sich niemals ineinander verwandeln, doch „die Elementarteilchen sind sicher nicht ewige und unzerstörbare Einheiten, sie können tatsächlich ineinander umgewandelt werden". Daher wendet sich nach Heisenberg die moderne Physik offensichtlich gegen den Materialismus des Demokrit und entscheidet sich für Platon und die Pythagoreer, d. h. das Mathematische; hatte doch Platon am Eingang zu seiner Akademie die Inschrift anbringen lassen: „Niemand, der nicht in Geometrie geschult ist, soll eintreten"!

Die philosophischen Implikationen des Materialismus fasst Ciceros Vorbild Platon, der Prototyp des Idealisten, für den die Ideenwelt die wahre Wirklichkeit ist, unsere Sinne in unserer raum-zeitlichen Welt nur Schattenbilder der Ideen wahrnehmen, in seinem Dialog *Sophistes* in dem Bild des „Kampfes der Giganten" zwischen „Materialisten" und „Idealisten" zusammen:

> Fremder: Zwischen diesen scheint mir nun ein wahrer Riesenkrieg zu sein, wegen ihrer Uneinigkeit untereinander über das Sein.
>
> Theaitetos: Wieso?
>
> Fremder: Die einen ziehen alles aus dem Himmel und dem Unsichtbaren auf die Erde herab, mit ihren Händen buchstäblich Felsen und Eichen umklammernd. Denn an dergleichen alles halten sie sich und behaupten, das allein sei, woran man sich stoßen und was man betasten könne, indem sie Körper und Sein für einerlei erklären; und wenn von den anderen einer sagt, es sei auch etwas, was keinen Leib habe, achten sie darauf ganz und gar nicht und wollen nichts anderes hören.

Theaitetos: Ja arge Leute sind das, von denen du sprichst, denn ich bin auch schon auf mehrere solche getroffen.
Fremder: Daher auch die gegen sie Streitenden sich gar vorsichtig von oben herab aus dem Unsichtbaren verteidigen und behaupten, gewisse gedenkbare, unkörperliche Ideen wären das wahre Sein, jene ihre Körper aber und was sie das Wahre nennen, stoßen sie ganz klein in ihren Reden, und schreiben ihnen statt des Seins nur ein bewegliches Werden zu. Zwischen ihnen also, o Theaitetos, ist hierüber ein unermeßliches Schlachtgetümmel immerwährend.
Theaitetos: Wahr. (Übers. von Schleiermacher)

2 Ciceros Referat über Demokrit – Epikur

Der „Kampf der Giganten“ dauert lange; so kämpft z. B. in der frühen Neuzeit Leibniz, der sich wie Cicero Platon verpflichtet sieht, mit seinen *Noveaux essais* gegen Lockes *Essay concerning Human Understanding* und schreibt: „Dieser Autor ist im großen und ganzen im System Gassendis verwurzelt, welches im Grunde das des Demokrit ist. Er ist für den leeren Raum und für die Atome; er glaubt, daß die Materie denken könne; daß es keine eingeborenen Ideen gebe; daß unser Geist eine *tabula rasa* sei“ (Übersetzung von Holz). Daher fügt Leibniz dem sensualistischen Grundsatz *Nihil est in intellectu, quod non fuerit in sensu* hinzu: *excipe: intellectus ipse.*

Es folgt Ciceros Text über Epikurs Modifikation der Atomlehre Demokrits (*De fin.* I, 17 ff.):

Principio, inquam, in physicis, quibus maxime gloriatur, primum totus est alienus. Democritea dicit perpauca mutans, sed ita, ut ea, quae corrigere vult, mihi quidem depravare videatur. Ille atomos, quas appellat, id est corpora individua propter soliditatem, censet in infinito inani, in quo nihil nec summum nec infimum nec medium nec ultimum nec extremum sit, ita ferri, ut concursionibus inter se cohaerescant, ex quo efficiantur ea, quae sint quaeque cernantur, omnia, eumque motum atomorum nullo a principio, sed ex aeterno tempore intellegi convenire. Epicurus autem, in quibus sequitur Democritum, non fere labitur, quamquam utriusque cum multa non probo, tum illud in primis, quod, cum in rerum natura duo quaerenda sint, unum, quae materia sit, ex qua quaeque res efficiatur, alterum, quae vis sit, quae quidque efficiat, de materia disseruerunt, vim et causam efficiendi reliquerunt. Sed hoc commune vitium, illae Epicuri propriae ruinae: censet enim eadem illa individua et solida corpora ferri deorsum suo pondere ad lineam, hunc naturalem esse omnium corporum motum. Deinde ibidem homo acutus, cum illud occurreret, si omnia deorsus e regione ferrentur et, ut dixi, ad lineam, numquam fore, ut atomus altera alteram posset attingere, itaque attulit rem commenticiam: declinare dixit atomum perpaulum, quo nihil posset fieri minus; ita effici complexiones et copulationes et adhaesiones atomorum inter se, ex quo efficeretur mundus omnesque partes mundi, quaeque in eo essent.

Quae cum tota res est ficta pueriliter, tum ne efficit quidem, quod vult. Nam et ipsa declinatio ad libidinem fingitur – ait enim declinare atomum sine causa; quo nihil turpius physico, quam fieri quicquam sine causa, – et illum motum naturalem omnium ponderum, ut ipse constituit, e regione inferiorem locum petentium sine causa eripuit atomis nec tamen id, cuius causa haec finxerat, assecutus est.

Z. 1 **in physicis** – substantiviertes griechisches Adjektiv, entspricht etwa *in naturalibus (rebus)*; bekanntlich wurde die Philosophie im Hellenismus in drei Disziplinen gegliedert: Logik, Physik und Ethik, wobei „Physik“, wie besprochen, in der antiken Philosophie spekulative Naturlehre meint, nicht die neuzeitliche, mathematisch fundierte Naturwissenschaft, wie sie im 17. Jh. entwickelt wurde, besonders in NEWTONS *Philosophiae naturalis principia mathematica* (1648).

1 **totus** – hier prädikativ

1 **alienus** – hier: von einem anderen abhängig, nicht selbständig; also recht etymologienah, denn *alienus* ist natürlich von *alius* abgeleitet.

2 **Democritea** – substantiviertes Adjektiv (Akk. Pl. n.), wie *perpauca*; die Vorsokratiker LEUKIPP und DEMOKRIT gelten ja als Begründer des materialistischen Weltbildes; wie EPIKUR auf den Vorsokratiker DEMOKRIT rekurriert, so greifen die Stoiker in einigen ihrer Kerngedanken auf den Vorsokratiker HERAKLIT zurück.

3 **atomos** – fem.! Die wörtliche Übersetzung heißt: „unzerschneidbar“, „unteilbar“ (vgl. Anatomie – Aufschneiden); es ist eine der zukunftsträchtigen Übersetzungsleistungen Ciceros, wenn er *átomos* mit *individuum* latinisiert; heute ist der Begriff freilich kein naturwissenschaftlicher mehr, sondern meint den Einzelmenschen in seiner Singularität.

4 **inani** – hier substantiviert: das Leere; nach epikureischer Lehre „gibt es nur Atome und das Leere.“

5 **ferri** – Infin. Präs. Pass., oft auch medial-reflexivisch, d. h. sich bewegen, stürzen, eilen; die umliegenden Nebensätze gehören zum Referat, es gelten die sprachlichen Gesetze der indirekten Rede: coniunctivus obliquuus.

7 **convenire** – um den Akkusativ „verkürzter“ ACI, da hier als unpersönlicher Ausdruck gebraucht, also subjektlos (es gebühre, es sei nötig); Infinitiv, da Aussagesatz der indirekten Rede (Referat); von diesem unpersönlichen Ausdruck ist ein zweiter ACI abhängig: *motum … intellegi.*

8 **fere** – neben „fast“, „ungefähr“ bedeutet *fere* auch „in der Regel“.

8 **labitur** – hier: Fehler machen

9 **cum ... tum** – korrespondierende Konjunktionen: sowohl … als auch (besonders), im Sinne von: wenn A, dann erst recht B.

9 **rerum natura** – Natur, Welt, Weltgeschehen

11 **materia** – Ciceros Wortwahl für das griechische *hýle*; beide bedeuten ursprünglich „Holz“, erst übertragen Stoff im allgemeinen; etymologisch steckt in *materia* natürlich *mater*: „Stamm und Sprössling von Fruchtbäumen und Weinreben, als Mutter- und Grundstoff“ (WALDE / HOFMANN); daher bedeutet *materiarius* „Bauholzhändler“; entsprechend bedeutet *materia* in VITRUVS *De architectura* „Bauholz“. Ciceros Zeitgenosse LUKREZ, dessen epikureisches Lehrgedicht er ja posthum ediert hat, gebraucht *materia* nur an einer einzigen Stelle, sonst die ältere Variante *materies* (e-Dekl.).

11 f. **causam efficiendi** – Cicero kritisiert hier die Reduktion der Ursachen aller Naturabläufe auf die „Materialursache“; in der erwähnten Vier-Ursachen-Lehre des Aristoteles heißt die „Bewegungsursache“ in scholastischer Terminologie *causa efficiens* – die terminologische Nähe zu Cicero ist unüberhörbar.

12 **hoc / illae** – pronominale Subjekte, sie richten sich in KNG-Kongruenz nach dem Prädikatsnomen; Ellipse der *copula*: *est / sunt.*

14 f. **homo acutus** – wie oft, wenn es um Epikur geht, ironisch und sarkastisch

15 **occurreret** – hier im Sinne von „vor Augen treten“, „sich zeigen“; hiervon ist ein ACI abhängig: *fore*

15 **e regione** – hier: in gerader Richtung, sonst auch idiomatisch: gegenüber

16 **fore, ut** – Auf der formalen Ebene ist zu beachten, das *fore*, die Kurzform für *futurum esse*, nicht nur Infin. Fut. von *esse* ist, sondern auch als Infin. Fut. von *fieri* gebraucht wird, also als Äquivalent zu *factum iri.* Syntaktisch ist wichtig, dass *fore, ut* hier eine Ausweichlösung darstellt: Da kein Infin. Fut. von *posse* existiert, um die Nachzeitigkeit des von *occurreret* abhängigen ACI auszudrücken, muss man sich in solchen Fällen mit der Umschreibung mit *fore, ut* behelfen. Diese Umschreibung kann ansonsten auch bei existierendem Infin. Fut. immer dann eintreten, wenn auf eine Wirklichkeit in der Zukunft oder einen künftig eintretenden Fall besonders hingewiesen werden soll.

17 **declinare** – abweichen; Übersetzung des griechischen *parénklisis; énklisis / declinatio* sind natürlich als grammatische Termini besser bekannt, zunächst: Abweichung von der Norm einer Grundform.

17 **quo** – abl. comparationis zu *minus*

20 **ficta pueriliter** – bei Cicero typisches Kompliment für den „Scharfsinn“ Epikurs.

21 **libidinem** – *libido* bedeutet auch „Willkür“.

22 **physico** – substantiviertes Adjektiv (Dat.): Physiker, Naturphilosoph; Ellipse: *est.*

G Determinismus vs. Willensfreiheit

1 Determinismus bei Demokrit und Epikur

Epikurs Motiv für seine *declinatio*-Theorie, die im vorangehenden Text vorgeführt wurde, sieht Cicero in dessen Bestreben, die Willensfreiheit zu retten und die Menschen vom Druck des *fatum* zu befreien. In *De fato (Über das Schicksal),* einer Schrift, in der er die .Willensfreiheit gegen eine Zwangsläufigkeit des Schicksals verteidigt, schreibt er hierüber (22 f.):

Epicurus declinatione atomi vitari necessitatem fati putat. [...]. Hanc Epicurus rationem induxit ob eam causam, quod veritus est, ne, si semper atomus gravitate ferretur naturali ac necessaria, nihil liberum nobis esset, cum ita moveretur animus, ut atomorum motu cogeretur. Id Democritus, auctor atomorum, accipere maluit, necessitate omnia ferri, quam a corporibus individuis naturales motus avellere.

Z. 1 **declinatione atomi** – siehe vorangehender Text.
5 **individuis** – siehe vorangehender Text.

Demokrit war also strikter Determinist, er verneinte ausdrücklich, dass etwas zufällig geschehen könne.

Epikur dagegen, der den Materialismus des Demokrit aufgreift, lässt den Determinismus fallen und sieht in seinem durch die *declinatio* eingeführten Zufallsbegriff gleichsam eine Waffe gegen das stoische Dogma vom *fatum*.

2 Leibniz über das *fatum* bei den Stoikern

Das verzwickte Problem „Freiheit und Notwendigkeit" zählt Kant in seiner *Kritik der reinen Vernunft* zu den „Antinomien der reinen Vernunft"; These: „Es ist Freiheit im Menschen" – Antithese: „Es ist keine Freiheit im Menschen, sondern alles ist in ihm Notwendigkeit". Leibniz nennt das Problem in seiner *Theodizee* ein „berüchtigtes Labyrinth", „es bringt fast das ganze Menschengeschlecht in Verlegenheit".

Um das Spezifische des stoischen Schicksalsbegriffes – in der Geschichte der Philosophie waren die Stoiker die ersten, die dem Schicksalsbegriff klare Konturen gaben – vorläufig zu umreißen, eignet sich eine Passage aus der *Theodizee* sehr gut:

> Die falsch verstandene Vorstellung von der Notwendigkeit hat, bei ihrer praktischen Anwendung, zu dem geführt, was ich *fatum Mahumetanum* nenne, Schicksal nach türkischer Auffassung, weil man den Türken nachsagt, daß sie aus Gründen wie den oben erwähnten [Anm.: zuvor hatte Leibniz vom blinden Fatalismus gesprochen] nicht einmal die von Pest befallenen Orte verließen. Denn das *fatum Stoicum* war keineswegs so düster wie man es darstellt: es lenkte die Menschen nicht ab von der Sorge um ihre Angelegenheiten; es wollte ihnen aber Gemütsruhe gegenüber den Ereignissen geben durch Betrachtung der Notwendigkeit, die unsere Sorgen und unseren Gram nutzlos machen. Darin wiche diese Philosophie nicht völlig von der Lehre unseres Herrn ab, der ja auch von der Sorge um den kommenden Tag abrät, indem er sie mit den vergeblichen Anstrengungen eines Menschen vergleicht, der sich abmüht, seine Gestalt zu vergrößern. (...). Tut eure Pflicht und seid zufrieden mit dem, was geschehen wird. (...). Und das ist es, was man *fatum Christianum* nennen kann. (Übers. von Herring)

3 *ignava ratio*

Ethische Verantwortlichkeit setzt Entscheidungsfreiheit, Wählenkönnen voraus, welches Aristoteles *prohaíresis* nennt („Vorziehen"). Über Jahrtausende hinweg blieb daher der Freiheitsbegriff der Basisbegriff der Ethik: „So ist doch in praktischer Absicht der Fußsteig der Freiheit der einzige, auf welchem es möglich ist, von seiner Vernunft bei unserem Tun und Lassen Gebrauch zu machen; daher wird es der subtilsten Philosophie ebenso unmöglich, wie der gemeinsten Menschenvernunft, die Freiheit wegzuvernünfteln" (Kant). In der Antike schreibt der Peripatetiker und große Aristoteles-Kommentator Alexander von Aphrodisias in seinem Buch *Über das Schicksal*: „Wer das Wählenkönnen, das Prinzip des Handelns, aufhebt, hebt auch den Menschen auf"; für ihn bedeutet der Glaube an ein Schicksal Flucht vor der Verantwortung, er sei keine philosophische Haltung. (Kranz)

Was Leibniz als „mohammedanisches Schicksal" bezeichnet, nennt Cicero *ignava ratio*, womit er das griechische *argós lógos* übersetzt („untätige Vernunft"); „faul" ist diese Geisteshaltung deshalb, weil der Mensch, der ihr verfallen ist, meint, jegliches Bemühen sei vergeblich, weil ja eh alles vom Schicksal vorherbestimmt sei. Der römische Autor Gellius referiert die Position Chrysipps, des großen Systematikers der Stoa im 3. Jh. v. Chr., folgendermaßen:

Propterea negat oportere ferri audirique homines aut nequam aut ignavos et nocentes et audaces, qui, cum in culpa et maleficio revicti sunt, perfugiunt ad fati necessitatem, tamquam in aliquod fani asylum et, quae pessime fecerunt, ea non suae temeritati, sed fato esse attribuenda dicunt.

Z. 1 **nequam** – ein seltenes, indeklinables Adjektiv: nichtsnutzig, schlecht; hier als Attribut bezogen auf *homines*.
2 **revicti** – PPP zu *revincere*: überführen
3 **fani asylum** – vergleichbar unserem „Kirchenasyl", griech. *ásylon* – unverletzlich; wer sich in ein *asylum* rettete, stand unter göttlichem Schutz.

4 Chrysipps Position

Die Stoiker gingen also von einer „Mitwirkungsmöglichkeit" des Menschen aus. Um diese theoretisch zu untermauern, unternahm Chrysipp – von dem es in der Antike hieß: „Wäre nicht Chrysipp, gäbe es keine Stoa" – die größten argumentativen Anstrengungen, die Cicero im unten zitierten Text als erfolglos beurteilt. Eine knappe Zusammenfassung der Bemühungen Chrysipps liefert uns Augustinus in seinem Großwerk *De civitate Dei:*

> Unde nec illa necessitas formidanda est, quam formidando Stoici laboraverunt causas rerum ita distinguere, ut quasdam subtraherent necessitati, quasdam subicerent, atque in his, quas esse sub necessitate noluerunt, posuerunt etiam nostras voluntates, ne videlicet non essent liberae, si subderentur necessitati.

Was nach stoischer Lehre dem Menschen als Träger des *lógos* an Mitwirkungsmöglichkeit bleibt, ist, „gemäß der Natur leben", was für den Stoiker gleichbedeutend ist mit „gemäß dem *lógos* leben", der den Kosmos in planvoller Ordnung als Schicksal im Sinne einer Vorsehung durchwaltet, dieses mit Notwendigkeit ablaufende Geschehen als solches zu erkennen und zu akzeptieren. Nur der Tor widersetzt sich aufgrund mangelnder Einsicht und nimmt Schaden. Der Stoiker Seneca fasst diesen Gedanken in dem für ihn typischen sententiösen Stil zusammen: *Ducunt volentem fata, nolentem trahunt.* Ein früherer Stoiker fasste das in ein Bild: Ein Hündchen (= Mensch) ist an einen fahrenden Wagen (Schicksal) gebunden; folgt es willig dem Wagen, geht es ihm gut (der Weise), widersetzt es sich aber, nimmt es Schaden (= der Tor).

Da Ciceros *De fato* nur fragmentarisch überliefert ist, soll zunächst ein bei Gellius überliefertes Fragment Chrysipps Problem umreißen, dann folgen zwei Abschnitte aus Ciceros Schrift (39 ff.):

Chrysippus aestuans laboransque, quonam pacto explicet et fato omnia fieri et esse aliquid in nobis, intricatur.

Z. 1 **quonam pacto** – auf welche Weise
2 **in nobis** – Übersetzung des griechischen *eph' hemín,* etwa: in unserer Macht

Ac mihi quidem videtur, cum duae sententiae fuissent veterum philosophorum, una eorum, qui censerent omnia ita fato fieri, ut id fatum vim necessitatis adferret, in qua sententia Democritus, Heraclitus, Empedocles, Aristoteles fuit, altera eorum, quibus viderentur sine ullo fato esse animorum motus voluntarii, Chrysippus tamquam arbiter honorarius medium ferire voluisse, sed adplicat se ad eos potius, qui necessitate motus animorum liberatos volunt; dum autem verbis utitur suis, delabitur in eas difficultates, ut necessitatem fati confirmet invitus. Atque hoc, si placet, quale sit, videamus in adsensionibus, quas prima oratione tractavi. Eas enim veteres illi, quibus omnia fato fieri videbantur, vi effici et necessitate dicebant. Qui autem ab iis dissentiebant, fato adsensiones liberabant negabantque fato adsensionibus adhibito necessitatem ab his posse removeri. [...]. Chrysippus autem, cum necessitatem improbaret et nihil vellet sine praepositis causis evenire, causarum genera distinguit, ut et necessitatem effugiat et retineat fatum.

Z. 3 **Democritus / Heraclitus / Empedocles** – bereits mehrfach erwähnte berühmte Vorsokratiker
3 **Aristoteles** – Dass Aristoteles hier pauschal zu den Deterministen gezählt wird, überrascht; hat doch gerade er den Notwendigkeitsbegriff ausführlich behandelt und dabei ein differenziertes Bild von der „Notwendigkeit" entworfen: demnach gilt nur für „ewige Dinge" (z. B. Gestirne), dass sie „sich nicht anders verhalten können"; als Gegenbegriff dazu setzt er im Bereich der menschlichen Handlungsentscheidungen *(práxis)* den Terminus *prohaíresis* (freie Wahl) an; denn hier, so Aristoteles, „können sich die Dinge anders verhalten", dieser Seinsbereich sei unser Entscheidungsbereich *(tá eph' hemín)*. Während gemäß unserer Textstelle Demokrit und Aristoteles ähnliche Positionen vertreten, lehnt Aristoteles ganz ausdrücklich Demokrits Notwendigkeitshypothese ab. Vielleicht denkt Cicero an eine der uns nicht überlieferten von Aristoteles edierten Schriften (sog. exoterische Schriften); wir besitzen ja nur die „Vorlesungsmanuskripte", die gar nicht für die Publikation gedacht waren und erst in Ciceros Tagen wieder ans Licht kamen (sog. esoterische Schriften).

5 **arbiter honorarius** – Ehrenschiedsrichter

6f. **verbis ... suis** – die ihm eigene Begrifflichkeit

8 **adsensionibus** – Übersetzung des griechischen *synkatáthesis* (Zustimmung), eines in der stoischen Erkenntnislehre und Psychologie grundlegenden Begiffes; er ist der Angelpunkt der Argumentation Chrysipps; die *adsensiones* „bezeichnen die Fähigkeit des Menschen, sich den unwillkürlichen Impulsen seitens der Außenwelt oder der eigenen animalischen Triebe je nach Willensentschluß zu öffnen *(adsensio)* oder zu verschließen *(retentio adsensionis)*". (Bayer)
Beim menschlichen Wahrnehmungsprozess unterscheiden die Stoiker drei Stufen: erstens *visum* (visueller Eindruck), zweitens *adsensio*, drittens *comprehensio* (Erfassen), bei den animalischen Trieben ebenfalls drei Stufen: erstens *adpetitus* (triebhaftes Wollen), zweitens *adsensio*, drittens *actio*.

12 **necessitatem improbaret** – Chrysipp unterscheidet begrifflich zwischen einer *necessitas* jeglichen Geschehens ohne eine Entscheidungsfreiheit für den Menschen und einem *fatum*, das keinen Zwangscharakter hat; daher differenziert er im Folgenden in einer komplizierten Argumentation zwischen *causae perfectae* und *causae adiuvantes*.

Die stoische Lehre von der Dreistufigkeit des Wahrnehmungs- und Erkenntnisvorgangs (s. Anmerkung Z. 8) erklärte der Schulgründer Zenon von Kition übrigens bildlich mit verschiedenen Handhaltungen; *Lucullus 145:*

Hoc quidem Zeno gestu conficiebat: nam cum extensis digitis adversam manum ostenderat, *visum*, inquiebat, *huius modi est*; dein, cum paulum digitos contraxerat, *adsensus huius modi*, tum, cum plane compresserat pugnumque fecerat, comprehensionem illam esse dicebat, qua ex similitudine etiam nomen ei rei, quod ante non fuerat, *catalepsin* imposuit.

Z. 3 **pugnus** – Faust; daher bedeutet *pugnare* ursprünglich „mit der Faust kämpfen"

5 **catalepsin** – griechisches Wort im Akk.: Erfassen, Ergreifen

Das Wissen verglich Zenon mit beiden zusammengedrückten Fäusten. „Handmetaphern" zur Beschreibung von Wahrnehmungs- und Erkenntnisvorgängen sind auch im Deutschen weit verbreitet: wahrnehmen, begreifen, erfassen. Auf den Spuren Meister Eckharts führte um 1700 Christian Wolff das Wort „Begriff" als Übersetzungswort für das lateinische *conceptus* in die deutsche Schulphilosophie ein.

H Aufklärung vs. Aberglaube

1 Bedeutung der Mantik in der Antike

Im bereits zitierten Katalog der philosophischen Schriften im Proömium von *De divinatione II* schreibt Cicero, dass *De divinatione* thematisch mit *De natura deorum* zusammenhänge und er mit dem noch ausstehenden *De fato* gedenke, die theologische Trilogie zu komplettieren. Alle drei Schriften sind im Jahre 44 verfasst, *De divinatione* im Frühsommer. Wie schon der Titel dieser Schrift zu erkennen gibt *(Über die Weissagung)*, geht es auch hier um Götter (*divinus* – göttlich). Zu Beginn des ersten Buches erfahren wir, dass die Griechen die Disziplin *Mantik* nannten, und dass Platon diese etymologisch – und zwar korrekt, was bei antiken etymologischen Versuchen im allgemeinen und Platons phantasievollen Etymologien im besonderen eher die Ausnahme ist – von *manía* (Wahn) ableitete.

Auch die Mantik ist ein Versuch der „Angleichung an Gott", denn – in Anlehnung an eine griffige Erklärung Zintzens – die Divination stellt einen Versuch des Menschen dar, die natürlichen Grenzen seines Wissens zu erweitern und sozusagen grenzüberschreitend durch mantische Praktiken wie z. B. Vogelschau, Eingeweideschau und Orakel eine Teilhabe am Allwissen der Götter zu erreichen, um dadurch Direktiven für sein Handeln zu erlangen. Da die Römer in der Theorie und der Praxis der Weissagung sehr stark von den Etruskern beeinflusst waren, nannte man diesen ganzen Kultbereich *disciplina Etrusca* oder *disciplina Tusca*. „Insgesamt bestimmte die Mantik das Leben des antiken Menschen viel stärker als dies unser heutiger Rationalismus begreifen kann, der sie in den Hintergrund drängte". (Zintzen)

Schon bei den ersten Anfängen der Literatur in der Antike treffen wir auf die seitdem allgegenwärtige Vorstellung, dass die Götter den Menschen die Zukunft kundtun, sei es durch Träume, Donner, Vogelflug und andere oben erwähnte Praktiken. So erscheint in Homers *Ilias* z. B. Kalchas als *mántis* (Seher), in der *Odyssee* Teiresias; Besonders in den Tragödien der griechischen Klassik und dem Geschichtswerk Herodots spielt die Mantik eine große Rolle – man denke nur an Sophokles' *König Ödipus*. Bei den Griechen wie bei den Römern gehörten Seher zum Gefolge eines Heeres, Orakel spielten im politischen Entscheidungsfindungsprozess eine wichtige Rolle. Die Theoretiker unterscheiden zwischen natürlicher Divination, wobei das Göttliche unmittelbar auf die menschliche Seele wirke, z. B. durch Träume und Ekstasen, und künstliche Divination, hierbei wirke das Göttliche indirekt über „Medien" und „Zeichen", z. B. Vogelflug, Eingeweide u. s. w.; Von all dem hat die Astrologie „als einzige der antiken mantischen Formen zählebig bis ins 20. Jh. überdauert" (Schäublin); I, 1 f.:

Vetus opinio est iam usque ab heroicis ducta temporibus, eaque et populi Romani et omnium gentium firmata consensu, versari quandam inter homines divinationem, quam Graeci *manticen* appellant, id est praesensionem et scientiam rerum futurarum. Magnifica quaedam res et salutaris, si modo est ulla, quaque proxime ad deorum vim natura mortalis possit accedere.

Itaque ut alia nos melius multa quam Graeci, sic huic praestantissimae rei nomen nostri a divis, Graeci, ut Plato interpretatur, a furore duxerunt. Gentem quidem nullam video neque tam humanam atque doctam neque tam immanem tamque barbaram, quae non significari futura et a quibusdam intellegi praedicique posse censeat.

Z. 1 **heroicis temporibus** – sagenhafte Frühzeit der Helden des Mythos

3 **manticen** – griechischer Akkusativ von „Mantik“; PLATON leitete sie ja von *manía* (Wahn) ab, s. o. und weiter unten.

4 **modo** – hier: nur

6 **nos** – die Römer; Ciceros Rom-Bild ist stets sehr von Selbstbewusstsein geprägt, auch den Kulturleistungen der Griechen gegenüber; eine Variation zu unserer Stelle ist ein Satz aus den *Tusculanae disputationes: meum semper iudicium fuit omnia nostros aut invenisse per se sapientius quam Graecos aut accepta ab illis fecisse meliora.*

2 Argumentation der Stoiker für die *divinatio*

De divinatione kann als Muster für Ciceros „dialektische Technik“ dienen, das *in utramque partem disserere,* wie es die Akademische Skepsis propagiert. Das Werk besteht aus zwei Büchern; im ersten tritt Ciceros Bruder Quintus voll und ganz für die Divination ein, im zweiten redet der Autor und spart nicht mit Kritik in der Sache (Mantik), belässt der Divination aber aus Gründen der Staatsräson die Existenzberechtigung in der kultischen Praxis. In der folgenden Textstelle aus Buch I (82 ff.) referiert Quintus die Argumentation der Stoiker für die Divination:

Quam quidem esse re vera hac Stoicorum ratione concluditur: „Si sunt di neque ante declarant hominibus, quae futura sint, aut non diligunt homines aut, quid venturum sit, ignorant, aut existimant nihil interesse hominum, quid sit futurum, aut non censent esse suae maiestatis praesignificare hominibus, quae sunt futura, aut ea ne ipsi quidem di significare possunt. At neque non diligunt nos (sunt enim benefici generique hominum amici) neque ignorant ea, quae ab ipsis constituta et designata sunt; neque nostra nihil interest scire ea, quae eventura sint (erimus enim cautiores, si sciemus), neque hoc alienum ducunt maiestate sua (nihil est enim beneficentia praestantius) neque non possunt futura praenoscere. Non igitur sunt di nec significant futura. Sunt autem di; significant ergo. Et non, si significant, nullas vias dant nobis ad significationis scientiam (frustra enim significarent); nec, si dant vias, non est divinatio; est igitur divinatio“. Hac ratione et Chrysippus et Diogenes et Antipater utitur.

Z. 1 **re vera** – tatsächlich

3 **interesse** – Infinitiv zum unpersönlichen Ausdruck *interest* – es ist von Bedeutung, liegt im Interesse, erweitert entweder mit Gen. (bei Substantiven, wie hier: *hominum*) oder mit Abl. Sg. f. des Possessivpronomens, wie in Z. 7: *nostra* – mit Ellipse von *re*

4 **esse suae maiestatis** – genitivus possessivus: es gehört zu / passt zu …
8 **hoc alienum ducunt** – doppelter Akkusativ; *ducere* hier: halten für; *alienus* steht hier mit Ablativ *(maiestate)*
9 **beneficentia** – ablativus comparationis zu *praestantius*
12 **ratione** – hier: Argumentation, Beweis, wie öfter
13 **Diogenes** – hier in einer Reihe mit anderen Stoikern; es handelt sich natürlich nicht um den berühmten Kyniker, den „aus der Tonne", sondern um den Stoiker Diogenes von Babylon (3./2. Jh. v. Chr.); der Kyniker Diogenes stammte aus Sinope am Schwarzen Meer, der heutigen türkischen Stadt Sinop.

3 Ciceros Stellung zur Mantik

Als „Aufklärer" lehnt Cicero im zweiten Buch von *De divinatione* alles Abergläubische *(superstitio)* ab, lässt jedoch der Religionsausübung *(religio)* incl. der mantischen Praktiken ihren Platz im Staat. Er vollführt hier eine Art Spagat: Als aufgeklärter Philosoph durchschaut er die Fragwürdigkeit, ja Unhaltbarkeit der Divination, als traditionsverbundener Patriot jedoch sieht er in der Beibehaltung der Religion und der diversen Formen der kultischen Praxis ein „Postulat der politischen Vernunft", in der Beibehaltung der Riten sieht er sozusagen einen soziologisch-massenpsychologisch stabilisierenden Faktor im Staat. Gemäß dem traditionellen Selbstbild sahen sich die Römer als ein „religiöses Volk", sahen in der *religio* den Garanten für den Bestand Roms; daher suchten sie die *pax deorum*, den Frieden mit den Göttern.

Freilich war es seit den punischen Kriegen mit dem wachsenden Einfluss der griechischen Philosophie zu einem Schwinden der Religiösität gekommen. Der neue „kritische Geist" hatte das Aufkommen der bereits mehrfach erwähnten Theorie der „drei Theologien" im Gefolge, der *theologia tripartita*; man unterschied jetzt den Gott der Philosophen von den Göttern der Dichter und denen des Staates.

Wenn Cicero im folgenden Text neben den *maiorum instituta* von einer *praestans aliqua aeternaque natura* spricht, dann meint er den „Gott der Philosophen". Cicero lässt Raum sowohl für die *theologia civilis* als auch die *theologia physica*; von der großen Masse sagt im 2. Jh. v. Chr. der Grieche Polybios, dass sie „mit ihrem Leichtsinn, ihren Leidenschaften und ihren Begierden der Angst vor Göttern und Unterwelt nicht entbehren kann".

Beard spricht – bezogen auf Ciceros Position – von einem „ungeklärten Rest", von „zwei Denkweisen, einer wissenschaftlich aufgeklärten (griechischen) und einer vorwissenschaftlich traditionsverhafteten (römischen)"; *De divinatione* sei ein „Zeugnis eines noch nicht restlos abgeschlossenen kulturellen Integrationsprozesses". Im 1. Jh. n. Chr. steht der römische Philosoph Seneca den traditionellen Göttervorstellungen und Riten der *theologia civilis* kritisch und distanziert gegenüber; für Seneca ist „Gott" – in Anlehnung an den Pantheismus des Stoikers Poseidonios – der den Kosmos durchwaltende *lógos*, der „Gott der Philosophen". *De divinatione* II, 148 f.:

Superstitio fusa per gentis oppressit omnium fere animos atque hominum imbecillitatem occupavit. Quod et in iis libris dictum est, qui sunt de natura deorum, et hac disputatione id maxime egimus. Multum enim et nobismet ipsis et nostris profuturum videbamur, si eam funditus sustulissem. Nec vero (id enim diligenter intellegi volo) superstitione tollenda religio tollitur.

Nam et maiorum instituta tueri sacris caerimoniisque retinendis sapientis est et esse praestantem aliquam aeternamque naturam, et eam suspiciendam admirandamque hominum generi pulchritudo mundi ordoque rerum caelestium cogit confiteri. Quam ob rem, ut religio propaganda etiam est, quae est iuncta cum cognitione naturae, sic superstitionis stirpes omnes eligendae.

Z. 1 **gentis** – hier Akk. Pl. für *gentes* (Archaismus)

4 **profuturum** – Partizip Futur zu *prodesse*

4 **videbamur** – *videri* bedeutet als Deponens nicht nur „scheinen“, sondern auch „glauben, sich einbilden“

6 **sacris** – hier substantiviertes Adjektiv, etwa: heilige Handlungen

6 **sapientis est** – genitivus possessivus + Infin.: Es ist Aufgabe eines …/ Zeichen eines …

7/9 ACI, abhängig von *confiteri;* bei *suspiciendam* und *admirandamque* ist *esse* zu ergänzen; *generi* ist ein dativus auctoris zum Gerundivum.

8 **pulchritudo mundi ordoque rerum caelestium** – Der *locus classicus* für „Gottesbeweise“ in der christlich-katholischen Dogmengeschichte ist Thomas v. Aquin, *Summa theologica, pars prima, quaestio II, articulus III*; dort basiert der „fünfte Weg“, die Existenz Gottes zu beweisen, wie unsere Textstelle, auf dem *ordo*-Gedanken: *Quinta via sumitur ex gubernatione rerum. Videmus enim, quod aliqua cognitione carentia, scilicet corpora naturalia, operantur propter finem; quod apparet ex hoc, quod semper aut frequentius eadem operantur, et consequuntur id, quod est optimum. Unde patet, quod non a casu, sed ex intentione perveniunt ad finem. Ea autem, quae non habent cognitionem, non tendunt in finem nisi directa ab aliquo cognoscente et intelligente, sicut sagitta a sagittante. Est ergo aliquid intelligens, a quo omnes res naturales ordinantur ad finem: et hoc dicimus Deum.*

Einen frühen Gottesbeweis finden wir bereits beim *philosophus* – so lautete der Ehrenname des Aristoteles bei den Scholastikern des lateinischen Mittelalters – im 12. Buch seiner Metaphysik. Der auf der Schönheit und Ordnung des Kosmos beruhende Gottesbeweis an unserer Cicero-Stelle und bei Thomas v. Aquin heißt in der philosophischen Systematik „teleologischer“ oder „physikotheologischer Gottesbeweis“; Kant nennt ihn in seiner Besprechung der Gottesbeweise in der *Kritik der reinen Vernunft* „würdig, jederzeit mit Achtung genannt zu werden“.

10 **eligendae** – hier im Sinne von „ausreißen“.

I Das Problem der Macht. Das letzte philosophische Werk – „das Vaterland ruft"

1 Aus Ciceros Werkstatt

Was die Arbeitsweise Ciceros beim Verfassen von *De officiis* angeht, erhalten wir durch die briefliche Korrespondenz mit Atticus einen Einblick in seine schriftstellerische Werkstatt; neben der Hauptquelle, einer Schrift des Stoikers PANAITIOS mit dem Titel *Über das Zukommende* erfahren wir von anderen Werken und Kommentaren, die Cicero für das Abfassen benötigte. Neben seinen eigenen Bibliotheken, etwa in seinen Landhäusern in Tusculum, Antium, die eine *festivam copiam* von Büchern aufzuweisen hat, sowie in Astura in Latium, greift Cicero für das Quellenstudium auch auf die Bibliotheken seines Freundes Atticus, die seines Bruders Quintus und die seines Schriftstellerkollegen und Freundes VARRO zurück. Wir erfahren aus dem Briefwechsel, dass er die drei Bücher seiner Hauptquelle in den beiden ersten Büchern von *De officiis* abgehandelt hat, das dritte basiert nicht auf PANAITIOS; dieser hatte von dem Sittlichen (und daher Ehrenvollen: *honestum*) und dem Nützlichen *(utile)* gesprochen, nicht aber darüber, ob zwischen dem *honestum* und dem *utile* eine Pflichtenkollision möglich sei; die Möglichkeit einer solchen Pflichtenkollision diskutiert Cicero in seinem dritten Buch und kommt zu dem Schluss, dass sie nicht möglich sei. Schon sein Vorbild PLATON hatte gegen den Sophisten THRASYMACHOS argumentiert, eine wirkliche Kollision zwischen Pflicht und Nutzen gebe es nicht, da die Tugend das höchste Gut sei und für den Menschen damit das wahrhaft Nützliche.

2 „Pflicht" bei Cicero und Kant. Autoritativ vs. dialogisch

„Pflicht" als philosophischer Terminus gründet historisch in der stoischen Philosophie; da die Werke der frühen Stoiker allesamt verloren sind, ist Ciceros *De officiis* die älteste „Pflichtethik" Europas. Sie hat eine beeindruckende Wirkungsgeschichte aufzuweisen. Der zweifellos bedeutendste „Pflichtethiker" der Weltgeschichte ist KANT, dessen scharfe Trennung zwischen „Eudämonismus" (Glücksethik) und Pflichtethik bereits erwähnt wurde. Tatsächlich kann man die stoische Ethik als eine gewisse Vorstufe zur kantischen ansehen, obwohl KANT ja jeglichen Eudämonismus bekämpft – „handeln nicht aus Neigung, sondern aus Pflicht" heißt es immer wieder bei KANT –, während *eudaimonia* in der Ethik der Stoiker von zentraler Bedeutung ist. KANTS Hymnus auf die Pflicht enthält im Kern seine Ethik:

> Pflicht, du erhabener, großer Name, der du nichts Beliebtes, was Einschmeichelung bei sich führt, in dir fassest, sondern Unterwerfung verlangst, doch auch nichts drohest, was natürliche Abneigung im Gemüthe erregte und schreckte, um den Willen zu bewegen, sondern bloß ein Gesetz aufstellst, welches von selbst im Gemüthe Eingang findet und doch sich selbst wider Willen Verehrung (wenngleich nicht immer Befolgung) erwirbt, vor dem alle Neigungen verstummen, wenn sie gleich insgeheim ihm entgegenwirken.

De officiis ist das letzte philosophische Werk Ciceros, verfasst Oktober bis Dezember 44; im „Schriften-Katalog“ von *De divinatione II* ist das Werk daher nicht erwähnt. Es handelt sich nicht, wie sonst, um einen Dialog; Cicero spricht nicht, wie sonst, verschiedene philosophische Positionen nach seiner „dialektischen Methode“ durch, sondern schreibt sozusagen autoritativ; geboten werden Anleitungen zum sittlichen Handeln. In den einleitenden Sätzen widmet Cicero das Buch seinem Sohn Marcus, der sich gerade zur Ausbildung in Athen aufhält, ihm möchte er das Idealbild eines römischen Staatsmannes vor Augen stellen.

Zu diesem Zweck werden *exempla* aus der römischen Geschichte vorgeführt, aus der Zeitgeschichte überwiegend sehr negative, z. B. Caesar, der wenige Monate zuvor ermordet worden war. Keine der späten philosophischen Schriften Ciceros ist so stark von der Spannung zwischen der *vita activa* und der *vita contemplativa* geprägt wie *De officiis*, keine findet so deutliche Worte über die Machtbesessenheit Einzelner und den damit verbundenen Niedergang Roms, keine betont schärfer die Antithese zwischen ungezügelter Machtgier und dem „Gemeinwohl“ als einem kategorischen moralischen Imperativ.

3 Der Philosophen-Könige-Satz

Angesichts der akuten Gefährdung der *res publica* ist das Problem der Macht, des Machtmissbrauchs, dasjenige, welches Cicero in *De officiis* geradezu aufzuwühlen scheint; mehrfach tritt es in voller Intensität in den Vordergrund. In Griechenland waren im 5. Jh. v. Chr. die Sophisten die Ersten gewesen, die das Problem der Macht zu einem philosophischen Problem machten. Besonders Platon, der sich intensiv mit ihnen auseinandersetzt, ist für uns eine Hauptquelle für das Nachzeichnen dieser Diskussion. Der Sophist Gorgias propagiert das „Recht des Stärkeren“, der Sophist Thrasymachos definiert Gerechtigkeit im ersten Buch von Platons *Politeia* folgendermaßen: „Das, was dem Stärkeren nützt“; in diesem Sinne sieht Gorgias auch in der Rhetorik ein Machtmittel und sieht ihr Definitionsmerkmal darin, dass sie „das schwächere Wort zum stärkeren macht“. Für Platon dagegen, und damit auch für Cicero, muss menschliche Macht vernunftbestimmt sein; im 5. Buch der *Politeia* formuliert Platon seinen berühmten „Philosophen-Könige-Satz“:

> Wenn nicht, sprach ich, entweder die Philosophen Könige werden in den Staaten oder die jetzt so genannten Könige und Gewalthaber wahrhaft und gründlich philosophieren und also dieses beides zusammenfällt, die Staatsgewalt und die Philosophie, die vielerlei Naturen aber, die jetzt zu jedem von beiden einzeln hinzunahen, durch eine Notwendigkeit ausgeschlossen werden, eher gibt es keine Erholung von dem Übel für die Staaten, lieber Glaukon, und ich denke auch nicht für das menschliche Geschlecht. (Übers. von Schleiermacher)

4 Zur Macht 1

Gegenüber Thrasymachos' Definition der Gerechtigkeit pocht Sokrates – wie Cicero und die Stoiker – auf die Beachtung des „gemeinsamen Nutzens“, nötig sei die Bändigung des „Mehrhabenwollens“ *(pleonexía)*; das „Werk“ *(érgon)* der menschlichen Seele sei das Praktizieren der so verstandenen Gerechtigkeit; das lateinische Wort für das griechische *érgon* ist *opus*; der Mensch muss sein *opus facere*: hieraus wurde das sog. verbale Rektionskompositum *opi-facium* gebildet, wie üblich mit einem verbalen Hinterglied und einem nominalen Vorderglied als Objekt dazu, die weiteren sprachlichen Entwicklungsstufen dieses grundlegenden ethischen Begriffes sind erstens die „Vokalschwächung in der Binnensilbe bei Komposita“: *opificium*, darauf erfolgte über eine Synkope (Ausfall des ersten **i**) eine Assimilation: *officium – Pflicht; De officiis* I, 26 f.:

Maxime autem adducuntur plerique, ut eos iustitiae capiat oblivio, cum in imperiorum, honorum, gloriae cupiditatem inciderunt. Quod enim est apud Ennium „nulla sancta societas nec fides regni est“, id latius patet. Nam quidquid eiusmodi est, in quo non possint plures excellere, in eo fit plerumque tanta contentio, ut difficillimum sit servare sanctam societatem. Declaravit id modo temeritas C. Caesaris, qui omnia iura divina et humana pervertit propter eum, quem sibi ipse opinionis errore finxerat principatum. Est autem in hoc genere molestum, quod in maximis animis splendidissimisque ingeniis plerumque existunt honoris, imperii, potentiae, gloriae cupiditates. Quo magis cavendum est, ne quid in eo genere peccetur. Sed in omni iniustitia permultum interest, utrum perturbatione aliqua animi, quae plerumque brevis est, an consulto et cogitata fiat iniuria. Leviora enim sunt ea, quae repentino aliquo motu accidunt, quam ea, quae meditata et praeparata inferuntur. Ac de inferenda quidem iniuria satis dictum est. [...]. Multi enim bella saepe quaesiverunt propter gloriae cupiditatem, atque id in magnis animis ingeniisque plerumque contingit eoque magis, si sunt ad rem militarem apti et cupidi bellorum gerendorum.

Z. 1 **iustitiae ... oblivio** – durch die Trennung (Hyperbaton) des Subjekts *oblivio* von seinem Attribut *iustitiae* wird Spannung und Aufmerksamkeit erzeugt; semantisch ist *iustitiae* ein genitivus obiectivus, ebenso wie im folgenden *cum*-Satz die drei Genitive in asyndetischer Reihung; dasselbe gilt für die vier Genitive in Z. 8 f.

2 **Ennium** – Ennius (ca. 240 bis 170) war ein bedeutender altrömischer Dramatiker, Satiriker und Epiker. Was Cicero besonders auf philosophischem Gebiet unternahm, nämlich die Philosophie der Griechen in Rom heimisch zu machen, hatte Ennius über hundert Jahre vorher auf dem Gebiet der Poesie geleistet. Er, der von sich sagt, er habe drei Herzen, ein griechisches wegen seiner gründlichen griechischen Bildung, ein oskisches wegen seiner Herkunft aus dem Süden Italiens und ein römisches wegen seiner nationalen Zugehörigkeit, referiert in einem seiner Werke einen Traum, in dem er gleichsam als Reinkarnation Homers erscheint. Das erinnert etwas an Ciceros Stellung zu Platon; *ubique Platonis aemulus.* Kulturgeschichtlich betrachtet ist Ennius also – wie Cicero – ein Exponent der großen Transformationsleistung der Rö-

mer bei der Adaption griechischen Wissens und griechischer Kunst. Von den Werken des Ennius besitzen wir heute nur noch Fragmente.

3 **regni** – Die Begriffe *rex / regnum* waren seit der Vertreibung des letzten Königs von Rom, Tarquinius Superbus, geradezu „Reizwörter", „politische Kampfbegriffe"; entsprechend groß war die Empörung, als vermutet wurde, Caesar strebe die Königswürde an; semantisch ist *regni* ein genitivus possessivus: Das Königtum hat keine …

4 **possint** – konjunktivischer Relativsatz mit konsekutiver semantischer Färbung

4 **plures excellere** – erinnert an Aristoteles' Forderung einer „starken Mitte" der Gesellschaft

5 **modo** – kürzlich: Caesar war wenige Monate vor der Niederschrift von *De officiis* ermordet worden.

7 **principatum** – Auch Caesars Adoptivsohn und „Erbe der Macht" Octavianus nennt später seine Herrschaftsform *principatus* und sich selbst *princeps*. Die Geschichtswissenschaft nennt daher die ersten drei Jahrhunderte der römischen Kaiserzeit „Prinzipat".

9 **quid** – Indefinitpronomen, da enklitisch zu *ne*.

10 **interest** – es macht einen Unterschied

11 **consulto** – hier Adverb: mit Planung

15 **eoque** – abl. mensurae

16 **bellorum gerendorum** – syntaktisch eine sog. Gerundivkonstruktion, semantisch ein genitivus obiectivus zu *cupidi*

5 Zur Macht 2

Auch bei der Behandlung der Themen „Tapferkeit im Krieg" und „Kriegsruhm" kommt Cicero auf die Motive „Eigensinn" und „Gemeinsinn" zu sprechen; „Gemeinsinn" und „Gemeinwohl" erfüllen in Ciceros Argumentation in *De officiis* die Funktion eines Indikators für die Werthaftigkeit von Handlungsentscheidungen; allgemein gilt – und da ist sich Cicero wieder mit Platon und den Stoikern einig: Machthaber müssen besonders zwei Dinge im Auge behalten: erstens die *utilitas civium*, zweitens *totum corpus rei publicae curent*.

Volkmann-Schluck schreibt in seinem Buch *Politische Philosophie* über den größten griechischen Historiker:

> Thukydides hat als Erster das Problem der Macht allseitig durchdacht und einer Lösung entgegengeführt. Die Macht ist durch und durch selbstbezüglich, und sie erstrebt aus ihrem eigenen Wesen nur sich selbst, d. h. ihr Mehr und Mehr. Sie ist deshalb aus sich selbst nicht fähig, sich eine Grenze zu setzen, sondern sie bedarf eines Anderen, das sie bindet und begrenzt.

Dieses Bindende und Begrenzende ist das von Cicero so vehement eingeforderte politische Ethos; I, 62 ff.):

Sed ea animi elatio, quae cernitur in periculis et laboribus, si iustitia vacat pugnatque non pro salute communi, sed pro suis commodis, in vitio est; non modo enim id virtutis non est, sed est potius immanitatis omnem humanitatem repellentis. Itaque probe definitur a Stoicis fortitudo, cum eam virtutem esse dicunt propugnantem pro aequitate. Quocirca nemo, qui fortitudinis gloriam consecutus est insidiis et malitia, laudem est adeptus; nihil honestum esse potest, quod iustitia vacat. Praeclarum igitur illud Platonis: „Non, inquit, solum scientia, quae est remota ab iustitia, calliditas potius quam sapientia est appellanda, verum etiam animus paratus ad periculum, si sua cupiditate, non utilitate communi impellitur, audaciae potius nomen habeat quam fortitudinis."

Itaque viros fortes et magnanimos eosdem bonos et simplices, veritatis amicos minimeque fallaces esse volumus; quae sunt ex media laude iustitiae. Sed illud odiosum est, quod in hac elatione et magnitudine animi facillime pertinacia et nimia cupiditas principatus innascitur. [...]. Difficile autem est, cum praestare omnibus concupieris, servare aequitatem, quae est iustitiae maxime propria. Ex quo fit, ut neque disceptatione vinci se nec ullo publico ac legitimo iure patiantur, existuntque in re publica plerumque largitores et factiosi, ut opes quam maximas consequantur et sint vi potius superiores quam iustitia pares.

Einige Seiten weiter heißt es:

Omnino qui rei publicae profuturi sunt, duo Platonis praecepta teneant: unum, ut utilitatem civium sic tueantur, ut, quaecumque agunt, ad eam referant obliti commodorum suorum, alterum, ut totum corpus rei publicae curent, ne, dum partem aliquam tuentur, reliquas deserant.

Z. 1 **iustitia** – ablativus separativus zu *vacat*

3 **virtutis / immanitatis** – genitivus possessivus: gehört zu / ist Zeichen von

6 **honestum** – Dieser Terminus ist die latinisierte Form des Leitbegriffs der Ethik Zenons, des Gründers der stoischen Philosophenschule; das *honestum* ist der Inbegriff einer vortrefflichen Lebensausrichtung; für Zenon, so Cicero, sei es *simplex quoddam et solum et unum bonum.* In den *Academici libri* heißt es dazu: *Honeste autem vivere Zeno statuit finem esse bonorum, qui inventor et princeps Stoicorum fuit*; ein instruktives Kurzreferat bietet Augustinus in seinem Buch *Contra Academicos*: *Clamat Zeno et tota illa porticus tumultuatur hominem natum ad nihil esse aliud quam honestatem; ipsam suo splendore ad se animos ducere, nullo prorsus commodo extrinsecus posito et quasi lenocinante mercede.*

7 **illud** – ergänze: Wort, Aussage, Satz

7 f. **scientia ... calliditas ... est appellanda** – doppelter Nominativ sowie Gerundivum als Prädikatsnomen

11 **eosdem** – hier etwa: zugleich, gleichzeitig

12 **ex media laude** – *media* hier als sog. partitiv gebrauchtes Adjektiv: mitten aus, aus dem Herzstück (vgl. *medias in res*)

14 **principatus** – Auch im vorangehenden Text wurde dieses Wort gebraucht, um Caesars widerrechtlichen Herrschaftsanspruch zu kennzeichnen.

14 **praestare** – hier mit Dativ, daher: „voranstehen", übertreffen

15 **concupieris** – Kurzform für *concupiveris*
16 **disceptatione** – Diskussion
16 **patiantur** – *pati* + ACI *(se vinci)*: zulassen
17 **opes** – Macht
17 **quam** – mit Superlativ: möglichst

Es ist besonders Caesar, in dessen absoluter Herrschaft Cicero die Dämonie der Macht erkennt. Als Gegenbild wird Cato d. J. als ein Mann im Vollbesitz der „Römertugenden" vorgeführt, der während des Bürgerkrieges in militärisch auswegloser Situation in Utica (in Nordafrika) beim Anrücken der Truppen Caesars Selbstmord begangen hatte und in der Folgezeit unter dem Ehrennamen *Cato Uticensis* als Ideal republikanischer Gesinnung und Opposition gegen Tyrannei galt. Anlässlich des „Heldentodes" Catos hatte Cicero ja, wie weiter oben erwähnt, sein Elogium auf Cato veröffentlicht, worauf Caesar prompt mit seinem „Anticato" antwortete. In *De officiis* schreibt Cicero über Cato:

> Catoni cum incredibilem tribuisset natura gravitatem, eamque ipse perpetua constantia roboravisset semperque in proposito susceptoque consilio permansisset, moriendum potius quam tyranni vultus aspiciendus fuit.

Einige Passagen in *De officiis* tragen stark resignative Züge. Ein Abschnitt im zweiten Buch wirkt wie ein desillusionierter Abschied von der alten Staatsidee, vom altbewährten Rombild; denn „nach Überzeugung der Römer beruht ihre Herrschaft nicht nur auf militärischer Überlegenheit, sondern auch auf Gerechtigkeit und Milde, mit der sie die Untertanen und Bundesgenossen behandeln (KROLL)", doch dies, so Cicero, sei nicht mehr der Fall; auch im Innern habe sich Unrecht durchgesetzt.

6 Zur Macht 3

Cicero sieht sich also gezwungen, das traditionelle hehre Rombild angesichts der ausufernden rohen Gewalt als realitätsfern aufzugeben; nicht nur bei fremden Völkern gebe es jetzt ungerechte Herrschaft.

Der Niedergang Roms sei erst schleichend gewesen, mit Sulla und seinen Proskriptionen jedoch habe er eine neue Dimension erreicht, jetzt sei die *res publica* verloren. *De off.* II, 26 f.:

Externa libentius in tali re quam domestica recordor. Verum tamen quam diu imperium populi Romani beneficiis tenebatur, non iniuriis, bella aut pro sociis aut de imperio gerebantur, exitus erant bellorum aut mites aut necessarii, regum, populorum, nationum portus erat et refugium senatus, nostri autem magistratus imperatoresque ex hac una re maximam laudem capere studebant, si provincias, si socios aequitate et fide defendissent. Itaque illud patrocinium orbis terrae verius quam imperium poterat nominari. Sensim hanc consuetudinem et disciplinam iam antea minuebamus, post vero Sullae victoriam penitus amisimus; desitum est enim videri quicquam in socios iniquum, cum exstitisset in cives tanta crudelitas. Ergo in illo secuta est honestam causam non honesta victoria. Est enim ausus dicere hasta posita, cum bona in foro venderet et bonorum virorum et locupletium et certe civium, praedam se suam vendere.

Z. 1 **externa ... domestica** – substantivierte Adjektive (Akk. Pl. n.)
1 **libentius** – Adverb des Komparativs
1 **quam diu** – Variante für *quamdiu*: solange
4 **portus ... refugium** – Prädikatsnomina, *senatus* ist das Subjekt des Satzes
6 f. **illud patrocinium ... imperium** – doppelter Nominativ: *illud (imperium populi Romani)* ist das Subjekt, *patrocinium* und *imperium* die Prädikatsnomina.
8 **minuebamus / amisimus** – Das Imperfekt *minuebamus* betont die schleichende Entwicklung, das Perfekt *amisimus* das Resultat.
10 **in illo** – Sulla
10 f. **est ausus** – Perfekt des Semideponens *audere*
11 **hasta posita** – syntaktisch ein ablativus absolutus; zur Semantik vergleiche man die Wendung *sub hasta vendere* im Sinne von „öffentlich versteigern“, so formuliert nach der dabei aufgesteckten Lanze.
11 **bona** – substantiviertes Adjektiv: Güter, Besitz

Wohl anhand solcher Textstellen urteilt Hegel in seiner *Philosophie der Geschichte*, Cicero habe nicht begriffen, dass die römische Republik keinen weiteren Bestand haben konnte; im Fehlverhalten einzelner Individuen habe er die Ursache des Niedergangs gesucht, er habe geglaubt, man könne die *res publica* mit gutem Willen und diversen Nachbesserungen erhalten; Hegel diagnostiziert eine „Notwendigkeit des römischen Caesarismus“; *De off.* II, 29:

Nec vero umquam bellorum civilium semen et causa deerit, dum homines perditi hastam illam cruentam et meminerint et sperabunt. [...]. Ex quo debet intellegi talibus praemiis propositis numquam defutura bella civilia. Itaque parietes modo urbis stant et manent, iique ipsi iam extrema scelera metuentes, rem vero publicam penitus amisimus.

Z. 1 **dum** – hier: solange
2 **hastam** – Sullas Lanze bei der Versteigerung
2 **meminerint** – formal Fut. II, funktional Fut. I, da *meminisse* ein *verbum defectivum* ist: die Tempora des Perfektstammes erfüllen bei solchen Verben ja die Funktion der analogen Tempora des Präsensstammes; daher stehen *meminerint* und *deerit* zeitlich auf derselben Ebene.
3 **talibus praemiis propositis** – ablativus absolutus; bei *defutura* ist *esse* zu ergänzen (elliptischer ACI).
3 **modo** – nur

Die erwähnten Proskriptionen Sullas finden im Jahre 43 Nachahmer; ihnen wird auch Cicero selbst zum Opfer fallen.

XIV Die Philippischen Reden und das zweite Triumvirat

1 Octavian und Antonius nach der Ermordung Caesars

Nur kurze Zeit nach Caesars Ermordung begann nach bekanntem Muster der blutige Kampf um die Macht erneut, der nach 14 Jahren mit dem endgültigen Sieg Octavians, des späteren Kaisers Augustus, endete. Damit war auch offiziell die Ära der *libera res publica* beendet, der Prinzipat des Augustus begann; Augustus war seitdem der einzige *imperator* Roms, der erste „Kaiser". Gerade diese letzten 14 Jahre der römischen Republik zeigen exemplarisch das für die römischen Bürgerkriege charakteristische Phänomen der „ständig wechselnden Bündnisse, die zeigen, wie wenig grundsätzlicher Natur die Gegensätze waren. Es ging nur noch um Macht im Staat, alles andere war Taktik (MEYER)."

Wie Cicero am Ende von *De officiis* schreibt, war er im Sommer 44 schon unterwegs nach Griechenland, vordergründig in einer offiziellen, noch von Caesar erteilten *legatio,* einer Reise, die von vielen Zeitgenossen als Flucht aus *desperatio* gedeutet wurde, wie Cicero selbst jedoch sagt, um seinen in Athen studierenden Sohn zu besuchen; weiter heißt es: *ipse venissem Athenas, …, nisi me e medio cursu clara voce patria revocasset (= revocavisset);* denn auf Sizilien erreichte ihn die Nachricht, dass Antonius, der nach Caesars Ermordung versuchte, das Ruder an sich zu reißen, die Bereitschaft zeigte, mit dem Senat zu kooperieren. Der Patriot Cicero schöpfte wieder Hoffnung, die *res publica* retten zu können. Nach Caesars Ermordung hatte nämlich Antonius, Konsul des Jahres 44, ein zu Ausschweifungen und Unberechenbarkeit neigender Macht- und Genussmensch, also vom Lebensentwurf und Charakter ein ganz anderer Mensch als Cicero, weshalb die beiden sich auch so beargwöhnten, das Volk gegen die Caesarmörder, für deren Amnestierung Cicero eingetreten war, aufgeputscht und Unruhen geschürt in der Absicht, sich selbst möglichst viel persönliche Macht zu sichern. In seinen manchmal etwas launigen, aber pointierten und treffenden Charakterzeichnungen markiert THEODOR BIRT die Lebenswelt des Antonius mit der Koordinatentrias „Lasterhöhle, Weindunst, Weiberlachen". Antonius verglich sich gerne mit Herkules, der in der Antike nicht nur als der „Supermann" galt, sondern auch als Urtyp des Zechers, des Rüpels und des lustigen Gesellen. „Auch darauf verstand sich Antonius, zechte mit dem gemeinen Soldat auf offener Straße, stellte sich an die Soldatentische und aß und schlang; ein rechter Landsknecht, dazu in Liebessachen kein Spielverderber" (BIRT). Auch hatte Antonius – oder, wie man vermutete, seine Frau Fulvia –, wie es scheint, Caesars Testament, in dem Octavius, der Sohn der Schwester Caesars, adoptiert und zum Erben des Vermögens bestimmt worden war, manipuliert und auf diesem Weg genehmen Personen Ämter und Senatorenposten verschafft; diese Personen hießen im Volksmund *Orcini*, so benannt nach dem Unterweltsgott *Orcus*, in PLUTARCHS griechischer Übersetzung heißen sie *Charonitai*, hier stand also der Totenfährmann *Charon* Pate.

Auf das oben genannte Signal hin, mit dem Senat kooperieren zu wollen, den Antonius gleichsam als eigenmächtiger Testamentsvollstrecker ebenso ignoriert hatte wie den jungen Octavian, dessen ursprünglicher Name *Octavius* durch den Adoptionsakt um das übliche Suffix erweitert wurde *(Octavianus)*, kehrt Cicero nach Rom zurück, wagt es aber nicht, da er einen Anschlag des Antonius fürchtet, an der Senatssitzung am 1.9. teilzunehmen und schützt deshalb „Unpässlichkeit“ vor, woraufhin Antonius Soldaten schickt und damit droht, Ciceros Haus anzuzünden.

Als dann noch der 18jährige Octavian, der Erbe und frischgebackene Adoptivsohn Caesars, in Rom erscheint – KUNKEL spricht von einer „juristisch recht fragwürdigen testamentarischen Adoption“ – und von Antonius das Erbe Caesars einfordert, von Antonius aber aufgrund seines jugendlichen Alters (er nennt ihn *puer*) zunächst ignoriert wird, dann jedoch Ciceros Nähe und Hilfe und über diesen eine Annäherung an den Senat sucht, verhärten sich die Fronten zwischen Cicero und Antonius vollends, sie werden letztlich zu Todfeinden. Hier hatte sich offensichtlich „der alte Mann von dem Jüngling betrügen lassen“, wie PLUTARCH über das Verhältnis Cicero – Octavian schreibt. Der Teenager Octavian kam mit seinem Stiefvater Philippus und seinem Schwager Marcellus zu Cicero mit dem Angebot eines „Bündnisses“: Ciceros rhetorische Begabung und politischer Einfluss könne sich förderlich mit dem Geld und der militärischen Macht Octavians paaren.

2 Cicero macht Front gegen Antonius

Octavian war ein „rücksichtsloser Opportunist“, der „ständig die Seiten wechselte“ (CHRIST).

Der skrupellose Teenager – bzw. seine skrupellosen Berater – brauchte jemanden, der ihm half, seine Position zu legalisieren; er hatte nämlich zahlreiche Veteranen seines Adoptivvaters um sich geschart, eine Privatarmee aufgestellt, sogar reguläre Truppen dazu angestiftet, auf seine Seite überzulaufen und damit „Hochverrat“ begangen. „Die Schmeichelei ging so weit, dass er Cicero *Vater* nannte“ (PLUTARCH). Tatsächlich ermöglichte Cicero dem Jüngling eine Legalisierung seiner Aktionen – dieser erzwang sich im Jahre 43 sogar ein vorzeitiges Konsulat –, Antonius dagegen wurde auf Ciceros Drängen wegen seines gesetzwidrigen Verhaltens zum Staatsfeind *(hostis)* erklärt. Für kurze Zeit stand Cicero im Zenith seines politischen Einflusses, er übernahm die Rolle des *princeps civitatis* mit dem Ziel, durch die weitest gehende Wahrung der *concordia* die *res publica* zu retten.

Seinen letzten politischen Kampf, den gegen M. Antonius, kämpft Cicero mit seinen Waffen: er hält 14 agitatorische Reden gegen Antonius und nennt sie selbst im Scherz „Philippische Reden“, in Reminiszenz an sein großes griechisches Vorbild auf dem Gebiet der Redekunst; war Cicero in der Philosophie stets ein *Platonis aemulus*, galt ihm PLATON als ein *deus quidam philosophorum*, so wählte er sich in der Rhetorik den größten Redner der Antike zum Vorbild, den Athener Demosthenes; dieser hatte u.a. vehemente Reden gegen den König von Makedonien, Philipp, gehalten, der die Freiheit Athens und ganz Griechenlands bedrohte und daher „der Barbar aus dem Norden" genannt wurde.

In Anlehnung an diese Reden gegen Philipp nennt Cicero seine Reden gegen Antonius ebenfalls „Philippische", ahmt also auch in seinen Reden wie zuvor in den philosophischen Schriften schon in den Werktiteln seine literarischen Vorbilder nach.

Der folgende Textabschnitt ist der ersten Philippischen Rede (33 ff.) entnommen, die am 2.9.44 gehalten wurde, und zwar im Senat, wie die meisten dieser Reden; nur die vierte und sechste Rede hielt Cicero an das Volk, also *pro rostris* (s. S. 52).

Illud magis vereor, ne ignorans verum iter gloriae gloriosum putes plus te unum posse quam omnes et metui a civibus tuis quam diligi malis. Quod si ita putas, totam ignoras viam gloriae. Carum esse civem, bene de re publica mereri, laudari, coli, diligi gloriosum est; metui vero et in odio esse invidiosum, detestabile, imbecillum, caducum. Quod videmus etiam in fabula illi ipsi, qui „Oderint, dum metuant" dixerit, perniciosum fuisse. Utinam, M. Antoni, avum tuum meminisses! De quo tamen audisti multa ex me eaque saepissime. Putasne illum immortalitatem mereri voluisse, ut propter armorum habendorum licentiam metueretur? Illa erat vita, illa secunda fortuna, libertate esse parem ceteris, principem dignitate. Itaque, ut omittam res avi tui prosperas, acerbissimum eius supremum diem malim quam L. Cinnae dominatum, a quo ille crudelissime est interfectus. Sed quid oratione te flectam? Si enim exitus C. Caesaris efficere non potest, ut malis carus esse quam metui, nihil cuiusquam proficiet nec valebit oratio. Quem qui beatum fuisse putant, miseri ipsi sunt. Beatus est nemo, qui ea lege vivit, ut non modo impune, sed etiam cum summa interfectoris gloria interfici possit. Qua re flecte te, quaeso, et maiores tuos respice atque ita guberna rem publicam, ut natum esse te cives tui gaudeant: sine quo nec beatus nec carus nec iucundus quisquam esse omnino potest.

Z. 1 **vereor, ne** – *ne* nach Ausdrücken des Fürchtens / der Gefahr wird im Deutschen mit *dass* wiedergegeben; im lateinischen *ne* schwingt noch die ursprüngliche Abwehrhaltung / Wunsch mit: *bloß nicht ... !*

1 **ignorans** – participium coniunctum zum Subjekt, das in den Prädikaten *putes / malis* steckt

1 f. **gloriosum putes plus te unum posse** – strukturell einem doppelten Akkusativ entsprechend, wobei das Objekt zum ACI expandiert ist, *gloriosum* ist Prädikatsnomen. Rhetorisch auffällig ist die Paronomasie in Juxtaposition: *gloriae gloriosum*, was die konträren Konzeptionen von Ruhm hart aufeinanderprallen lässt; zusammen mit *ignorans* und *putes* als „Außenbegriffen" kann man zudem einen Chiasmus konstatieren.

3 f. **esse, mereri, laudari, coli, diligi** – Infinitive als Subjekt; da ein Infinitiv in der Wortartbestimmung ein „neutrales Verbalsubstantiv" ist (vgl. Gerundium), steht das Prädikatsnomen ebenfalls im Neutrum: *gloriosum*. Der erste Infinitiv, *esse*, ist sei-

nerseits mit Prädikatsnomen und angegliedertem Attribut erweitert, natürlich im Akkusativ, da Prädikatsnomina zu einem Subjektsinfinitiv stets im Akkusativ stehen; Muster: *praestat bonum esse quam videri.*

5 **quod** – relativischer Satzanschluss als Subjektsakkusativ des ACI

5 **illi ipsi** – dativus incommodi

5 f. **Oderint, dum metuant** – oderint ist formal Konj. Perf., da es aber vom verbum defectivum *odisse* gebildet ist, entspricht es funktional einem Konj. Präs. als Iussiv; *dum* + Konj.: wenn nur. Bei dem Ausspruch handelt es sich um ein Fragment aus der Tragödie *Atreus* des frühen römischen Tragikers Accius; gemäß einem griechischen Mythos hatte Atreus die Söhne seines Bruders Thyestes geschlachtet und aus dem Fleisch ein Mahl bereitet, das er seinem Bruder vorsetzte. Atreus wurde schließlich von Aigisthos erschlagen. Nach dem Kaiser-Biographen Sueton war dieser Satz der Wahlspruch des problematischen Kaisers Caligula.

6 **dixerit** – allgemein stehen in klassischer Zeit Nebensätze, die zu einem ACI gehören, im Konjunktiv.

6 **utinam meminisses** – Da *meminisses*, wie oben *oderint*, ein verbum defectivum ist, entspricht diese Form, wenn auch äußerlich Konj. Plusquamperfekt, funktional einem Konj. Imperfekt: es handelt sich also um einen unerfüllbaren Wunsch der Gegenwart.

7 **audisti** – Kurzform / Nebenform für *audivisti*

9 **esse parem ..., principem** – s. zu Z. 3/4

9 f. **libertate / dignitate** – ablativus limitationis; auffällig ist der Chiasmus, der die asyndetische Antithese verstärkt.

11 **Cinnae** – im sog. ersten Bürgerkrieg in den 80er Jahren als Popular Parteigänger des Marius, erbitterter Gegner Sullas; seine Grausamkeit war berüchtigt. Cicero sagt von ihm, sein Agieren sei „ohne Rechtsbasis und ohne irgendwelche Würde gewesen".

12 **flectam** – Dubitativus / Deliberativus

13 ff. **quem / qua re / quo** – drei Sätze hintereinander beginnen mit relativischem Satzanschluss.

15 **interfectoris gloria** – diese Verherrlichung der Tyrannenmörder steht im krassen Gegensatz zur Schmeichelrede auf Caesar (s. o.), die vergessen zu sein scheint.

XV Ciceros Tod und das Ende der Republik

1 Octavians „Seitenwechsel". Das 2. Triumvirat

Der auch aufgrund der Wirkung der Reden Ciceros zum Staatsfeind erklärte Antonius wird am 21.4.43 bei Mutina (heute Modena) von den regulären Truppen Roms unter Leitung der Konsuln Hirtius und Pansa sowie Octavians, der nicht zuletzt aufgrund der Fürsprache Ciceros für die Leitung seiner Privatarmee mit proprätorischer Befehlsgewalt ausgestattet worden war, geschlagen, kann jedoch fliehen und bald wieder militärische Macht akkumulieren. Als dann aber der durch Cicero vom Makel der Illegalität befreite Octavian aus Machtkalkül die Seiten wechselt und mit Antonius und Lepidus einen Dreierbund schließt (2. Triumvirat), bedeutet dies für Cicero das Ende. In einem – vielleicht gefälschten – Brief an Octavian nach dessen „Seitenwechsel" geht Cicero wegen seiner Förderung des skrupellosen Jünglings mit sich hart ins Gericht; diese Förderung sei gleichsam sein abschließender Lebensirrtum gewesen: *o me numquam sapientem et aliquando id, quod non eram, frustra existimatum.* Seine bittere Selbsterkenntnis lautet: *Ego rem publicam fefelli.*

Hier zeigt sich die „schmutzige Seite" des später auf allen Ebenen der „Öffentlichkeitsarbeit", so auch der Bildenden Kunst und der Poesie, zum strahlenden „Friedenskaiser" glorifizierten Mannes. Im Jahre 27 ließ er sich gar von seinen Schmeichlern durch einen neuen Namen in die göttliche Sphäre entrücken: *Augustus* – der Erhabene.

Die wichtigsten Quellen zu diesen Ereignissen sind in griechischer Sprache verfasst: die Biographien PLUTARCHS, APPIANS *Bürgerkrieg*, die *Römische Geschichte* des CASSIUS DIO; in Kap. XV 2 folgen einige knappe Auszüge, die eine Vorstellung von der Dramatik der Ereignisse vermitteln können: die Triumvirn „teilten sich die gesamte Herrschaft wie ein väterliches Erbe unter sich auf" (PLUTARCH); „dies nun vereinbarten sie und verschworen sich gegen Rom, zum Schein, als würden sie alle unter gleichen Bedingungen herrschen wollen, in Wahrheit jedoch jeder für sich in der Absicht, als Einziger die ganze Macht zu erringen" (CASSIUS DIO). Cicero merkte nicht, „dass er sich selbst vernichtet (...) und die Freiheit Roms preisgegeben hatte" (PLUTARCH).

2 Proskriptionen

Sobald das Bündnis geschlossen war, gingen die Triumvirn nach dem Vorbild Sullas daran, Proskriptionslisten (Ächtungslisten) aufzusetzen, um missliebige Personen zu eliminieren; hierbei ging es nicht nur um Politik, sondern schlicht um die Sanierung der Finanzen, die für den bevorstehenden Krieg gegen die Caesar-Mörder nötig waren: Schlacht bei Philippi (42), wie Pharsalos im heutigen Griechenland (Thrakien). „Es ging den Reichen an den Kragen. (...). Unteroffiziere, hergelaufenes Kriegsvolk kaufte bei den Auktionen für ein Lumpengeld jetzt die altherrschaftlichen Paläste und Landgüter. (...); der ganze Besitzstand wechselte im Land." (BIRT)

Ca. 300 Senatoren und 2000 Ritter, unter ihnen Cicero, fanden so den Tod; dabei kam es zu geradezu unglaublichen „Geschäften"; CASSIUS DIO schreibt hierzu:

> Keiner der Triumvirn konnte sich an einem Feind, wenn dieser ein Freund eines anderen Triumvirn war, rächen, ohne jemanden als Gegengabe preiszugeben. (...). So kam es, dass sie einander die Liebsten preisgaben, um die Verhasstesten bestrafen zu können.

An einer anderen Stelle zeichnet CASSIUS DIO ein düsteres Bild von dieser von Terror, Mord, ja Blutrausch geprägten Zeit:

> Es kam wieder zu jenen Morden, die Sulla damals durch die Proskriptionen initiiert hatte; die ganze Stadt füllte sich mit Leichen. Viele wurden in ihren Häusern, Viele auf den Straßen und den Plätzen und sogar bei den Tempeln getötet; wieder wurden die Köpfe der Getöteten an der Rednertribüne zur Schau gestellt, die Körper ließ man an Ort und Stelle liegen, sie wurden von Hunden und Vögeln gefressen, einige wurden in den Fluss geworfen.

APPIAN berichtet von regelrechten Treibjagden in Rom;

> Die Stadttore wurden geschlossen, und alle anderen Wege, die Stadt zu verlassen, versperrt; dann verteilten sie gleichzeitig Spürtrupps in der Stadt, (...), Köpfe wurden abgeschnitten, um den Anspruch auf Belohnung belegen zu können.

Folgende Sätze bei CASSIUS DIO über Antonius und seine Frau Fulvia zeichnen das Bild einer kaum vorstellbaren Verrohung der Sitten:

> Auch während er speiste, betrachtete er die Köpfe, die man ihm brachte und weidete sich an dem schrecklichen Anblick. (...). Ciceros Kopf ließ er an einer besonders exponierten Stelle an der Rednertribüne zur Schau stellen, damit man diesen an der Stelle, von der aus er Reden gegen ihn gehalten hatte, zusammen mit der abgeschnittenen rechten Hand sehe. (...). Bevor der Kopf zur Schau gestellt wurde, spuckte Fulvia, die Frau des Antonius, auf ihn, legte ihn auf ihre Knie, öffnete dessen Mund, sie zog die Zunge heraus und stach mit der übelsten Schimpftirade mit ihrer Haarnadel auf sie ein.

3 Livius über den Tod Ciceros

Octavian hatte also Cicero dem Antonius ans Messer geliefert. Aus dem 1. Jh. n. Chr. ist uns bei SENECA D. Ä., dem Vater des Philosophen SENECA, ein Bericht des Geschichtsschreibers LIVIUS, dessen Werk ja nur fragmentarisch erhalten ist, überliefert. Dieser Bericht beschreibt den Fluchtversuch Ciceros, seine Ermordung durch die Schergen des Antonius und die Zurschaustellung seines Kopfes.

Abschließend bietet der Text eine Gesamtwürdigung Ciceros. Diese fällt zum Teil negativ aus; Cicero habe es an „Männlichkeit" gemangelt – man erinnere sich z. B. an seine Sensibilität während des Milo-Prozesses und sein „Versagen" in Pharsalos; macht ihm doch z. B. sogar sein bester Freund Atticus im Jahre 58 anlässlich der Verbannung mangelnde innere Festigkeit zum Vorwurf *(infirmo animo)*.

M. Cicero sub adventum triumvirorum cesserat urbe, pro certo habens, id quod erat, non magis Antonio eripi se, quam Caesari Cassium et Brutum posse. Primo in Tusculanum fugit, inde transversis itineribus in Formianum, ut ab Caieta navim conscensurus, proficiscitur. Unde aliquoties in altum provectum cum modo venti adversi retulissent, modo ipse iactationem navis, caeco volvente fluctu, pati non posset, taedium tandem et fugae et vitae cepit; regressusque ad superiorem villam, quae paulo plus mille passibus a mari abest, „Moriar", inquit, „in patria saepe servata". Satis constat servos fortiter fideliterque paratos fuisse ad dimicandum, ipsum deponi lecticam et quietos pati, quod sors iniqua cogeret, iussisse. Prominenti ex lectica praebentique immotam cervicem caput praecisum est. Nec satis stolidae crudelitati militum fuit. Manus quoque, scripsisse in Antonium aliquid exprobrantes, praeciderunt.

Ita relatum caput ad Antonium, iussuque eius inter duas manus in rostris positum, ubi ille consul, ubi saepe consularis, ubi eo ipso anno adversus Antonium, quanta nulla umquam humana vox, cum admiratione eloquentiae auditus fuerat. Vix attolentes prae lacrimis oculos homines intueri trucidata membra eius poterant.

Vixit tres et sexaginta annos, ut, si vis abfuisset, ne immatura quidem mors videri possit; ingenium et operibus et praemiis operum felix; ipse fortunae diu prosperae et in longo tenore felicitatis magnis ictus interim vulneribus, exsilio, ruina partium, pro quibus steterat, filiae morte, exitu tam tristi atque acerbo, omnium adversorum nihil, ut viro dignum erat, tulit praeter mortem. [...]. Si quis tamen virtutibus vitia pensaverit, vir magnus, acer, memorabilis fuit, et in cuius laudes persequendas Cicerone laudatore opus fuerit.

Z. 1 **sub** – dient hier der zeitlichen Einordnung, wie *sub vesperum* – gegen Abend

1 **triumvirorum** – die Mitglieder des zweiten Triumvirats, Octavian, Antonius und Lepidus

1 **pro certo habens** – für sicher haltend, participium coniunctum, davon abhängig ein ACI: *se ... posse*

2 **Caesari** – Octavian, der wegen seines Adoptivvaters auch den Namen Caesar trug

2 **Cassium et Brutum** – die Caesarmörder

3 **Tusculanum** – Ciceros Landgut in Tusculum in der Nähe Roms, wo er auch seine *Tusculanae disputationes* stattfinden lässt

3 **transversis** – kreuz und quer führend

3 **Formianum** – eine weitere Villa Ciceros in Formiae, weiter südlich in Latium, am Tyrrhenischen Meer gelegen

3 **Caieta** – ebenfalls ein Ort an der Küste, nach einer Gestalt aus der Äneas-Sage benannt; bei Vergil erscheint Caieta als Amme des Äneas. Auch sein Steuermann ist an dieser Küste durch das heute noch nach ihm benannte Kap verewigt: Capo Palinuro. Auch die Odysseus-Sage ist an der Westküste Italiens präsent; es war bereits die Rede vom Kap der Zauberin Kirke.

3 **navim** – ältere Form für das in der Klassik häufigere *navem*

3 f. **ut conscensurus** – die Verwendung von Partizipien mit stützenden „Partizipialkonjunktionen" (hier wird durch *ut* der finale prospektivische Aspekt verstärkt) findet

man bei Cicero nur ganz vereinzelt, speziell das PFA wird in solchen Verbindungen in der Prosa erst seit Livius gebraucht; ansonsten hatten das PFA so nur die Dichter Horaz und Ovid verwendet. Vielleicht handelt es sich hier um einen Gräzismus, denn im Griechischen sind solche Partizipialkonstruktionen sehr gebräuchlich.
Unsere Textstelle deutet somit stilistisch bereits auf eine neue Epoche voraus: das nachklassische Latein lebt von der Verbindung des dichterischen mit dem prosaischen Stil, während in der Klassik eine strenge Trennung gefordert wurde.

4 **altum** – substantiviertes Adjektiv: „hohe (See)“, Meer, genetisch als Ellipse von *mare* interpretierbar

4 f. **modo ... modo** – bald ... bald

5 **caeco volvente fluctu** – ablativus absolutus, *caeco:* unstet,*volvente:* hin und her treiben

6 **regressus** – participium coniunctum

11 **manus** – zunächst Objekt zu *praeciderunt*, dann auch Subjektsakkusativ des ACI, der vom participium coniunctum *exprobrantes* abhängt: syntaktisches Zeugma

13 **in rostris** – die schon mehrfach erwähnte große Rednertribüne auf dem *forum Romanum*

14 **consul / consularis** – Prädikativum; *consularis* – gewesener Konsul

15 **auditus fuerat** – wie oben *ut conscensurus* formales Indiz einer nicht mehr ganz klassischen und puristischen Diktion; zwar kennt schon der alte Komödiendichter Plautus solche „verschobene“ Bildungen des Plusquamperfekts, bei Cicero findet man sie nur vereinzelt in den Briefen, die ja bezüglich der Stilhöhe die niedrigste Stufe seines literarischen Schaffens repräsentieren; solche „hybride“ Bildungen sind typisch für das Vulgärlatein und damit für viele späte Autoren.

19 **felix** – ergänze: *fuit* (Ellipse)

19 **fortunae ... prosperae** – genitivus qualitatis

20 **ictus** – participium coniunctum zum Subjekt, *ipse*, also Cicero

20 f. **partium** – hier: politische Partei

20 f. **exsilio, ruina, morte, exitu** – Ablative in asyndetischer Reihung als nähere Erklärung (Epexegese) zu *vulneribus*

22 **adversorum** – substantiviertes Adjektiv: Widrigkeiten, Unglücke

22 **quis** – Indefinitpronomen, da enklitisch zu *si*

23 **pensaverit** – Konjunktiv Perfekt als Potentialis der Gegenwart, wie am Ende *fuerit;* in solchen Fällen hat das (scheinbare) Perfekt keine Tempusfunktion, sondern ist zeitlich nicht eingegrenzt (Aorist).

24 **opus fuerit** – *opus est*: es ist nötig, die Erweiterung steht im Ablativ: *Cicerone*

4 Würdigung Ciceros bei Velleius Paterculus

Durchweg positiv ist die Würdigung Ciceros beim römischen Historiker Velleius Paterculus (geb. ca. 20 v. Chr.); er wendet sich direkt an Antonius, nutzt also das rhetorische Mittel der Apostrophe:

Rapuisti tum Ciceroni lucem sollicitam et aetatem senilem et vitam miseriorem te principe quam sub te triumviro mortem, famam vero gloriamque factorum atque dictorum adeo non abstulisti, ut auxeris. Vivit vivetque per omnem saeculorum memoriam [...], omnisque posteritas illius in te scripta mirabitur, tuum in eum factum execrabitur citiusque e mundo genus hominum quam ingenium cedet huius.

Z. 1f. **te principe** – nominaler ablativus absolutus; auffällig der den Vergleich unterstreichende Chiasmus: *vitam … te principe / sub te … mortem;* dieser Binnenchiasmus wird umrahmt von dem die Antithese betonenden Chiasmus *rapuisti … lucem … / famam … non abstulisti.*

2 **triumviro** – Prädikativum zu *te*

2f. **factorum / dictorum** – substantivierte Adjektive

3 **adeo ... ut** – in dem Maße, dass (konsekutives *ut*)

5 **citiusque** – Komparativ zu *cito*: eher

5 Der „dritte Bürgerkrieg". Alleinherrschaft des Octavian / Augustus

Im Jahr nach der Ermordung Ciceros führen Octavian und Antonius noch vereint einen siegreichen Krieg gegen die Caesarmörder bei Philippi (42). Nachdem das vordergründige gemeinsame Ziel der Rache an den Caesarmördern erreicht ist, wobei Octavian im Sinne einer Legitimation und zum Zwecke einer positiven Außendarstellung auf seine *pietas* gegenüber seinem „Vater" verwiesen hat, geht es in der Folgezeit nur noch um das zweite, eigentliche Ziel, die Festigung der eigenen Macht. In der Sprache der Propaganda nennt Octavian das später „Befreiung des Staates".

Die römischen Bürgerkriege mündeten im Endkampf zwischen Octavian und Antonius, der inzwischen sein „ägyptisches Abenteuer", sein Verhältnis mit Kleopatra, begonnen hatte, mit der er in der entscheidenden Seeschlacht bei Aktion (Actium) gegen die Armada Octavians kämpfen wollte; Kleopatra floh vorzeitig, Antonius verlor die Schlacht, floh ebenfalls nach Ägypten und beging mit Kleopatra Selbstmord. Jetzt war der Weg für Octavian endgültig frei.

Eutrop fasst die Ereignisse knapp zusammen:

Hic quoque ingens bellum civile commovit cogente uxore Cleopatra, dum cupiditate muliebri optat etiam in urbe regnare. Victus est ab Augusto navali pugna et inlustri apud Actium, qui locus in Epiro est, ex qua fugit in Aegyptum et desperatis rebus, cum omnes ad Augustum transirent, ipse se interemit. Cleopatra sibi aspidem admisit et veneno exstincta est.

Z. 1 **hic** – Antonius

2 **in urbe** – Rom

3 **Epiro** – Landschaft in Nordwestgriechenland
3 f. **desperatis rebus** – ablativus absolutus

An anderer Stelle bietet uns Eutrop eine äußerst knappe Chronologie der Karriere Octavians, der sich nach der Sicherung seiner Alleinherrschaft den Namen „Augustus“, d. h. „der Erhabene“, zuerkennen lässt.

Ita bellis toto orbe confectis Octavianus Romam rediit. [...]. Ex eo rem publicam per quadraginta et quattuor annos solus obtinuit. Ante enim duodecim annis cum Antonio et Lepido tenuerat. Ita ab initio principatus eius usque ad finem quinquaginta et sex anni fuerunt. Obiit autem septuagesimo sexto anno morte communi in oppido Campaniae Atella.

Z. 1 **bellis ... confectis** – ablativus absolutus
2 **solus** – Prädikativum
3 **principatus** – die von Augustus gewünschte Bezeichnung für seine Alleinherrschaft; er sei gleichsam nur *primus inter pares.* Daher heißt die erste Phase des römischen Kaisertums auch Prinzipat.
4 **morte communi** – eines natürlichen Todes

6 Tacitus über Augustus

Der bedeutendste römische Historiker, Tacitus, fasst die politische Geschichte Roms am Anfang seines großen Werkes *Annales* in extremer Raffung folgendermaßen zusammen: Um 510 vor Christus habe Brutus durch die Beseitigung des Königtums Rom die *libertas* der Republik gegeben; im ersten Jh. v. Chr. sei *non Cinnae, non Sullae longa dominatio* gewesen, *et Pompei Crassique potentia cito in Caesarem, Lepidi atque Antonii arma in Augustum cessere, qui cuncta discordiis civilibus fessa nomine principis sub imperium accepit (cessere = cesserunt).*

Die Gestalt des Augustus wurde schon immer äußerst kontrovers beurteilt. Tacitus skizziert die konträren Positionen:

Hi pietate erga parentem et necessitudine rei publicae, in qua nullus tunc legibus locus, ad arma civilia actum, quae neque parari possent neque haberi per bonas artes. [...]. Dicebatur contra: pietatem erga parentem et tempora rei publicae obtentui sumpta: ceterum cupidine dominandi concitos per largitionem veteranos, paratum ab adulescente privato exercitum, corruptas consulis legiones.

Z. 1 **hi** – bereitet die Antithese in Z. 3 *(contra)* vor: die einen, die anderen; zu ergänzen ist: behaupteten o. ä., daher der elliptische ACI.
1 **parentem** – der Adoptivvater Caesar
2 **locus** – das Prädikat ist zu ergänzen (Ellipse)

2 **actum** – ergänze *esse*, als Subjektsakkusativ im ACI ist *Augustum* zu denken.
3f. **obtentui** – zum Vorwand
4 **sumpta** – ergänze wieder *esse*, dasselbe gilt für *concitos* und *paratum*, *corruptas*

Kompromisslos schildert Tacitus die Regierungszeit des Augustus und seiner Nachfolger als eine unfreie Zeit; es sei nur ein schwacher Schein des politischen Lebens der Republik übriggeblieben, *manebat quaedam imago rei publicae*, das freie Wort habe in Rom keinen Platz gehabt: *princeps, qui libertatem metuebat, adulationem oderat* (Tiberius). Das Denunziationsunwesen habe um sich gegriffen *(delatores)*; während man in der Republik frei über die politischen Kämpfe habe schreiben können, sei ein Autor angeklagt worden, weil er den Caesarmörder Brutus gelobt habe. Brutus und Cassius hießen jetzt nur noch *latrones et parricidae*: *Domi res tranquillae, eadem magistratuum vocabula; iuniores post Actiacam victoriam, etiam senes plerique inter bella civium nati; quotus quisque reliquus, qui rem publicam vidisset?*

Augustus gab sich alle Mühe, zu vertuschen, auf welchem Wege er an die Macht gekommen war, dass er, wie Eck die Kritik des Tacitus zusammenfasst, „in seinen jungen Jahren skrupellos im innenpolitischen Kampf die Seiten gewechselt" hatte, „durch Bestechungen ohne irgendeinen offiziellen Auftrag Soldaten angeworben" hatte, „durch angebliches Hinneigen zur republikanischen Sache eine offizielle Stellung erschlichen" hatte, kurz: durch „Verrat, Täuschung, Brutalität gegen Bürger".

Es entbehrt nicht der Heuchelei, dass gerade Augustus an der Restauration der „alten Frömmigkeit" arbeitete.

7 Eine Szene aus dem Kinderzimmer

Was Augustus' frühen, kurzzeitigen Mentor Cicero angeht, den er dem Bündnispartner Antonius ans Messer geliefert hatte, ist uns bei Plutarch eine sozusagen inoffizielle, späte Anerkennung überliefert, die Augustus der Lebensleistung seines ehemaligen Steigbügelhalters zollt:

> Ich habe erfahren, dass Augustus lange Zeit später in das Zimmer eines seiner Enkel kam. Dieser erschrak, da er ein Buch Ciceros in den Händen hielt, und verhüllte es mit seiner Toga. Augustus sah das, nahm das Buch an sich und las stehend einen großen Teil davon. Er gab es dann dem jungen Mann zurück mit den Worten: „Er war ein Mann des Geistes, mein Kind, ein Mann des Geistes und ein Patriot, der sein Vaterland liebte."

XVI Der Niedergang der *eloquentia*

1 Beredsamkeit vs. Rhetorik in der Literatur

Hier und dort gibt Cicero mehr oder weniger unverblümt zu verstehen, dass mit ihm die römische Beredsamkeit ihren Höhepunkt erreicht habe, was ja auch der Realität entspricht. Im ersten Jh. n.Chr. gilt er zwar wegen seines Stils bereits als ein Klassiker der Rhetorik, etwa bei QUINTILIAN, die Rhetorik jedoch in ihrer originären Funktion und Ausrichtung liegt am Boden; bereits ARISTOTELES hatte ja den Konnex von Rhetorik und Demokratie festgehalten und das Aufkommen der Rhetorik mit dem Sturz der Tyrrannis in Syrakus auf Sizilien und dem damit verbundenen Demokratisierungsprozess in Verbindung gebracht sowie als Archegeten der rhetorischen Kunst Korax und Teisias genannt.

Zwar strahlte im Zuge der Ausbildung der Rhetorik als einer „Kunst" im Griechenland des 5. Jhs. – besonders durch die Sophisten, etwa THRASYMACHOS und GORGIAS – die Rhetorik auf die gesamte Literatur aus; da nämlich seit dem 5. Jh. die Rhetorik „in der höheren Bildung und Erziehung die Hauptrolle spielte und die sprachliche und literarische Erziehung der Antike fortan in lebendigem Kontakt mit der Öffentlichkeit stand, war die Rhetorisierung der Literatur eine notwendige Folge dieses Kontakts", die Rhetorik wurde zu einem „Schmelztiegel der Literatur, der Philosophie, der Öffentlichkeit und der Schule" (LAUSBERG). Doch der Nährboden der eigentlichen Beredsamkeit, das politisch-forensische Leben der *libera res publica,* war durch die Monarchie des Augustus und die zum Teil als Tyrannei empfundene Herrschaft seiner Nachfolger verschwunden. War schon die Regierung des Augustus eine „verkappte Militärmonarchie", in der das freie Wort keinen Platz hatte, so kam es in der Folgezeit zu einer „systematischen Entpolitisierung" (CHRIST) unter dem bekannten Motto *panem et circenses:* Am Anfang des ersten Jhs. n.Chr. gab es in Rom 57 Spieltage, im Jahre 354 waren es 177.

2 Tacitus über den Niedergang der *eloquentia*

Die *eloquentia* zog sich in die Schulstube zurück und erging sich in der Bearbeitung fiktiver Fälle und realitätsferner Stilübung ohne politische Wirkung, verkam zu einer „Konzert-Rhetorik um ihrer selbst willen" (FUHRMANN). Nicht von ungefähr stammt aus dieser Zeit die Klage des Philosophen SENECA: *Non vitae, sed scholae discimus*; die bekannte Umkehrung *Non scholae, sed vitae discimus* ist eine *pia fraus* wohlmeinender Schulmeister. Auch die Literatur stand jetzt aufgrund des Wandels der Verhältnisse im allgemeinen „abseits vom Leben“ (Norden). Sie wurde zunehmend von der Rhetorik beeinflusst und artete mitunter zu einem extremen Manierismus aus.

Quintilian verfasste eine – nicht erhaltene – Monographie mit dem Titel *De causis corruptae eloquentiae*. Quintilians Argumentation offenbar aufgreifend und erweiternd, nennt etwas später Tacitus drei Hauptgründe für den Niedergang der *eloquentia*, erstens die Form des Rhetorikunterrichts, in dem das Deklamieren über belanglose Themen, z. B. der Mythologie, vorherrschte, zweitens die vernachlässigte Erziehung der Jugend und drittens die politische Lage; die republikanische Freiheit sei der Unterdrückung während der Monarchie gewichen. Mit einem Wort: Der Niedergang liege an der Abkehr von Cicero.

Es folgt ein Auszug aus Tacitus’ *Dialogus de oratoribus*, in dem scharf zwischen *rhétor*, der das Deklamieren lehrt und *orator*, dem Idealtyp des Redners, wie ihn Cicero entworfen hatte, differenziert wird. Wir erfahren – abschließend und zusammenfassend – noch einmal Wesentliches über Ciceros Werdegang, seine umfassende Bildung und den Lebensernst, den seine *eloquentia* transportiert. Der Historiker Messalla spricht über die Ausbildung der Jugendlichen:

Transeo prima discentium elementa, in quibus et ipsis parum laboratur: nec in auctoribus cognoscendis nec in evolvenda antiquitate nec in notitia vel rerum vel hominum vel temporum satis operae insumitur. Sed expetuntur, quos rhetoras vocant: quorum professio quando primum in hanc urbem introducta sit quamque nullam apud maiores nostros auctoritatem habuerit statim dicturus referam necesse est animum ad eam disciplinam, qua usos esse eos oratores accepimus, quorum inifinitus labor et cotidiana meditatio et in omni genere studiorum adsiduae exercitationes ipsorum etiam continentur libris. Notus est vobis utique Ciceronis liber, qui Brutus inscribitur, in cuius extrema parte (nam prior commemorationem veterum oratorum habet) sua initia, suos gradus, suae eloquentiae velut quandam educationem refert: se apud Q. Mucium ius civile didicisse, apud Philonem Academicum, apud Diodotum Stoicum omnes philosophiae partes penitus hausisse; neque iis doctoribus contentum, quorum ei copia in urbe contigerat, Achaiam quoque et Asiam peragrasse, ut omnem omnium artium varietatem complecteretur. Itaque hercule in libris Ciceronis deprehendere licet non geometriae, non musicae, non grammaticae, non denique ullius ingenuae artis scientiam ei defuisse. Ille dialecticae subtilitatem, ille moralis partis utilitatem, ille rerum motus causasque cognoverat. Ita est enim, optimi viri, ita: ex multa eruditione et plurimis artibus et omnium rerum scientia exundat et exuberat illa admirabilis eloquentia; neque oratoris vis et facultas sicut ceterarum rerum angustis et brevibus terminis clauditur, sed is est orator, qui de omni quaestione pulchre et ornate et ad persuadendum apte dicere pro dignitate rerum, ad utilitatem temporum, cum voluptate audientium possit.

Hoc sibi illi veteres persuaserant, ad hoc efficiendum intellegebant opus esse, non ut in rhetorum scholis declamarent nec ut fictis nec ullo modo ad veritatem accedentibus controversiis linguam modo et vocem exercerent, sed ut iis artibus pectus implerent, in quibus de bonis ac malis, de honesto et turpi, de iusto et iniusto disputatur. Haec est enim oratori subiecta ad dicendum materia. Nam in iudiciis fere de aequitate, in deliberationibus de utilitate, in laudationibus de honestate disserimus, ita tamen, ut plerumque haec ipsa in vicem misceantur. De quibus copiose et varie et ornate nemo dicere potest nisi qui cognovit naturam humanam et vim virtutum pravitatemque vitiorum et intellectum eorum, quae nec in virtutibus nec in vitiis numerantur.

Z. 1 **et** – vor *ipse* steht bei Tacitus *et* häufig im Sinne von *etiam*

3 **rhetoras** – griechischer Akkusativ Plural zu *rhetor:* Lehrer der Rhetorik

4 ff. **quorum ... disciplinam** – der syntaktische Angelpunkt ist *necesse est* + Konjunktiv: *referam*, davon abhängig *animum*, auf *referam* bezogen ist das participium coniunctum *dicturus*, von diesem sind zwei indirekte Fragesätze abhängig, 1. *professio quando … introducta sit,* 2. *quamque … habuerit.* Das *quorum* am Satzanfang ist relativischer Satzanschluss.

6 **qua usos esse ... accepimus** – relativische Satzverschränkung / ACI im Relativsatz, *qua* ist Ablativobjekt zu *usos* (*uti* + Abl.), *accipere* im Sinne von „hören, erfahren".

11 **refert** – hier im Sinne von „berichten"; vgl. „Referat": er / sie möge berichten!

11 ff. ACI zum Ausdruck der indirekten Rede

14 **Achaiam / Asiam** – Griechenland, Kleinasien; s. o. die „Erholungsreise" 79 bis 77

15/18 Mit Geometrie, Musik, Grammatik und Dialektik (im Sinne von formaler Logik) sind hier vier der *septem artes liberales* genannt; *ingenuae* ist hier synonym mit *liberales* – eines freien Mannes würdig, wie Seneca erklärt. Von der Dreiteilung der Philosophie in Logik, Physik und Ethik war bereits mehrfach die Rede.

21 f. Diese Definition entspricht ziemlich genau der Definition der Rhetorik im ersten Buch der Rhetorik des Aristoteles.

24 **opus esse** – ACI (*opus est,* es ist nötig)

25 **declamarent** – als Redeübung vortragen, „deklamieren".

25 f. **fictis ... controversiis** – in den Rhetorikschulen der Zeit wurden fiktive „Streitfälle" behandelt.

28 **subiecta ... materia** – der zugrunde liegende Stoff; das PPP *subiectum* wählt später Boethius als Übersetzung des aristotelischen *hypokeimenon* (der Aussage zugrunde liegend) und führt so den uns vertrauten Begriff (Subjekt) in die europäische Geistesgeschichte ein.

29 **iudiciis / deliberatione / laudationibus** – die antike Rhetorik unterscheidet (s. o.) drei Gattungen von Rede, 1. Gerichtsrede *(genus iudiciale)*, 2. politische Rede *(genus deliberativum)*, 3. Gelegenheitsrede / Festrede *(genus demonstrativum).*

Tabelle I: Die behandelten Reden, philosophischen und rhetorischen Schriften sowie Briefe im chronologischen Überblick

Reden	Philosophische Schriften	Rhetorische Schriften	Briefe
	in zwei Phasen erzwungener politischer Untätigkeit:		
80 erste *causa publica: Pro Sexto Roscio*			
70 *In Verrem*			
66 erste Staatsrede: *De imperio Cn. Pompei*			
63 *In Catilinam* *Pro Murena* *De lege agraria II*			
62 *Pro Archia poeta*			
			58 Fahrt in die Verbannung; 1) an Atticus 2) an seine Familie
			57 Rückkehr aus der Verbannung nach Rom: An Atticus
56 *De provinciis consularibus* *Pro Sestio*			
55 *In Pisonem*		**55** *De oratore*	
	Erste Phase: **54 bis 51**: *De re publica* *De legibus*		
52 *Pro Milone*			
			51 Brief aus Kilikien
			49 Schwanken zwischen Caesar und Pompeius 1) Januar: Brief an seinen Freigelassenen Tiro 2) Februar: Brief an Atticus 3) Brief an seine Frau u. a. 4) Werbebrief des Pompeius 5) Werbebrief Caesars
46 *Pro Marcello*	Zweite Phase: **46 bis 44** *Academici libri* *De finibus bonorum et malorum* *De natura deorum* *Tusculanae disputationes* *Cato maior de senectute* *Laelius de amicitia* *De divinatione* *De fato* *De officiis*	**46** *Brutus* *Orator*	**46** Brief an Varro
44 *1. Philippica*			

Tabelle II: Geschichte der griechischen Philosophie: Lebensdaten und z.T. Schulzugehörigkeit der behandelten und erwähnten Philosophen bis zur Zeit Ciceros

I Vorsokratiker ab ca. 600 v. Chr.	**A: Westen** Magna Graecia: Süditalien, z. B. Elea	**B: Osten** Ionien: Westküste der heutigen Türkei, z. B. Milet, Ephesos …	
Pythagoras:	um 570 – um 500	Thales:	624–546
Xenophanes:	570–475	Anaximenes:	585–525
Parmenides:	540–470	Heraklit:	um 550–484
Empedokles:	492–432	Anaxagoras:	um 500–425

(Heraklit)

Atomisten:

Abdera in Nordgriechenland:

Leukipp:	5. Jh. (Milet ?)
Demokrit:	um 460–370

Sophisten:

Protagoras:	481–411
Gorgias:	485–380
Thrasymachos:	5. Jh.

II Klassische attische Philosophie (Athen) 5./4. Jh.

Sokrates:	470–399
Platon:	427–347
Aristoteles:	384–322

Pyrrhon: 365–275 *Skeptiker*

III Hellenismus 4 Schulen (Athen):

Akademie	**Peripatos**	**Stoa**	**Epikurs „Garten"**
Alte: Speusipp: gest. 340 Xenokrates: gest. 312 Krantor: um 340–275 **Mittlere:** *(Skepsis)* Arkesilaos: 315–240 Karneades: 214–129 Philon v. Larisa: 2./1. Jh. **Neue:** *(Dogmatik)* Antiochos: geb. 120	Theophrast: um 370–287 Dikaiarch (Schüler des Aristoteles und Theophrast)	**Alte:** *(rigoros)* Zenon v. Kition: um 333–264 Kleanthes: um 331–232 Chrysipp: 281–208 **Mittlere:** *(gemäßigt)* Panaitios: 185–109 Poseidonios: 135–50 Diodot: gest. um 60	Epikur: um 342–270 Rom: Lukrez: 96–55

Tabelle III: Zeittafel

Zeitgeschehen		Ciceros Leben	
146	Zerstörung von Korinth und Karthago		
133–121	Reformbewegung der Gracchen		
113–101	Krieg gegen Kimbern und Teutonen		
106	Pompeius geboren	106	am 3. Januar in Arpinum geboren
100	Caesar geboren	91–82	Lehrjahre in Rom
88–82	„1. Bürgerkrieg“ (Marius – Sulla)		
82–79	Diktatur Sullas	80	Erste *causa publica* (Kriminalprozess)
		79–77	Bildungsreise nach Rhodos und Athen: Rhetorik und Philosophie
		75	Cicero als Quästor in Sizilien
73–71	Sklavenaufstand (Spartacus)	70	Cicero Anwalt im Verres-Prozess
		69	Ädil
66–62	Oberbefehl des Pompeius gegen Mithridates	66	Prätor. Erste Staatsrede
63–62	Catilinarische Verschwörung	63	Konsul
61	Rückkehr des Pompeius aus Asien. Agitation gegen Cicero		
60	1. Triumvirat		
59	Caesar Konsul		
58	Clodius Volkstribun	58	Cicero geht in freiwillige Verbannung nach Griechenland
58–51	Caesar erobert Gallien	57	September: Rückkehr nach Rom
56	Erneuerung des Triumvirats	55–51	Erste Phase der philosophischen Schriftstellerei
53/52	Bandenkämpfe in Rom (Clodius – Milo) Pompeius *consul sine collega*	51/50	Prokonsul in Kilikien
49–46	„2. Bürgerkrieg“ (Caesar – Pompeius / Senat)	49	Schwanken zwischen Caesar und Pompeius
48	Sieg Caesars bei Pharsalos.	48	Nach der Niederlage bei Pharsalos und der Ermordung des Pompeius Rückkehr nach Italien
		47	wartet bis September 47 auf Begnadigung durch Caesar.
46	Niederlage der Republikaner in Nordafrika. Cato begeht in Utica Selbstmord	46–44	Zweite Phase der philosophischen Schriftstellerei
		45	Tod der Tochter Tullia
44	15. März: Ermordung Caesars	44–43	Cicero Führer des Kampfes gegen Antonius
43	„3. Bürgerkrieg“ Octavian kämpft zunächst mit Senat gegen Antonius, setzt sein Konsulat durch; dann „Seitenwechsel“: Bündnis mit Antonius und Lepidus (2. Triumvirat). Proskriptionen	43	7. Dezember: Ermordung bei Formiae durch die Schergen des Antonius
31	Sieg Octavians über Antonius bei Actium. Octavian Alleinherrscher		
27	Octavian lässt sich den Ehrennamen *Augustus* („der Erhabene“) verleihen.		

XVIII Verwendete Literatur

Abkürzungen:

BT	= Bibliotheca Teubneriana, Leipzig / Stuttgart
OCT	= Oxford Classical Texts, Oxford
LCL	= Loeb Classical Library, Cambridge (Mass.) / London

I Quellen

A *Geschichte (Antike)*

1 Griechische Autoren:

Appianos, Emphylia (Bd. II), BT, ed. Mendelssohn, 1881
Cassius Dio, Rhomaike historia, BT, ed. Melber, 1890–1928
Flavius Josephus, Peri tu Iudaiku polemu, ed. Niese, Berlin 1955
Plutarchos, Bioi paralleloi, BT, edd. Lindskog / Ziegler, 1969–1994
Polybios, Historiai, LCL, ed. Paton, 1922–1927

2 Lateinische Autoren:

Caesar, De bello civili, OCT, ed. du Pontet, 1900
M. Cicero, Opera, ex recensione I. A. Ernesti studiose recognita, ed. Nobbe, Leipzig 1827
M. Cicero, Orationes, OCT, ed. Clark, 1956 f.
M. Cicero, Ausgewählte Briefe Ciceros und seiner Zeitgenossen, ed. Aly, Berlin 1894
Q. Cicero, Commentariolum petitionis, edd. Morstein / Marx, Darmstadt 2004
Corpus Iuris Civilis, edd. Mommsen / Krüger, Berlin 1895
Eutropius, Breviarium ab urbe condita, BT, ed. Ruehl, 1887
Livius, Ab urbe condita, OCT, edd. Walters / Conway / Johnson, 1914–1935
Nepos, De viris illustribus, ed. Kirfel, Münster 1972
Sallustius, Catilina, Iugurtha, Fragmenta ampliora, BT, ed. Kurfess, 1976
Seneca pater, Suasoriae, ed. Edward, London 2002
Suetonius, De vita Caesarum, BT, ed. Ihm, 1958
Tacitus, Annales, BT, edd. Halm / Andresen, 1912
Tacitus, Dialogus de oratoribus, OCT, ed. Ogilvie, 1975
Valerius Maximus, Facta et dicta memorabilia, BT, ed. Kempf, 1888
Velleius Paterculus, Historiae Romanae, BT, edd. Halm / Stegmann v. Pritzwald, 1965

B *Philosophie*

1 Griechische Autoren der Antike:

Albinos, Didaskalikos, ed. Whittaker, Paris 1990
Aristoteles, Opera, ed. Bekker, Berlin 1831–1870
Diogenes Laertios, Bioi kai gnomai, LCL, ed. Hicks, 1925
Epicurea, ed. Usener, Leipzig 1887
Epiktetos, Enchiridion, LCL, ed. Oldfather, 1928

Fragmente der Vorsokratiker, edd. Diels / Kranz, Berlin 1934
Nemesios v. Emesa, Peri physeos anthropu, BT, ed. Morani, 1987
Platon, Opera, OCT, ed. Burnet, 1900
Plutarchos, Ethika, BT, edd. Hubert / Nachstädt / Paton u. a., Leipzig 1908 ff.
Sextos Empeirikos, LCL, ed. Bury, 1933–1949
Stoicorum veterum fragmenta, ed. v. Arnim, Leipzig 1903 ff.

2 Lateinische Autoren der Antike:

Augustinus, Opera, opera et studio monachorum ordinis S. Benedicti, e congregatione S. Mauri, Neapel / Venedig 1753–1768
Cicero, Cato maior de senectute, BT, ed. Simbeck, 1976
Cicero, De divinatione, ed. Pease, Darmstadt 1963
Cicero, De fato, ed. Bayer, München 1963
Cicero, De finibus bonorum et malorum, BT, ed. Schiche, 1915
Cicero, De legibus, ed. Ziegler, Heidelberg 1950
Cicero, De natura deorum, BT, edd. Plasberg / Ax, 1961
Cicero, De officiis, ed. Büchner, Zürich / München 1953
Cicero, De re publica, ed. Büchner, Zürich / München 1952
Cicero, Laelius de amicitia, BT, ed. Simbeck, 1976
Cicero, Tusculanae disputationes, BT, ed. Pohlenz, 1976
Rhetorische Schriften:
Cicero, Brutus, ed. Kytzler, München 1970
Cicero, De oratore, OCT, ed. Wilkins, 1902
Cicero, Orator, ed. Kytzler, München 1975
Lactantius, Divinae institutiones, Migne Patrologia Latina, Bde. 6/7, Paris 1844
Lucretius, De rerum natura, ed. Diels, Berlin 1923
Macrobius, Commentarii in somnium Scipionis, BT, ed. Willis, 1970
Martianus Capella, De nuptiis Philologiae et Mercurii, BT, ed. Dick, 1925
Quintilianus, Institutio oratoria, ed. Rahn, Darmstadt 1975

3 Mittelalter und Renaissance

Roger Bacon, Epistula de secretis operibus artis et naturae, in: Gilson / Böhner, Die Geschichte der christlichen Philosophie, Paderborn / Wien / Zürich 1937
N. Kopernikus, De revolutionibus orbium caelestium, ed. Zeller, München 1949
Erasmus v. Rotterdam, Enchiridion militis Christiani, ed. Welzig, Darmstadt 1968
Ioannes Damaskenos, Dialectica, Migne Patrologia Graeca, Bd. 94, ed. Lequien, Paris 1860
Michael Psellos, Philosophica minora, BT, edd. Duffy / O'Meara, 1989 / 1992
Thomas v. Aquin, Summa theologica, pars prima, ed. Lethielleux, Paris 1887

4 Neuzeit

Francis Bacon, Novum Organum, ed. Krohn, Hamburg 1990
Francis Bacon, The Advancement of Learning, edd. Kitchin / Johnston, London 1973
R. Descartes, Principia Philosophiae, editio Blaviana, Amsterdam 1692
S. Freud, Das Unbehagen in der Kultur, in: Gesammelte Werke, Bd. XIV (Imago), edd. Anna Freud u. a., London 1948
W. Heisenberg, Physik und Philosophie, Stuttgart 1959
D. Hume, Inquiry on Human Understanding, ed. Soehring, Heidelberg 1910
I. Kant, Werke in sechs Bänden, ed. Weischedel, Darmstadt 1975
J. Kepler, Astronomia nova, ed. Caspar, München 1990
G. W. Leibniz, Theodizee, ed. Holz, Darmstadt 1985
J. Locke, Essay concerning Human Understanding, ed. Ruska, Heidelberg 1904

J. St. Mill, Der Utilitarismus, übers. und hrsg. von Birnbacher, Stuttgart 1985
Fr. Nietzsche, Werke, ed. Schlechta, München 1982
K. R. Popper, Lesebuch (UTB), ed. Miller, Tübingen 1995
M. Scheler, Die Stellung des Menschen im Kosmos, Bern 1975
M. Schlick, Fragen der Ethik, ed. Hegselmann, Frankfurt /M 1984
K.-H. Volkmann-Schluck, Politische Philosophie, Frankfurt /M, 1974

II Sekundärliteratur

A Geschichte

Th. Birt, Römische Charakterköpfe. Ein Weltbild in Biographien, Leipzig 1918
K. Büchner, Cicero, Heidelberg 1964
K. Christ, Die Römer, München 1979
W. Eck, Augustus und seine Zeit, München 2006
M. Fuhrmann, Cicero und die römische Republik, München / Zürich 1991
M. Gelzer, Caesar, München 1943
M. Gelzer, Pompeius, München 1949
M. Gelzer, Cicero, Wiesbaden 1969
H. Gesche, Caesar, Darmstadt 1976
M. Giebel, Cicero, Hamburg 1977
M. Grant, Caesar, London / New York 1969
M. Jehne, Caesar, München 2000
Th. Kissel, Das Forum Romanum. Leben im Herzen Roms, Düsseldorf / Zürich 2004
W. Kroll, Die Kultur der ciceronischen Zeit, Darmstadt 1963
E. Meyer, Römischer Staat und Staatsgedanke, Zürich / Stuttgart 1964
E. Meyer, Einführung in die antike Staatstheorie, Darmstadt 1976
Th. Mommsen, Die alte Republik und die neue Monarchie, in: Römische Geschichte, Bd. III, Berlin 1904
V. Pöschl, Römischer Staat und griechischer Staatsgedanke bei Cicero, Darmstadt 1976

B Philosophie

K. Bringmann, Untersuchungen zum späten Cicero, Göttingen 1971 (Hypomnemata 29)
J. Brunschwig / G. Lloyd, Das Wissen der Griechen. Eine Enzyklopädie, dt.: München 2000
W. Burkert, Cicero als Platoniker und Skeptiker. In: Gymnasium 72, 1965
M. Fuhrmann, Seneca, Berlin 1997
H. Gauss, Philosophischer Handkommentar zu den Dialogen Platos, Bern 1952–1971
O. Gigon, Cicero und die griechische Philosophie. In: Aufstieg und Niedergang der römischen Welt, Teil I, Bd. 4, Berlin / New York 1973
E. Gilson / Ph. Böhner, Die Geschichte der christlichen Philosophie, Paderborn / Wien / Zürich 1937
W. Görler, Untersuchungen zu Ciceros Philosophie, Heidelberg 1974
J. Hirschberger, Geschichte der Philosophie, Freiburg / Basel / Wien 1984 / 1988
F. Kaulbach, Immanuel Kant, Berlin / New York 1982
W. Kranz, Die griechische Philosophie, Leipzig 1986
L. Marcuse, Sigmund Freud. Sein Bild vom Menschen, Hamburg 1964
W. F. Otto, Die Götter Griechenlands, Bonn 1929
E. Rohde, Psyche. Seelencult und Unsterblichkeitsglaube der Griechen, Darmstadt 1974

B. Russell, History of Western Philosophy, London 1946
C. Zintzen, Ciceros philosophische Schriften, Vorlesung an der Universität Köln, 1981

C *Kulturgeschichte u. ä.*

F. Baumgarten / F. Poland / R. Wagner, Die hellenistisch- römische Kultur, Leipzig / Berlin 1908
H. Blanck, Einführung in das Privatleben der Griechen und Römer, Darmstadt 1976
J. Burckhardt, Die Kultur der Renaissance in Italien, Leipzig 1869
E. R. Curtius, Europäische Literatur und lateinisches Mittelalter, Bern 1948
A. J. Gail, Erasmus v. Rotterdam, Hamburg 1974
A. Gudemann, Grundriss der Geschichte der Klassischen Philologie, Leipzig / Berlin 1909
J. Hense / F. Leonard, Griechisch-römische Altertumskunde, Münster 1959
F. Kühnert, Allgemeinbildung und Fachbildung in der Antike, Berlin 1961
J. G. Landels, Die Technik in der antiken Welt, dt.: München 1979
J. Marquardt, Das Privatleben der Römer, Leipzig 1886
Fr. Paulsen, Geschichte des gelehrten Unterrichts, Berlin 1919–1921

D *Rhetorik*

W. Eisenhut, Einführung in die antike Rhetorik und ihre Geschichte, Darmstadt 1974
H. Lausberg, Handbuch der literarischen Rhetorik, München 1960
E. Norden, Die antike Kunstprosa, Darmstadt 1974

E *Wörterbücher und Nachschlagewerke*

1 Antike allgemein

Der Kleine Pauly, Lexikon der Antike in 5 Bänden, München 1975
Der Neue Pauly, Enzyklopädie der Antike, Stuttgart, 1996 ff.
Großer Historischer Weltatlas, 1. Teil: Vorgeschichte und Altertum, edd. Bengtson u. a., München 1972

2 Literatur allgemein

L. Bieler, Geschichte der römischen Literatur, Berlin / New York 1980
Hauptwerke der antiken Literaturen, Edition Kindlers Literatur Lexikon, ed. Schmalzriedt, München 1976
G. v. Wilpert, Sachwörterbuch der Literatur, Stuttgart 1955

3 Sprache / Grammatik

Sextus Pompeius Festus, De verborum significatione, ed. Egger, Paris 1888
J. B. Hofmann, Lateinische Umgangssprache, Heidelberg 1926
J. P. Krebs, Antibarbarus der lateinischen Sprache, Basel 1905
R. Kühner / F. Holzweissig / C. Stegmann, Ausführliche Grammatik der lateinischen Sprache, Hannover 1911 ff.
M. Leumann / J. B. Hofmann / A. Szantyr, Lateinische Grammatik, München 1972 / 1977
S. Lozo, Ad fontes. Basisgrammatik Latein, Köln 2008
H. Menge, Lateinische Synonymik, Heidelberg 1988
K. F. v. Nägelsbach, Lateinische Stilistik, Nürnberg 1905
A. Scherer, Handbuch der lateinischen Syntax, Heidelberg 1975

O. Schönberger, Lateinische Phraseologie, Heidelberg 1955
F. Stolz / A. Debrunner / W. P. Schmid, Geschichte der lateinischen Sprache, Berlin 1966
A. Walde / J. W. Hofmann, Lateinisches etymologisches Wörterbuch, Heidelberg 1982

4 Wörterbücher

A Greek-English Lexicon, compiled by H. G. Liddell and R. Scott. With a Supplement, Oxford 1968
Handwörterbuch der lateinischen Sprache, ed. R. Klotz, Braunschweig 1879

5 Mythologie

H. Hunger, Lexikon der griechischen und römischen Mythologie, Hamburg 1974

6 Philosophie

dtv-Atlas Philosophie, edd. P. Kunzmann / F.-P. Burkard / F. Widmann, München 1991
Wörterbuch der philosophischen Begriffe, ed. J. Hoffmeister, Hamburg 1955
Historisches Wörterbuch der Philosophie, edd. J. Ritter u. a., Basel / Darmstadt 1971–2004

XIX Namenregister

XX Deutsche Übersetzung von 40 ausgewählten Cicero-Texten

III 1 (S. 30): *Brutus*, 313 ff.

Ich war damals überaus schmal und von schwacher körperlicher Konstitution, mein Hals war langgestreckt und dünn, ein Zustand und ein Aussehen, die, wie man glaubt, nicht weit von Lebensgefahr entfernt sind, wenn Arbeit und starke Beanspruchung der Lungen hinzutreten. Das beunruhigte die, denen ich nahestand, um so mehr, als ich alle meine Reden hielt, ohne einmal den Ton zu senken oder zu wechseln, mit höchster Anstrengung der Stimme und Anspannung meines ganzen Körpers. So ermahnten mich meine Freunde wie auch die Ärzte, meine Anwaltstätigkeit aufzugeben. Ich aber meinte, lieber jedes Risiko auf mich nehmen zu sollen, als die Hoffnung auf Ruhm aufzugeben. Nun war ich der Überzeugung, eine Entspannung und Mäßigung meiner Stimme, eine Änderung meiner Redeweise überhaupt würden es mir ermöglichen, der Gefahr zu entgehen und ausgeglichener zu sprechen. Die Absicht, meine rednerischen Gepflogenheiten zu wechseln war mir der Anlaß für eine Reise nach Kleinasien. Und so reiste ich nach zweijähriger Anwaltstätigkeit – mein Name hatte auf dem Forum schon einen guten Klang – aus Rom fort. (...). Ich ging nach Rhodos und schloß mich Molon an, den ich ja schon in Rom gehört hatte. Er war nicht nur als Vortragender bei wirklichen Rechtsfällen vor Gericht überaus tüchtig und ebenso als Verfasser von Reden, sondern auch höchst geschickt darin, Fehler zu finden und zu korrigieren, wie auch überhaupt in seinem ganzen Unterricht. Er bemühte sich denn soweit möglich mich, der ich in meinem Stil in jugendlicher Freizügigkeit und Fessellosigkeit allzu unbekümmert überströmte, zu mäßigen, den gleichsam über die Ufer tretenden Strom einzudämmen. So konnte ich nach zwei Jahren nicht nur besser ausgebildet, sondern fast völlig verwandelt zurückkehren. Die allzu starke Anspannung meiner Stimme hatte sich verloren, meine Redeweise war nun gleichsam ausgegoren, und meine Lungen hatten an Kraft, meine Statur einigermaßen an Stärke gewonnen. (Übers. von B. Kytzler)

III 2 (S. 32): *Orator* 14 ff.

Wir stellen also zunächst einmal fest – was sich hernach noch klarer zeigen wird –, daß jener Redner, den wir suchen, ohne Philosophie nicht zustande kommen kann. Nicht als ob alles auf ihr beruhte! Aber sie sollte in einer Weise Hilfe leisten wie das Körpertraining der Palaestra beim Schauspieler; darf man doch Geringeres oft sehr zu Recht mit Großem vergleichen. Niemand vermag ja eingehender und ausführlicher über bedeutende und mannigfaltige Themen zu sprechen ohne die Philosophie. So erklärt zum Beispiel Sokrates in Platons „Phaidros", Perikles habe sich nur darum vor den übrigen Rednern ausgezeichnet, weil er Hörer des Naturphilosophen Anaxagoras gewesen war. Von diesem habe er, so urteilt Sokrates, verschiedene bedeutende und großartige Dinge gelernt, insbesondere aber sei er durch ihn zu einem Redner von Reichtum und Fülle geworden und sei auch, was in der

Redekunst das Wichtigste ist, zur Kenntnis davon gelangt, durch welche Stile die verschiedenen Teile der Seele angesprochen werden. Man darf dasselbe von Demosthenes annehmen, aus dessen Briefen man entnehmen kann, welch eifriger Hörer Platons er gewesen ist. Auch können wir ohne philosophische Schulung weder Gattung und Art einer Sache erkennen noch diese definitorisch bestimmen noch sie in Teile gliedern noch überhaupt beurteilen, was wahr, was falsch ist, oder Folgerungen erkennen, Widersprüche sehen, Doppeldeutigkeiten unterscheiden. Was soll ich erst von der Naturerkenntnis sagen, deren Beherrschung der Rede weite Fülle verleiht? (Übers. von B. Kytzler)

III 3 (S. 35): *Pro Archia poeta,* 12f.

Gewiß willst Du wissen, Grattius, was mich an diesem Manne so entzückt: bei ihm finde ich eine Freistatt, wo sich mein Geist vom Lärm des Forums erholen und sich mein Ohr von dem ermüdenden Gezänk ausruhen kann. Glaubst du denn, wir hätten Stoff genug, Tag für Tag bei so verschiedenen Anlässen zu reden, wenn wir uns nicht aus der Literatur Belehrung holten, oder wir wären solchen Anstrengungen gewachsen, wenn wir die Literatur nicht zugleich dazu benutzten, uns zu entspannen? Ich jedenfalls gebe unumwunden zu, daß ich mich gern mit derlei Studien befasse. Andere mögen sich scheuen – Leute, die so tief in ihre Gelehrsamkeit vergraben sind, daß sie daraus nichts für die Allgemeinheit Förderliches hervorholen und ans Licht der Öffentlichkeit bringen können. Doch warum sollte ich mich scheuen: seit vielen Jahren ist mein Leben so geordnet, ihr Richter, daß mich keine Mußestunde zurückgehalten, kein Vergnügen abgelenkt und kein Schlaf gehindert hat, für jedermanns Bedrängnis oder Vorteil einzutreten. Wie kann man mir dann übelnehmen oder sich mit Recht über mich aufregen, wenn ich mir ebensoviel Zeit gönne, diese Studien zu betreiben, wie man anderen zugesteht, ihren eigenen Angelegenheiten nachzugehen, die Fest- und Spieltage zu feiern, sich sonstwie zu vergnügen und sich an Leib und Seele zu erholen – so viel Zeit, wie manche sie für üppige Mahlzeiten oder gar für den Würfelbecher und das Ballspiel erübrigen? Und man sollte mir dieses Zugeständnis um so eher machen, als diese Beschäftigung auch mein Talent und meine Fertigkeit im Reden fördert, Dinge, die, sie seien groß oder gering, den Freunden in der Not noch nie gefehlt haben. (Übers. von M. Fuhrmann)

IV 2 (S. 39): *Pro Sexto Roscio,* 1ff.

Ich möchte annehmen, ihr Richter, ihr seid erstaunt, weshalb gerade ich mich erhoben habe, da doch zahlreiche Redner von erstem Rang und Angehörige des höchsten Adels auf ihren Plätzen bleiben: ich, der ich diesen Männern, was Alter, Können oder Ansehen betrifft, durchaus nicht gewachsen bin. Alle, deren Anwesenheit bei diesem Prozesse ihr bemerkt, glauben zwar, man müsse ein durch ein neuartiges Verbrechen begangenes Unrecht abwehren; doch es selbst abzuwehren, wagen sie wegen der Ungunst der Zeiten nicht. So sind sie anwesend, weil sie ihrer Pflicht genügen wollen, schweigen aber, weil sie der Gefahr auszuweichen suchen. Da hätte denn ich von allen den größten Mut? Keineswegs. Oder bin ich mir desto mehr meiner Pflicht bewußt als die anderen? Nicht einmal dieses Verdienst möchte ich in dem Maße beanspruchen, daß ich es anderen gern entzogen sähe. Was also hat mich mehr als sonst jemanden bestimmt, die Sache des Sextus Roscius zu übernehmen? Nun: ihr seht hier Leute von höchstem Einfluß und Ansehen versammelt; wenn von denen jemand gesprochen und sich, wie es in diesem Prozeß unvermeidlich ist, über die politischen Verhältnisse geäußert hätte, dann wäre die Meinung aufgekommen, er habe viel mehr gesagt, als er tatsächlich gesagt hätte. Ich hingegen kann alles, was ausgesprochen werden muß, offen aussprechen; denn es ist völlig unmöglich, daß meine Rede in gleichem Maße bekannt wird und sich in der Öffentlichkeit verbreitet. Zudem kann bei den übrigen wegen ihres adligen Ranges und ihres Ansehens kein Wort unbekannt bleiben, noch läßt ihr Alter und ihre Einsicht zu, daß man ihnen einen unbedachten Ausspruch zugute hält. Doch wenn ich mich einmal allzu freimütig äußere, dann braucht es weiter kein Aufsehen zu erregen, weil ich mich noch nicht politisch betätigt habe, oder man kann es meiner Jugend nachsehen. (Übers. von M. Fuhrmann)

V (S. 47): *In Verrem* IV, 1 f.

Ich komme nun zu dem, was Verres selbst eine Liebhaberei nennt, seine Freunde eine Krankheit und Leidenschaft, die Sizilier ein Raubgewerbe. Wie ich es nennen soll, weiß ich nicht. Ich will euch die Sache vorführen; ihr mögt sie nach ihrem wahren Gewicht, nicht nach dem des Namens abwägen. Laßt euch zunächst über den Tatbestand selbst belehren, ihr Richter. Vielleicht braucht ihr dann nicht mehr viel zu fragen, wie ihr ihn nennen sollt. Ich behaupte: in ganz Sizilien, einer so reichen, so alten Provinz, in so vielen Städten, so vielen Häusern, die so vermögend waren, gab es kein silbernes, kein korinthisches oder delisches Gefäß, keinen Edelstein, keine Perle, keine Arbeit aus Gold oder Elfenbein, keine Statue von Erz, Marmor, Elfenbein – ich behaupte: es gab kein Gemälde, weder auf Holz noch auf Leinwand, das er nicht aufgestöbert und besichtigt und, wenn es ihm gefiel, weggenommen hätte. Meine Behauptung scheint kühn; beachtet auch, wie ich sie vorbringe. Denn nicht um Worte zu machen oder um das Verbrechen aufzubauschen, will ich keine Ausnahme zugeben. Wenn ich erkläre, Verres habe in der ganzen Provinz nichts von derlei Dingen zurückgelassen, dann müßt ihr wissen, daß ich lateinisch, nicht nach Advokatenart rede. Noch deutlicher: nichts hat er in jemandes häuslichem Besitz, nicht einmal bei einem Gastfreund, nichts an öffentlicher Stätte, nicht einmal in Tempeln, nichts bei einem Sizilier, nichts bei einem römischen Bürger – kurz, gar nichts, worauf sein Blick und Sinn fiel, weder privates noch stattliches Eigentum, weder ungeweihtes noch geweihtes hat er in ganz Sizilien zurückgelassen. (Übers. von M. Fuhrmann)

VI (S. 50): *De imperio Cn. Pompei,* 54 f.

Hat es zuvor je einen Staat gegeben (um nicht von Athen zu reden, das einst, wie es heißt, eine ziemlich ausgedehnte Seeherrschaft besaß, noch von Karthago, das durch seine Flotte und seine Seegeltung sehr viel vermochte, noch auch von Rhodos, dessen Tüchtigkeit und Ansehen zur See bis heute andauern), gab es früher je einen Staat, sage ich, der so schwach oder so winzig war, daß er nicht aus eigener Kraft seine Häfen, seinen Landbesitz und einen Teil der Seeküste nebst Uferstreifen zu verteidigen vermochte? Indes, wahrhaftig, ehe das Gabinische Gesetz erging, mußte das römische Volk, dessen Name bis zu unserer Zeit in Seeschlachten unbesiegt geblieben ist, während etlicher Jahre auf einen großen, ja auf den weitaus größten Teil seiner Wohlfahrt und gar seines Ansehens und seiner Macht verzichten. (...). Früher erhielten wir nicht nur in Italien die Sicherheit aufrecht, sondern konnten auch allen Bundesgenossen an noch so entlegenen Küsten durch die Geltung unserer Herrschaft Schutz gewähren – damals, als die Insel Delos, so weit von uns entfernt im ägäischen Meer gelegen, von aller Welt aus allen Richtungen mit Waren und Frachten aufgesucht wurde, als sie, von Reichtümern strotzend und gering an Größe, ohne Befestigung nichts zu fürchten brauchte; doch nunmehr mußten wir nicht nur auf die Provinzen und die Seeküsten Italiens und unsere Häfen, sondern sogar auf die appische Straße verzichten. Und haben sich in jener Zeit die Beamten des römischen Volkes nicht geschämt, diese Stätte hier zu besteigen, die unsere Vorfahren uns mit Schiffsrüstungen und der Beute von Flotten geschmückt hinterlassen hatten? (Übers. von M. Fuhrmann)

VII 1 (S. 56): *In Catilinam I,* 17 f.

Wenn deine Eltern dich fürchteten und haßten und du dich auf keine Weise mit ihnen aussöhnen könntest, du würdest dich, meine ich, wohin es auch sei, vor ihren Blicken verkriechen. Nun aber haßt und fürchtet dich das Vaterland, der gemeinsame Ursprung von uns allen, und es befindet, daß du schon seit langem an nichts denkst als an seine Vernichtung: willst du weder seine Meinung achten noch sein Urteil befolgen noch vor seiner Macht erzittern? Das Vaterland, Catilina, spricht so zu dir und erhebt gewissermaßen schweigend seine Stimme: „Seit einigen Jahren schon ist kein Verbrechen zustande gekommen außer durch dich, keine Schandtat ohne dich; allein bei dir blieb der Mord an vielen Bürgern, blieben Mißhandlung und Plünderung der Bundesgenossen frei und ungestraft; du hast es vermocht, Gesetze und Prozesse nicht nur gering zu achten, sondern zu zerschmettern und zu vernichten. Deine früheren Taten habe ich, obwohl sie unerträglich waren, ertragen, wie ich konnte. Doch daß ich jetzt allein deinetwegen von Furcht erfüllt bin, daß man sich vor Catilina ängstigt, was immer sich regt, daß sich offenbar kein Anschlag gegen mich ersinnen läßt, bei dem dein Frevelmut nicht beteiligt wäre: das ist vollends unerträglich. Geh daher fort und nimm mir diese Furcht, wenn sie begründet ist, damit ich nicht überwältigt werde, wenn unbegründet, damit ich endlich einmal aufhören kann, mich zu fürchten." Wenn das Vaterland so, wie ich sagte, zu dir spräche, müßte es nicht sein Ziel erreichen, auch wenn es keine Gewalt anzuwenden vermöchte? (Übers. von M. Fuhrmann)

VII 2 (S. 58): *Pro L. Murena,* 61 ff.

Diese göttlichen und überragenden Vorzüge, die wir an M. Cato bemerken: seid euch bewußt, ihr Richter, daß sie seinem eigenen Wesen entspringen; was wir bisweilen an ihm vermissen, das ist alles nicht durch seinen Charakter, sondern durch seinen Lehrmeister bedingt. Einst lebte nämlich ein Mann von größter Geisteskraft, Zenon; die seinen Erkenntnissen anhängen, heißen Stoiker. Dessen Grundsätze und Vorschriften lauten folgendermaßen: der Weise lasse sich nie durch Nachsicht bestimmen; nie verzeihe er jemandem ein Vergehen; nur ein Tor und Leichtfuß sei mitleidig; ein Mann lasse sich nicht erbitten noch beschwichtigen; (...); alle Fehler seien gleich schlimm; jedes Versehen sei ein ruchloses Verbrechen; wer ohne Not einen Haushahn tötet, fehle nicht minder als derjenige, der seinen Vater erdrosselt. Der Weise hingegen sei nie auf Vermutungen angewiesen, er bereue nichts, irre sich in keinem Falle und ändere niemals seine Meinung. (...). Doch unsere Gewährsleute (ich will nämlich zugeben, Cato, daß auch ich mich in meiner Jugend nach Hilfe bei der Philosophie umgetan habe, weil ich meiner Veranlagung nicht sicher war), unsere Lehrer, sage ich, die Nachfolger des Platon und Aristoteles, gemäßigte und vernünftige Männer, erklären, auch beim Weisen gebe einmal Nachsicht den Ausschlag; es zeige einen guten Charakter, Mitleid zu haben; die Arten der Vergehen seien unterschiedlich und ungleich die Strafen; auch der Beständige gebe der Verzeihung Raum; sogar der Weise müsse oft vermuten, was er nicht wisse, er zürne mitunter, er lasse sich auch durch Bitten bestimmen und beschwichtigen, er nehme bisweilen eine Behauptung zurück, wenn es so richtiger sei; er weiche auch einmal von seiner Meinung ab; allen guten Eigenschaften seien durch ein bestimmtes Mittelmaß bedingt. (Übers. von M. Fuhrmann)

VII 4 (S. 62): *De lege agraria II,* 1 ff.

Ich, Quiriten, habe keinen Anlaß, vor euch über meine Vorfahren zu reden; sie waren gewiß ebenso, wie ihr mich hier seht, der ich von ihrem Blute abstamme und in ihrer Zucht aufgewachsen bin; doch ihnen wurde nie eine Auszeichnung des Volkes und der Glanz eines von euch verliehenen Amtes zuteil. Von mir selbst aber bei euch zu reden, bezeugt, fürchte ich, Dünkel, zu schweigen, Undankbarkeit. Denn daß ich selbst darlege, welche Bemühungen mir dieses Amt verschafft haben, ist ganz unerträglich; (...). Nach einer sehr langen Unterbrechung, die fast die ganze Zeit unserer Erinnerung ausfüllt, habt ihr mich als ersten Neuling zum Konsul gemacht; ihr habt unter meiner Leitung den Platz freigelegt, den der Adel durch Schanzen gesichert und auf jede Weise versperrt hatte, und so bekundet, daß er auch in Zukunft der Tüchtigkeit offenstehen solle. Und ihr habt mich nicht schlichtweg zum Konsul gemacht, was schon an sich eine hohe Ehre ist, sondern so, wie nur wenige Adlige in diesem Staate Konsuln geworden sind und vor mir kein einziger Neuling. Denn wahrhaftig, wenn ihr einmal die Neulinge durchgehen wollt, so werdet ihr feststellen: wer ohne vorherige Abweisung Konsul wurde, der wurde es erst nach langwierigen Bemühungen und durch irgendwelche besonderen Umstände, nachdem er sich viele Jahre nach seiner Prätur und erheblich später beworben hatte, als die gesetzlich vorgeschriebenen Altersgrenzen zuließen; wer sich dagegen zum frühesten Zeitpunkt bewarb, der wurde nicht ohne vorherige Abweisung Konsul; ich bin also der einzige unter allen Neulingen, von denen wir wissen, der sich um das Konsulat bewarb, als es ihm zum ersten Male gestattet war, und der Konsul wurde, als er sich zum ersten Male beworben hatte. (Übers. von M. Fuhrmann)

VIII 5 (S. 72): *De provinciis consularibus,* 32 ff.

Der Krieg in Gallien, versammelte Väter, ist erst unter dem Kommando C. Caesars ernsthaft geführt, zuvor ist er lediglich hingehalten worden. Unsere Feldherren haben nämlich die dort beheimateten Völker stets nur in die Schranken weisen, nicht aber herausfordern zu müssen geglaubt. (...). C. Caesar hat sich, wie ich feststelle, von ganz anderen Grundsätzen leiten lassen. Er glaubte nämlich, nicht nur *die* Eingeborenen, die er schon in Waffen gegen das römische Volk sah, bekämpfen, sondern ganz Gallien in unsere Gewalt bringen zu sollen. So hat er die kriegerischen Stämme der Germanen und Helvetier in gewaltigen Schlachten vollständig besiegt und die übrigen eingeschüchtert, zurückgedrängt, niedergezwungen und daran gewöhnt, die Herrschaft des römischen Volkes zu ertragen – Gegenden und Stämme, von denen wir früher durch kein Literaturwerk, keine Nachricht, keine Kunde etwas wußten, erschlossen sich unserem Feldherrn und unserem Heere und den Waffen des römischen Volkes.

Wir haben bisher nur einen Saum von Gallien besessen, versammelte Väter: in den übrigen Gebieten hausten Stämme, die Feinde unseres Reiches oder unzuverlässig oder unbekannt oder jedenfalls furchtbare, kriegerische Barbaren waren – nie kam es jemandem in den Sinn, diese Völkerschaften zu bezwingen und zu unterwerfen. Seit dem Bestehen unserer Herrschaft hat jeder, der gehörig über unseren Staat nachdachte, geglaubt, daß kein Land unserem Reiche so gefährlich sei wie Gallien. Doch wegen der Stärke und der Zahl der dort beheimateten Stämme haben wir nie zuvor gegen alle Krieg geführt; wir haben nur stets zurückgeschlagen, wenn wir angegriffen wurden. Jetzt endlich haben wir erreicht, daß sich unsere Herrschaft ebenso weit erstreckt wie die dort liegenden Landgebiete. (Übers. von M. Fuhrmann)

VIII 7 (S. 76): *In Pisonem,* 1 ff.

Nie hatte man auf dem Forum deine Stimme vernommen, nie deinen Rat erprobt; man wußte von keiner beachtlichen oder gar glänzenden Tat, sei es in der Heimat, sei es im Felde. Du hast dir die Ämter erschlichen, weil die Leute sich täuschen ließen, weil dich die rauchbeschwärzten Bilder deiner Ahnen empfahlen. (...). Und der wollte mir damit imponieren, daß er alle Ämter im ersten Anlauf erlangt habe! Ich habe das Recht, mich dessen mit wirklichem Stolz zu rühmen; denn mir hat das römische Volk alle Ämter um meiner Person willen übertragen. Du aber erhieltest, als man dich zum Quästor wählte, dieses Amt auch von denen, die dich nie gesehen hatten, um deines Namens willen. Du wurdest Ädil: irgendein Piso war's, den das römische Volk ausersah, nicht dieser Piso dort. Ebenso hat man auch deine Prätur deinen Vorfahren übertragen: sie, die Toten, waren bekannt; dich, den Lebenden, kannte noch niemand. Mich hingegen hat das römische Volk jeweils einstimmig unter den ersten zum Quästor, vor meinem Kollegen zum Ädilen und an der Spitze von allen zum Prätor gemacht: die Person, nicht die Familie, mein Wesen, nicht mein Stammbaum, bewährte Tüchtigkeit, nicht allgemein bekannter Adel empfing diese Auszeichnung. Was soll ich erst von meinem Konsulat sagen – wähle: wie ich's erreicht oder wie ich's geführt habe? Ich Armer! Mit diesem Unheil und Verderben vergleiche ich mich jetzt? (Übers. von M. Fuhrmann)

IX A 3 (S. 82): *Tusculanae disputationes,* V, 4 ff.

Wir dagegen steigern alles Widrige, wenn es naht, durch die Angst, und wenn es da ist, durch die Trauer und verurteilen lieber die Natur als unsern eigenen Irrtum. Aber für diese Schuld und für unsere sonstigen Verfehlungen und Laster müssen wir alle Besserung bei der Philosophie suchen. Schon von unserer frühesten Jugend an hat mich mein Wille und Interesse in ihren Schoß getrieben und unter den gegenwärtigen harten Schlägen und bei großem Sturm habe ich mich nun in diesen selben Hafen geflüchtet, von dem ich ausgegangen war. O Philosophie, Lenkerin des Lebens, Entdeckerin der Tugend, Siegerin über die Laster! Was wären nicht nur wir, sondern das Leben der Menschen überhaupt ohne dich?

Du hast die Staaten geboren, Du hast die verstreuten Menschen in die Gemeinschaft des Lebens zusammengerufen und sie zuerst durch die Wohnstätten, dann durch die Ehe, endlich durch die Gemeinschaft des Denkens und Sprechens miteinander verbunden, du warst die Erfinderin der Gesetze und Lehrerin der Sitten und der Wissenschaft. Zu dir fliehen wir, von dir erbitten wir Hilfe und dir vertrauen wir uns an, früher schon zum großen Teile, jetzt ganz und vollständig. Denn ein einziger Tag, der gut und nach deinem Gebot verbracht worden ist, ist einer Unsterblichkeit voller Verfehlungen vorzuziehen. Wessen Hilfe sollen wir also eher in Anspruch nehmen als die deine, die du uns die Ruhe im Leben geschenkt und die Furcht vor dem Tode weggenommen hast? (Übers. von O. Gigon)

IX A 4 (S. 83): *Tusculanae disputationes,* V, 8 f.

Von ihnen an sind dann alle, die sich um die Betrachtung der Dinge bemühten, für weise gehalten und so genannt worden, und dieser ihr Name hatte Bestand bis zur Zeit des Pythagoras. Von ihm erzählt Herakleides von Pontos, ein überaus gelehrter Mann und Schüler Platons, er sei einmal nach Phleius gekommen und habe sich dort mit Leon, dem Fürsten von Phleius, gelehrt und lange unterhalten. Leon bewunderte seinen Geist und seine Redegabe und fragte ihn, auf welche Kunst er am meisten Wert lege. Da erwiderte jener, er verstünde keine Kunst, sondern er sei ein Philosoph. Da habe sich Leon über die Neuheit des Namens gewundert und ihn gefragt, wer denn die Philosophen seien und was sie von den andern Menschen unterscheide. Pythagoras habe geantwortet, das Leben der Menschen scheine ihm gleich zu sein wie jener Markt, der im ganzen Glanz der Spiele und in der Anwesenheit ganz Griechenlands abgehalten zu werden pflege. Denn wie dort die einen mit trainierten Körpern den Ruhm und die Ehre eines Kranzes erstrebten, andere mit Aussicht auf Gewinn und Profit durch Kauf und Verkauf angelockt würden und es endlich eine besondere Gruppe gebe, die die vornehmste sei und weder nach Beifall noch nach Gewinn strebe, sondern um des Schauens willen gekommen sei und aufmerksam betrachte, was geschehe und wie, ebenso seien auch wir gleichsam aus einer Stadt in irgendeinen belebten Markt gekommen, nämlich in dieses Leben aus einem andern Leben und einer andern Natur, und die einen dienten nun dem Ruhme, die andern dem Gelde. Es gebe aber einige seltene, die alles Andere verachteten und die Natur der Dinge aufmerksam betrachteten. Diese nennten sich Liebhaber der Weisheit, eben Philosophen. Und wie jenes das Vornehmste sei, zuzuschauen ohne für sich etwas zu erstreben, so rage auch im Leben die Betrachtung und Erkenntnis der Dinge weit über alle andern Beschäftigungen hinaus. (Übers. von O. Gigon)

IX A 5 (S. 85): *Tusculanae disputationes,* V, 10 f.

Aber Pythagoras war nicht nur Erfinder des Namens, sondern auch Mehrer der Sache. Als er nach diesem Gespräch in Phleius nach Italien gekommen war, da schmückte er jenes Griechenland, das das Große heißt, privat und öffentlich mit den vortrefflichsten Einrichtungen und Künsten. Über seine Lehre kann vielleicht bei einer andern Gelegenheit gesprochen werden. Aber von der alten Philosophie an bis zu Sokrates, der den Schüler des Anaxagoras, Archelaos, gehört hatte, wurden die Zahlen und Bewegungen studiert und die Frage, woher alles käme und wohin es unterginge; ebenso erforschten sie aufmerksam die Größen, Abstände, Bahnen der Gestirne und alle Himmelserscheinungen. Sokrates hat als erster die Philosophie vom Himmel herunter gerufen, sie in den Städten angesiedelt, sie sogar in die Häuser hineingeführt, und sie gezwungen, nach dem Leben, den Sitten und dem Guten und Schlechten zu forschen. Seine vielfache Art des Diskutierens, die Verschiedenheit der Probleme und Größe des Geistes ist durch die Erinnerung und Bücher Platons festgehalten worden und hat mehrere Arten von Philosophen mit verschiedenen Meinungen hervorgebracht. Wir haben davon vor allem dies übernommen, was auch Sokrates, wie wir glaubten, angewandt hat, daß wir unsere eigene Meinung zurückhielten, die Andern aber von ihrem Irrtum befreiten und bei jeder Untersuchung fragten, was der Wahrheit am nächsten käme. Diese Sitte hat Karneades am scharfsinnigsten und reichlichsten gepflegt, und so haben auch wir es öfters und neulich in Tusculanum getan und haben dieser Übung gemäß diskutiert. (Übers. von O. Gigon)

IX B 2 (S. 94): *De re publica,* I, 39 ff.

„Es ist also“, sagte Africanus, „das Gemeinwesen die Sache des Volkes, ein Volk aber nicht jede irgendwie zusammengescharte Ansammlung von Menschen, sondern die Ansammlung einer Menge, die in der Anerkennung des Rechtes und der Gemeinsamkeit des Nutzens vereinigt ist. Ihr erster Beweggrund aber zusammenzukommen, ist nicht so sehr die Schwäche als eine sozusagen natürliche Geselligkeit der Menschen; ist doch diese Gattung nicht einzellebend und einzelgängerisch. (...). Diese Versammlungen also, aus dem dargelegten Grunde gebildet, setzten zum ersten an einem bestimmten Ort ihren Wohnsitz fest, ihrer Behausungen wegen. Hatten sie diesen durch günstige Lage und der Hände Werk geschützt, nannten sie eine solche Vereinigung von Wohnstätten eine Burg oder eine Stadt, die durch Heiligtümer und öffentliche Plätze gegliedert war. Jedes Volk also, das eine Ansammlung einer solchen Menge ist, wie ich sie darlegte, jede Bürgerschaft, die eine Ordnung des Volkes darstellt, jedes Gemeinwesen, das, wie ich sagte, die Sache des Volkes ist, muß durch vernünftiges Planen gelenkt werden, damit es dauernd ist. Dieses vernünftige Planen ist zum ersten immer auf die Ursachen zu beziehen, die den Staat hervorgebracht haben. Dann ist es entweder einem zu übertragen oder einigen Auserwählten, oder die Menge oder alle müssen es übernehmen. Wenn deshalb die Vollmacht aller Dinge bei einem ist, nennen wir jenen einen König und den Zustand dieses Gemeinwesens Königtum. Wenn sie aber bei Auserwählten ist, wird jener Staat, sagt man, nach Willen der Optimaten gelenkt. Das aber ist ein Volksstaat – denn so heißt man ihn –, in dem alles beim Volke ist. Und eine jegliche dieser drei Arten, wenn sie nur jenes Band festhält, das zuerst die Menschen durch die Gemeinschaft der gemeinsamen Sache untereinander fesselte, ist zwar nicht vollkommen, noch meiner Ansicht nach am besten, aber doch tragbar und so, daß eine besser sein kann als die andere. Denn ein weiser und gerechter König oder auserlesene und fürstliche Bürger oder auch das Volk selbst – obwohl diese Art am wenigsten zu billigen ist – können doch, wenn keine Ungerechtigkeiten oder Begierden sich beimischen, wie mir scheint, von einem bestimmten festen Zustand sein. (Übers. von K. Büchner)

IX B 5 (S. 98): *De legibus I,* 22 f.

Dieses vorausschauende, verständige, vielseitige, scharfsinnige, erinnerungsfähige, von planender Vernunft erfüllte Lebewesen, das wir „Mensch" nennen, wurde mit vorzüglichen Eigenschaften vom höchsten Gott geschaffen. Denn als einziges Wesen unter so vielen Arten und Geschöpfen der belebten Natur hat er teil an der Vernunft und dem Denken, während alle übrigen Wesen davon ausgeschlossen sind. Was aber ist, um nicht zu sagen im Menschen, sondern im gesamten Kosmos und auf der Erde, göttlicher als die Vernunft? Sie wird, sobald sie herangereift ist und ihre Vollendung erreicht hat, mit Recht Weisheit genannt. Es ist also, da es ja nichts Besseres als die Vernunft gibt und diese im Menschen wie auch in Gott ist, die erste Gemeinsamkeit des Menschen mit Gott die gemeinsame Vernunft. Denen aber, die eine gemeinsame Vernunft haben, ist auch die richtige Vernunft gemeinsam: da diese das Gesetz ist, muss man davon ausgehen, daß wir Menschen auch durch das Gesetz mit den Göttern verbunden sind. Ferner besteht unter denjenigen, unter denen die Gemeinschaft des Gesetzes herrscht, auch die Gemeinschaft des Rechts. Diejenigen aber, denen diese Dinge gemeinsam sind, müssen auch als Bürger desselben Staates gelten. Wenn sie schließlich denselben Weisungen und Gewalten gehorchen, ist das noch viel mehr der Fall. Sie gehorchen aber dieser kosmischen Ordnung, dem göttlichen Geist und dem allmächtigen Gott, so daß nunmehr diese gesamte Welt als ein gemeinsamer Staat der Götter und Menschen anzusehen ist. (Übers. von R. Nickel)

IX C 4 (S. 104): *De oratore I,* 30 ff.

Und mir scheint in der Tat nichts vorzüglicher als die Fähigkeit, durch die Rede die Gedanken der Menschen zu fesseln, ihre Zuneigung zu gewinnen, sie dorthin zu bringen, wohin man will, und sie abzubringen, wovon man will. Das ist es, was in jedem freien Volk und vor allem in friedlichen und ruhigen Staaten immer in besonders hohem Ansehen stand und eine führende Rolle hatte. Was ist nämlich so bewundernswert, wie wenn aus einer unbegrenzten Anzahl von Menschen ein Einzelner hervortritt, der das, was allen von der Natur gegeben ist, entweder allein oder mit ganz wenigen zusammen verwirklichen kann? Oder was ist für Geist und Ohr so angenehm wie eine mit weisen Gedanken und gewichtigen Worten geschmückte und ausgefeilte Rede? Oder was so mächtig und großartig, wie wenn die Emotionen des Volkes, die Bedenken der Richter und die Strenge des Senats durch die Rede eines Einzigen umgestimmt werden? Was ist ferner so königlich, so edel, so rühmlich, wie wenn man Flehenden Hilfe bringt, Niedergeschlagene aufrichtet, ihnen Rettung bringt, sie aus Gefahren befreit, Menschen im Staat zurückhält? Was aber ist so notwendig, wie immer Waffen zu besitzen, mit denen man sich selbst schützen oder Schurken herausfordern oder, wenn man herausgefordert wird, sich rächen kann? Und weiter, um nicht immer an das Forum, an Richterbänke, Rednerbühne und Kurie zu denken, was kann in der Muße angenehmer sein oder dem Menschen mehr entsprechen als ein geistreiches und in keiner Weise ungebildetes Gespräch? In diesem einen Punkt nämlich übertreffen wir die Tiere am allermeisten, dass wir miteinander reden und dass wir unsere Empfindungen durch Sprache ausdrücken können. Wer sollte deshalb diese Fähigkeit nicht mit Recht bewundern und es nicht der größten Anstrengung werthalten, dass er sich dadurch, worin allein die Menschen die Tiere am meisten übertreffen, vor den Menschen selbst auszeichnet? Um aber endlich zum wichtigsten Punkt zu kommen: Welche andere Macht konnte die verstreut lebenden Menschen an einem Ort versammeln oder von ihrem wilden und rohen Leben zu dieser unserer menschlichen und bürgerlichen Lebensweise geleiten oder nach der Gründung von Staaten Gesetze, Gerichte und Rechte festlegen? Und um nicht noch mehr Gesichtspunkte, deren es unzählige gibt, zu verfolgen, will ich kurz zusammenfassen. Ich vertrete nämlich folgende Überzeugung: Durch die weise Führung des vollkommenen Redners ist nicht nur seine eigene Würde wesentlich bedingt, sondern auch das Wohlergehen sehr vieler Privatpersonen und des gesamten Staates. (Übers. von Th. Nüßlein)

IX C 4 (S. 105): *De oratore I,* 94 f.

Deswegen habe ich, verleitet durch ebendiese Meinung, diese Gedanken auch niedergeschrieben in einem Büchlein, das mir ohne mein Wissen und gegen meinen Willen entschlüpft und in die Hände der Leute geraten ist. Redegewandte Menschen – schrieb ich – hätte ich einige kennen gelernt, einen guten Redner aber bisher noch keinen; denn redegewandt sei der – so legte ich fest –, welcher scharfsinnig und deutlich genug vor gewöhnlichen Menschen in Übereinstimmung mit allgemein verbreiteten Ansichten reden könne, ein guter Redner aber, wer bewunderungswürdiger und großartiger besonders hervorheben und ausschmücken könne, was er wolle, und alle Quellen für alle Gegenstände, die zur Rede gehören, mit seinem Geist und Gedächtnis umfasse. (...). Soweit ich nämlich vermute und mutmaße und soweit ich sehe, was für Anlagen in unseren Landsleuten stecken, gebe ich die Hoffnung nicht auf, dass es einmal einen Mann geben wird, der, wenn er sich mit glühenderem Eifer, als wir haben und hatten, mit größerer Muße sowie größerer Lernfähigkeit schon von frühester Jugend an, mit mehr Anstrengung und Energie dem Hören, Lesen und Schreiben widmen wird, ein solcher Redner wird, wie wir ihn suchen; der kann mit Recht nicht nur redegewandt, sondern auch ein guter Redner genannt werden. Ein solcher Mann ist meiner Meinung nach schon dieser unser Crassus, oder wenn jemand gleiche Begabung besitzt und noch mehr als dieser hört, mit größerer Aufmerksamkeit liest und mehr schreibt, wird er dem nur wenig hinzufügen können. (Übers. von Th. Nüßlein)

IX C 5 (S. 106): *De oratore III,* 142 f.

Wer will, mag nun den Philosophen, der uns die Fülle des Stoffes und der Rede vermittelt, von mir aus einen Redner nennen, oder er mag es vorziehen, den Redner, der, wie ich sage, Weisheit verbunden mit Beredsamkeit besitzt, einen Philosophen zu nennen; ich werde ihn nicht hindern, wenn nur Übereinstimmung darüber besteht, dass weder das sprachliche Unvermögen dessen, der eine Sache kennt, sie aber nicht in Worten ausdrücken kann, noch die Unwissenheit dessen, dem Sachwissen nicht zu Gebote ist, Worte aber nicht fehlen, Lob verdient. Wenn man sich eines von beiden wünschen dürfte, würde ich für meine Person Klugheit ohne Redegewandtheit geschwätziger Dummheit vorziehen. Wenn wir fragen, was allein aus allem herausragt, muss man dem wissenschaftlich gebildeten Redner den Siegespreis geben; lässt man ihn auch gleichzeitig einen Philosophen sein, dann ist der Gegensatz aufgehoben. Wenn man beide Berufe aber trennt, werden die Philosophen dadurch die unterlegenen sein, weil der vollkommene Redner über deren gesamtes Wissen verfügt, in der theoretischen Kenntnis der Philosophen aber nicht sogleich Beredsamkeit mit inbegriffen ist; mag diese auch von den Philosophen gering geschätzt werden, so muss man dennoch notgedrungen den Eindruck gewinnen, dass sie deren Disziplinen gewissermaßen die Krone aufsetzt. (Übers. von Th. Nüßlein)

X 5 (S. 114): *Tusculanae disputationes V,* 64 ff.

Ich werde nun nicht mit dem Leben dieses Mannes, das mir über alle Maßen grässlich jammervoll und abscheulich vorkommt, etwa das Leben Platons oder des Archytas vergleichen, zweier Gelehrter und wahrhaft weiser Männer. Aus derselben Stadt werde ich vielmehr ein bescheidenes Männchen von seinem Sandkasten und seinem Zeichenstab herbeirufen, einen der viel später gelebt hat, Archimedes. Als ich Quästor war, habe ich sein Grab, das die Syrakusaner nicht kannten und behaupteten, es existiere überhaupt nicht, gefunden, dicht umgeben und verhüllt von Büschen und Sträuchern. Ich kannte nämlich einige kleine Iamben, die auf seinem Grabe, wie ich erfahren hatte, geschrieben standen und besagten, daß auf der Spitze des Grabes sich eine Kugel und ein Zylinder befände. Nachdem ich nun mit den Augen alles gemustert hatte (bei dem Agrigentinischen Tore gibt es nämlich eine ganze Masse von Gräbern), da bemerkte ich eine kleine Säule, die nicht sehr aus dem Gebüsch herausragte. Und da fand sich die Gestalt der Kugel und des Zylinders. Ich sagte sofort den anwesenden Syrakusanern, deren Notabeln bei mir waren, ich dächte, es sei eben dies, was ich suchte. Da wurden denn viele Leute mit Sicheln vorgeschickt und sie reinigten und öffneten den Ort. Als einmal der Zugang freigelegt war, begaben wir uns zu der anderen Seite der Basis. Es zeigte sich jenes Epigramm, bei dem die zweiten Teile der Verse ungefähr bis zur Hälfte verwittert waren. So hätte denn eine der vornehmsten Städte Griechenlands, einstmals auch eine der gebildetsten, das Grabmal eines ihrer scharfsinnigsten Bürger vergessen, wenn es nicht von einem Manne aus Arpinum wieder entdeckt worden wäre. (Übers. O. Gigon)

XI (S. 117): *Pro Milone,* 92 f.

Doch das war genug über die Sache selbst und vielleicht schon zu viel über Fragen, die von ihr wegführten. Was bleibt mir also, als euch inständig zu bitten, ihr Richter, ihr möchtet dem tapferen Manne das Mitleid zuteil werden lassen, das er selbst nicht begehrt, das hingegen ich trotz seines Widerstrebens begehre, ja beanspruche? Hört: wenn ihr inmitten des allgemeinen Schluchzens bei Milo keine einzige Träne bemerkt habt, wenn ihr seine Miene stets unverändert, seine Stimme, seine Vortragsweise fest und unerschütterlich findet, dann dürft ihr ihm nicht weniger gewogen sein – vielleicht solltet ihr ihm sogar noch mehr entgegenkommen. Denn bei Gladiatorenkämpfen und bei Schicksalsfällen von Leuten niedrigster Herkunft, ist es so, daß uns meist Abscheu erfüllt, wenn jemand feige und kläglich um sein Leben winselt, daß wir hingegen die Mutigen und Beherzten, die unerschrocken dem Tod ins Auge blicken, geschont wissen wollen, daß wir also mehr Erbarmen mit denen haben, die nicht danach fragen, als mit denen, die uns darum anflehen: um wieviel mehr müssen wir uns hierzu bei unseren tapfersten Mitbürgern bereit finden! Mich treffen sie tief und geradezu tödlich, ihr Richter, die Worte Milos, die ich ständig höre und denen ich Tag für Tag Aufmerksamkeit schenken muß: „Alles Gute meinen Mitbürgern“, sagt er, „alles Gute; ich wünsche ihnen Wohlergehen, Erfolg und Glück, sie bleibe unversehrt, die herrliche Stadt, und die Heimat, die mir das Teuerste ist, sie mag mich behandeln, wie sie will. Meine Mitbürger mögen den inneren Frieden, da ich nicht dabeisein darf, ohne mich genießen – immerhin haben sie ihn mir zu verdanken. Ich gehe fort und verlasse das Land. (Übers. M. Fuhrmann)

XII 4 (S. 128): *Pro Marcello,* 1 ff.

Das lange Schweigen, versammelte Väter, das ich mir in der letzten Zeit auferlegt habe – nicht aus Furcht, sondern teils aus Schmerz, teils aus Zurückhaltung –, ist am heutigen Tage zu Ende gegangen, und so möchte ich zum ersten Male wieder in meiner früheren Weise aussprechen, was ich wünsche und denke. Denn so viel Milde, eine so ungewohnte und unerhörte Bereitschaft zu verzeihen, eine solche Mäßigung bei der Ausübung höchster, schrankenloser Gewalt, kurz, eine so beispiellose und geradezu göttliche Besonnenheit kann ich unmöglich mit Stillschweigen übergehen. Denn dadurch, daß M. Marcellus euch, versammelte Väter, und dem Staate wieder zu Diensten steht, ist, glaube ich, euch und dem Staat nicht nur seine, sondern auch meine ratende Stimme zurückgegeben worden. (...). So hast du denn mir den Zugang zu meinem altgewohnten Leben, der mir versperrt war, wieder aufgetan, C. Caesar, und zugleich allen, die hier sind, ein Zeichen gegeben, das sie Gutes für unseren ganzen Staat erwarten läßt. (...). Niemand hat die strömende Fülle des Geistes, niemand die Macht des gesprochenen oder geschriebenen Worts und ein solches Ausdrucksvermögen, daß er imstande wäre ich sage nicht zu verherrlichen, sondern auch nur zu berichten, C. Caesar, was du vollbracht hast. Und doch versichere ich dir und bitte dich, mir das nicht übel zu nehmen: darunter ist nichts, wofür du ebensoviel Anerkennung verdientest wie für das, was du am heutigen Tage getan hast. (Übers. von M. Fuhrmann)

XIII A 3 (S. 134): *De natura deorum I,* 5 ff.

In dieser Sache nun kann ich sowohl wohlmeinende Kritiker beruhigen als auch missgünstige Tadler widerlegen, so dass die einen es bereuen, getadelt zu haben, die anderen sich freuen, etwas gelernt zu haben; denn die, welche freundlich ermahnen, müssen belehrt, die, welche feindselig angreifen, müssen zurückgewiesen werden. Ich sehe nun aber, dass sich aus meinen Büchern – ich habe ja in kurzer Zeit mehrere veröffentlicht – eine mannigfaltige Diskussion ergeben hat; teils wunderte man sich darüber, woher mir denn plötzlich dieses Bemühen um das Philosophieren entstanden sei, teils wollte man wissen, was ich über ein jedes Thema an sicherem Wissen zu bieten hätte. Ich habe auch gemerkt, dass es vielen seltsam schien, dass ich gerade diejenige philosophische Richtung gutgeheißen habe, welche die Klarheit entreißt und sozusagen eine Art Nacht über die Dinge ausbreitet, und dass ich eine unerwartete Patenschaft für eine aufgegebene und schon längst verlassene philosophische Schule übernommen habe. Doch ich habe weder plötzlich angefangen zu philosophieren noch habe ich seit meiner frühesten Jugend eine nur mittelmäßige Mühe und Sorgfalt in dieses Studium investiert, und immer dann, wenn es am wenigsten so schien, habe ich mich am meisten mit der Philosophie beschäftigt; das belegen sowohl die Reden, die gespickt sind mit Lehrsätzen von Philosophen als auch meine Freundschaften mit den größten Gelehrten, die immer eine Zier für mein Haus bedeuteten, sowie jene führenden Denker Diodotos, Philon, Antiochos und Poseidonios, von denen ich unterrichtet wurde.

XIII B 1 (S. 137): *Academici libri I,* 15. f.

Sokrates scheint mir, wie auch von Allen anerkannt wird, zuerst die Philosophie von den verborgenen und durch die Natur selbst verhüllten Dingen, womit alle Philosophen vor ihm sich beschäftigt hatten, hinweg auf das gesellige Leben der Menschen gelenkt zu haben. Deshalb stellte er Untersuchungen an über die Tugenden und Laster, über die Güter und Übel; die Dinge am Himmel wären für unsre Erkenntnis zu entfernt, und selbst wenn man sie noch so genau erkannt hätte, würden sie doch zum guten Leben nicht beitragen. Sokrates verfährt nun in allen seinen Vorträgen, welche von seinen Zuhörern verschiedentlich und ausführlich verzeichnet worden sind, so, dass er selbst nichts behauptet, sondern nur andere widerlegt. Denn er sagt, dass er selbst nichts wisse und nur darin über den Andern stehe, dass diese meinten das zu wissen, was sie nicht wüssten, während er nur das Eine wisse, nämlich, dass er nichts wisse. Deshalb werde wohl auch Apollo ihn für den weisesten Mann erklärt haben; denn die einzige und ganze Weisheit bestehe darin, dass man nicht meine, das zu wissen, was man nicht wisse. (Übers. von J. H. v. Kirchmann)

XIII B 2 (S. 139): *Academici libri I,* 44 ff.

Ich sagte hierauf: Mit Zeno hat Arcesilaus, wie berichtet wird, seinen ganzen Streit geführt. Es geschah dies, meiner Ansicht nach, nicht aus Eigensinn oder Streitsucht, sondern wegen jener Dunkelheit vieler Dinge, welche den Sokrates und schon vor diesem den Demokrit, den Anaxagoras und Empedokles und beinah alle ältern Philosophen zum Eingeständniss ihrer Unwissenheit veranlasst hatte. Nach ihnen kann nichts erkannt, nichts erfasst, nichts gewusst werden, weil die Sinne beschränkt, der Geist schwach und das Leben kurz ist, während die Wahrheit, wie Demokrit sagt, in der Tiefe versenkt liegt. Alles soll nur auf Meinungen und Gewohnheiten beruhen; für die Wahrheit bleibe nichts übrig, und Alles sei deshalb in Dunkelheit gehüllt. Deshalb bestritt Arcesilaus, dass es etwas Erkennbares gebe; selbst das nicht, was Sokrates sich vorbehalten hatte, so sehr sei uns Alles verborgen und nichts könne eingesehn und erkannt werden. Aus diesen Gründen dürfe man weder etwas behaupten, noch bejahen, noch durch seine Zustimmung billigen, sondern man habe sich immer zusammenzufassen und zurückzuhalten, um nicht aus Übereilung in Fehler zu verfallen. Am deutlichsten zeige sich dies, wenn man dem Falschen oder Unbekannten zustimme; denn nichts sei fehlerhafter, als wenn die Zustimmung und der Beifall der Erkenntniss und Erfassung vorhergehe. In Übereinstimmung mit dieser Lehre handelte auch Arcesilaus, denn seine meiste Zeit verwendete er auf Widerlegung der Aussprüche Anderer, damit, wenn bei demselben Gegenstande gleiche Gründe für die entgegengesetzten Ansichten sich aufzeigen liessen, die Zustimmung zu beiderlei Ansichten um so leichter zurückgehalten werden könne. Dies nannte man nun die neue Akademie; ich halte sie indess für die alte, da auch in den Schriften dieser keine festen Behauptungen aufgestellt, sondern Gründe für die entgegengesetzten Seiten beigebracht werden und Alles in Frage gestellt, aber nichts fest behauptet wird. (Übers. von J. H. v. Kirchmann)

XIII C 5 (S. 149): *De finibus bonorum et malorum IV,* 28 f.

Chrysipp aber sagt da, wo er die Verschiedenheiten der lebenden Wesen behandelt, die einen hätten körperliche, die anderen geistige Vorzüge, einige seien in beiden Hinsichten besonders ausgestattet. Dann entwickelt er, was für jede Art von Lebewesen als höchstes Gut anzusetzen sich gehört. Obwohl er nun den Menschen als geistig bevorzugtes Wesen auffaßt und ihm danach seine Vorrangstellung in der Reihe der Lebewesen anweist, bestimmt er doch diesen Vorzug nicht als höchstes Gut, sondern sieht dieses darin, daß der Mensch nichts anderes als Geist zu sein scheine. Nur in einem Falle aber könnte das höchste Gut mit Recht in die Tugend allein gesetzt werden, wenn es nämlich ein lebendes Wesen gäbe, das ganz und gar aus Geist bestände und das nichts Naturgemäßes, wie zum Beispiel Gesundheit, in sich hätte. Welcher Art ein solches Wesen sein könnte, ohne mit sich selbst im Widerspruch zu stehen, läßt sich gar nicht denken. (Übers. von K. Atzert)

XIII C 6 (S. 149): *De finibus bonorum et malorum I,* 29 f.

Ich werde zunächst so verfahren, wie der Stifter der Schule selbst es für richtig hält. Meine These soll lauten: Was ist Gegenstand und spezifische Eigenart dessen, wonach wir fragen? Nur auf daß der Vortrag streng methodisch erfolge, gehe ich hiervon aus, nicht, weil ich etwa meinte, ihr wüßtet das nicht. Wir fragen also: Welches ist der Güter äußerstes und letztes, das nach der Ansicht aller Philosophen der Art sein muß, daß darauf alles andere bezogen werden muß, während es selbst sich auf nichts anderes sonst bezieht? Epikur findet es in der Lust. Sie soll das höchste Gut sein, der Schmerz aber das größte Übel. Den Beweis dafür erbringt er wie folgt: Jedes Lebewesen erstrebe sie von Geburt an und freue sich ihrer als des höchsten Gutes. Den Schmerz hingegen verschmähe es als schlimmstes Übel und weise ihn so weit wie möglich von sich. Dies tue es, solange es noch unverdorben sei, in einem Zustand also, in dem die Natur selbst noch in unberührter Reinheit urteilt. Daher bestreitet er, daß es einer wissenschaftlichen Begründung bedürfe, warum die Lust zu erstreben und der Schmerz zu vermeiden sei. Es sei das eben unser natürliches sinnliches Empfinden, genauso wie die Tatsache, daß Feuer heiß, Schnee weiß, Honig süß sei. (Übers. von K. Atzert)

XIII C 6 (S. 151): *De finibus bonorum et malorum I,* 37

Wie es um diese selbst steht, was sie ihrem Wesen nach ist, das will ich jetzt entwickeln, um mit all dem Irrtum der Unkundigen aufzuräumen und begreiflich zu machen, wie ernst, wie maßhaltend, wie streng unsere Lehre ist, die man für vergnügungssüchtig, wollüstig und verweichlichend hält. Wir gehen nämlich gar nicht nur jener Lust nach, die durch irgendeinen angenehmen Reiz unsere Natur unmittelbar erregt und mit einem gewissen sinnlichen Wohlbehagen uns Genuß bereitet. Vielmehr halten wir diejenige Lust für die höchste, deren Genuß erfolgt nach Ausschaltung jeglichen Schmerzes. Wenn wir nämlich von einem Schmerz befreit werden, dann freuen wir uns schon über den Vorgang der Befreiung und darüber, daß wir dadurch aller Beschwernisse ledig werden. Weil aber alles, worüber wir uns freuen, Lust, und alles, was uns wehtut, Schmerz ist, deshalb ist Befreiung von jeglichem Schmerz mit Recht Lust genannt worden. Wie nämlich zum Beispiel Beseitigung von Hunger und Durst durch Speise und Trank einen Zustand der Befreiung von

Beschwernis und damit Lust zur Folge hat, so zieht in jedem Falle die Enthebung von Schmerz folgerichtig Lust nach sich. (Übers. von K. Atzert)

XIII C 8 (S. 153): *De finibus bonorum et malorum I,* 45 f.

Wo gibt es denn eine zweckmäßigere und für ein glückliches Leben passendere Einteilung der Begierden als jene, die Epikur vornimmt? An die erste Stelle hat er die natürlichen und notwendigen gesetzt, an die zweite die natürlichen und nicht notwendigen, an die dritte die weder natürlichen noch notwendigen. Folgende Überlegung führt zu dieser Einteilung. Die notwendigen lassen sich ohne Mühe und Aufwand befriedigen. Auch die natürlichen verlangen deshalb nicht viel, weil die Natur selbst Vorräte in einem hinreichenden, leicht zur Verfügung stehenden und zugleich begrenzten Maße bietet und bereithält. Die eitlen Gelüste kennen weder Maß noch Grenze. Wenn wir also sehen, wie unser ganzes Leben durch Irrtum und Unkenntnis in Verwirrung gerät und daß nur die Weisheit uns von dem Andrang der Gelüste und den Schrecknissen der Furcht befreien und uns lehren kann, des Schicksals Schläge gelassen zu ertragen, und uns den Weg weist, der zu Ruhe und Seelenfrieden führt, wie können wir noch Bedenken hegen zu behaupten, die Weisheit sei um der Lust willen zu suchen, die Torheit der Beschwerden wegen zu fliehen? (Übers. von K. Atzert)

XIII C 12 (S. 159): *Laelius,* 29 ff.

Wenn manche glauben, sie entstehe aus einer Schwäche heraus, damit man einen Menschen habe, der einem zur Erfüllung seiner Wünsche verhelfen könne, so geben diese Leute der Freundschaft, die nach ihrer Ansicht aus Not und Bedürfnissen entstand, freilich einen recht verächtlichen und – anders ausgedrückt – keineswegs edlen Ursprung. Wäre dem so, dann müßte gerade der, der die wenigste Kraft in sich spürt, zur Freundschaft in höchstem Grade neigen. Aber die Dinge liegen ganz anders: Gerade derjenige nämlich, der das größte Selbstvertrauen hat und der durch ein Höchstmaß an Tugend und Weisheit so gewappnet ist, daß er keinen Menschen braucht und all das, was ihn angeht, in sich selbst sucht, gerade der zeichnet sich in hervorragender Weise dadurch aus, daß er nach Freundschaft trachtet und der Freundschaft lebt. Was meint ihr denn? Hat mich etwa Africanus „gebraucht"? Bei Gott nicht! Aber auch ich „brauchte" ihn nicht: Ich habe ihn vielmehr aus Bewunderung seiner Tugend geliebt, und seine Gegenliebe wurde vielleicht durch eine nicht ganz ungünstige Meinung ausgelöst, die er sich über meinen Charakter gebildet hatte. Der persönliche Umgang hat die Sympathie gesteigert; aber trotz der Tatsache, daß unsere Freundschaft zahlreiche bedeutende Vorteile mit sich brachte, ist das, was unsere Zuneigung begründet hat, doch nicht daraus entsprungen, daß wir uns etwa die erwähnten Vorteile erhofft hätten. Wir erweisen uns nämlich nicht gefällig und freundlich, um hinterher Dankesschulden eintreiben zu können – Gefälligkeiten legt man doch nicht auf Wucher an! –, sondern es ist die uns angeborene Natur, die uns zur Güte geneigt macht: Dementsprechend sind wir überzeugt, daß man nicht in der Hoffnung, daß es sich lohnen wird, Freundschaft suchen darf, sondern weil ihr ganzer Ertrag schon in der Liebe selbst besteht: Ganz im Widerspruch nämlich zu denen, die wie Tiere alles an der Sinnenlust messen! Denn ihren Blick zu etwas Hohem, Großartigem und Göttlichem zu erheben, dazu sind solche Leute nicht imstande, die ihr ganzes Denken an etwas so Niedriges und Verächtliches verschwendet haben. Daher wollen wir diese Sorte Menschen bei unserem Gespräch gar nicht berücksichtigen! Wir wollen vielmehr begreifen lernen, daß ein Gefühl der Hochschätzung und liebevolle Zuneigung unserem angeborenen Wesen entspringen, sobald sich bei irgend jemand eine anständige Gesinnung zu erkennen gegeben hat. (Übers. von M. Faltner)

XIII C 14 (S. 162): *Cato maior,* 39 ff.

Nun zum dritten Vorwurf, den man dem Alter macht: Daß es nämlich keine sinnliche Lust mehr zulasse. Was für ein herrliches Geschenk macht uns doch diese Altersstufe, wenn sie uns das nimmt, was der jungen Jahre verwerflichster Nachteil ist! Hört doch, ihr trefflichen jungen Männer, die alten Worte des Tarentiners Archytas, der mit an erster Stelle unter die großen, hervorragenden Männer zu rechnen ist. Sie wurden mir berichtet, als ich in jungen Jahren mit Quintus Maximus in Tarent weilte. Archytas behauptete, die Natur habe dem Menschen kein tödlicheres Gift eingeimpft als die Sinnlichkeit. Im Verlangen nach ihrem Genuß ließen sich die Leidenschaften zu hemmungsloser Blindheit treiben, um ihn zu bekommen. Es sei dies eine Quelle des Hochverrats, der Revolutionen und geheimer Unterhandlungen mit dem Feind; kurz: kein Verbrechen, keine Schandtat sei denkbar, die nicht durch die Begierde nach sinnlicher Lust veranlaßt werden könnte; Unzucht aber und Ehebruch und alle derartigen Schändlichkeiten seien auf keinen anderen Anreiz zurückzuführen als eben auf die Sinnlichkeit; einerseits habe die Natur oder irgendein Gott dem Menschen nichts Edleres geschenkt als den Verstand, andererseits sei aber die Sinnlichkeit der größte Feind dieses herrlichen Geschenkes der Götter; denn wo die Leidenschaft herrsche, sei Maßhalten nicht mehr möglich, und überhaupt könne im Reiche der Sinnenlust die Tugend keinen Platz mehr finden. Um dies noch deutlicher zu begreifen, stelle man sich einen Menschen vor, der unter dem Reiz der denkbar stärksten körperlichen Lust stehe; es werde wohl jeder zugeben müssen, daß dieser für die ganze Dauer dieser Sinnenfreude außerstande sei zu jeder überlegten Tätigkeit, aber auch zu jedem erfolgreichen Überlegen und Denken. (Übers. von M. Faltner)

XIII D 1 (S. 166): *De natura deorum I,* 121 ff.

Epikur aber hat dadurch, dass er den unsterblichen Göttern die Fähigkeit sowohl zur Hilfsbereitschaft als auch zur Liebe nahm, die Religiosität mit der Wurzel aus den Seelen der Menschen herausgerissen. Denn obwohl er behauptet, das Wesen eines Gottes sei das bestmögliche und überlegenste, leugnet er gleichzeitig, dass ein Gott Liebe kennt, er beseitigt dadurch das, was das Eigentümlichste am besten und überlegensten Wesen ist. Denn was ist besser und überlegener als Güte und Wohltätigkeit? Wenn ihr wollt, dass ein Gott dies nicht hat, dann wollt ihr auch, dass niemand einem Gott, weder ein Gott noch ein Mensch, lieb und teuer ist, dass niemand von ihm geliebt, niemand von ihm geschätzt wird: so folgt daraus, dass nicht nur die Menschen von den Göttern, sondern die Götter selbst unter sich von einander missachtet werden. Wie viel besser lehren da die Stoiker, die von euch getadelt werden: sie vertreten nämlich die Ansicht, dass Weise Weisen freundlich gesinnt sind, auch wenn sie sie nicht kennen; denn nichts ist liebenswerter als die Tugend; wer diese erlangt hat, wird von uns, wo auch immer auf der Welt er sich befindet, geliebt werden. Welchen Schaden aber richtet ihr an, indem ihr Gefälligkeit und Wohlwollen als

Schwäche deutet? Um nämlich die Macht und das Wesen der Götter beiseite zu lassen: meint ihr, dass nicht einmal Menschen – außer in einem Zustand der Schwäche – wohltätig und gütig wären? Gibt es keine natürliche Sympathie *(caritas)* unter den Guten? Eben das Wort *carus* (lieb) hängt mit *amor* (Liebe) zusammen, wovon ja *amicitia* (Freundschaft) abgeleitet ist. Wenn wir diese auf unseren Nutzen beziehen, nicht auf die Vorteile desjenigen, den wir lieben, dann wird das keine Freundschaft sein, sondern eine Art Geschäft mit dem Blick auf die eigenen Vorteile. Wiesen, Felder und Viehherden liebt man so, weil ja Gewinne abgeschöpft werden, Sympathie und Liebe zwischen Menschen dagegen sind nicht gewinnorientiert. Um wie viel mehr gilt das für die Götter, denen es an nichts mangelt und die sich doch sowohl gegenseitig lieben als auch für die Menschen sorgen. Wenn das nicht so wäre, warum verehren wir die Götter, warum beten wir zu ihnen, warum leiten die Priester die Opferhandlungen, warum die Auguren die Auspizien, warum wünschen wir etwas von den unsterblichen Göttern, warum legen wir Gelübde ab? „Aber es gibt doch ein Buch Epikurs über die Frömmigkeit". Wir werden da von einem Menschen getäuscht, der nicht so sehr witzig ist als sich vielmehr jegliche Freiheit beim Schreiben offen hält. Denn welche Frömmigkeit kann es geben, wenn die Götter sich nicht um die menschlichen Angelegenheiten kümmern, und welches beseelte Wesen, das sich um nichts kümmert? Zweifellos entspricht also jene These eher der Wahrheit, die unser aller Freund Poseidonios in dem fünften Buch seines Werkes über das Wesen der Götter besprochen hat, dass nämlich Epikur überhaupt nicht an die Existenz von Göttern glaube und dass er das, was er über die unsterblichen Götter gesagt habe, lediglich gesagt habe, um üble Nachrede von sich abzuwenden.

XIII E 2 (S. 168): *Cato maior,* 77 f.

Die Seele nämlich, die himmlischen Ursprungs ist, werde von ihrem erhabenen Wohnsitz verdrängt und gleichsam auf die Erde herabgenötigt, an einen Ort, der geradezu der Gegenpol ihres göttlichen, unsterblichen Wesens ist. Aber ich glaube daran, daß die unsterblichen Götter die Seelen deswegen in menschliche Körper verpflanzt haben, damit es Wesen gibt, die die Länder in der richtigen Ordnung halten, indem sie aus ihrer betrachtenden Schau der himmlischen Ordnung heraus es dieser durch ein maßvolles und nach festen Grundsätzen ausgerichtetes Leben gleichzutun suchen. Aber nicht nur meine eigene, von der Vernunft geleitete Forschung führte mich zu dieser Überzeugung, sondern auch das hochberühmte Ansehen der größten Philosophen. Wie ich hörte, haben Pythagoras und die Pythagoreer – man könnte sie fast unsere Landsleute nennen, da sie ja seinerzeit die „italischen" Philosophen hießen – stets daran festgehalten, daß unsere Seelen der göttlichen Weltseele entnommen sind. Außerdem bekam ich berichtet, was Sokrates – nach Apollons Orakel doch der weiseste von allen – am letzten Tag seines Lebens über die Unsterblichkeit der Seele ausgeführt haben soll. Kurz, folgendes ist es, was ich aus voller Überzeugung vertrete: Bei der erstaunlichen Schnelligkeit des menschlichen Geistes, bei seinem starken Erinnerungsvermögen an Vergangenes und seinem weiten Blick in die Zukunft, bei seinen zahlreichen Fertigkeiten und umfangreichen Kenntnissen, bei den vielen Erfindungen, die er schon gemacht hat, kann dieses Wesen, das doch so vieles umfaßt, unmöglich sterblich sein. Da weiterhin die Seele stets in Bewegung ist, aber keine äußere Ursache dieser Bewegung kennt, weil sie sich selbst bewegt, wird sie auch kein Ende dieser Bewegung finden, da sie sich niemals selbst verlassen wird. Ferner ist die Seele meiner Überzeugung nach auch nicht teilbar, da ihr Wesen homogen ist, ohne Beimischung von Elementen, die ihm ungleich oder unähnlich wären; ist sie aber nun nicht teilbar, dann kann sie auch nicht vergehen. (Übers. von M. Faltner)

XIII E 4 (S. 173): *Tusculanae disputationes I,* 65 f.

Wenn es aber eine fünfte Natur geben sollte, wie sie Aristoteles zuerst eingeführt hatte, so ist sie die Natur der Götter und der Seelen. Dieser Ansicht folgend haben wir uns in der Trostschrift wörtlich folgendermaßen ausgedrückt: „Kein Ursprung der Seele kann auf der Erde gefunden werden. Denn nichts ist an der Seele gemischt oder zusammengesetzt, oder was aus der Erde entstanden oder gebildet erscheinen könnte, oder was feucht wäre oder luftig oder feurig. Denn in diesen Elementen ist nichts, was die Fähigkeit der Erinnerung, des Denkens und der Überlegung hätte und was das Vergangene festhielte, das Künftige voraussähe und das Gegenwärtige umfassen könnte. Dies ist allein dem Göttlichen eigen und es läßt sich nicht ausdenken, woher es zum Menschen zu kommen vermöchte außer von Gott. Es gibt also eine eigentümliche Natur und eine Seelenkraft, die von diesen geläufigen und bekannten Elementen abgesondert ist. Was immer es sein mag, was empfindet, erkennt, lebt und kräftig ist, es muß himmlisch und göttlich und aus demselben Grunde ewig sein. Auch Gott selbst, soweit wir ihn begreifen, kann nicht anders begriffen werden als ein abgelöster und freier Geist, abgetrennt von jeder sterblichen Zusammensetzung, alles wahrnehmend und bewegend und selbst mit ewiger Bewegung begabt. Derselben Gattung und derselben Natur gehört der menschliche Geist an." (Übers. von O. Gigon)

XIII G 4 (S. 181): *De fato,* 39 ff.

Ich für meine Person sehe die Sache folgendermaßen: Es gab unter den alten Philosophen zwei Lehrmeinungen: die einen vertraten die Ansicht, alles sei in der Weise durch das Fatum bestimmt, daß dieses Fatum eine zwangsläufige Gewalt mit sich bringe; Vertreter dieser Meinung waren Demokrit, Empedokles, Aristoteles. Die anderen waren der Ansicht, die Seelenregungen seien ohne jeden Einfluß des Fatums vom Willen bestimmt. Und zwischen diesen streitenden Parteien wollte Chrysipp gleichsam als Ehrenschiedsrichter einen Mittelweg finden, doch schlägt er sich mehr auf die Seite derer, die die Seelenregungen vom Zwang der Notwendigkeit frei wissen wollen. Während er sich aber dazu seiner Terminologie bedient, gleitet er in solche Schwierigkeiten, daß er die Zwangsläufigkeit des Fatums bestätigt, ohne es zu wollen. Und wie dies zugeht, wollen wir, wenn es dir recht ist, am Beispiel der „Zustimmungen" betrachten, von denen ich schon eingangs sprach. Diejenigen von den Alten, welche alles Geschehen dem Fatum unterworfen wissen wollten, erklärten, daß jene „Zustimmungen" mit zwangsläufiger Gewalt zustande kämen. Ihre Gegner aber befreiten die „Zustimmungen" vom Fatum und versicherten, man könne bei Zulassung einer Fatums-Wirkung auf die „Zustimmungen" die Zwangsläufigkeit nicht von ihnen fernhalten. (...). Da nun Chrysipp einerseits eine Zwangsläufigkeit des Geschehens ablehnte, andererseits nicht zulassen wollte, daß irgendetwas ohne vorausliegende Ursache geschehe, trifft er eine Unterscheidung der Ursachenarten, um die Zwangsläufigkeit zu vermeiden und doch das Fatum zu retten. (Übers. von K. Bayer)

XIII H 1 (S. 183): *De divinatione I,* 1 f.

Alt ist die Ansicht – sie stammt bereits aus sagenhafter Frühzeit, ist überdies in der gemeinsamen Überzeugung des römischen Volkes und überhaupt aller Völkerschaften fest verankert –, die Menschen verfügten über eine Art von Wahrsagevermögen. Die Griechen nannten es *mantiké,* d. h. Vorahnung und Wissenschaft von der Zukunft: etwas auf seine Weise Großartiges und Heilbringendes, falls es denn überhaupt besteht, und etwas, womit die sterbliche Natur ganz nahe an das Wesen der Götter heranzukommen vermag. Deshalb haben unsere Römer, so wie wir in vielen anderen Dingen den Griechen überlegen sind, den Begriff für diese ganz einzigartige Fähigkeit *(divinatio)* von den Göttern *(a divis)* hergeleitet, die Griechen dagegen, nach Platons Deutung, vom Wahnsinn *(manía).* In der Tat kann ich mir kein Volk vorstellen, sei es noch so kultiviert und gelehrt, sei es noch so roh und barbarisch, das nicht dafür einträte, die Zukunft offenbare sich in Zeichen und es sei möglich, daß sie von bestimmten Leuten erkannt und vorausgesagt werde. (Übers. von Ch. Schäublin)

XIII H 3 (S. 186): *De divinatione II,* 148 f.

Aberglauben hat sich durch die Völker hin ergossen, allgemein die Herzen unterdrückt und sich der menschlichen Schwäche bemächtigt. Das führte ich in den Büchern aus, die dem „Wesen der Götter" gelten, und auch in der heutigen Erörterung kam es mir vor allem darauf an. Ich meinte nämlich, ich würde uns selbst und unsern Mitbürgern einen großen Dienst erweisen, wenn es mir gelänge, den Aberglauben restlos auszurotten. Freilich (daß dies richtig verstanden werde!): indem man den Aberglauben ausrottet, rottet man keineswegs auch die Religionsausübung aus. Vielmehr ist gerade der Philosoph darauf bedacht, die Einrichtungen der Ahnen zu bewahren, indem er an heiligen Handlungen und Bräuchen festhält; und die Schönheit des Alls und die Ordnung der Dinge am Himmel nötigen ihn zur Bekenntnis, es gebe eine überragende und ewige Natur und das Menschengeschlecht sei gehalten, zu ihr aufzublicken und sie zu bewundern. Wie man deshalb die Religionsausübung, die mit Naturerkenntnis verbunden ist, sogar fördern muß, ebenso gilt es, alle Wurzeln des Aberglaubens auszureißen. (Übers. von Ch. Schäublin)

XIII I 4 (S. 189): *De officiis I,* 26 f. / 74

Besonders aber werden die meisten dazu gebracht, daß sie Vergessen der Gerechtigkeit überfällt, wenn sie der Sucht nach Herrschaft, Ehren und Ruhm verfallen sind. Was nämlich bei Ennius steht, „keine heilige Gemeinschaft noch Treue hat das Königtum", das reicht weiter. Denn was derart ist, daß in ihm nicht mehrere hervorragen können, in dem entsteht meistens ein solcher Kampf, daß es sehr schwierig ist, die heilige Gemeinschaft zu bewahren. Gezeigt hat das eben der Leichtsinn des Gaius Caesar, der alles göttliche und menschliche Recht verkehrte wegen jenes Vorranges, den er sich selber in einem Irrtum der Vorstellung zurechtgedacht hatte. Es ist aber bei dieser Gruppe das Erschwerende, daß in den größten Geistern und den glänzendsten Begabungen meistens das Begehren nach Ehre,

Herrschaft, Macht und Ruhm entsteht. Um so mehr muß man Vorsorge treffen, daß bei dieser Gruppe keine Verfehlung begangen wird. Bei jeder Ungerechtigkeit aber ist ein großer Unterschied, ob aus irgendeiner seelischen Erregung, die meist kurz und für den Augenblick ist, oder mit Vorbedacht und überlegt Unrecht geschieht. Leichter nämlich ist das, was in irgendeiner plötzlichen Bewegung geschieht, als das, was ausgedacht und vorbereitet zugefügt wird. Und über Zufügen von Unrecht ist damit genug gesagt. (...). Viele nämlich haben oft Kriege gesucht aus Ruhmsucht, und das tritt in großen Seelen und Begabungen meistens ein, und um so mehr, wenn sie für Kriegswesen geschaffen und begierig sind, Kriege zu führen. (Übers. von K. Büchner)

XIII I 5 (S. 191): *De officiis I*, 62 ff.

Aber diese seelische Erhebung, die man in Gefahren und Mühen erkennt, ist etwas Schlechtes, wofern sie ohne Gerechtigkeit ist und nicht für das allgemeine Heil kämpft, sondern für die eigenen Vorteile. Denn das ist nicht nur nicht ein Zeichen von Tugend, sondern vielmehr einer Ungeheuerlichkeit, die alle Menschlichkeit wegstößt. Daher wird von den Stoikern die Tapferkeit recht umschrieben, wenn sie sagen, es sei die Tugend, die zum Schutze der Gerechtigkeit kämpfe. Darum hat niemand, der den Ruhm der Tapferkeit mit Hinterlist und Schlechtigkeit erreicht hat, Lob erlangt: nichts kann ehrenvoll sein, was ohne Gerechtigkeit ist. Vortrefflich ist also der Ausspruch Platons: „Nicht nur, sagte er, das Wissen, das fern ist von Gerechtigkeit, ist eher Schlauheit als Weisheit zu nennen, sondern auch ein Mut, der bereit ist zur Gefahr, sollte, wenn er durch eigenes Begehren, nicht durch den allgemeinen Nutzen Anstoß erfährt, lieber den Namen Verwegenheit statt Tapferkeit tragen." Daher wünschen wir tapfere und hochgemute Männer zugleich gut und eindeutig, zu Freunden der Wahrhaftigkeit und am meisten ohne Falsch, Eigenschaften, die mitten aus dem Lob der Gerechtigkeit stammen. Dabei aber ist das widerwärtig, daß bei dieser Erhebung und Größe der Seele am leichtesten Starrsinn und allzu große Begier nach Vorrang entsteht. (...). Schwierig aber ist es, wenn du allen überlegen zu sein begehrst, die Gleichberechtigung innezuhalten, die der Gerechtigkeit am meisten zu eigen ist. Daher kommt es, daß sie sich weder durch Diskussion noch durch irgendein öffentliches und gesetzmäßiges Recht überwinden lassen und im Gemeinwesen meistens als verschwenderische Schenker und Klüngelbildner auftreten, um so große Macht wie möglich zu erlangen und lieber mit Gewalt überlegen als mit Gerechtigkeit gleich zu sein. (Übers. von K. Büchner)

XIV 2 (S. 196): *In Marcum Antonium I*, 33 ff.

Doch davor bangt mir mehr, daß du aus Unkenntnis der wahren Bahn zum Ruhme glaubst, es sei rühmlich, als einzelner allen anderen an Macht vorauszusein, und daß du von deinen Mitbürgern lieber gefürchtet als verehrt sein möchtest. Wenn du das glaubst, dann hast du keine Ahnung von dem Wege, der zum Ruhme führt: als Mitbürger geschätzt zu sein, sich um den Staat verdient zu machen, Lob, Verehrung, Liebe zu erwerben, das ist rühmlich; doch Furcht und Haß um sich zu verbreiten, ist widerwärtig und abscheulich, ein Zeichen von Schwäche und Unsicherheit. Eben dies hat, wie wir in einem Theaterstück sehen können, dem Manne, der da sagte „hasse mich, wer will, solange er mich fürchtet", den Untergang bereitet. Ich wünschte, M. Antonius, du hieltest dir deinen Großvater vor Augen! Du hast mich doch mancherlei von ihm erzählen hören, und bei vielen Gelegenheiten. Glaubst du, er wäre – und sei's um den Preis der Unsterblichkeit – bereit gewesen, sich durch den schrankenlosen Gebrauch militärischer Gewalt furchtbar zu machen? Darin bestand sein Leben, darin sein Glück: an Freiheit den anderen gleich zu sein, doch an Geltung der erste. Ich würde daher – um der glanzvollen Tage deines Großvaters nicht zu gedenken – selbst die Bitterkeit seiner letzten Stunden höher stellen als die Tyrannei eines L. Cinna, der ihn auf grausame Weise umbringen ließ. Doch was suche ich durch Worte auf dich einzuwirken? Denn wenn dich das Ende C. Caesars nicht davon zu überzeugen vermag, daß es besser ist, beliebt, als gefürchtet zu sein, dann werden auch alle Worte ohne Erfolg und Wirkung bleiben. Wer da glaubt, Caesar sei glücklich gewesen, steckt selbst im Unglück: niemand ist glücklich, der so lebt, daß er nicht nur straflos, sondern gar zum höchsten Ruhm des Tötenden getötet werden darf. Besinne dich also, ich bitte dich, und richte dich nach deinen Vorfahren und lenke den Staat so, daß deine Mitbürger froh sind, dich zu besitzen. Ohne dies kann niemand in Glück und Ansehen oder überhaupt nur in Sicherheit leben. (Übers. von M. Fuhrmann)

Die deutschen Übersetzungen sind entnommen aus:

A Reden
Cicero, Sämtliche Reden, ed. M. Fuhrmann, Zürich 1971 ff.

B Rhetorische Schriften
Cicero, Brutus, lat. – deutsch, ed. B. Kytzler, München 1970
Cicero, Orator, lat. – deutsch, ed. B. Kytzler, München 1975

C Philosophische Schriften
Cicero, Tusculanae disputationes, O. Gigon, München 1951
Cicero, De re publica, lat. – deutsch, K. Büchner, Zürich / München 1952
Cicero, De legibus, lat. – deutsch, R. Nickel, Zürich 1994
Cicero, De oratore, ed. Th. Nüßlein, Düsseldorf / Zürich 2008
Cicero, Academici libri, ed. J. H. v. Kirchmann, Leipzig 1874
Cicero, De finibus bonorum et malorum, lat. – deutsch, ed. K. Atzert, Zürich 1964
Cicero, Laelius de amicitia, ed. M. Faltner, München 1963
Cicero, Cato maior de senectute, ed. M. Faltner, München 1963
Cicero, De fato, lat. – deutsch, ed. K. Bayer, München 1959
Cicero, De divinatione, lat. – deutsch, ed. Ch. Schäublin, München / Zürich 1991
Cicero, De officiis, lat. – deutsch, ed. K. Büchner, Zürich / Stuttgart 1964